循环经济文献综述

赵洗尘 主编

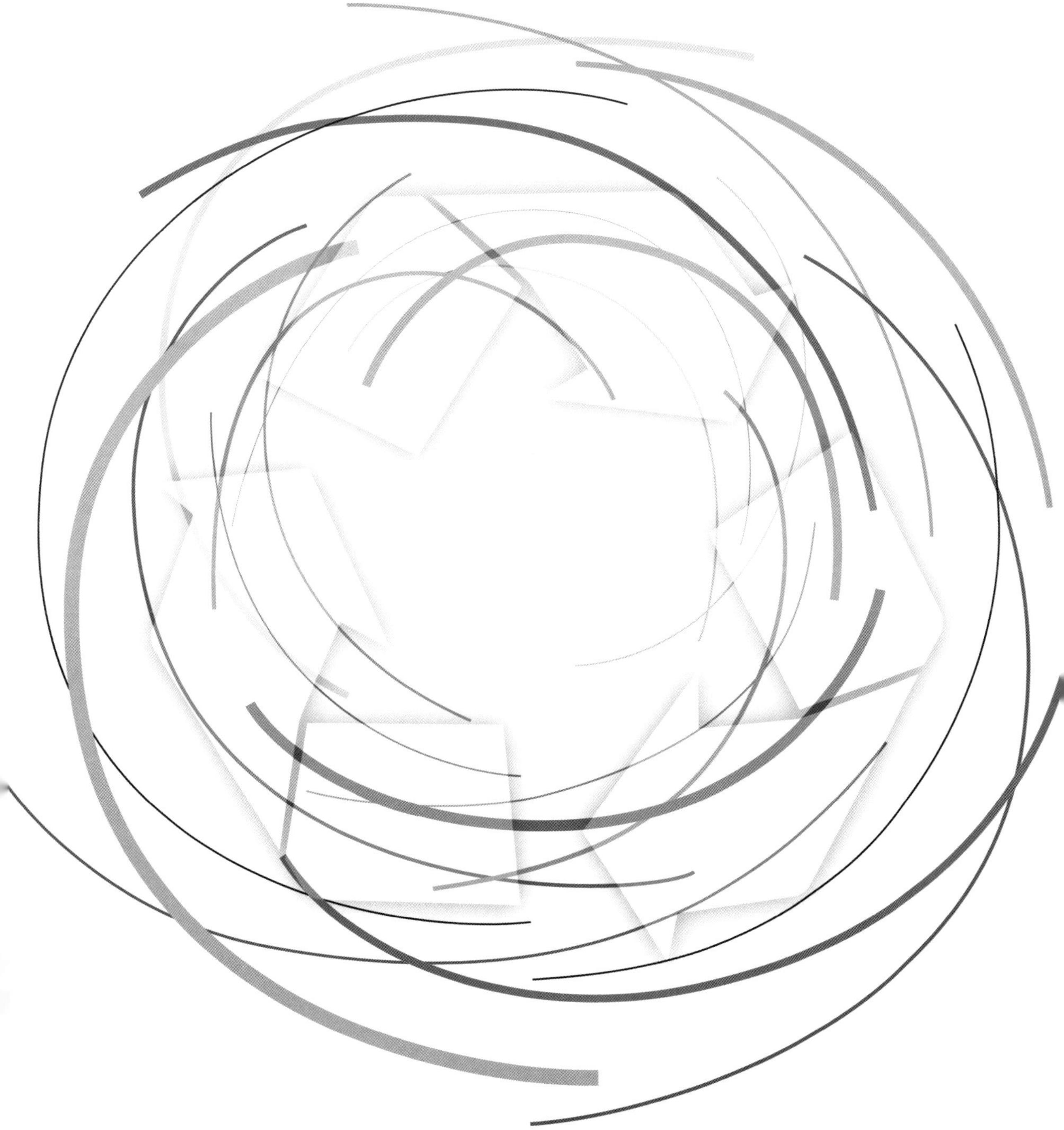

哈爾濱工業大學出版社

内 容 简 介

本书主要内容包括理论编、政策编、产业编、文献分析编四部分，共13章。

本书是综述性论著，可为高等学校师生提供教学和研究参考，可为政府部门工作人员了解掌握国际国内循环经济理论、政策、产业现状提供决策借鉴和参考，也可供企业界人士了解循环经济的政策和产业现状及寻求新的产品和服务空间。

图书在版编目（CIP）数据

循环经济文献综述/赵洗尘主编．—哈尔滨:哈尔滨工业大学出版社，2010.5

ISBN 978-7-5603-2947-5

Ⅰ.循…　Ⅱ.赵…　Ⅲ.自然资源-资源经济学-研究　Ⅳ.F062.1

中国版本图书馆CIP数据核字（2009）第162831号

策划编辑　孙雅洁　孙连嵩
责任编辑　苗金英
封面设计　黄　维　温雪媛
出版发行　哈尔滨工业大学出版社
社　　址　哈尔滨市南岗区复华四道街10号　邮编150006
电　　话　0451-86416203
传　　真　0451-86414749
网　　址　http://hitpress.hit.edu.cn
印　　刷　深圳市福威智印刷有限公司
开　　本　787mm×1092mm　1/16　印张23　插页2　字数537千字
版　　次　2010年5月第1版　2010年5月第1次印刷
书　　号　ISBN 978-7-5603-2947-5
定　　价　48.80元

《循环经济文献综述》

编写委员会

序

在全球金融危机和气候变暖的国际形势下，转变传统的经济增长方式、探索中国特色循环经济的发展模式是我国建设资源节约型、环境友好型社会的必由之路。

深圳市是中国城市快速发展的缩影。在深圳市社会经济发展取得突出成就的同时，资源环境的约束也日益突出，土地、资源、环境、人口等方面都“难以为继”。为此，深圳市政府将发展循环经济作为一项核心工作，相继编制了《深圳经济特区循环经济促进条例》、《深圳市循环经济发展“十一五”规划及2020年远景目标》。

在这一背景之下，深圳大学城图书馆（深圳市科技图书馆）的工作人员以高度的社会责任感和使命感，在保证图书馆正常服务不中断的前提下，相继推出了《循环经济专题·综述与文献汇编（2007）》、《循环经济专题·推荐文献目录（2007）》、《循环经济专题·人民日报剪报（2007）》、《循环经济专题·深圳特区报剪报（2007）》、《循环经济专题·深圳商报剪报（2007）》、《循环经济专题·综述与文献汇编（2008）》、《循环经济专题·推荐文献目录（2008）》、《循环经济专题·深圳特区报/深圳商报剪报（2008）》，受到了社会的高度关注。在此基础上，他们又编撰了《循环经济文献综述》一书。该书从主流的学术观点到大众化的思维模式，条分缕析，汇聚齐全，为读者把握该领域的发展方向和深入获取信息提供了极大的帮助。

当然，循环经济理论和实践的探索还会出现更多、更优秀的研究成果。但作为一个阶段性的总结，我以为，此书一定能激发起政府、企业乃至公众的更多智慧和灵感，进一步推进循环经济的快速发展，同时也会使更多的青年学者受到启发，从事循环经济方面的研究，为建设中国特色循环经济体系提供更优质的决策服务。

为此，我欣然为此书作序。

叶文虎

2010年1月5日于北京

编者的话

读者利用图书馆不但要利用图书馆的馆藏资源，还应充分利用图书馆馆员。他们不但帮助读者提高文献检索与利用的技巧与能力，更在文献信息服务、专题文献资源组织与分析方面结合文献资源与专业背景具有独到的优势。深圳大学城图书馆（深圳市科技图书馆）拥有一支专业服务团队，注重提供各种文献信息服务，如专题情报检索、专题情报研究、科技查新等。

《循环经济文献综述》是我们经过三年的努力，在全面检索、综合分析的基础上完成的。我们以"循环经济"为专题，用文献综述的形式将图书馆丰富的馆藏资源开发出来，为高校师生教学、研究和论文写作提供参考，为政府部门了解掌握国际国内循环经济理论、政策和产业现状提供基本资料、文献参考和决策借鉴，为企业界人士了解循环经济的政策和产业现状及寻求新的产品和服务空间提供帮助。

"循环经济专题文献研究"项目组成立于 2006 年 9 月。我们充分利用馆藏资源，从循环经济理论、政策、产业三个方面进行文献跟踪，除纸本图书、期刊论文外，更注重参阅全文数据库中的中外期刊论文、会议论文、学位论文等电子文献以及专业网站上的内容，同时利用 ISIWebofknowledge 中的 SCI、SSCI、ISTP、DII 等平台对各类文献进行了多角度的分析，以期更完整地说明循环经济的发展过程与现状。

2007 年 3 月 30 日，深圳大学城图书馆面向深圳市民全面开放之日，项目组推出了《循环经济专题文献展览（2007）》，包括《循环经济专题·综述与文献汇编（2007）》、《循环经济专题·推荐文献目录（2007）》、《循环经济专题·人民日报剪报》、《循环经济专题·深圳特区报剪报》、《循环经济专题·深圳商报剪报》，受到了读者的好评。在 2007 年 4 月的第一届中国（深圳）国际科学生活博览会和 2007 年第九届中国国际高新技术成果交易会上，《循环经济专题·综述与文献汇编（2007）》受到读者的欢迎，前来索取资料者络绎不绝。

基于读者的要求，2008 年我们继续推出了《循环经济专题文献研究》系列，编撰了《循环经济专题文献研究·综述与文献汇编（2008）》、《循环经济专题·推荐文献目录(2008)》、《循环经济专题·深圳特区报/深圳商报剪报(2008)》,再次得到了读者的认可,来自全国各地高校的师生、政府公务员和企业人员者纷纷索取。

为了让更多的读者了解循环经济,在2007、2008两年研究成果的基础上,2009年我们继续开展循环经济专题文献研究,并将三年的研究成果积集成册,在哈尔滨工业大学出版社的支持下,以文献综述形式提供给读者一个完整的循环经济理论与产业体系。

全书分四编13章。其中:

理论编:包括第1章,由赵国英、张晓力撰写。

政策编:包括第2章和第3章,由刘辉撰写。

产业编:包括第4章至第10章,其中第4章、第9章和第10章由闫伟东撰写;第5章和第8章由孙洵撰写;第6章由蔡敏真、刘维华撰写;第7章由吴爱春和胡新颖撰写。

文献分析编:包括第11章至第13章,其中第11章由赵国英、刘燕东撰写,第12章由宋成方撰写,第13章由赵国英撰写。

在编制过程中,北京大学深圳研究生院副院长栾胜基教授给予我们大力的支持与指导,北京大学环境学院叶文虎教授亲自作序。在此,我们深表谢意,并对所有关心与支持我们的读者表示感谢。

我们努力搜集各种文献资料,大量引用不同学者的观点与论述,如有疏漏和不当之处,敬请原谅,并真诚欢迎广大读者提出宝贵意见。

联系方式:深圳大学城图书馆(深圳市科技图书馆)
"循环经济专题文献研究"项目组
地　　址:深圳市南山区西丽深圳大学城邮编:518055
电　　话:0755-26032363 电子邮件:gzhao@utsz.edu.cn
深圳大学城图书馆(深圳市科技图书馆)网址:http://lib.utsz.edu.cn

编　　者

2010年1月8日于深圳大学城

导　读

传统经济向循环经济转型是人类正在经历的一次里程碑式的产业革命。在二十一世纪能源危机的大环境下，中国政府提出了走循环经济可持续发展之路。各级政府、知识界、产业界都在进行积极的探索，相关的文献也如雨后春笋。深圳大学城图书馆（深圳市科技图书馆）利用得天独厚的馆藏资料，在充分检索、阅读、分析的基础上编撰了这本资料性的专题综述，试图用简练的语言、综合性的视角解读循环经济，给读者一个较为全面的认识。

全书共包括13章。

什么是循环经济？本书第1章对循环经济的起源、基本概念、循环经济的3R原则以及涉及的领域进行了详细的介绍，这一章的内容也是贯穿全书的脉络主线。

政策助力循环经济的发展。本书第2、3章介绍了发达国家和我国政府推行循环经济发展的政策与规范，包括产业政策、绿色消费政策、税收与优惠政策以及补贴政策等，可为各级政府制定相关政策提供依据和参考。

胡锦涛主席在2007年亚太经合组织（APEC）领导人会议上，提出"发展低碳经济"、研发和推广"低碳能源技术"、"增加碳汇"、"促进碳吸收技术发展"。本书第4章介绍了低碳经济的概念、国际社会对发展低碳经济的探索和经验以及我国目前在发展低碳经济方面存在的机遇和挑战。

生态工业园在为企业带来巨大经济效益的同时也为自身和周边社区带来巨大的环境效益，这是世界各国推广生态工业园的原因。本书第5章介绍了丹麦、加拿大、美国、日本等国家生态工业园的发展现状和特色，分析了我国生态工业园的现状和问题并提出了建议。

1989年，联合国环境规划署（UNEP）首次提出了"清洁生产"（cleanerproduction）的概念。本书第6章介绍了清洁生产的基本概念，国际上清洁生产的示范项目、推广措施，以及我国推行清洁生产的具体措施，包括行业标准、指标体系、审核办法等。

环保产业已经在全球蓬勃发展，环保产业的现状及带给我们的启示是什么？本书第7章介绍了环保产业的概念并特别介绍了污水处理和大气污染防治两个领域的产业发展现状。

联合国发展计划署（UNDP）在2005年4月发表的《全球环境保护前景展望》中指出：过去人们所指的环保产业，仅限于治理空气污染、废水、垃圾、噪音、土壤及海洋污染和环境检测的相关产品、设备、服务及技术项目，但实际上，现代社会的环保产业，其领域已经扩大到发展可能具有防止和减少污染、节省能源和减少资源投入等效应的新领域，由此衍生出多种新的产业部门和服务，诸如新能源产业中的太阳能、风能、氢能、生物能等。在能源危机的今天，新能源作为一个新兴的产业，其现状和前景是怎样的？本书第 8 章介绍了能源，特别是新能源的概念、新能源的构成及其消费趋势、投资现状以及在全球领先的能源和新能源公司，宏观性地介绍了美国、德国、英国、法国、丹麦、瑞典、日本、印度的能源及新能源产业现状，分析了我国能源产业和新能源产业的现状、面临的机遇与挑战。

建筑活动是人类活动中对自然环境影响最大的活动之一。伴随着建筑总量的不断攀升和居住舒适度的提升，建筑能耗呈急剧上扬趋势。那么全球在建筑节能方面都做了怎样的努力呢？本书第 9 章介绍了英国、法国、德国、美国、新加坡政府在推行建筑节能方面的有效措施以及我国在推行建筑节能方面制定的相关的政策、法规，介绍了建筑节能领域的相关技术及与建筑节能相关的聚氨酯、中空玻璃、太阳能、节能灯具、塑料门窗行业的发展现状。

可再生资源的回收和利用是推行循环经济的重要手段。本书第 10 章介绍了可再生资源的概念、种类、国内外采取的政策法规以及资源回收利用的现状。

文献计量分析是通过对文献增长规律的研究来客观地分析某一技术的现状与发展趋势的方法。在循环经济领域，文献计量分析能告诉我们什么呢？本书第 11，12，13 章分别对水污染、大气污染和新能源领域的自 1985 年至今 SCI（科学引文索引）收录的期刊论文、会议论文、DII（德温特专利数据库）收录的专利文献进行了初步的文献计量分析。从中可以看出在新能源领域，水电、太阳能、风能、海洋能、生物质能的研究从 1985 年至今一直呈快速增长的总体趋势，污水处理技术已接近成熟期，低热技术的研究还在萌芽期，其它的技术仍在起步期。

本书是一部资料性综述，除给出高度概括的资料信息外，还列举出大量的参考文献，为读者进行深度研究提供帮助。书中基于权威数据库产品的文献计量分析，旨在抛砖引玉，感兴趣的读者亦可循此途径进行进一步的深度跟踪和研究，从而全面快速地了解国际前沿的技术发展态势。

深圳大学城图书馆“循环经济专题文献研究”项目组

2010 年 2 月 1 日

目　　录

理论编

政策论

产业编

文献分析编

理论编

1 循环经济理论

1.1 循环经济的起源与发展进程

1.1.1 循环经济的起源

20 世纪中叶,随着工业的发展,环境污染、生态破坏和资源短缺等问题一直困扰着人类,有识之士开始对人类社会工业化的发展模式加以反思。

1962 年,美国海洋生物学家 Rachel Carson (1907—1964)发表环保科普著作《寂静的春天》(*Silent Spring*, houghton Mifflio company, Boston, 1962)。该书是 Carson 花费了四年时间,调查了美国官方及民间杀虫剂的使用及产生的危害之后完成的。Carson 在书中指出,滥用化学农药会对环境和生物造成无法弥补的伤害。该书的出版引发了人类自身对环境破坏性行为的反思。美国政府高度重视这一观点,并成立了专门的机构来调查农药的使用问题,美国环境保护局也因此诞生。[1]

1965 年,英国经济学家 Kenneh E. Boulding (1910—1993)发表了 *Earth as a Spaceship*,提出了"宇宙飞船理论",认为地球就像太空中飞行的宇宙飞船一样,需要不断消耗自身有限的资源而生存,若人类经济活动超过了地球的承载力,地球就会像宇宙飞船一样走向毁灭。"循环经济"一词最先由 Kenneh E. Boulding 提出,其"宇宙飞船理论"可作为循环经济的早期代表。[2]

1971 年,美国环境经济学家 Allen V. Kneese、Robert U. Ayres 和 Ralph C. Darge 合著的《经济学与环境:物质平衡方法》一书出版。该书作者利用物质平衡理论、数学模型和实例,从概念和定量的角度完整地提出了循环经济模式。[3]

1972 年,以麻省理工学院 Dennis L. Meadows 为首的研究小组,针对西方经济高增长理论进行了深刻反思,发表研究报告《增长的极限》(*The Limits to Growth*),在学术界引发了强烈反响。报告中"合理的、持久的、均衡发展"观点,为孕育可持续发展的思想萌芽提供了土壤。[4]同年,在斯德哥尔摩召开的联合国人类环境会议通过了《人类环境宣言》,宣布了 37 个共同观点和 26 项共同原则,郑重申明:人类有权享有良好的环境,也有责任为子孙后代保护和改善环境。[5]

1987 年,联合国世界环境与发展委员会提交研究报告《我们共同的未来》(*Our Common Future*),提出了可持续发展的概念,把环保和人类发展切实结合起来,实现了环境与发展思想的重要飞跃[6]。1992 年,在里约热内卢召开联合国环境与发展大会,通过了《里约环境与发展宣言》(又名《地球宪章》)[7]和《联合国可持续发展二十一世纪议程》[8]两个纲领性文件,郑重宣告"促进可持续发展是我们的责任"。各国政府签署的《联合国气候变化框架公约》[9]等国际性文件,是人类环境与发展的重要里程碑。由此,循环经济和发展知识经济成为当今国际社会的两大趋势。

20 世纪 90 年代以来,清洁生产、工业生态系统成为循环经济发展的主流,美国、丹麦等建成一批工业生态园区,德国、日本等相继颁布了废弃物管理和循环经济的法规。

1.1.2 我国循环经济的发展进程

循环经济的思想在我国有着深厚的文化基础。20 世纪 50 年代,我国就开始提倡废品回收利用,建立废旧物资回收系统。我国轻工系统的资源综合利用也开展得有声有色,广西贵港国家生态工业园的部分实践与当初的做法并无实质性差别。改革开放后,我国开始重视和发展循环经济。

《世界环境》杂志 1999 年第 2 期刊登了焦志延和贾炅合作的文章《德国的废弃物管理:封闭物质循环和绿点标志》[10],标志着国家环保总局及部分专家学者开始关注并倡导循环经济。同年,国家环保总局在广西贵港市开展了国内第一个生态工业园区的建设,即广西贵港国家生态工业(制糖)示范园区,正式启动了全国循环经济和生态工业建设试点工作。在此基础上,我国将生态工业理念引入工业门类齐全、经济综合性强的各类经济开发区、高新区等,在全国十多个工业园区开展生态工业园区建设。同时,开展天津经济技术开发区、苏州高新区等五个国家生态工业示范园区建设工作。

2002 年 5 月,国家环境保护总局发布了关于贵阳市人民政府请求将贵阳市作为我国建设循环经济生态城市试点的复函(环函[2002]121 号)和关于同意辽宁省列为全国循环经济建设试点省的复函(环函[2002]150 号)之后,江苏、山东等省也相继开展了循环经济试点的建设工作。2003 年,国家环保总局发布了《循环经济示范区申报、命名和管理规定》、《国家生态工业示范园区申报、命名和管理规定》。2004 年 7 月,国家环保总局在天津经济技术开发区召开了“国家环保总局推进循环经济试点经验交流会”,这是全国第一个有关循环经济试点的经验交流会。

2004 年 9 月,我国第一部循环经济领域的法规——《贵阳市建设循环经济生态城市条例》颁布;同年同月,国家发展和改革委员会召开全国循环经济工作会议,提出用循环经济理念指导“十一五”规划;2005 年 4 月,发改委初步确定我国发展循环经济的总体战略目标;2005 年 7 月,国务院发布了《关于加快发展循环经济的若干意见》(国发[2005]22 号);2006 年 3 月,深圳市政府发布了《深圳经济特区循环经济促进条例》,2006 年 7 月 1 日生效。

如今,发展循环经济已成为我国经济社会发展的战略决策。短短几年间,循环经济就已驶入“快车道”,并在不断提速。在科学发展观的指导下,我国正在努力开创一条具有中国特色的循环经济发展之路。

1.2 循环经济的概念

循环经济发展到今天,从一般意义而言,其定义有广义和狭义之分。广义的循环经济覆盖所有的以资源高效利用和环保为基本特征的社会生产和再生产活动,涉及每个公民、每个家庭、每个社区、每个企业、每个地区乃至整个民族。例如,一个家庭的节电、节水、垃圾分类等；一幢办公大楼的节能、太阳能利用、中水利用、分布式冷热电联供等；社区的垃圾分类回收等；企业的节能降耗、资源节约和综合利用、清洁生产等等，都属于广义的循环经济。狭义的循环经济则是通过废物资源化来发展经济，相当于“废物经济”、“垃圾经济”范畴。我国要推进的循环经济，属于广义的循环经济范畴。[11]

循环经济发展模式与传统经济发展模式的主要区别如表 1.1 所示。

表 1.1 循环经济与传统经济的主要区别

比较项目	循环经济	传统经济
运行方式	资源利用→绿色生产→资源再生	资源消耗→产品→污染排放
对资源的利用状况	资源循环利用	资源一次性利用
废物排放	废物零排放或低排放	废物高排放
对环境的影响	对环境友好	对环境不友好
追求目标	经济利益、环境利益与社会可持续发展(人类的长远利益)	经济利益(产品利润最大化)(近期利益)
环境治理方式	预防为主，全过程控制	末端治理
评价指标	绿色核算体系(绿色 GDP 等)	单一经济指标(GDP、GNP、人均消费等)

1.3 循环经济的科学基础

循环经济的发展既要遵循自然科学基础定律，又要遵循生态学与经济学规律。

1.3.1 自然科学基础

清华大学教授金涌院士在《循环经济的工程科学基础》[12]一文中，总结了循环经济的自然科学基础。[12]

(1)热力学第一定律

热力学第一定律即能量守恒定律，描述了过程状态变化所遵循的物质和能量守恒。对于任何一个循环经济系统而言，用此定律来描述，必须遵守物质守恒和能量守恒定律。

(2)热力学第二定律

描述过程变化方向所遵循的规律，即封闭系统总是自发地朝着使系统熵增加的方向发展。循环经济系统就是要使原本被弃置的处于高熵状态的物质，重新转变到低熵状态来加以利用，这一过程的实现必须要付出成本——负熵流。

(3)耗散结构与自组织

某些远离平衡状态且包含多基元多层次的开放化学系统，能通过耗散运动(与外界进行物质、能量、信息的交换运动)，在系统内部涨落(局部的起伏偏差)的触发下，可以自组织地形成某种动态稳定的时空上有序的结构，称之为耗散结构(dissipative structure)。协同学(synergetics)从研究对象到方法都与耗散结构相似，耗散结构理论和协同学一并被称为自组织理论。所谓自组织现象，是指自然界中自发形成的宏观有序现象。耗散系统中局部的微小事件，其效应是通过某些复杂的非线性机制的不断放大，促使系统自组织产生新的有序结构和新的功能。相对于线性经济系统而言，循环经济思想的产生、循环经济的相关活动（政策激励/约束、试点、科研）的尝试等都属于局部微小事件，属于系统的“涨落”，而且这种“涨落”极有可能被放大，使线性系统转变成循环经济系统这样一个新的有序结构。

(4)爱因斯坦的质能关系

$E = mc^2$，它揭示了负熵流这一本质，将质量与能量有机地联系起来，物质因而可被看做高密度的能量。在人类的可控核聚变技术最终成熟前，太阳内部的核聚变能量是循环经济系统赖以存在的负熵流的主要来源。

1.3.2 生态学基础

生态学是研究生物与其环境之间相互关系的一门科学。生态学最基本的任务就是研究、认识生物与其环境所形成的结构以及这种结构所表现出的功能关系的规律。

生态系统是在一定时间和空间内，生物与其生存环境以及生物与生物之间相互作用，彼此通过物质循环、能量流动和信息交换形成的一个不可分割的自然整体。生态系统的概念是由英国学者 A. G. Tansley 在 1936 年提出的，50 年代得到了广泛的传播和承认，60 年代已发展成为一个综合性很强的研究领域。

生态系统强调在一定自然地域中，生物与生物之间，生物有机体与非生物环境之间在功能上的统一。生物群落及其环境之间不断进行物质循环和能量交换形成的一个整体，构成生态系统。生态系统由无机物、有机物、太阳辐射能、生产因子、消费因子和还原因子六部分构成。

在生态系统中，通过食物链实现能量流动、物质循环和信息传递来进行资源循环。食物链上每一个环节代表一个营养级，位于同一营养级上的生物通过相同途径，从前一营养级的生物获得食物和能量。营养级的产量逐级递减。物质循环包括水循环、气体循环和沉淀循环。从物质循环，特别是从 C、N 等生物体中大量元素循环中，可看到生态系统中的生产者、消费者和分解者三大功能群的作用和相互关系。在一个自我维持的生态系统中至少要有生产者和分解者这两个成分。

生态系统的规律可总结为整体、协调、循环、再生。生态系统的主要特点可总结为整体协同的动态平衡、相生相克的互为依存、生生不息的循环演进、自我调节的再生能力。

人类的历史可以说是一部人与自然之间的关系史。人类属于自然界的一个组成部分，这是生态学的核心。人类从自然界诞生以来迄今大致经历了三个发展阶段：蒙昧阶段→对立阶段→和谐共存阶段。和谐共存阶段是人们追求的目标和努力的方向，人类也在不断调整自己的航向。

若从哲学的角度来考察，循环经济包含着深刻的哲学道理，是辩证唯物主义基本原理在社会生产实践中的具体运用。物质不会消失而是永恒存在的；废物均可成为资源，取决于投入；运动促进物流，生态就是循环。

1.3.3 经济学基础

既然循环经济是经济的一类，则对其研究离不开经济学的理论和分析方法。

经济学是一门研究如何将有限资源进行合理配置的社会科学，是研究人类社会在各个发展阶段上的各种经济活动和各种相应的经济关系及其运行、发展规律的科学。与循环经济相关的经济学分支包括环境经济学、资源经济学和生态经济学。

环境经济学是研究如何运用环境科学和经济科学的原理和方法，分析经济发展与环境保护的矛盾，以及经济再生产和自然再生产两者之间的关系，选择经济的、自然能承受的物质变换方式，以便用最小的社会和环境代价实现经济社会持续发展，并为人类创造清洁、舒适、优美的生活和工作环境的新兴学科。环境经济学既是环境科学的一个分支，也是经济科学的一个分支，是环境学和经济学发展到一定阶段相互交叉的产物，是用经济学的理论和方法研究人类－环境系统的发生和发展、调节和控制、改造和利用的综合学科。[13]

资源经济学是在研究资源合理开发利用和保护过程中逐渐形成的。原苏联和东欧的一些学者把环境问题看成是自然资源是否合理开发利用的问题，并相应构建了一门自然资源利用经济学或称为环境保护与自然资源经济学。其核心论点是，社会经济再生产过程与自然资源再生产过程紧密相连，社会经济再生产过程以自然资源再生产过程为前提，而自然资源再生产过程的变化又取决于社会经济再生产的方式、结构和规模。因此，资源经济学是研究自然资源与社会经济相互关系及其发展变化规律的学科。它与污染经济学、生态经济学等学科相互交叉，是介于环境科学、经济科学和技术科学之间的边缘学科，是环境经济学的重要组成部分。其研究的内容：一是有关基础理论，包括自然资源的分类及其在经济发展中的地位和作用，二是自然资源稀缺的经济策略与缓和途径，三是主要自然资源如能源、水资源、土地资源、森林资源等的合理开发利用和管理及经济政策问题等。[13]

生态经济学是生态学与经济学交叉发展起来的一门新兴边缘学科。生态经济学的目的是，根据生态学和经济学的原理，从生态规律和经济规律的结合来研究人类经济活动与自然生态环境的关系。具体地说，它是研究使社会物质资料生产得以进行的经济系统和自然界的生态系统之间的对立统一关系的学科，是既从生态学的角度研究经济活动的影响，又从经济学的角度研究生态系统和经济系统相结合形成的更高层次的复杂系统，即生态经济系统的结构、功能及其规律的学科。它研究的主要问题有：探讨人类社会经济与地球生物圈的关系，包括人口过剩、粮食匮乏、能源短缺、自然资源耗竭和环境污染；研究自然生态系统的维持能力与国民经济的关系，为制定符合生态经济规律的社会经济综合发展战略提供科学依据；研究森林、草原、农业、水域和城市等各主要生态经济系统的结构、功能和综合效益问题；研究基本经济实体同生态环境的相互作用的问题。生态经济学的形成和发展体现了当代自然科学和社会科学走向综合统一科学体系的大趋势。[13]

1.4　发展循环经济的伦理道德

发展循环经济需要一种新的道德观和伦理观，徐嵩龄教授认为这是循环经济发展取得成功的基石之一。没有恰当的伦理观，制度建设将失去道德基础。[14]

循环经济的道德观和伦理观，不同于市场经济伦理，也有别于现时的环境伦理。前者缺乏对环境价值观的考虑，后者则往往不能将环境诉求变为切实可行的经济操作。循环经济的伦理观是环境伦理和经济伦理的结合，是公益性伦理观与市场伦理观的结合。发展循环经济要树立全球伦理观；各级政府应将可持续发展作为硬道理；循环经济发展需要企业家的社会责任感。

1.5 循环经济的原则

1.3R 原则

20 世纪 80 年代末，当时位居世界 500 强第 23 位的杜邦公司，开始循环经济理念的实验，提出“3R 制造法”。到 1994 年，该公司生产造成的废弃物减少了 25%，空气污染物排放量减少了 70%。德国于 20 世纪 90 年代颁布《包装废弃物处理办法》和《循环经济和废物管理办法》，规定对废弃物管理的首选手段是避免生产，然后才是循环使用和最终处置。杜邦公司提出的 3R 原则目前已成为循环经济最重要的实际操作原则。[15]

3R 原则中的每个原则的重要性是不一样的，如表 1.2 所示。循环经济的根本目标是要求在经济过程中系统地避免和减少废物，再利用和再循环都应建立在对经济过程进行了充分的源削减的基础之上。“减量化、再利用、再循环”3R 原则中的每一原则对循环经济的成功实施都是必不可少的。3R 原则中，首先是减量化，其次是再利用，最后是再循环，三个原则的先后次序不能随意变更。

表 1.2 循环经济 3R 原则

3R 原则	针对对象	目　的
减量化原则 (Reduce)	输入端	减少进入生产和消费过程的物质和能源流量，从源头节约资源使用和减少污染物的排放
再利用原则 (Reuse)	属于过程性方法	延长产品和服务的使用强度，提高产品和服务的利用效率。要求产品和包装容器以初始形式多次使用，减少一次用品的污染
再循环原则 (Recycle)	属于输出端方法	能把废弃物再次变成资源以减少最终处理量，也就是我们常说的废品回收利用和废物综合利用。再循环能够减少垃圾的产生，制成使用能源较少的新产品

2.5R 理念

2005 年 3 月，在阿联酋举行的世界“思想者论坛”大会上，提出了 5R 循环经济的新经济思想，并得到一致认同，规范了循环经济的理念。[16]5R 理念主要包括：

(1)再思考(Rethink)

改变旧经济理论。新经济理论的重点是不仅研究资本循环、劳力循环，也要研究资源循环，生产的目的除了创造社会新财富以外，还要保护被破坏的最重要的社会财富，维系生态系统。

(2)减量化(Reduce)

除了原有的改变旧生产方式、最大限度地提高资源利用效率，减少工程和企业土地、能源、水和材料投入的概念外，还延伸到减少第二产业的城市化集中，在提高人类生活水准中合理地减少物质需求(满足的是需求，而不是欲望)，如水资源以供定需、节水为主、调水为辅等。

(3)再利用(Reuse)

除了原有的尽量延长产品寿命、做到一物多用、尽可能利用可再生资源、减少废物排放的概念外,还延伸到企业和工程充分利用可再生资源的领域,如尽可能利用地表水、太阳能和风能等。

(4)再循环(Recycle)

除了原有的企业生产废物利用,形成资源循环外,还延伸到经济体系由生产粗放的开链变为集约的闭环,形成循环经济的技术体系与产业体系,如土地复垦、中水回用和余热利用等。

(5)再修复(Repair)

自然生态系统是社会财富的基础,是第二财富,不断地修复被人类活动破坏的生态系统与自然和谐也是创造财富。科技园区是21世纪的新工厂,不仅要减少排污,逐步接近零排放,而且要承担修复周边生态系统的任务,创造第二财富。如建设生态科技园区和循环经济城市等。

1.6 循环经济的四个层面

循环经济产业体系分别通过3R原则实现物质闭环流动的四个层面。[17]

1.杜邦模式——单个企业的循环经济

通过组织厂内各工艺之间的物料循环,延长生产链条,减少生产过程中物料和能源的使用量,尽量减少废弃物和有毒物质的排放,最大限度地利用可再生资源,提高产品的耐用性等。杜邦公司创造性地把循环经济三原则发展成为与化学工业相结合的“3R制造法”,通过放弃使用某些环境有害型的化学物质、减少一些化学物质的使用量以及发明回收本公司产品的新工艺,到1994年已经使该公司生产造成的废弃塑料物减少了25%,空气污染物排放量减少了70%。

2.丹麦卡伦堡工业园区模式——面向共生企业的循环经济

按照工业生态学的原理,通过企业间的物质集成、能量集成和信息集成,形成产业间的代谢和共生耦合关系,使一家工厂的废气、废水、废渣、废热或副产品成为另一家工厂的原料和能源,建立工业生态园区。其典型代表是丹麦卡伦堡工业园区。这个工业园区的主体企业是电厂、炼油厂、制药厂和石膏板生产厂,以这四个企业为核心,通过贸易方式利用对方生产过程中产生的废弃物或副产品,作为自己生产中的原料,不仅减少了废物产生量和处理的费用,还产生了很好的经济效益,形成经济发展和环境保护的良性循环。

3.德国DSD——生产与消费之间的循环经济

德国的包装物双元回收体系(DSD)是专门组织回收处理包装废弃物的非营利社会中介组织,1995年由95家产品生产厂家、包装物生产厂家、商业企业以及垃圾回收部门联合组成,目前有1.6万家企业加入。它将这些企业组织成为网络,在需要回收的包装物上打上绿点标记,然后由DSD委托回收企业进行处理。任何商品的包装,只要印有它,就表明其生产企业参与了“商品包装再循环计划”,并为处理自己产品的废弃包装交了费。“绿点”计划的基本原则是:谁生产垃圾谁就要为此付出代价。企业交纳的“绿点”费,由DSD用来收集包装垃圾,然后进行清理、分拣和循环再生利用。

4.日本循环型社会模式——面向整个社会的循环经济

日本在循环型社会建设方面的举措主要体现在三个层次:一是政府推动构筑多层次法律体系。2000年6月,日本政府颁布《循环型社会形成促进基本法》,这是一部基础法;随后又出台了《固体废弃物管理和公共清洁法》、《促进资源有效利用法》等第二层次的综合法。在具体行业和产品第三层次立法方面,2001年4月日本实行《家电循环法》,规定废弃空调、冰箱、洗衣机和电视机由厂家负责回收;2002年4月,日本政府又提出了《汽车循环法案》,规定汽车厂商有义务回收废旧汽车,进行资源再利用;同年5月底,日本又实施了《建设循环法》,随后规定,建设工地的废弃水泥、沥青、污泥、木材的再利用率要达到100%。第三层次立法还包括《促进容器与包装分类回收法》、《食品回收法》、《绿色采购法》等。二是要求企业开发高新技术,首先在设计产品的时候就要考虑资源再利用问题,如家电、汽车和大楼在拆毁时各部分怎样直接变为再生资源等。三是要求国民从根本上改变观念,不要鄙视垃圾,要把它视为有用资源:堆在一起是垃圾,分类存放就是资源。

1.7 循环经济涉及的领域

1.7.1 环境保护领域

环境保护是指保护人类赖以生存的环境,防止其受到污染和破坏,以便更好地适合于人类生产、生活和自然生物的生存。其任务是运用现代环境科学的理论和方法,深入认识和掌握污染和破坏环境的根源及危害,有计划地保护环境,预防环境质量恶化,控制和治理环境污染,促进人类与环境的和谐发展。

环保产业是伴随着人类环保活动逐步发展起来的,其内容包括环保设备和环保服务。而循环经济是以环保产业为其技术和产业支柱的。循环型产业是环保产业同各个产业部门融合的产物,也是各个产业逐步"绿色化"的产物,它要求衍生出体现循环经济产业结构特点的新兴的环保产业,其以物质循环利用、废物最小化为追求目标,包括废物回收、分拣、处理、回收的相关产业,以及为此提供服务的环保服务产业。

环保领域主要涉及水污染、大气污染、土壤污染、固体废物及化学品污染、噪声及其他物理性污染、海洋污染的防治六个领域。

1.水污染的防治

水污染是指天然洁净水由于人类活动而被污染的现象。1984年颁布的《中华人民共和国水污染防治法》指出,水体因某种物质的介入,而导致其化学、物理、生物或者放射性等方面特征的改变,从而影响水的有效利用,危害人体健康或者破坏生态环境,造成水质恶化的现象称为水污染。

造成水环境污染的污染物主要包括:悬浮物、耗氧有机物、植物性营养物、重金属、酸碱污染、石油类、难降解有机物、放射性物质、热污染、病原体污染十类。其主要的污染来源包括点污染源(如生活污水、工业废水)和面污染源(如农村灌溉径流和无组织排放的废水)。人类活动会使大量工业、农业和生活废弃物排入水中,使水环境受到污染。

目前,全世界每年约有4 200多亿立方米的污水排入江河湖海,污染了5.5万亿立方米的淡水，这相当于全球径流总量的14%以上。人们很早就意识到了污水处理的必要性。如1855年美国在芝加哥建立了第一套完善的卫生排水系统，1886年在纽约建成了第一套污水处理设施。到90年代初美国已经有近2万个市政污水处理厂。

无论污水是否经过处理，污水的排放都可能造成受纳水体的严重污染。污水中高浓度的固体悬浮物(suspended solid)、营养盐和生化需氧量(Biological Oxygen Demand，BOD)是水体富营养化的潜在污染源。标准的污水处理能有效去除污水中大量的固体悬浮物、BOD和病原体，但对氮、磷的去除不到一半。从富营养化的角度来看，即使经过处理的污水也会造成环境问题。因此，对各类水污染应采取相应的基本防治对策。[18]

2.大气污染的防治

大气污染的定义起源于对有害影响的观察。大气污染物达到一定的浓度并持续足够的时间，达到对公众健康、动物、植物、材料、大气特色或环境美学因素产生可以测量的影响，这就是大气污染。

造成大气污染的原因，既有自然因素又有人为因素，尤其是人为因素，如工业废气、燃烧、汽车尾气和核爆炸等。随着人类经济活动和生产的迅速发展，在大量消耗能源的同时也将大量的废气、烟尘物质排入大气，严重影响了大气环境的质量，特别是在人口稠密的城市和工业区域。

人们都期望在没有任何花费的情况下拥有一个完全未被污染的环境，但这是不可能的。合理的目标是用较小的花费得到更为清洁的环境。大气污染控制理论包括：什么是相对清洁的环境、获得这样的环境需要的花费是多少、污染制造者应按何种比例承担这些花费。这些理念是构成污染防治法律法规的基础。在诺埃尔·德·内韦尔(Noel de Nevers)的《大气污染控制工程》[19]一书中提出了四个理论：排放标准原则、大气质量标准、排放税标准和费用－效益标准。美国根据这些理论制定了一系列的大气污染法。

大气污染领域涉及的技术包括：大气污染物的测量与排放估计、空气的净化技术、开发无污染的清洁能源和清洁生产技术。

3.土壤污染的防治

当土壤中所含有害物质过多，超过土壤的自净能力，就会引起土壤的组成、结构和功能发生变化，微生物活动受到抑制，有害物质或其分解产物在土壤中逐渐积累，通过“土壤→植物→人体”，或通过“土壤→水→人体”间接被人体吸收，达到危害人体及动植物健康的程度，这就是土壤污染。

为了控制和消除土壤污染，首先要控制和消除土壤污染源，加强对工业“三废”的治理，合理施用化肥和农药。同时还要采取防治措施，如针对土壤污染物的种类，种植有较强吸收力的植物，降低有毒物质的含量(例如羊齿类铁角蕨属的植物能吸收土壤中的重金属)；或通过生物降解净化土壤(例如蚯蚓能降解农药、重金属等)；或施加抑制剂改变污染物质在土壤中的迁移转化方向，减少作物的吸收(例如施用石灰)，提高土壤的pH值，促使镉、汞、铜、锌等形成氢氧化物沉淀。此外，还可以通过增施有机肥、改变耕作制度、换土、深翻等手段，治理土壤污染。[20]

4.固体废物及化学品污染的防治

固体废物包括城市生活垃圾、农业废弃物和工业废渣。一般来说,城市每人每天的垃圾增量为1~2千克,其多寡及成分与居民物质生活水平、习惯、废旧物资回收利用程度、市政建设情况等有关。国内的垃圾主要为厨房垃圾。有的城市,炉灰占70%,以厨房垃圾为主的有机物约20%,其余为玻璃、塑料、废纸等。农业垃圾主要为粪便及植物秸秆类。工业废渣指工业生产过程中排出的采矿废石、选矿尾矿、燃料废渣、冶炼及化工过程废渣等。

固体废物是"三废"中最难处置的一种,因为它含有的成分相当复杂,其物理性状(体积、流动性、均匀性、粉碎程度、水分、热值等)也千变万化。固体废物的污染防治办法,首先是要控制其产生量。如逐步改革城市燃料结构(包括民用与工业用),控制工厂原材料的消耗定额,提高产品的使用寿命,提高废品的回收率等。其次是开展综合利用,把固体废物作为资源和能源对待。实在不能利用的则经压缩和无毒后填地或投海。

化学品污染是一个日益凸现的新问题。在我国,化学品污染主要来自于化学工业、农药、饲料添加剂、塑料制品、垃圾焚烧甚至家庭装修等,其污染范围和程度都比我们想象的要严重。大部分化学工业固体废物属有害废物,这些废物中有害有毒物质浓度高,若得不到有效处理和处置,会对人体和环境造成很大影响。

固体废弃物控制涉及的相关技术包括:固体废弃物的预处理技术(如收集、运输、贮存、压实、粉碎、分选等)、化学处理技术(如中和法、氧化还原法、化学浸出法)、焚烧处理技术、热解处理技术、堆肥化处理技术、固化处理技术以及固体废物的资源化技术(如废塑料、废橡胶、废电池的回收再利用等)。[21]

5.噪声及其他物理性污染的防治

噪声与电磁辐射不仅会影响人类的健康,也会对周边动植物造成伤害。噪声污染、电子辐射污染和大气污染、水污染一起被称为四大环境污染问题。凡是不需要的,使人厌烦并干扰人的正常生活、工作和休息的声音统称为噪声。噪声不仅取决于声音的物理性质,还和人的生活状态有关。噪声来源于交通运输、工业生产、建筑施工和日常生活。噪声污染对人体健康(含器官损害、心理状态、精神状态)会造成重大而持续的危害,也会使生活质量显著降低。噪声还会对生产和生活造成严重影响,给建筑物带来灾难。强烈的噪声可使高精度仪表失灵。

电磁辐射如今已深入人类生产、生活的各个方面,特别是20世纪末以来全球移动通信的普及,随着电磁辐射的大规模应用,也给人类带来了严重的电磁污染。当电磁辐射强度超过人体所能承受的或仪器设备所能容许的限度时,即产生电磁污染。电磁污染不但能对人体造成严重危害,还可能对电器设备、飞机、建筑物等造成直接破坏。

光污染是指光辐射过量而对生活、生产环境以及人体健康产生的不良影响。最常见的是眩光,即某些建筑物的外墙在太阳光的照射下,其反射强度大大超过人体所能承受的范围。霓虹灯、广告灯、瀑布灯造成的"人工白昼污染"也是一种光污染。另外,核爆炸、电焊、熔炉等发出的强光,以及一些专用仪器设备产生的紫外线也会造成严重的光污染。光污染的直接危害是导致人的视力下降,红外线和紫外线也会伤及视网膜和角膜。"人工白昼污染”会使人正常的生物节律受到破坏。

热污染包括城市热岛效应和水体热污染。城市热岛效应指人口高度密集、工业集中的城区气温高于郊区的现象，是人类活动对城区气候影响中最典型的特征之一。该效应导致城区上空污染物久久不能消散，夏季气候闷热难耐，严重影响人们的工作效率和身体健康。水体热污染指煤矿、油田、电厂等大型能源企业以及化工、轻工等行业排放的废水往往温度较高，造成江河湖等接纳水体局部水温升高，使地表水体自净能力降低，蒸发速率增大，进而影响水生态平衡，危害渔业生产。

6.海洋污染的防治

海洋给予了人类什么？海洋污染是哪里来的？有什么危害？人类可以为保护海洋做什么？

海洋给人类提供的物产主要有：海洋食品（鱼、虾、海带等）、海盐和矿物资源（如铀、银、金、铜等）。海洋的其他功能还有：调节气候（吸收二氧化碳）、蒸发水分有利降雨以及提供能源（潮汐能可以用来发电）等。

引起海洋污染的原因主要有：油船泄漏、海洋倾倒工业废料、生活污水直接排进海洋和用生活垃圾填海。

海洋污染的危害有：①使海洋食品中聚积毒素，人食用后得病；②使海产减少，危及人类的食物源；③使浮游生物死亡，海洋吸收二氧化碳能力降低，加速温室效应；④使海洋生物死亡或发生畸形，改变整个海洋的生态平衡。

人类为保护海洋正在做的努力主要有：禁止向海洋倾倒工业废料、生活污水处理之后再排放入海、垃圾回收利用，不把海洋作为生活垃圾处理场。

1.7.2 生态保护方面

生态是指生物与其生存环境的关系及二者共同组成的有机整体。生态环境是指除被污染的环境之外的人类生存环境，主要包括自然生态环境、农业环境和城市生态环境。生态保护工作应包括这三个部分的保护。

生态破坏与环境污染是不同的。环境污染是由于人类活动排放的物质和能量进入环境造成的；生态破坏是指人类活动给自然环境带来的直接或间接的破坏，如乱砍森林造成水土流失、过度放牧造成草原沙化、过度捕捞造成鱼类资源枯竭、超采地下水造成地面塌陷等。生态保护包括：自然生态环境的保护、生态农业与生态食品的保护、生物多样性的保护等。[22]

1.自然生态环境的保护

自然生态环境是地球长期演化而成的，包括非生物因子和生物因子。非生物因子包括：阳光、空气、岩石、矿物、土壤、河流、湖泊、湿地、地下水、海洋等；生物因子包括动物、植物、微生物。

（1）植被保护

植被是全球或某一地区内所有植物群落的泛称，它是生态系统的基础，为动物或微生物提供了特殊的栖息环境，为人类提供食物和多种有用物质材料。植被还是气候和无机环境条件的调节者、无机和有机营养的调节和储存者、空气和水源的净化者。植被在人类环境中起着极其重要的作用,它既是重要的环境要素,又是重要的自然资源。当前的植被破坏主要有森林破坏和牧场退化两种形式。植被破坏是生态破坏最典型特征之一,它是导致水土流失并最终形成土壤荒漠化的重要根源。目前,全球大面积的荒漠化已严重影响了人类的生存环境。

(2)水土流失

随着森林的砍伐和草原的退化,土地沙漠化和土壤侵蚀将日趋严重。据联合国粮农组织估计,全球30%~80%的灌溉土地不同程度地受到盐碱化和水涝灾害的危害,由于侵蚀而流失的土壤每年高达240亿吨。有学者认为,在自然力作用下,形成1厘米厚的土壤平均需100~400年,因而可以说,土壤侵蚀是场无声无息的生态灾难。

(3)荒漠化

1949年法国植物和生态学家A.Aubreville针对非洲热带草原退化为类似荒漠的环境变化现象,首次提出“荒漠化”这一概念。1992年联合国环境与发展大会这样定义:“荒漠化是由于气候变化和人类不合理的经济活动等因素,使干旱、半干旱和具有干旱灾害的半湿润地区的土地发生退化。”土地开垦成农田以后,生态环境就发生了根本的变化,稀疏的作物遮挡不住暴雨对土壤颗粒的冲击;缺少植被而裸露的地表因日晒风吹,不断地损失掉它的水分和肥沃的表层细土;单调的作物又吸收走了土壤中的某些无机和有机肥料,并随收获被带出土壤生态系统以外,年复一年,不断减少着土壤的肥力,导致土壤品质恶化,于是水土流失便加速进行。荒漠化导致土地生产潜力衰退,土地生产力下降,草地质量下降,对环境造成污染和破坏。

2.生态农业与生态食品的保护

生态农业是农业循环经济的重要发展模式,此概念在1970年首先由美国土壤学家威廉姆·阿尔伯卫奇提出。1980年代初,在世界替代农业研究运动的推动下,为寻求中国农业持续发展模式,以生态学家马世骏为首的一批科学家和以边疆为首的一批农业领导者,提出“中国生态农业”概念。

生态农业的基本内涵是:按照生态学原理和生态经济规律,因地制宜地设计、组装、调整和管理农业生产和农村经济的系统工程体系。它要求把发展粮食与多种经济作物生产,发展大田种植与林、牧、副、渔业,发展大农业与第二、三产业结合起来,利用传统农业精华和现代科技成果,通过人工设计生态工程、协调发展与环境之间以及资源利用与保护之间的矛盾,形成生态上与经济上两个良性循环,实现经济、生态、社会三个效益的统一。

生态农业的主要特征是:①综合性。使农、林、牧、副、渔各业和农村一、二、三产业综合发展,提高综合生产能力。②多样性。以多种生态模式、生态工程和丰富多彩的技术类型装备农业生产,使各区域都能扬长避短。③高效性。通过农业物质循环和能量多层次综合利用和系列化深加工,降低农业成本,提高效益。④持续性。改善生态环境,防治污染,维护生态平衡,提高农产品安全性。

绿色食品是遵循可持续发展原则,按照特定的生产方式生产的,经专门机构认定许可,使用绿色食品标志的无污染、安全优质、营养类食品。绿色食品旨在告诉人们,这类食品出自最佳的生态环境，但还谈不上“生态食品”。绿色食品就是人们常说的“无公害食品”，而“生态食品”则是有机食品，它们在生产和加工中不使用任何人工合成的化肥、农药和添加剂，不允许使用转基因种子，并且须通过有关组织检测认定。在一些国家，若违反使用有机食品标志的规定，会被追究法律责任。

3.生物多样性的保护

随着森林的滥伐和生态环境的破坏，许多野生珍稀生物惨遭浩劫。目前全球的热带雨林，也正以每分钟0.2平方千米(20公顷)的速率减少，照此下去，不出100年，全球的热带雨林将荡然无存，大量珍稀生物也将随热带雨林的消失而灭绝。据统计，目前全世界平均每小时有两个物种灭绝，照此下去，21世纪末，现有物种1/5将会灭绝，生物多样性保护遭受到严峻的挑战。

(1)生物多样性锐减原因

森林乱砍滥伐，碎裂分散；草场超载过牧，退化严重；对动植物资源过量开发利用及偷猎偷采珍稀濒危动植物；不断严重的环境污染；干旱、半干旱地区水资源的不合理利用带来的环境变化；外来物种的侵入；渔业资源的过度捕捞导致的资源衰退，此外，旅游、采矿、围垦湿地等其他活动也对生物多样性产生不利影响。

(2)生物多样性的价值

人类从生物多样性中得到了所需的全部食品、许多药物和工业原料。物种为人类提供了食物的来源，作为人类基本食物的农作物、家禽和家畜等均源自野生相型。野生物种是培育新品种不可缺少的原材料，特别是随着近代遗传工程的兴起和发展，物种的保存有着更深远的意义。

物种多样性对科学技术的发展是不可或缺的。仿生学的发展离不开丰富而奇异的生物世界。生物多样性是维持生态系统相对平衡的必要条件，某物种的消亡可能引起整个系统失衡甚至崩溃。

间接价值主要与生态系统的功能有关，通常它并不表现在国家核算体制上，但如果计算出来，它的价值大大超过其消费和生产性的直接价值。生物多样性的间接价值主要表现在固定太阳能、调节水文过程、防止水土流失、调节气候、吸收和分解污染物、贮存营养元素并促进养分循环和维持进化过程七个方面。随着时间的推移，生物多样性的最大价值可能在于为人类提供适应当地和全球变化的机会。生物多样性的未知潜力为人类的生存与发展展示了不可估量的美好前景，有着重要的价值。

人类的生存离不开其他生物。地球上多种多样的植物、动物和微生物为人类提供了不可缺少的食物、纤维、木材、药物和工业原料。它们与其物理环境之间相互作用所形成的生态系统，调节着地球上的能量流动，保证了物质循环，从而影响着大气构成，决定着土壤性质，控制着水文状况，构成了人类生存和发展所依赖的生命保障系统。物种的灭绝和遗传多样性的丧失，将使生物多样性不断减少，逐渐瓦解人类生存的基础。

(3)保护生物多样性的国际行动和途径

生物多样性的减少，不仅会使人类丧失一系列宝贵的生物资源，丧失它们在食物、医药等方面直接和潜在的利用价值，而且会造成生态系统的退化和瓦解，直接和间接威胁人类生存的基础。因此,国际上较早采取行动,保护各种生物物种和资源,并逐渐形成了一个国际条约体系。1970年以来,陆续通过了以野生动植物的国际贸易管理为对象的华盛顿公约,以湿地保护为对象的拉姆萨尔公约,以候鸟等迁徙性动物保护为对象的波恩公约,以世界自然和文化遗产保护为目的的世界遗产公约及其他一些国际或区域性的公约和条约。1992年,在联合国环境与发展大会上通过了《生物多样性公约》,几个国际环境组织还在会议上公布了"全球生物多样性保护战略",形成了保护生物多样性的综合性公约和战略。中国先后加入了华盛顿公约、拉姆萨尔公约和世界遗产公约、生物多样性公约。

保护生物多样性就是采取措施保护基因、物种、生境和生态系统,使其长期地满足人类各种现实和潜在需求,长期地起到维持生态系统稳定性的作用。为了实现保护生物多样性的目标,各国政府在制定土地开发和农业、林业、牧业、渔业等发展政策时,应当综合考虑保护生物多样性的要求,特别是应当严格限制开发现已所剩不多的自然生境,防止自然生境的进一步缩小和破坏。从保护的具体途径来划分,主要有就地保护、迁地保护和离体保护。就地保护主要是就地设立自然保护区,限制或禁止捕杀和采集等,控制人类的其他干扰活动。通过设置不同类型的保护区,可以形成生物多样性保护区网络。迁地保护和离体保护主要通过建立植物园、动物园、水族馆、种质库和基因库,对野生生物物种和遗传基因进行保护。

1.7.3 资源的合理开发与利用

1.清洁生产

清洁生产是在可持续发展战略指引下的全新的工业生产模式,其理论基础是工业生态学。工业生态学属于应用生态学的一个分支,它用生态学的理论观点考查工业代谢过程,亦即从取自环境到返回环境的物质转化全过程,来研究工业活动与生态环境的相互关系。

钱易、唐孝炎主编的《环保与可持续发展》[23]一书中,清洁生产的概念被归纳如下:

清洁生产谋求达到两个目标:①通过资源综合利用,短缺资源的代用,二次能源的利用,以及节能、降耗、节水,合理利用自然资源,减缓资源的耗竭。②减少废物和污染物的排放,促进工业产品的生产、消耗过程与环境相容,降低工业活动对人类和环境的风险。清洁生产包括三方面的内容:清洁的能源、清洁的生产过程和清洁的产品。所以,清洁生产是从生态-经济大系统的整体优化出发,对物质转化的全过程不断采取战略性、综合性、预防性措施,以提高物料和能源的利用率,减少以及消除肥料的生成和排放,降低生产活动对资源的过度使用以及对人类和环境造成的风险,实现社会的可持续发展。

实施清洁生产的七个方向是:资源综合利用;改革工艺和设备;组织厂内物料循环;加强管理;改革产品体系;必要的末端处理;组织区域内清洁生产。

ISO 14000国际通用标准规定了各国通用的有关环境管理体系的各项要求,其认证活动为清洁生产的推行注入了新的推动力。

2.水土资源

汪祖杰在《我国水资源可持续再生系统的新视角》[24]一文中指出,从长远和根本出路看，我国当前的治水与管理的战略与策略应与我国古代传统的方略相结合：改变当前水利管理和改造的思路；自然水系应包括上中下游的地表、地下等不同区域不同层次的水循环系统；京杭运河是调剂我国南北水系和水循环流量的心脏；淮河是联系长江水系和黄河水系的中间带；转变单纯排洪防汛的观念，树立积蓄洪水和季风雨的水资源平衡生态观念。

王永生在《发展循环经济，实现我国国土资源可持续利用》[25]一文中指出，发展循环经济有利于国土资源的可持续利用，实现国土资源可持续发展的一个关键核心问题是如何提高资源的利用率乃至永续利用。

20世纪70年代，苏联和美国专家提出“取自土壤的营养物质应还给土壤”的生态学观点，1999年UNDP（联合国开发计划署）淡水高级顾问安德逊提出“利用污水灌溉农田比使用化肥更安全”的观点。朱莉·斯托弗在《水危机——寻找解决淡水污染的解决方案》一书中提出“污水进入土壤，雨水进入河道”的主张。由此产生污水－土壤循环经济的新概念，其最大效益是把取自土壤的营养物质返回土壤，从而减少入河污染量及其处理费用，减少城市污泥的处置，同时可达到改善土壤有机质、节约新鲜水资源、减少化肥施用量及其对水体的污染等多种效益的目标。利用土壤净化污水，利用污水滋养土壤，是一项生态经济效益十分显著的循环经济工程。

3.可再生能源

2006年1月《中华人民共和国可再生能源法》正式实施，旨在促进可再生能源的开发利用，增加能源供应，改善能源结构，保障能源安全，保护环境，实现经济社会的可持续发展。可再生能源是指风能、太阳能、水能、生物质能、地热能、海洋能等非化石能源。

(1)太阳能

太阳能是最重要的基本能源，太阳内部进行着由氢聚变成氦的原子核反应，不停释放出巨大能量，不断向宇宙空间辐射能量，这就是太阳能。太阳内部的这种核聚变反应可维持很长时间，据估计约有几十亿至几百亿年，相对于人类的有限生存时间而言，太阳能可以说是取之不尽，用之不竭的！

太阳能的总量很大，我国陆地表面每年接受的太阳能就相当于1 700亿吨标准煤，但很分散，能流密度较低，到达地面的太阳能每平方米只有1千瓦左右。同时，地面上太阳能还受季节、昼夜、气候等影响，时阴时晴，时强时弱，具有不稳定性。根据太阳能的特点，必须解决太阳能采集、太阳能转换、太阳能贮存、太阳能输送四个基本技术问题，才能有效地利用太阳能。

(2)风能

放眼全球，风力发电正成为各国争相发展的新兴能源。目前，欧洲的风电装机容量已相当于25座核电站的发电量，全球风电总装机容量年增长率更是在30%以上，美国、意大利、德国、法国的年增长率更高达50%。中国科学院院士何祚庥不久前也在一份《新能源发展展望——风力发电和能源短缺》的报告中指出，风能是地球与生俱来的丰富资源，加快开发利用风能已成为全球能源界的共识。

风能除了可以减弱工业化社会对矿物燃料的消费依赖外，还可以给人类带来电力，风力发电的优越性已被越来越多的国家重视。风力发电是一种干净的可再生能源，它没有常规能源所造成的环境污染，而且技术成熟，单机容量大，建设周期短，完全是一种安全可靠的能源。目前，风电在全球已发展为年产值超过50亿美元的庞大产业。从长远看，无论是工程投资还是发电成本，都会逐步接近火力发电。应该说，风力发电是一个极具发展潜力的产业。有关资料显示，风力发电最大的优点是可再生、无污染，一台单机容量为1 000千瓦的风机与同容量火电装机相比，每年可减排2 000吨二氧化碳、10吨二氧化硫、6吨二氧化氮。欧美国家近年来对风电产业大加青睐，出台了许多政策来促进风电开发。截至2003年底，全球风电装机总容量已超过3 900万千瓦，预计2012年将达到240兆千瓦。

我国风能资源储量居世界首位。据保守测算，仅陆上可开发的风电装机容量就达2.5亿千瓦，与可开发的水电装机容量为同一数量级，再加上近海的风能资源，我国可开发风能资源估计在10亿千瓦以上。国外专家评论，中国单靠风力发电就能轻而易举地将现有电力生产翻一番。

(3)地热能

地热能是来自地球深处的可再生热能。它起源于地球的熔融岩浆和放射性物质的衰变。地下水的深处循环和来自极深处的岩浆侵入地壳后，把热量从地下深处带至近表层。在有些地方，热能随自然涌出的热蒸汽和水而到达地面，自史前起它们就已被用于洗浴和蒸煮。通过钻井，这些热能可以从地下的储层引入水池、房间、温室和发电站。这种热能的储量相当大。据估计，每年从地球内部传到地面的热能相当于100拍瓦·时(10^{14}千瓦·时)。不过，地热能的分布相对来说比较分散，开发难度大。实际上，如果不是地球本身把地热能集中在某些地区(一般来说是那些与地壳构造板块的界面有关的地区)，用目前的技术水平是无法将地热能作为一种热源和发电能源来使用的。中国的低中温地热藏量居世界第一。

(4)沼气能(生物质能)

沼气是各种有机物质，在隔绝空气(还原条件)，并在适宜温度、湿度下，经过微生物的发酵作用产生的一种可燃烧气体。沼气主要成分是甲烷，约占所产生的各种气体的60%~80%。甲烷是一种理想的气体燃料，它无色无味，与适量空气混合后即可燃烧。每立方米纯甲烷的发热量为34 000焦，每立方米沼气的发热量为20 800~23 600焦。即1立方米沼气完全燃烧后，能产生相当于0.7千克无烟煤燃烧提供的热量。

关于沼气发生的基本原理，目前尚在探索之中。沼气的形成过程大致可分为两个阶段，首先将各种复杂的有机物转化为低级脂肪酸，例如丁酸、丙酸、乙酸；然后把上述各类产物继续转化为甲烷和二氧化碳等。

目前，世界各国已经开始将沼气用做燃料和用于照明。用沼气代替汽油、柴油，发动机器的效果也很好。现在，沼气的应用正在各国广大农村推广，沼气能源在开发利用的普及等方面，已经取得了较好的成绩。据估计，在英国，利用人和动物的各种有机废物，通过微生物厌氧消化所产生的甲烷，可以替代整个英国25%的煤气消耗量。从世界范围看，利用各种微生物协同作用生产甲烷的研究和应用，正处于方兴未艾的阶段。

近年来，我国沼气事业获得了迅速的发展，沼气池总数已达到1 000多万个。在四川、浙江、江苏、广东、上海等省市农村，有些地方除用沼气煮饭、点灯外，还办起了小型沼气发电站，利用沼气能源做动力进行脱粒、加工食物及饲料和制茶等，闯出了用"土"办法解决农村电力问题的新路子。

21世纪，沼气在农村之所以能够成为主要能源之一，是因为它具有不可比拟的优点，特别是在我国的广大农村，这些优点就更为显著了。首先，沼气能源在我国农村分布广泛，潜力很大，凡是有生物的地方都有可能获得制取沼气的原料，所以沼气是一种取之不尽、用之不竭的再生能源。其次，可以就地取材，节省开支。沼气电站建在农村，发酵原料一般不必外求。兴办一个小型沼气动力站和发电站，设备和技术都比较简单，管理和维修也很方便，大多数农村都能办到。据调查对比，小型沼气电站每千瓦投资只要400元左右，仅为小型水力电站的1/3~1/2，比风力、潮汐和太阳能发电低得多。小型沼气电站的建设周期短，只要几个月时间就能投产使用，基本上不受自然条件变化的影响。采用沼气与柴油混合燃烧，还可以节省17%的柴油。我国地广人多，生物能资源丰富。研究表明，21世纪，无论在农村还是城镇，都可以根据本地的实际情况，就地利用粪便、秸秆、杂草、废渣、废料等生产的沼气来发电。

4.建筑节能

建筑节能是一门综合性学科，它涉及建筑、施工、采暖、通风、空调、照明、电器、建材、热工、能源、环境、检测、计算机应用等许多专业内容，是在许多学科边缘的交叉和结合后形成的，因此建筑节能技术也是一门综合性的技术，包含了多个领域。

建筑节能发展的重点领域是研究新型低能耗的围护结构(包括墙体、门窗、屋面)体系成套节能技术及产品；新能源的开发和能源的综合利用，包括太阳能、地下能源开发利用和能源综合利用，室内环境控制成套节能技术的研究和设备开发；利用计算机模拟仿真技术分析制冷空调系统，对制冷空调系统进行智能控制，最大限度减低运行能源现有建筑的节能改造成套技术，特别是围护结构和采暖空调系统改造；建筑物室内温度和湿度控制技术和冷热量计量收费技术及产品。

建筑节能的关键技术：围护结构的热传递机理；节能指标体系优化方法以及建筑低能耗围护结构组合优化设计方法，冷热源的优化运行方式，包括制冷采暖系统运行工况优化调控、冷热负荷的预测技术、开发调节控制软件等；建筑室内温度控制和冷热量计量控制成套技术，包括适合中国国情的控制产品、冷热量计量装置的研制、计量收费系统的数学模型和软件、自动计量及收费网络系统的开发；新能源供热制冷成套技术的研究开发，包括地热能、太阳能、地下和地面水体蓄能等的开发利用，低能耗建筑的综合设计体系研究，建筑设计、环境控制和节能设计的优化匹配，节能建筑和节能设备优选和集成，以及相应优化节能设计软件的开发等。

5.矿产资源

我国矿产资源虽然总量丰富，但人均占有量不足，仅为世界人均水平的58%。我国矿产资源主要存在三个问题：支柱性矿产(如石油、天然气、富铁矿等)后备储量不足、大型特大型矿床少、资源分布与生产力布局不匹配。预计2010年我国45种主要矿产品中，关系到国计民生的大宗矿产将难以保证需求，不得不依赖进口。

目前我国矿产资源开发利用中存在的主要问题有:矿产资源开发粗放,资源浪费严重,矿产资源加工深度不够,回收率低;矿产资源综合利用率低;矿业管理体制落后,矿产资源管理相对薄弱。

矿产资源实现可持续发展的循环经济模式的对策有:加强循环经济地方法规体系和政策支持体系建设;依靠科技,提高能源节约与资源综合利用整体技术水平;加强对废弃物的综合利用;加大信息、宣传和培训力度。

自然资源短缺、环境质量恶化、自然灾害频发、资源与环境管理能力薄弱、科技储备能力不足等问题,在相当程度上制约着我国经济、社会的可持续发展,这与矿产资源的开发利用和保护密切相关。如何利用循环经济理念科学管理、开发、利用矿产资源,是一个亟待解决的现实问题。

6.再生资源回收与利用

从人类社会发展历史来看,在工业社会发展初期,自然资源相对丰富,一般是容易开采且较廉价的,经济的发展通常表现出对自然资源的高度依赖。但是,随着越来越多的资源被开采使用,资源的可开采量不断减少,开采资源的成本也越来越高。与此同时,随着经济社会的发展,人口相对集中,社会财富不断积累,人们的消费水平不断提高,废弃物的产生量不断增加。废弃物的处理成本也随着环境自净能力的降低、土地价值的增长等因素的影响,呈逐步上升趋势。因此,随着原生资源开采费用的增加和废弃物处理成本的上升,人们越来越重视再生资源的回收利用问题。通过将再生资源回收再利用,既为原生资源寻找到了替代品,也降低了废弃物的处理成本。

由于我国目前再生资源回收率较低,所以回收率的提高或回收量的上升常被作为再生资源回收工作的衡量指标或最终目标。然而,从环保和经济社会可持续发展的角度来看,再生资源回收利用只是手段而不是目的,在决定以什么方式处置废弃物时,必须弄清楚哪种处置方式有助于达到回收利用的目的。而不应该不计社会经济、环境成本地盲目提高回收率。有学者认为,再生资源回收利用的目的有如下几点:

(1)节约垃圾填埋场地和垃圾处理费用

目前我国的垃圾清运处理费用是由政府直接支付的,所以这就增加了财政负担。同时,由于社区环境没有得到有效净化,市民经常抱怨环卫工作不力。

(2)提高环境质量

再生资源回收利用可以减少直接排向环境的废弃物,减少垃圾填埋量,进而减少环境污染物、填埋场温室气体和有毒物的残留。

(3)提高经济发展的可持续性

减少不可再生资源的使用量,确保可再生资源的使用在可承受范围之内,比如森林不能过度砍伐、地下水不能过度开采等。

再生资源的回收利用,本身也是一个耗费资源和影响环境的过程。再生资源的回收所需成本包括回收的社会经济成本和环境成本,而不回收直接做垃圾处理的成本则包括无害化处理成本、无害化处理后的环境成本和生产再生产品的机会成本。从整个社会的福利角度考虑,只有当回收的经济成本加上回收造成的环境成本小于不回收直接做垃圾处理的成本时，再生资源的回收才是有利于增加社会福利的。由此可见，当某种再生资源回收利用方式的社会、环境成本过大，就可能达不到回收目的，甚至可能对社会、环境造成负面影响。比如，回收铝制易拉罐制造再生铝通常可以减少制造新铝所需资源，并且可以减少环境污染；但是，要回收包装袋里所含的铝可能就需要耗费比生产这些再生铝更多的资源。因此，回收率并不是越高越好。在判断回收多少、如何回收、如何处理废旧物资时必须以回收利用的目的为判别标准，而不能忽略部分回收处理成本，尤其是环境成本，来一味提高某种物质的回收率。

再生资源回收利用工作对于我国经济社会可持续发展和环保意义重大，因此，需要客观评价再生资源回收利用的经济环境成本，回收率并不是越高越好。在决定回收什么、如何回收、如何处理方面，需要综合权衡各种方式的经济、环境成本。再生资源回收作为一项群众性事业，需要微观主体的积极参与。废弃物边际处理成本内部化是提高回收积极性的重要激励因素之一，只有废弃的边际处理成本显性化，才能从经济上制约微观主体的行为选择。

主要参考文献

[1] RACHEL C.寂静的春天[M].北京：科学出版社，1979.

[2] KENNEH E BOULDING. Earth as a spaceship[EB/OL]. [2008-12-30] http://www.colorado.edu/econ/Kenneth.Boulding/spaceship - earth.html.

[3] ALLEN V KNEESE, ROBERT U AYRES, RALPH C DARGE.经济学与环境：物质平衡方法[M].上海：三联书店，1991.

[4] DENNIS L MEADOWS.增长的极限[M].北京：商务印书馆，1984.

[5] 联合国人类环境宣言（1972 年斯德哥尔摩宣言）[EB/OL]. http://www.cef.ngo.cn/read.php? wid = 490.

[6] 世界环境与发展委员会. 我们共同的未来[M].北京：世界知识出版社，1989.

[7] 里约环境与发展宣言[EB/OL]. [2008-06-10] http://www.cef.ngo.cn/read.php? wid = 489.

[8] 联合国可持续发展二十一世纪议程[EB/OL]. [2008-06-10] http://www.un.org/chinese/events/wssd/agenda21.htm.

[9] 联合国气候变化框架公约[M].北京：中国环境科学出版社，1994.

[10] 焦志延，贾炅.德国的废弃物管理：封闭物质循环和绿点标志[J].世界环境，1999(2).

[11] 周宏春，刘燕华.循环经济学[M].北京：中国发展出版社，2005.

[12] 金涌，胡山鹰，陈定江. 循环经济的工程科学基础[J]. 建材发展导向，2005(2).

[13] 郑州环境保护局网站[EB/OL].[2008-06-20] http://www.zzepb.gov.cn/huangbaoju.

[14] 徐嵩龄. 环境伦理观的选择：可持续发展伦理观[J]. 生态经济，2000(3):38-40.

[15] 周正祥，循环经济的理念及其 3R 原则[EB/OL].(2006-05-14)[2008-06-30] http://www.chinavalue.net/Article/Archive/30852.html.

[16] 循环经济的 5R 理念[J].资源节约与环保,2005(4):44.
[17] 孟赤兵,荀在坪. 循环经济要览[M]. 北京:航空工业出版社,2005.
[18] EDWARD A LAWS. 水污染导论[M]. 北京:科学出版社,2004.
[19] 诺埃尔 德 内韦尔. 大气污染控制工程[M]. 北京:化学工业出版社,2005.
[20] 周启星,宋玉芳.污染土壤修复原理与方法[M].北京:科学出版社,2004.
[21] 张小平. 固体废物污染控制工程[M]. 北京:化学工业出版社,2004.
[22] 孔繁德. 生态保护[M]. 北京:中国环境科学出版社,2005.
[23] 钱易,唐孝炎.环保与可持续发展[M]. 北京:高等教育出版社,2000.
[24] 汪祖杰. 我国水资源可持续再生系统的新视角[J]. 开放导报,2002(6):41-43.
[25] 王永生. 发展循环经济,实现我国国土资源可持续利用[J]. 海洋开发与管理,2004(6):54-57.
[26] 冯之浚.循环经济导论[M].北京:人民出版社,2004.
[27] 付晓萍.有害化学品的污染控制对策[J].黑龙江环境通报,2005(3):11-12,53.
[28] 中国环保产业网.[2009-04-30]http://www.cepi.com.cn.
[29] 张华,刘应宗.再生资源回收问题初探[J].安徽农业科学,2006(2):308-309.
[30] 王立红.循环经济——可持续发展战略的实施途径[M].北京:中国环境科学出版社,2005.

（赵国英　张晓力）

政策编

2　发达国家循环经济立法的现状及推进政策

人与自然和谐发展业已成为当今国际社会的共同追求，越来越多的国家特别是发达国家把可持续发展确定为国家战略。许多国家和地区政府都综合利用立法、财政、税收、行政等手段，大力推动节能降耗、发展循环经济、保护生态环境。

2.1　立法——推动与保障循环经济的发展

经过长期的实践，一些发达国家已经实现了循环经济法制化和社会化，运用法律规范推动和保障循环经济的发展和循环型社会的形成。就立法性质而言，目前发达国家有关循环经济的立法模式大体上可分为两种：一种可称之为污染预防型，如美国等国家，将资源的回收利用纳入污染预防的法律范畴，属于广义上的环境法；另一种可称之为循环经济型，如德国 1994 年公布实施的《循环经济和废物处置法》、日本 2000 年公布实施的《建立循环型社会基本法》，将整个社会活动纳入循环经济轨道，对这些国家而言，建立循环型社会，已经超出了一般意义上环境法的范畴。[1]

2.1.1　德国——源于垃圾经济，最早立法

德国是世界上最早实施循环经济的国家之一。德国政府在处理环境污染和经济发展的矛盾方面起步较早，绿色的环保组织的兴起使得公众较早地接受了循环经济理念，这两方面的原因，促使德国成为最早在相关专门领域进行循环经济立法的国家。

早在 1972 年，德国就制定实施了《废弃物处理法》，但当时立法的目标仅仅是为了“处理”生产和消费中所产生的废物，仍属环境问题的末端处理方式。因此，该法尚不属于循环经济性质的立法。[1]

1986 年，德国将《废弃物处理法》修改为《废弃物限制处理法》，强调要采用节约资源的工艺技术和可循环的包装系统，把避免废物的产生作为废物管理的首选目标，将立法目的由“怎样处理废弃物”转变为“怎样避免废弃物的产生”。

1991 年，德国首次按照从资源到产品再到资源的循环经济思路制定了《包装废弃物处理法》（该法分别于 2000 年和 2001 年两次修订），要求生产商和零售商对于商品的包装物要尽可能减少并回收利用，以减轻填埋和焚烧的压力。

1994 年 9 月 27 日，德国颁布了发展循环经济的《循环经济和废物处置法》，成为世界上第一部有关循环经济立法的综合性法律。该法把资源闭路循环的循环经济思想从商品包装拓展到社会相关领域，规定对废物管理的手段首先是尽量避免其产生，同时要求对已

经产生的废物进行循环使用和最终资源化的处置。

《循环经济和废物处置法》于1998年进行了修订,同年还根据这项法律修改了《包装法令》。在此法律框架下,德国还根据各个行业的不同情况,制定促进该行业发展循环经济的法规,如《饮料包装押金制度》、《废旧汽车处理规定》、《废旧电池处理规定》、《废木料处理办法》等。

此外,1999年德国制定了《垃圾法》和《联邦水土保持与旧废弃物法令》。2000年制定了《2001年森林经济年合法伐木限制命令》,2001年制定了《社区垃圾合乎环保放置及垃圾处理场令》,2002年制定了包括推进循环经济在内的《持续推动生态税改革法》和《森林繁殖材料法》,2003年修订了《再生能源法》。

德国关于循环经济的立法及其实践,对世界各国产生了巨大影响,自20世纪90年代以来,包括日本、欧盟各国等经济发达国家,都不同程度依据德国的循环经济的思想制定或修订了本国的废物管理的法律规范。[1]

2.1.2 日本——体系完备,基本法统率综合法和专项法

虽然日本发展循环经济、制定建立循环型社会的法律起步较晚,但其起点高,采取的法律措施比较坚决和全面,所取得的环境和经济效果都比较显著。目前日本的循环经济立法是世界上最完备的,这也为日本成为资源循环利用率最高的国家提供了保证。日本的循环经济立法模式与德国不同,在立法体系上采取基本法统率综合法和专项法的模式。

1991年,日本国会再次修订了1970年的《废弃物处理法》(该法已修改过20次),并通过了《资源有效利用促进法》,确定了促进报废汽车和家用电器等循环利用而进行判断基准、事前评估、信息提供等的运作机制。1993年,日本又以减少人类对环境的负荷为理念制定了《环境基本法》,实现了环境立法从完备单项法律体系为目标走向法典化的重要一步。依据此法律,日本政府在1994年制定了环境基本计划,作为环境政策的一项长期目标。1995年制定了以促进包装容器的再利用,减少一般废弃物量为目的的《容器和包装物的分类收集与循环法》,其从2000年开始全面实施,对可再利用的包装容器进行了明确的规定。这项法律的意义在于明确了除了以往自治体对一般废弃物的处理责任以外的包括制造者、排放者的关于包装容器废弃物的责任。1998年出台了《特种家用电器循环法》,从2001年开始实施,废弃的家电制品的处理责任要求由家电制造商承担,成为其对象的家电制品,有空调、显像管、冰箱和洗衣机四类。家电制造商,就上述四类家电制品,对制品质量的50%~60%履行再利用义务。

20世纪90年代末,伴随着这几项法令的实施,日益增长的公众意识逐渐演变成一种需要,需要改变现存的社会经济体系,并发展一种能使日本在21世纪克服其环境与资源限制的新型社会经济体系。日本国际贸易工业部工业结构委员会在1999年7月准备了一份《循环经济规划》的报告,这份报告认为,为了同时取得环境保护与经济的可持续发展,必须建立起"一种循环型经济体系",以便将环境保护与节约资源融合到经济活动的各个层面。

2000年被日本视为"循环型社会元年",日本国会通过了六项法案:《建立循环型社会基本法》、《建筑材料循环法》、《可循环性食品资源循环法》、《绿色购买法》、《废弃物处理法

(修订)》和《资源有效利用促进法(修订)》。2001年通过《多氯联苯废弃物妥善处理特别措施法》,2002年通过《报废汽车循环利用法》。日本的循环经济法律体系呈现出表2.1所示层次。

表2.1 日本循环经济法律体系

法律层次	法律名称	制定时间
基本法	环境基本法	1993年
	建立循环型社会基本法	2000年
综合法	废弃物处理法	1970年
	资源有效利用促进法	1991年
专项法	容器和包装物的分类收集与循环法	1995年
	特种家用电器循环法	1998年
	建筑材料循环法	2000年
	可循环性食品资源循环法	2000年
	绿色购买法	2000年
	多氯联苯废弃物妥善处理特别措施法	2001年
	报废汽车循环利用法	2002年

2.1.3 美国——重视资源再循环,法规、政策并举

目前,美国还没有一部全国性的循环经济法规,但美国有《资源保护和回收法》(1976年通过,1984年修订)和《污染预防法》(1990年制定),在一定程度上体现着发展循环经济的要求。同时,美国联邦政府和各州政府还推行了一些有利于发展循环经济的政策。自20世纪80年代中期以来,美国已有半数以上的州先后制定了促进资源再生循环利用的法规。美国加利福尼亚州1989年通过了《综合废弃物管理法令》,要求在2000年以前,对50%的废弃物通过源削减和再循环的方式进行处理,未达到要求的城市将被处以每天1万美元的行政性罚款。美国7个以上的州规定,报纸的40%~50%必须使用由废纸制成的再生原料。佛罗里达州对向本地市场出售的所有饮料容器征收5美分的预付处理税,这些钱直接划入本州循环发展基金,以开展循环经济发展的相关研究。[1]

2.1.4 英国——制定环境标准,立法建立环境控制体制

英国环保立法可以追溯到19世纪,1863年国会通过立法建立了第一个环境监察机构,于1875年制定了与环境保护有关的《公共健康法》,1876年制定了《河流法》。

20世纪70年代后,立法指导思想逐渐转为通过制定标准来避免产生环境问题的污染预防。立法主要遵循可持续发展、污染者付费、污染预防三个基本原则,并且据此形成了环境影响评价体系、综合污染控制和环境管理标准。依靠和运用法律手段,特别是制定环境标准,是英国环境控制体制的核心,并且形成了一套法规体系。

1972年制定了世界上第一部控制危险废物的法律《有毒废物处置法》,1974年制定了《污染控制法》。目前英国施行的清洁生产和环保法律主要有《环境保护法》、《污染预防法》《水资源法》、《废弃物管理法》等。英国通过制定一系列法律,促进经济社会结构循环式发展。

2.1.5 法国——全民义务,立法保证地区、部门与行业间的协作

法国关于循环经济的立法主要体现在1975年7月15日通过的第一部环保型立法——《垃圾处理法》,该法是以卫生和健康为主要目的,要求妥善处理垃圾废品,尽量减少对环境的污染。1992年7月13日,法国通过了第二部《垃圾处理法》,该法体现了新的环保观念,要求充分做到垃圾循环再利用,尽可能地变废为宝,同时明确了政府、企业、公民主动参与环保的法律责任和义务。

在这两项法律的基础上,法国环境部门又制定了各种垃圾处理的单性法规。从家庭垃圾、过期药品、废旧电池、淘汰电器、废旧轮胎到报废汽车,许多种类的垃圾从收集、运输到最终处理都有法可依。

法国政府为防治或减少废物的产生,制定了采用"清洁工艺"生产生态产品及回收利用和综合利用废物等一系列政策。法国环境部还设立了专门机构从事这一工作,每年给清洁生产示范工程补贴10%的投资,给科研的资助高达50%。法国从1980年起还设立了无污染工厂的奥斯卡奖金,奖励在采用无废工艺方面做出成绩的企业。法国环境部还对100多项无废工艺的技术经济情况进行了调查研究,其中无废工艺设备运行费低于原工艺设备运行费的占68%,对超过原工艺设备运行费的给予财政补贴和资助。

同时法国十分注重通过立法加强地区、部门与行业间的协作。对于不同种类垃圾的处理,各相关行业的协会组织发挥了重要作用,承担了大量的法律义务。

2.1.6 欧盟——着眼废物管理和利用,指导欧盟成员国立法

欧盟法律政策的表现形式可以分为两大类:一是欧盟环境法律(又称法律框架或法律体系);二是非法律的欧盟环境政策文件(又称政治框架或软法)。

欧盟及其前身欧共体一直都关注废物处理和回收利用的法律规制问题,其先后通过的法律文件主要有《废油指令》、《废物处置框架指令》、《有毒废物指令》、《共同体废物管理战略》、《废物运输规则》、《废物指令》、《报废车辆指令》和《报废电器和电子设备指令》等。这些具体立法的基本内容着眼于废物的管理和利用,首先进行废物预防,抑制废物形成;其次回收使用;最后进行焚烧产能和填埋处理。上述法律文件对欧盟及其成员国的循环经济发展有着直接或间接的约束力,起指令性或指导性作用。

在欧盟机构和德国不断加强和完善循环经济法制建设的影响下,其他的欧盟成员国根据本国的国情,丰富和发展了自己的循环经济立法,有的在现行的环境基本法中补充了有关的废物回收、回用和处置制度。[2]

2.1.7 丹麦——树立典范,立法明确资助

丹麦虽然目前还没有看到以"循环经济"命名的法律法规,但实际上是开展循环经济

实践最早的国家之一。著名的卡伦堡生态工业园早在20世纪60年代末就初具雏形,历经几十年的发展,规模和影响力不断扩大,成为其他国家发展循环经济、实施区域循环经济的传统典范。

丹麦于1991年6月颁布了新的丹麦环境保护法《污染预防法》,这一法案在"清洁工艺和回收"一节中规定:①对通过采用清洁工艺和回收利用而大幅度减少对环境影响的研究和开发项目提供资助,并对清洁工艺和回收利用方面的信息活动给予资助。②对某些会对公共行业或社会整体带来效益的项目可提供高达100%的资助。③对其结果属于应用性的项目和研究提供不超过75%的资助。④对工厂中回收研究项目提供25%的资助。⑤对用于收集所有类型废物设备进行的研究可提供高达75%的资助。[3]

丹麦从1992年开始就制定废弃物排放和循环利用规划,并且要求各地方政府同时制定地区性规划,而且规划要公示,要广泛征求社会各方面的意见。规划一经颁布,必须严格实施监控。从1997年起丹麦规定所有可燃性废弃物必须作为能源回收利用,禁止填埋。目前,丹麦已经完成了制定《丹麦2005~2008年废弃物战略规划》的工作。

2.2 政策助推发达国家循环经济

2.2.1 借助产业政策推进循环经济

产业政策在循环经济政策支撑体系中占有重要位置。良好的产业政策,尤其是健全的废物回收再利用产业和中介组织是完善循环型工业产业链的关键。

1.德国的垃圾处理产业化政策

德国政府较早地认识到垃圾处理是全民的事业,由于其投资巨大,因此不能完全依靠政府来解决垃圾问题,只有广泛吸引私人经济参与才能迅速发展,以便推动垃圾处理市场化和产业化,其中双向回收系统有限责任公司(DSD)负责包装废弃物处置就是典型的例子。由于DSD完备的垃圾回收体系的有效实施,德国包装材料的回收利用率不断提高,已从1990年的13.3%增加到2002年的80%。产品包装的循环再生能力也不断加强,玻璃的再生利用率达到90%,纸质包装为60%,而轻物质材料包装则达到50%。[4]

2.日本发展静脉产业[5]

发展静脉产业是日本建立循环型社会的重点领域和切入点,也是日本为发展循环型社会树立的典型示范。

日本从1997年开始即在"零排放工业园"基础上规划和建设生态工业园区,并把它作为建设循环型社会的重要举措。日本政府现已先后批准建设了23个生态工业园区,这些生态工业园区由环境省会同经济产业省根据废弃物产生种类和数量以及经济运送距离,综合考虑地方政府的积极性和当地环境要求而批准设立。

事实证明,日本发展静脉产业型的生态工业园区不仅成为解决环境问题的主要途径,而且已成为当地新的经济增长点,受到各地方政府的积极响应和大力支持。同时,由于此项工作由环境省直接负责,确保了以环境安全为前提的静脉产业的有序发展。

3.法国可再生能源战略

法国计划在2010年将可再生能源发电在电力生产中的比例从1997年的15%提高到

22.1%,其中除水力以外的可再生能源发电所占的比例由 2.2%提高到 8.2%。为此,法国政府对可再生能源的科研投入、技术应用和市场化等各个环节都给予了大力支持。据统计,2002 年法国科研机构的能源研发总经费为 9.4 亿美元,其中 5 000 万美元用于可再生能源。生物能、太阳能和地热能技术研发获科研经费最多。

虽然可再生能源的技术应用初期运营成本高、风险大,导致其价格相对于传统能源处于劣势,但多年来,法国政府一直采取投资贷款、减免税收、保证销路、政府定价等措施扶持企业投资可再生能源的技术应用项目。

4.产业技术政策

美国于 1995 年设立了"总统绿色化学挑战奖",旨在重视和支持那些具有基础性和创新性、并对工业界有实用价值的化学工艺新方法,以通过减少资源消耗来实现对污染的防治。英国借鉴美国的经验,从 2000 年开始颁发"绿色化学奖",以此对化学工业方面的有利于生态工业和循环经济发展的创新技术设计进行奖励。丹麦政府从 1987 年开始设立基金,对垃圾回收利用和开发应用清洁生产技术进行补贴。1998 年后主要针对清洁生产进行补贴,仅对部分垃圾处理补贴,目前每年补贴额为 1.5 千万 ~ 2 千万丹麦克朗。

2.2.2 倡导绿色消费,实施绿色采购

各国政府积极倡导绿色消费,瑞典、丹麦、瑞士、墨西哥等国家都在积极推行政府节能采购,包括在国家采购法中做出明确规定,公布节能采购目录,编制节能采购指南等。

1.日本实施绿色采购

1994 年日本滋贺县率先制定绿色采购方针,开始了日本有组织的绿色采购活动。1996 年日本政府与各产业团体联合成立了绿色采购网络(Green Purchasing Network,GPN),标志着自主性的绿色采购活动在全国范围展开。

日本 2000 年制定了《绿色采购法》并于 2001 年 4 月实施,该法规定了国家机关和地方政府等单位有优先采购环境友好型产品的义务,并取得较好的实施效果。现在日本各行政机关均制定了绿色采购方针,有 166 种物品被定为政府优先选购物品。2001 年政府特定购买物品的采购比例已达到了 92.6%,2003 年政府复印纸等办公用纸、文具类和仪器类的绿色采购已占实际采购的 95%以上,2004 年政府所有的普通公用车都已改装成低公害车。绿色采购为环境友好型产品创造市场需求。其主要措施首先是实行环保标识制度并建立完善的绿色采购信息网络。其次是规定绿色采购商品品种及其评判标准。绿色采购商品品种数量由 2001 年的 101 种扩展到 2005 年的 201 种,同时又确立了与公共事业相关的 55 个绿色采购商品。再次是规定各国家机关公布年度绿色采购实际情况,并赋予环境大臣监督、督促各国家机关采取措施,加强绿色采购的权力。[5]

2.美国的政府绿色采购政策

美国从 20 世纪 90 年代初以来已经先后制定并实施了采购循环产品计划、能源之星计划、生态农产品法案、环境友好产品采购计划等一系列绿色采购计划。美国政府尽管还没有制定绿色采购法,但政府采购法第 23 章对此专门作了规定,该章的名称是"环境、自然保护、劳动安全和无毒的工作场所",主要内容就是绿色采购规定,如 23.904 款明确指出,采购那些对人民健康和环境影响最小的产品和服务是政府的采购政策。[6]

目前,美国政府主要以联邦法令和总统行政命令作为推动政府绿色采购的法律基础。1991年发布的总统令规定政府必须优先采购绿色产品。1993年美国总统克林顿签署总统令,规定联邦政府机构必须采购"能源之星"标志产品,从而极大地促进了"能源之星"标志制度的发展,并使其成为国际节能基准。目前,美国95%的监视器、80%的电脑均符合"能源之星"标准。1998年发布的第13101号总统令规定,要"通过废弃物减量、资源回收及联邦采购来绿化政府行动"。该命令还授权美国国家环保局依据《美国资源保护与回收法》(RCRA)第6002条与第13101号总统令之规定,颁布采购含有可回收材料产品的名录。一旦某项产品列入国家环保总局指定名录,联邦政府采购部门就必须尽可能地采购可回收比率较高的产品。

美国几乎所有的州均有对使用再生材料的产品实行政府优先购买的相关政策或法规。联邦审计人员有权对各联邦代理机构的再生产品购买进行检查,对未能按规定购买的行为将处以罚金。[7]

目前,美国主要绿色采购涉及建筑物、餐饮业、清洁产品、电脑、影印机、电力、家具、病虫害管理、旅馆、会议、办公室用品、油漆、印刷、车队等。采取的主要措施有:提出采购价格优惠办法,再生制品的价格可高于同等功能的非再生制品的5%~15%;提出年度采购比例,明确每年采购再生制品的比例为50%。[8]

3.德国的绿色采购政策

德国是世界上最早开展环境标志认证的国家,也是较早开展绿色采购的国家。德国于1978年开始推行蓝天使环保标志(blue angle mark)制度,规定政府机构优先购买环保标志产品。到1999年底,环境标志认证产品类别已经达到100个,涵盖了机动车辆、建筑材料、室内装修、IT技术业、办公用品、园艺等多个领域。通过实施环境标志制度,既对消费者购买绿色产品起到了引导作用,提高了公众的环保意识,也促进了企业自愿调整产品结构,提高了绿色产品的生产和消费份额。到2005年,德国环境标志产品已达7 500多种,占全国销售商品总数的30%。德国绿色采购的原则为:杜绝浪费;鼓励购买环境友好型和有益于人类身体健康的产品;购买的产品还应具有耐久性、可回收、可维修、易回收处置等特性。[9]

4.欧盟的绿色采购政策

在借鉴日本绿色采购网络成功经验的基础上,欧盟执行委员会总理事会以委托契约的方式,成立了欧洲绿色采购网络组织(European Green Purchasing Network,EGPN),该组织的主要工作是:收集欧盟各国绿色采购的背景和法律法规资料、拟定相关的绿色采购指南、编制绿色采购工作手册,为促使地方政府进行绿色采购提供经验与信息交流。

2001年制定的欧盟第六个环境行动计划(2002~2012)中的自然资源管理与废弃物领域涉及绿色采购的内容。在"整体性产品政策(IPP)"中,将环境保护与产品的质量相结合,采用三种措施来促进"绿色产品"的提升:首先,通过减少税收来降低"绿色产品"的成本;其次,产品标准中融入了生态设计及环保要求,以促进"绿色产品"的发展;再次,使用生态标志,使消费者可根据产品生产信息进行有意识的购买。

2003年,国际地方环保活动委员会(ICLEI)可持续采购工作组代表欧洲委员会环境司进行了一场调研,主要评估政府绿色采购在欧盟15个国家中的作用现状。调研结果表明:欧盟两个成员国的绿色采购执行水平较高。丹麦,40%的政府机构所采购产品中50%以上为环境标志产品;瑞典,50%的政府机构所采购产品中50%以上为环境标志产品。[10]

5.加拿大的绿色采购政策

加拿大绿色采购属于联邦政府"政府绿色行动"的一部分,该行动计划由联邦环境部主导,于1992年开始制定供各部门参考的实施纲要。1995年加拿大政府颁布了《绿色政府指南》,要求各政府部门制定自己的可持续发展战略以及具体计划,并将其纳入政府的日常事务和决策过程中。1997年颁布了《加拿大环境部运作的环境政策》,设立了一系列原则来绿化其日常活动,其中包括尽可能购买符合环保要求的产品,以及在决定购买前考虑产品生命循环的代价等。[11]

6.韩国公共机关废弃物再利用产品优先采购制度

为提高企业进行废弃物再利用的积极性,韩国实行了"公共机关废弃物再利用产品优先采购制度",规定韩国中央及地方政府、公营企事业单位等629个单位,必须优先采购企业使用废弃物制造的产品。规定中优先采购的产品种类从废纸、废塑料、废橡胶制品到废建材、废溶剂产品的再利用产品一应俱全。1999年,该规定中使用废弃物制造的产品种类为85种,2002年扩大到230种,有效促进了废弃物的循环利用。[12]

7.其他国家的绿色采购政策

早在1990年,英国政府就要求各部门在1992年底之前,完成推行良好管理实务(GH)的规划,其中包括在绿色采购、能源效率、废弃物管理等各方面对环境的友善规划。

奥地利最早的绿色采购可追溯到20世纪80年代的一个议会决议。该决议要求联邦政府为公共采购制定指南,以给予生态友好和节能产品及系统在采购中的优先权。1990年,奥地利《废物管理法》要求联邦政府只能采购环境影响和废物产生量较小的产品,1997年资助并创建了负责收集和发布绿色采购信息的中心,1998年又通过了绿色采购的基本指导方针。

丹麦政府于1994年颁布了可持续政府采购政策实施计划,并于1995年要求所有政府部门在产品或服务的采购过程中,必须同时考虑质量、价格与环境因素。2001年,丹麦环保局(DEPA)提出绿色采购优先计划,并负责制定政府绿色采购指南。2003年,作为丹麦最大的公共采购者的国家采购有限公司启动了包括环境和能源标准,以及有关价格、质量等问题的普通要求进程。

2.2.3 生产者责任延伸制度——扩大生产者责任

生产者责任延伸制度的思想,最早可追溯到瑞典1975年关于废物循环利用和管理的议案,提出产品生产前生产者有责任了解当产品废弃后,如何从环境和节约资源的角度,以适当的方式进行处理。1986年,联邦德国在关于实施《废物避免和处置法》的报告中指出,生产者对其产品废弃后的处理和处置承担部分责任。1988年,荷兰环境部关于预防和循环利用废物的备忘录中认为,政策应指向产品的设计者,产品设计和生产者应意识到自己的产品在废弃处置时对环境的影响,并对此承担一定的责任。20世纪90年代,生产者责任延伸的理念得到迅速传播并进入实践和立法领域。[13]

1.德国的产品责任制度

产品责任制是德国推进循环经济的重要经济政策手段之一。按照《循环经济与废物管理法》的规定,谁开发、生产、加工和经营的产品,谁就要承担满足循环经济目的的产品责任。为了履行产品责任,产品生产者应最大可能地在生产中避免产生废物,保证有利于环境的利用,确保在利用中产生的废物得到处置。

2.日本生产者责任的扩大

日本法规明确了生产企业是承担回收费用的主体,消费者有进行合作的义务。日本把建立循环型社会的责任扩展到生产者,是一个巨大的进步。日本的循环经济基本法规定了经营者必须承担生产者责任的扩大,但对费用的分担没有作明确的规定。从个别的法律来看,《容器包装回收法》规定回收的费用由生产者负担,而《家电回收法》则规定应由消费者负担。因此,日本并非完全意义上的生产责任扩大。

3.欧盟的生产者责任延伸

2003 年 2 月,欧盟颁布了"两项电子指令",即《废弃电子电气设备指令》(简称 WEEE 指令)和《关于在电子电气设备中限制使用某些有害物质指令》(简称 ROHS 指令),规定在十大类电子电气设备中限制使用六种有毒有害物质,生产者负责回收处理废旧电子电气设备。

EPR 是欧盟环保体系中的关键环节,是"生产者责任延伸"(Extended Producer Responsibility)的英文缩写,其中心思想是使生产商应承担的环境责任,不仅在产品的生产过程之中,而且还要延伸到产品整个生命周期,特别是产品废弃后的回收和处置。处理费的征收方式有两种:一种是在新产品销售价格的基础上明码标出处理费,使消费者了解具体的数额,通常称为"可见收费";另一种是将处理费隐含在销售价格之中,称其为"不可见收费"。[14]

2.2.4 税收优惠——鼓励引导循环经济发展

1.日本税收优惠政策

在税制方面,只要满足一定条件,日本将对引进再循环设备的企业减少特别折旧、固定资产税和所得税。

①政府对废塑料制品类再生处理设备,在使用年度内除了普通退税外,还按取得价格的 14%进行特别退税。

②对废纸脱墨处理装置、处理玻璃碎片用的夹杂剔除装置、铝再生制造设备、空瓶洗净处理装置等,除实行特别退税外,还可以获得三年的固定资产税退还。

③对公害防治设施可减免固定资产税,根据设施的差异,减免税率分别为原税金的 40% ~ 70%。

④对各类环保设施,加大设备折旧率,在其原有折旧率的基础上再增加 14% ~ 20% 的特别折旧率。[15]

2.美国税收优惠政策

(1)生态税收优惠政策

美国的生态税收优惠政策主要体现在直接税收减免、投资税收抵免、加速折旧等税式支出措施上。早在20世纪60年代,美国就对研究污染控制新技术和生产污染替代品予以减免所得税。1986年,国会又通过一项法令,规定对企业综合利用资源所得给予减免所得税优惠。1991年起,23个州对循环利用投资给予税收抵免扣除,对购买循环利用设备免征销售税。此外,美国联邦政府对州和地方政府控制环境污染债券的利息不计入应税所得范围,对净化水、气以及减少污染设施的建设援助款不计入所得税税基。同时规定,对用于防治污染的专项环保设备可在五年内加速折旧完毕,而且,对采用国家环保总局规定的先进工艺的,在建成五年内不征收财产税。[16]

(2)鼓励可再生能源的开发利用[17]

多年来,美国政府主要通过财政手段鼓励可再生能源的开发和利用。如资助相关的科研项目;为可再生能源的有关项目提供抵税优惠、提高抵税优惠额度、扩大受惠的可再生能源范围;政府部门起带头、示范作用等。

1978年出台《能源税收法》,对购买太阳能和风能能源设备的房屋主人,所付金额中前2 000美元的30%和其后8 000美元的20%可从当年须交纳的所得税中抵扣;开发利用太阳能、风能、地热和潮汐的发电技术投资总额的25%,可以从当年的联邦所得税中抵扣。

1992年,美国联邦政府又出台了两项优惠政策:风能和闭合回路生物质能发电企业自投产之日起十年内,每生产1千瓦·时的电,可享受从当年的个人或企业所得税中免交1.5美分的待遇。另一项优惠政策是,通过国会年度拨款为免税公共事业单位、地方政府和农村经营的可再生能源发电企业,每生产1千瓦·时的电能补助1.5美分。此外,美国的《能源政策法》还规定,企业用太阳能和地热发电的投资能永久享受10%的低税优惠。

2003年,美国将抵税优惠额度再次提高,受惠的可再生能源范围也从原来的两种,扩大到风能、生物质能、地热、太阳能、小型水利灌溉发电工程等更多领域。

(3)节能[17]

在2004~2006年间,美国政府每年拨款34亿美元给地方州政府,用于旧家电回收和鼓励购买节能新产品。另外,美国为生产节能型家电的厂家提供抵税优惠,消费者购买节能设备将获得抵税优惠。

为节约石油资源,美国鼓励研发和使用新型可再生能源车辆。规定:购买燃料电池车等新型车辆的消费者可享受抵税优惠。美国还鼓励乙醇和氢电池的研发和生产,以便为车辆提供新的燃料。

3.德国的税收优惠政策

在对污染环境行为进行征税的同时,德国也制定了相应的税收优惠政策,减免经常性应税行为的税费。例如,规定当排放的废水达到特定的废水量低标准时,可以减免税款。对能消减20%以上污染物的污水处置厂,三年内免交排污费。1992年,卡塞市开征一次性餐具特别税,并规定如能对包装物加以回收并送加工厂利用则免税。德国政府为激励企业安装环境保护设施,给予投资环境保护设备的企业以较高的税收优惠,例如规定环境保护设施的安装免征三年固定资产税,允许企业每年对环境保护设施所提折旧比例超过正常设备的折旧比例。德国还实施环境保护产业项目研发的优惠政策,允许将部分研发费用计入税前生产成本。[18]

2.2.5 收费与征税——谁污染谁付费

1.德国的废弃物收费、生态税和抵押金返还政策

(1)废弃物收费政策[15]

在德国,垃圾处理费的征收主要有两类:一类是向消费者收费,另一类是向生产商收费(又称产品费)。对于公众消费者来说,德国的各个城市的垃圾收费标准和方式并不相同:一是按户征收;二是按排量征收。目前,大部分城市采用按户征收的方式,部分城市开始试用计量收费制,按不同废物、不同量收取不同费用。

产品费的征收更充分地反映了"污染者付费"的原则,要求生产商对其生产的产品全部生命周期负责。产品费的征收对于约束生产商使用过多的原材料,促进生产技术的创新,以及筹集垃圾处理资金都有较大帮助。

德国采取垃圾收费政策,强制消费者和生产商增加对废弃物的回收和处理投入,为垃圾的治理积累了资金,推动了垃圾的减量化和资源化。根据德国环保总局统计,垃圾收费政策实施后,家庭垃圾减少 65%,包装企业每年仅包装废物回收所交的费用就高达2.5 亿至 3 亿美元。

(2)生态税政策

德国于 1998 年在波恩制定了"绿色规划",在国内工业经济界和金融投资中将生态税引进产品税制改革中。自 2001 年 11 月起,德国对每千克含硫量超过 50 毫克的汽油和柴油每升再加收 1.53 欧分生态税。自 2003 年 1 月起,将含硫量标准调整为每千克 10 毫克,使超过该标准的汽油和柴油每升加收的生态税累计达到 16.88 欧分。自 1999 年 4 月起,对采暖用油每升加收 2.05 欧分生态税。德国以废水的"污染单位"(相当于一个居民一年的污染负荷)为基准,按全国统一税率对废水征税。开征第一年的税率为每"污染单位"12 马克,此后不断提高,1997 年税率已达每"污染单位"70 马克。[18]

(3)抵押金返还政策

德国政府制定和颁发了《饮料容器实施强制押金制度》的法令,该法令规定在德国境内任何人购买饮料时必须多付 0.15 马克,作为容器的押金,以保证容器使用后退还商店以循环利用,这是欧洲第一个关于包装回收的法令。在《包装条例》中也规定,如果液体饮料的容器是不可回收利用的,购买者必须为每个容器至少多付 0.25 欧元的押金,当容器容量超过 1.5 升时,需要至少多付 0.5 欧元。只有容器按《包装条例》的要求返还时,押金才能退回。[19]

2.美国的收费与征税政策

(1)收费政策

美国全国居民水费中含污水治理费;市镇政府必须向州政府交纳污水治理费,对未按时交纳的处以罚款。除了收取污水处理费等较为常见的费用之外,美国还对废旧物资商品化收费。美国循环经济最直接的刺激措施是根据所倒垃圾数量进行收费。美国的一些州对饮料瓶罐采用了垃圾处理费预交制度,此法可以使废弃物在质量上减少 10% ~ 20%,在体积上减少 40% ~ 60%。预交金一部分用于废弃物回收处理,另一部分用于回收新技术的研究开发。[15]

(2)征税政策

①征收新鲜材料税。促使人们少用原生材料,多进行再循环。

②征收生态税。美国自1987年国会提出对一氧化硫和一氧化氮的排放征税,政府把税收手段引进环保领域至今,已形成一套相对完善的生态税收政策。

美国的生态税收主要包括四类:对损害臭氧层的化学品征收的消费税、与汽车使用相关的税收、开采税和环境收入税。对损害臭氧的化学品征收的消费税是一种从量征收的消费税,其目的是消除氟利昂的排放。汽油税由联邦和州两级政府开征,联邦政府汽油税是每加仑0.14美元(1加仑=4.546 09升),但各州的差别很大,中等税率为每加仑0.16美元。总的趋势是在提高。联邦、州和地方政府征收的其他一些与汽车使用相关的税收和费用,具体包括,联邦政府对卡车使用者征收12%的消费税以及每年征收使用税,对超过40磅(1磅=0.453 6千克)的轮胎征收消费税。开采税是对自然资源(主要是石油)的开采征收的一种消费税。美国最初是在州层次上征收的。尽管38个州开征了此税,但其收入只占各州总收入的1%~2%,从总体上来看并不是各州的主要收入来源。开采税可以通过影响自然资源的开采速度影响环境。环境收入税根据1986年国会通过的《超级基金修正案》设立,它与企业经营收益密切相关,规定凡收益超过200万美元以上的法人均应按超过部分纳税。环境收入税实行比例税率,税率较低,为0.12%。[16]

③征收填埋和焚烧税。美国新泽西州和宾夕法尼亚州已经开始征收填埋和焚烧税。这种税赋主要针对将垃圾直接运往填埋场的公司或企业,而不是针对一般居民。

(3)排污权交易制度

美国的排污权交易制度是美国发展循环经济过程中最具特色的政策,这一制度已被很多国家借鉴与采纳。

在20世纪70年代,美国国家环保局(EPA)就开始将排污权交易政策用于大气污染源及河流污染源管理,并逐步建立起以气泡(bubble)、补偿(offset)、银行(banking)和容量节余(netting)为核心内容的一整套排污权交易体系,在实践中取得了经济和环境效益。1982年4月,美国环保局颁发了“排污交易政策报告书”,允许在各州建立“排污交易”系统。自1982年开始美国环保局已经有效地利用了这一手段,减少了国内含铅汽油的使用。1986年,美国国家环保局颁布了“排污交易政策的总结报告书”,这份报告集美国历时七年之久的“气泡”政策研究和实践之大成,全面阐述了排污交易政策及其一般原理,同时还为排污交易制定了具体的交易规模和准则。例如,对排污权交易市场的范围、参加交易的污染物种类和数量限额,以及排污减少信用的产生、使用和银行贮存作了种种规定和限制。1990年颁布了《清洁空气法》修正案(CAAA),其中规定了可交易排放量系统。在此基础上,美国推出二氧化硫排污权交易政策,这是迄今为止世界各国尝试过的最广泛的排污权交易实践,是一项真正以市场为导向的环境经济政策,实施范围涵盖了全美国。[20]

3.荷兰的环境税收[21]

荷兰政府在环境保护方面利用税收贯彻实施环境保护政策是其一项重要措施,已为不少发达国家研究和借鉴。荷兰为保护环境而设计的税收主要包括燃料税、噪声税、垃圾税、水污染税、土壤保护税、地下水税、超额粪便税、汽车特别税、石油产品消费税等。

燃料税是政府为环境保护筹措资金而对汽油、重油、液化气、煤、天然气、石油焦炭等主要燃料征收的一种税;噪声税是政府对民用飞机的使用者(主要是航空公司)在特定地区(噪声影响区域,主要是机场周围)产生噪声的行为征收的一种税;垃圾税是由政府对家庭征收的用于为收集和处理垃圾筹集资金而征收的一种税;水污染税是政府对向地表水及水净化厂直接或间接排放废弃物、污染物和有毒物质的任何个人征收的一种税;超额粪便税是政府对产生粪便的农场征收的一种税。

与一般国家政府的税收收入(包括环境税)由国家统筹安排不同,荷兰的税收主要用于生态目的,专税专用,提高了税收的生态效应。

4.法国的环保税[22]

在法国,环保税的收入并不多,1996 年其收入仅占全部税收收入的 5.15%,但它在环保中所起的作用却是不可低估的。法国环保税的收入主要用于环保支出,由法国环境保护部来负责掌握,95%以上的环保税收入专款专用。

法国环保税的税种主要包括:二氧化硫税、氮氧化物税、水污染税、水资源税、废物垃圾税、轮胎税、润滑油税、汽车税、地方设备税、伐木税等。

5.丹麦的生态税收政策[23]

丹麦是欧盟第一个真正进行生态税收改革的国家,并且是全球通过自己制定大气保护政策减少了二氧化碳排放量的少数几个国家之一。

自 1993 年 6 月丹麦议会通过生态税收改革决议以来,该国增加了对汽油、柴油、电、煤、水及垃圾、废水和尼龙袋征收的税款,其环境和能源税已从税收总额的 10%增加到 15%,大约 330 亿克朗(约合 60 亿美元)。

丹麦自 1977 年就开始征收能源税。此后,这一机制逐步完善。首先是 1986 年,为了与世界石油产品价格下降协调一致,丹麦大幅度提高了能源税。1992 年 5 月,丹麦又通过了所谓的二氧化碳一揽子计划征收能源附加税。1995 年夏天,丹麦政府对工业企业实行二氧化碳税等级制度。1998 年又提高了对供暖的征税额。通过实行上述一揽子计划,丹麦全国减少的二氧化碳排放量达 280 万吨。

推行生态税制度不仅有效地保护了环境,而且为符合环保要求的企业发展积累了资金,产生了明显的经济效益,使丹麦在欧盟国家中成为经济增长率最高的国家。

6.韩国的废弃物再利用责任制和负担金制度[24]

(1)废弃物再利用责任制

1992 年,韩国开始实施"废弃物预付金制度",2002 年起,改为"废弃物再利用责任制",即从限制废弃改为再利用。"废弃物再利用责任制"规定,废旧的家用电器、轮胎、润滑油、日光灯、电池、纸袋、塑料包装材料、金属罐头盒、玻璃瓶等 18 种材料须由生产单位负责回收和循环利用,如果达不到一定比例,政府将课以罚款,罚款比例是相应回收处理费用的 1.15~1.3 倍。

加强对生活废弃物和垃圾的管理,推行法定卫生塑料袋,实施"垃圾终量制"措施,居民要对排出的废弃物和垃圾负社会责任和经济责任。居民购买和使用卫生塑料袋,产生垃圾量与费用挂钩。

(2)废弃物负担金制度

"废弃物负担金制度"是鉴于有害有毒物质或回收利用比较困难的废弃物在管理上存在难度而实行的。规定对杀虫剂容器、化妆品玻璃瓶及防冻液、口香糖、婴儿尿不湿、香烟、塑料制品征收一定数额的"负担金"。"负担金"数额按品种及规格来确定,如杀虫剂容器,500毫升以下每个收7韩元,超过500毫升的每个收10韩元;防冻液每升收30韩元;合成树脂制品每千克收3.8~7.6韩元不等。逾期不缴者追加50%的罚金。企业如自行回收再利用,则免收"负担金"。

7.芬兰的能源税和垃圾税政策

芬兰是世界上第一个根据能源中碳的含量收取能源税的国家。收取能源税的目的是要控制能耗的增长,并引导能源生产和能源消耗朝着减少二氧化碳排放量的方向发展。芬兰每年收取的能源税达到近30亿欧元,约占芬兰整个税收的9%。芬兰政府利用能源税的收入来支持能源技术的开发。[25]

芬兰政府2002年8月14日通过一项计划,准备在三年内将垃圾税提高近一倍,以减少全国的垃圾量。根据这一计划,芬兰政府从2003年初将每吨垃圾征收的税额从目前的15.14欧元增加到23欧元。到2005年,每吨垃圾税将增至30欧元。根据有关部门规划,到2007年,传统的倾倒和掩埋垃圾的方式将被彻底放弃,各种垃圾都将被最大限度地利用,剩余垃圾也都会作为燃料生产热能。[26]

8.其他国家的相关政策

法国《水法》确定了"谁用水谁付费,谁污染谁付费"的原则,实行以水养水。各流域水管理局可以根据本地区的情况决定征收水费的数额,全国水费的价格不统一。

价格优惠是日本鼓励发展循环经济的一个重要政策。日本强制性规定废旧物资要实行商品化收费,即废弃者应该支付与废旧家电收集、再商品化等有关的费用。

加拿大对一次性固体饮料容器征费并收取押金。在销售饮料时,向消费者征收环保费并收取一定的押金。每个瓶子的征税额度从0.05加元到0.30加元不等,到归还空瓶时退还押金,环保费留存,用于对一次性饮料容器的处理。在购买空调时,购买者必须交一部分额外的环境税,每一台空调的价格都已经包含了环境税。在加拿大联邦税法中,有些规定鼓励纳税人投资用于环境保护的项目与设备。对这类项目的成本可适当抵扣收入,对节约能源、减少空气污染和水污染的设备采用加速折旧法以减少企业纳税。

爱尔兰政府为遏制塑料购物袋的疯狂使用,减少白色污染,对每一个塑料购物袋征收相当于13美分的税。所收资金全部交由新成立的环保基金用于环境保护项目。实践表明,这种做法对遏制白色污染非常有效,塑料袋使用量骤降了90%。同时,该税收还为爱尔兰的环保项目筹集了一笔可观的资金。[27]

2.2.6 投融资和补贴——资金支持循环经济发展

目前,许多发达国家在发展循环经济过程中,通过财政补贴对于相关企业予以支持。美国国家环保局从1978年开始对设置资源回收系统的企业提供财政补贴,根据不同的情况,补贴量为10%~90%;德国对于兴建环保设施也给予财政补贴,其补贴数额相当于投资费用的一个百分点,对建造节能设施所耗费用,按其费用的25%给予补贴;日本政府在

《废弃物处理与清洁法》中规定，修建废弃物处理设施要从国库中提供部分财政补贴；仅在1984年，法国对清洁工艺投资约为5亿法郎，其后，提供的补贴数额逐年增加。[28]

1.日本的预算、融资和政府奖励政策

(1)预算政策

日本政府对循环经济的预算支持政策主要是从技术研发、工艺设备改进及产品升级换代的层面制定的。国会每年通过的与环保有关的预算超过1万亿日元，其中用于废弃物处理和再利用的预算约为1 500亿日元。

具体预算措施如下：一是创造型的技术研究开发补助金制度。对中小企业从事的有关环境技术开发项目给予补贴，补助费占其研发费用的1/2左右；二是对废弃物再资源化设备生产者给予相应生产、实验费的1/2补助；三是对引进先导型合理利用能源设备予以补贴，其补贴率为1/3，补贴金额最高为2亿日元；四是推进循环型社会结构技术实用化补助优惠政策。对民间生产企业采用高效实用技术给予2/3的补贴，补贴金额最高上限为1亿日元。[15]

(2)融资政策

在融资方面，只要满足一定的条件，日本政策投资银行、冲绳振兴开发金融公库、中小企业金融公库、国民生活金融公库将对引进3R技术设备的企业提供低利融资。

①从事3R研究开发、设备投资、工艺改进等活动的各民间企业，根据不同情况分别享受政策贷款利率。日本政策开发银行的政策利率分为三级，各级利率分别为1.85%、1.80%、1.75%；融资比例(贷款占投资经费比重)为40%。

②企业设置资源回收系统，由非营利性的金融机构提供中长期优惠利率贷款。对实施循环经济的企业、项目，给予各种税收优惠。[15]

(3)政府奖励政策

日本设立资源回收奖，这种奖项旨在鼓励市民回收有用物质的积极性。该奖项实施后在日本许多城市收到良好的效果。例如，日本大阪市对社区、学校等集体回收报纸、硬板纸、旧布等发给奖金；在全市设置80多处牛奶盒回收点，回收到一定程度后可凭回收卡免费购买图书；市民回收100只铝罐或600个牛奶盒可付给100日元。[29]

2.德国的优惠信贷和补贴政策

在德国发展循环经济的措施中，优惠贷款、津贴以及对可再生能源生产者给以较高标准的固定补贴是重要的经济手段。对于促进循环经济发展、环境保护的生产者，国家会给予一定的信贷优惠，或者是直接的补贴。

1990年颁布实施的《电力输送法》明确规定，中型到大型电力用户按居民电价的90%支付风能、太阳能、水力以及生物质能生产的电力。对风能发电，德国政府按电力产出量或设备能力成本支付津贴。对投资可再生能源的企业，国家还以低于市场利率1~2个百分点的优惠利率，提供相当于设备投资成本75%的优惠贷款，促进节能型产业的发展。[30]

2000年，德国又颁布实施了《可再生能源优先法》，对于利用可再生能源产生的电力规定了最低的补偿金额，进一步强化了可再生能源发电上网的鼓励政策。再生能源发电新设备可获得政策的投资补偿，补偿幅度是以设备投产的年度确定的，补偿期限为20年。为了鼓励大众使用再生能源，对小型设备的补偿较高。2002年1月25日，德国议会通过德国热电联产法,规定对年总热效率超过70%热电联产项目免除现存的石油和天然气税,对自己生产电力超过0.7兆瓦的免电力生产税。激励政策的对象为已有热电厂和新建2兆瓦的热电机组。对热电厂按发电量给予补贴。

3.美国的农业“绿色补贴”试点

从20世纪90年代起,美国政府开始了农业“绿色补贴”的试点。其特点是,设置了一些强制性的条件,要求受补贴农民必须检查他们自己的环保行为,定期对自己农场所属区域的野生资源、森林、植被进行情况调查。同时还要对土壤、水、空气进行检验和测试,定期向有关部门提交报告。政府再根据农民的环境保护实际检查情况,来决定对其是否给予补贴以及补贴多少。此外,对表现出色的农户,除提供“绿色补贴”外,还可暂行减免农业所得税,以资鼓励。[15]

美国国家环保局从1978年开始对设置资源回收系统的企业提供财政补贴,根据不同的情况,补贴量为10%~90%。

4.法国的投资和补贴政策

法国政府为防治或减少废物的产生制定了采用“清洁工艺”生产生态产品及回收利用和综合利用废物等一系列政策。法国环境部还设立了专门机构从事这一工作,每年给清洁生产示范工程补贴10%的投资,给科研的资助高达50%。法国从1980年起还设立了无污染工厂的奥斯卡奖金,奖励在采用无废工艺方面做出成绩的企业。法国环境部还对100多项无废工艺的技术经济情况进行了调查研究,其中无废工艺设备运行费低于原工艺设备运行费的占68%,对超过原工艺设备运行费的给予财政补贴和资助。[31]

法国环境与能源控制署和中小企业开发银行于2000年11月成立了节能担保基金(FOGIME),专门对中小企业在节能方面投资提供贷款担保,保证中小企业用于能源效率方面投资的贷款。

法国在城市废物的处理和管理方面采取政府与公众合作的办法,即费用由政府和居民共同分担;工业废料的处理和管理费用由工业企业负担。这就使得企业在追求最大利润的同时,必须在环保、节能、高效的产品上下功夫。

5.芬兰的循环经济环境投资

2000年,芬兰中央政府环保科目的财政预算为37亿芬兰货币,占整个财政预算的1.9%;政府对农业的环保投入达到了13亿芬兰货币,其中有一半来自于欧盟基金援助。从20世纪90年代开始,芬兰产业环保投资的特点开始发生变化,主要表现为从重视污染削减的末端治理转向重视清洁生产,以避免产品在整个生命周期对环境产生负面作用[32]。

从1999年到2002年,芬兰每年用于研究开发、大学科研、环境技术开发和其他环境研究的费用分别达到了2.40亿、2.66亿、2.52亿和2.32亿欧元,占整个环保投资的比例一直稳定在1/3左右。这在很大程度上反映出芬兰循环经济环保投资的重点从“末端治理”转向清洁生产的趋势。[32]而且近年来,芬兰政府更加注重扶持开发节能新技术。芬兰贸工部有专门项目,资助能源工业企业在有利于环境的能源生产方面进行投资以及使用新能源技术。2005年,芬兰政府用于这方面的资助经费达到3 120万欧元。近年来,芬兰政府还不断增加对环保型能源项目的资金支持,进一步推动风能、太阳能、生物气体等有利于环境的能源项目开发。[25]

为扶持环保产业发展，芬兰政府对环保产业提供了多渠道的资金支持，如对促进垃圾回收再利用项目，政府资助资金可达项目投资的30%~50%；对风力发电、太阳能等项目资金支持，最高可达项目投资的40%。[33]

主要参考文献

[1] 孙佑海.国外循环经济立法的现状和借鉴(上)[N].中国环境报,2005-11-10.

[2] 循环经济立法研究项目组.循环经济立法研究最终报告(讨论稿)[R].2007-04-09.

[3] 闫敏.国际社会推行清洁生产概况[EB/OL].(2005-01-18)[2009-04-08]http://www.china.com.cn/chinese/zhuanti/xhjj/763432.htm.

[4] 德国首创"绿点系统" 谁生产包装谁负责回收[N].环球时报,2004-02-13(19).

[5] 日本发展循环经济型社会的经验Ⅱ.实施绿色采购与发展静脉产业[J].中国生态农业学报,2006(01):175.

[6] 张瑛.政府绿色采购的国际经验与借鉴[J].山东财政学院学报,2006(03):38-40.

[7] 高丽峰,赵丹丹.实现循环经济的中外经济政策比较[J].商业时代,2004(33):24-25.

[8] 国外绿色采购实施相关进程及法律法规[EB/OL].(2006-12-19)[2009-04-08] http://bid.sei.gov.cn/ShowArticle2008.asp? ArticleID=121066.

[9] 绿色采购在国外[EB/OL].(2007-04-24)[2009-04-08]http://www.86ne.com/Jnhb/200704/Jnhb_11631.html.

[10] 王军.我国开展政府绿色采购的思考[N].政府采购信息报,2006-03-31.

[11] 郑小玲.国外政府绿色采购的经验及启示[J].商业时代,2007(2):57-59.

[12] 韩国:四大制度保障废弃物循环利用[EB/OL].(2007-05-14)[2009-04-08]http://www.istis.sh.cn/zt/list/pub/jnhb/4.htm.

[13] 国外"电子垃圾"回收处理与生产者责任延伸制度[EB/OL].(2004-06-21)[2009-04-08] http://news.sina.com.cn/e/2004-06-21/12542865670s.shtml.

[14] 冯良.推行生产者责任延伸制度,促进电子废物回收利用——欧盟废旧家电回收处理制度考察[J].电,2005(7):70-72.

[15] 国外发展循环经济财税杠杆的经验做法[EB/OL].(2007-07-16)[2009-04-08]http://www.chinaesco.net/newshtml/xxzx/20070716153450.htm.

[16] 陈岩.美国的生态税收政策及其对我国的启示[J].生产力研究,2007(08):77-78.

[17] 闫敏.美国是如何发展循环经济的[EB/OL].(2005-01-18)[2009-04-08]http://www.china.com.cn/chinese/zhuanti/xhjj/763426.htm.

[18] 黄海峰,刘京辉,等.德国循环经济研究[M].北京:科学出版社,2007.

[19] 任运河.利用财税杠杆发展循环经济——德国的经验及启示[J].国家行政学院学报,2006(4):85-88.

[20] 国内外排污权交易政策实践简况[EB/OL].(2006-08-25)[2009-04-08]http://www.nnhb.gov.cn/web/2006-08/4144.htm.

[21] 挑战环境透支——环保生态税面面观[EB/OL].(2006-11-14)[2009-04-08]http://www.ratax.gov.cn/index_news/content.asp? did=977&dht=3.
[22] 梁云凤.绿色财税政策研究[J].财政研究,2001(10):35-39.
[23] 章明.生态税与欧洲的绿色行动[N].光明日报,1999-06-23(07).
[24] 首尔——高能耗城市的循环经济[EB/OL].(2007-03-15)[2009-04-08] http://www.cr-ra.org.cn/search_detail.aspx? INAR_ID=8033.
[25] 节能在国外:芬兰节能六大法宝[EB/OL].(2005-06-21)[2009-04-08]http://env.people.com.cn/GB/46856/3484682.html.
[26] 芬兰和瑞士垃圾处理和收费模式[J].党政干部文摘,2007(10):30-31.
[27] 深圳拟规定商家无偿提供塑料袋将被罚款[EB/OL].(2007-11-12)[2009-04-08]http://fzj.sz.gov.cn/work/244.asp.
[28] 丁俊超.促进循环经济发展的财税政策研究[EB/OL].(2007-12-03)[2009-04-08] http://hsczj.heshan.gov.cn/show.aspx? id=105&cid=14.
[29] 发达国家政府发展循环经济的做法[EB/OL].(2005-05-23)[2009-04-08]http://www.mianyang.gov.cn/MYGOV/150650706733301760/20050523/34400.html.
[30] 严敏.循环经济国际比较研究[M].北京:新华出版社,2006.
[31] 国际社会推行清洁生产概况[EB/OL].(2005-01-18)[2009-04-08]http://www.china.com.cn/chinese/zhuanti/xhjj/763432.htm.
[32] 周菁华.我国环境保护投资体制及企业投资优化研究[D].重庆:重庆大学,2003.
[33] 芬兰:发展清洁能源,做强环保产业[EB/OL].(2007-09-12)[2009-04-08]http://invest.china.cn/industry/huanbao/txt/content_1768920.htm.

(刘　辉)

3 我国循环经济立法现状及推进政策

3.1 我国的循环经济立法实践

"循环经济"这个专门术语，虽然在我国兴起只有几年的时间，但并不等于循环经济方面的立法在我国也只有几年的时间。事实上，与发展循环经济有关的一些实质性内容，我国的一些法律已早有规定。我国现有的法律法规中，已包含或体现某些有关循环经济的内容；我国已制定一些采用"循环经济"术语或明显可以归类于循环经济法的法律、法规或规章；[1]并于2008年8月29日通过《中华人民共和国循环经济促进法》。

3.1.1 国家立法

1.国家立法现状

(1)法律

截至2009年8月，在北大法宝数据库中，全文关键字中包含"循环经济"术语的法律有13条，比较重要的法律有：《中华人民共和国循环经济促进法》(2008年颁布)、《中华人民共和国固体废物污染环境防治法》(2004年颁布)、《中华人民共和国清洁生产促进法》(2002年颁布)。其中《清洁生产促进法》是一部真正采用"循环经济"的概念或话语体系的循环经济立法，其第9条明确规定："调整产业结构，发展循环经济，促进企业在资源和废物综合利用等领域进行合作，实现资源的高效利用和循环使用。"而作为第一部循环经济专门法律的《中华人民共和国循环经济促进法》的颁布具有重大意义，其价值在于它不是一部"头痛医头、脚痛医脚"的具体法，而是一部促进经济结构调整和经济增长模式转变的基干法，是深入贯彻落实科学发展观、依法推进经济社会又好又快发展的现实需要，是落实党中央提出的实现循环经济较大规模发展战略目标的重要举措。

我国目前未含"循环经济"术语，仅包含或体现循环经济内容的法律主要有：《环境保护法》、《矿产资源法》、《节约能源法》、《水法》、《水土保持法》、《土地管理法》、《政府采购法》、《大气污染防治法》、《水污染防治法》、《环境影响评价法》、《可再生能源法》、《农业法》、《草原法》、《森林法》、《渔业法》、《电力法》等。其中《节约能源法》中较多地体现了循环经济的相关要求，[2]《环境影响评价法》对于贯彻"预防为主"的环境保护方针、促进经济与资源环境的协调发展具有深远意义。

(2)行政法规

截至2009年8月，在北大法宝数据库中，标题关键字中包含"循环经济"术语的行政法规有2条，全文关键字中包含"循环经济"术语的行政法规有71条，比较重要的有：《废弃电器电子产品回收处理管理条例》(2009年)、《关于加快发展循环经济的若干意见》

(2005年)、《国务院关于促进资源型城市可持续发展的若干意见》(2007年)、《国务院关于印发国家环境保护"十一五"规划的通知》(2007年)、《国务院关于印发节能减排综合性工作方案的通知》(2007年)、《国家中长期科学和技术发展规划纲要(2006~2020年)》(2006年)、《国务院办公厅关于进一步推进墙体材料革新和推广节能建筑的通知》(2005年)、《关于落实科学发展观加强环境保护的决定》(2005年)、《国务院关于发布实施〈促进产业结构调整暂行规定〉的决定》(2005年)、《国务院办公厅关于开展资源节约活动的通知》(2004年)等。[3]其中《节能减排综合性工作方案》明确了2010年节能减排的目标和要求,包括40多条重大政策措施和多项具体目标。

我国目前未含"循环经济"术语,仅包含或体现循环经济内容的行政法规主要有《排污费征收使用管理条例》、《废旧金属收购业治安管理办法》、《农业转基因生物安全管理条例》、《指导外商投资方向规定》、《矿产资源开采登记管理办法》、《报废汽车回收管理办法》、《森林法实施条例》、《建设项目环境保护管理条例》、《水污染防治法实施细则》、《退耕还林条例》、《国务院科学研究和教学用品免征进口税收暂行规定》、《资源税暂行条例》、《野生植物保护条例》、《淮河流域水污染防治暂行条例》、《医疗废物管理条例》等。[2]

(3)部门规章

截至2009年8月,在北大法宝数据库中,标题关键字中包含"循环经济"术语的部门规章有13条,全文关键字中包含"循环经济"术语的部门规章有308条。比较重要的有:《国家标准化管理委员会关于印发〈循环经济标准化试点工作指导意见〉的通知》(2009年)、《国家环境保护总局关于印发〈国家环保总局关于推进循环经济发展的指导意见〉的通知》(2005年)、《循环经济示范区申报、命名和管理规定(试行)》(2003年)等。[3]

仅包含或体现循环经济内容的部门规章主要有《新能源和可再生能源发展纲要》(1995年)、《资源综合利用目录(2003年修订)》(2004年)、《可再生能源产业发展指导目录》(2005年)《可再生能源发电有关管理规定》(2006年)、《可再生能源发电价格和费用分摊管理试行办法》(2006年)、《可再生能源发展专项资金管理暂行办法》(2006年)、《清洁生产审核暂行办法》(2004年)、《清洁发展机制项目运行管理办法》(2005年)、《能源效率标识管理办法》(2004年)、《民用建筑节能管理规定》(2005年)、《新能源基本建设项目管理的暂行规定》(1997年)、《税收减免管理办法(试行)》、《水利建设基金筹集和使用管理暂行办法》、《开采海洋石油资源缴纳矿区使用费的规定》、《煤炭生产许可证管理办法实施细则》、《清洁发展机制项目运行管理办法》等。这些行政规章从不同侧面对发展循环经济作出了规定。[2]

2.各领域的法律规制

从资源能源、环境保护和废物管理、生产消费等方面,对与循环经济发展相关的法律法规进行识别汇总。

(1)资源能源领域

我国现行资源能源领域的法律主要包括《可再生能源法》、《水法》、《矿产资源法》、《土地管理法》、《森林法》、《草原法》等。这些法律的调整范围重点针对的是相应领域的资源开发、利用以及保护问题。就与循环经济的关系看,大体可分为两种情况:第一,对于《矿产资源法》、《土地管理法》、《森林法》、《草原法》等,这些法律的主要着眼点是相应资源在开发利用及保护过程中的管理体系设计,其中除少量有关内容条款与循环经济有所关联外,总体与循环经济联系较少。第二,相对比较,在《水法》中有关水使用过程中的节水问题,将对循环经济有重要支持意义。《节约能源法》和《可再生能源法》,直接体现了发展循环经济的需求。[3]《可再生能源法》通过后,配套法规相继出台,主要有《可再生能源发电价格和费用分摊管理试行办法》、《可再生能源发电有关管理规定》、《可再生能源发展专项资金管理办法》等。

(2)环境保护领域[4]

环境保护法律主要有《环境保护法》、《水污染防治法》、《大气污染防治法》、《固体废物污染环境防治法》、《环境影响评价法》等。其中《固体废物污染环境防治法》是在我国清洁生产法颁布之后,循环经济发展处于方兴未艾的形势下修改的,因此该部立法是现行所有环境立法中对循环经济反映最积极的立法。这表现在:第一,它不仅对循环经济发展中强调的减量化、资源化、再循环、再利用明确加以规定,而且明确鼓励转变生产方式和生活方式、鼓励绿色采购等;第二,它不仅要求在生产和消费中减少废物的排放,而且要求在资源的开采环节减少废物的排放;第三,将减少废物的要求从工业生产延伸至农业和城市。

在环境保护法中,与循环经济相关的主要要求见表3.1。

表3.1　环境保护法中与循环经济相关的主要要求

法律名称	条目	条目具体内容
《环境保护法》(1989年)	第25条	新建工业企业和现有工业企业的技术改造,应当采用资源利用率高、污染物排放量少的设备和工艺,采用经济合理的废弃物综合利用技术和污染物处理技术
《水污染防治法》(2008年修订)	第20条	直接或者间接向水体排放工业废水和医疗污水以及其他按照规定应当取得排污许可证方可排放的废水、污水的企业事业单位,应当取得排污许可证;城镇污水集中处理设施的运营单位,也应当取得排污许可证。排污许可的具体办法和实施步骤由国务院规定。 禁止企业事业单位无排污许可证或者违反排污许可证的规定向水体排放前款规定的废水、污水
《大气污染防治法》(2000年修订)	第19条	企业应当优先采用能源利用率高、污染物排放量少的清洁生产工艺,减少大气污染物的产生。国家对严重污染大气环境的落后生产工艺和严重污染大气环境的落后设备实行淘汰制度
《固体废物污染环境防治法》(2004年修订)	第3条	国家对固体废物污染环境的防治,实行减少固体废物的产生量和危害性、充分合理利用固体废物和无害化处置固体废物的原则,促进清洁生产和循环经济发展。国家采取有利于固体废物综合利用活动的经济、技术政策和措施,对固体废物实行充分回收和合理利用
	第18条	产品和包装物的设计、制造,应当遵守国家有关清洁生产的规定。国务院标准化行政主管部门应当根据国家经济和技术条件、固体废物污染环境防治状况以及产品的技术要求,组织制定有关标准,防止过度包装造成环境污染。生产、销售、进口依法被列入强制回收目录的产品和包装物的企业,必须按照国家有关规定对该产品和包装物进行回收
	第19条	国家鼓励科研、生产单位研究、生产易回收利用、易处置或者在环境中可降解的薄膜覆盖物和商品包装物。使用农用薄膜的单位和个人,应当采取回收利用等措施,防止或者减少农用薄膜对环境的污染

(3)资源综合利用领域

对于废物管理(包括回收、再利用与处理处置系统)的法律、法规和政策,除了来自环境保护领域的《固体废物污染环境防治法》等法律外,一个重要的组成是我国有关资源综合利用的法律法规或政策。

目前在资源综合利用方面,相关的主要行政法规与规章见表3.2。

表3.2 资源综合利用方面相关的主要行政法规和规章

法规标题	发布时间
关于开展资源综合利用若干问题的暂行规定(失效)附《资源综合利用目录》	1985年
关于加强再生资源回收利用管理工作的通知	1991年
关于进一步开展资源综合利用的意见的通知	1996年
资源综合利用目录(1996年修订)	1996年
资源综合利用认定管理办法	1998年
资源综合利用目录(2003年修订)	2004年
国务院办公厅关于开展资源节约活动的通知	2004年
关于做好建设节约型社会近期重点工作的通知	2005年
关于加快发展循环经济的若干意见	2005年
国家发展和改革委员会、财政部、国家税务总局关于印发《国家鼓励的资源综合利用认定管理办法》的通知	2006年
“十一五”资源综合利用指导意见	2006年
国务院关于印发节能减排综合性工作方案的通知	2007年
国务院关于促进资源型城市可持续发展的若干意见	2007年

以上行政法规和部门规章都直接涉及与循环经济有关的废物再生及其利用问题。

在颁布有关综合性资源综合利用规章或文件的同时,国家又根据不同种类资源综合利用的要求,出台了有关单项资源综合利用的规章、政策或文件(见表3.3)。

表3.3 有关单项资源综合利用的规章、政策或文件

法规标题	发布时间
能源部粉煤灰综合利用管理办法	1991年
粉煤灰综合利用管理办法	1994年
煤炭部关于发布《煤炭工业粉煤灰综合利用管理办法实施细则》的通知	1996年
煤矸石综合利用管理办法	1998年
煤矸石综合利用技术政策要点	1999年
资源综合利用电厂(机组)认定管理办法	2000年
废电池污染防治技术政策	2003年
废旧家电及电子产品回收处理管理条例(草案)	2004年
可再生能源发展专项资金管理暂行办法	2006年
电子信息产品污染控制管理办法	2006年

续表 3.3

法规标题	发布时间
城市污水再生利用技术政策	2006 年
汽车产品回收利用技术政策	2006 年
废弃家用电器与电子产品污染防治技术政策	2006 年
再生资源回收管理办法	2007 年
国家发展和改革委员会办公厅关于煤矸石综合利用电厂项目核准有关事项的通知	2007 年
森林资源监督工作管理办法	2007 年
林木种质资源管理办法	2007 年
国务院办公厅关于加快推进农作物秸秆综合利用的意见	2008 年
废弃电器电子产品回收处理管理条例	2009 年

(4)生产与消费领域

在资源能源和废物管理领域,虽然如《水法》、《节能法》、《可再生能源法》、《固体废物污染防治法》以及资源综合利用的政策法规中,已程度不同地对生产领域有关循环经济的活动作出了大量要求。但是,在生产领域与循环经济关系最为密切的立法是《清洁生产促进法》。该法较系统地对节约资源与能源、提高能源效率、综合利用、合理包装、废物回收利用等进行了规范。[3]

虽然我国以及有关部委的一些法律法规,如《清洁生产法》、《水法》、《资源综合利用认定管理办法》等已涉及了消费领域,例如《固体废物污染环境防治法》第 7 条规定:"国家鼓励单位和个人购买、使用再生产品和可重复利用产品。"但总体上看,除一些原则性的要求外,我国现行法律法规中,鲜有在消费领域与循环经济相关的专门具体规定,利用市场手段(如税费、财政信贷政策等)调控消费行为引导绿色消费上也基本处于空白。

值得关注的是《政府采购法》,尽管该法还没有绿色采购这方面的明确规定,主要是对政府各种商品和劳务的一般采购行为的规范,并且也缺乏相应的法律责任和配套实施措施。但如何对政府采购法进行修改或补充,应成为在消费领域通过政府采购促进循环经济发展的重要途径。

消费领域的相关立法另一方面主要是一些低层级的法规规章和政策。目前有些地方法规开始涉及在消费领域推动循环经济,如《贵阳市建设循环经济生态城市条例》中提到了有关强制回收、垃圾分类、绿色消费和绿色采购的内容。但这些地方条例普遍操作性比较差,缺少与地方条件配套的政策措施。[4]

(5)清洁生产

我国从 1993 年开始清洁生产的探索,引导工业企业的污染防治从单纯的"末端治理"转向生产的全过程控制。1997 年国家有关部门联合发布《关于推行清洁生产的若干意见》,要求企业"节能、降耗、减污、增效",与强化企业管理相结合,与技术改造相结合,与资源节约和综合利用相结合,与建立现代企业制度相结合,把开展清洁生产作为实现污染物达标排放和完成污染物排放总量控制指标的重要手段;规定建设项目的环境影响评价中应包含清洁生产的有关内容;限期治理要优先采用清洁生产,并在不同地区重点行业清洁生产试点和清洁生产审计试点。在此基础上,发布了《国家重点行业清洁生产技术导向目录》(2000 年第一批、2003 年第二批)及部分行业的清洁生产技术政策。[4]

2003 年 1 月 1 日起《中华人民共和国清洁生产促进法》正式实施,是我国第一部以污染预防为主要内容的专门法律。2003 年国务院转发国家发展和改革委员会等部门《关于加快推行清洁生产的意见》的通知,为清洁生产的开展提出了原则与意见。2004 年 8 月 16 日国家发展和改革委员会、国家环境保护总局联合发布了《清洁生产审核暂行办法》,规范清洁生产审核行为。

3.《循环经济法》立法进展

2005 年 7 月,全国人大常委会启动循环经济立法程序。

2007 年 8 月 27 日,十届全国人大常委会第 29 次会议对全国人大环境与资源保护委员会提请审议的《中华人民共和国循环经济法》(草案)(以下简称草案)进行了初审。草案以"减量化、再利用、资源化"为主线,针对我国现阶段能耗物耗过高、减量化潜力很大的特点,特别强调减量化,强调资源的高效利用和节约使用。《循环经济法(草案)》强调以循环发展模式替代传统的线性增长模式;规定了一系列经济手段,以激励循环经济发展,缓解资源瓶颈;将对一次性消费品的生产和销售加以限制;企业对在生产中产生的废物,有责任将其再利用和资源化。

2008 年 6 月 24 日,十一届全国人大常委会对被列入 2008 年立法计划的《草案》进行第二次审议。与首次审议的《草案》相比,此次进行审议的《草案》共删除了三项条款。被删除的这三项条款,分别为第 14 条第三款("国务院和县级以上地方人民政府向同级人民代表大会报告政府工作时,应当同时报告循环经济发展工作")、第 40 条("报废机动车船的所有者,必须将所报废的机动车船交售给回收、拆解机动车船的企业"、"回收后的报废机动车船必须拆解,禁止重新拼装使用")以及第 26 条第一款有关对居民生活用电、气、自来水等实行累进加价收费制度的规定。

2008 年 8 月 25 日,为了使法的名称与主要内容相衔接,全国人大常委会开始三审的"循环经济法草案"改名为"循环经济促进法草案"。

2008 年 8 月 29 日,中华人民共和国第十一届全国人民代表大会常务委员会第四次会议通过《中华人民共和国循环经济促进法》,自 2009 年 1 月 1 日起施行。《中华人民共和国循环经济促进法》按照实施"减量化、再利用、资源化"的顺序设计该法的法律框架,并以此为主线解决发展循环经济所面临的突出问题。其主要制度内容包括:建立循环经济规划制度、抑制资源浪费和污染物排放的总量调控制度、以生产者为主的责任延伸制度、激励机制、法律责任追究制度,强化对高耗能、高耗水企业的监督管理,强化产业政策的规范和引导,明确关于减量化、再利用和资源化的具体要求等。

3.1.2 地方立法

地方性法规体系既是国家相关法律在地方得以顺利贯彻实施的有力保障,也是针对各地实际情况对国家法律体系的重要补充。近年来,我国许多地方省市在发展清洁生产和推进循环经济相关的法规和制度方面作了不少有益的探索。

比较有代表性的地方性法规有《深圳经济特区循环经济促进条例》、《贵阳市建设循环经济生态城市条例》、《厦门市人民代表大会常务委员会关于发展循环经济的决定》等。这些地方性法规的出台大大促进了当地循环经济的发展，同时也为国家层面的循环经济立法提供了很好的立法经验。

1.包含循环经济术语的地方法规、规章

截至2009年8月，在北大法宝数据库中，标题关键字中包含“循环经济”术语的地方性法规有3条，地方政府规章有1条，地方规范性文件有193条。地方性法规和规章见表3.4。[3]

表3.4 标题关键字中包含“循环经济”术语的地方性法规和规章

法规标题	发布时间
贵阳市建设循环经济生态城市条例	2004-9-26
重庆市人民政府关于发展循环经济的决定	2005-4-22
厦门市人大常委会关于发展循环经济的决定	2005-10-26
深圳经济特区循环经济促进条例	2006-3-22

其中，《贵阳市建设循环经济生态城市条例》是我国首部地方性循环经济专门法规。该条例的颁布和实施，为规范政府、企业在推进循环经济中的行为提供了法制保障。

《深圳经济特区循环经济促进条例》是我国首部副省级城市循环经济法规，全国人大环境与资源保护委员会法案室主任、《循环经济法》起草小组成员孙佑海这样评价该条例：“深圳的条例亮点很多，比如法规所建立的发展循环经济的10多项制度，法规要求政府应当编制循环经济发展的中长期规划，建立循环经济评价制度并完善统计方法，建立政府绿色采购制度以及实行财政补贴示范推广制度等，这些探索都很有价值，很有意义。”[5]

截至2009年8月，在北大法宝数据库中，全文关键字中包含“循环经济”术语的地方性法规有79条，地方政府规章有18条，地方规范性文件有4 957条。79条地方性法规中，资源能源类省级地方性法规10条，环境保护类省级地方性法规22条，详细信息见表3.5。[3]

表3.5 全文关键字中包含“循环经济”术语的地方性法规

法规类别	法规标题	发布日期
资源能源	武汉城市圈资源节约型和环境友好型社会建设综合配套改革试验促进条例	2009-7-31
	黑龙江省农村可再生能源开发利用条例	2008-1-18
	重庆市节约能源条例	2007-9-28
	甘肃省资源综合利用条例	2007-5-31
	陕西省节约能源条例	2006-9-28
	安徽省节约能源条例	2006-4-21
	山西省焦化产业管理条例	2005-7-29
	海南省人大常委会关于批准《海南生态省建设规划纲要(2005年修编)》的决定	2005-5-27
	山东省海洋环境保护条例	2004-9-23

续表 3.5

法规类别	法规标题	发布日期
环境保护	海南省万泉河流域生态环境保护规定	2009－5－27
	贵州省环境保护条例(2009 年)	2009－3－26
	黑龙江省松花江流域水污染防治条例	2008－12－19
	浙江省水污染防治条例	2008－9－19
	云南省杞麓湖保护条例	2007－11－29
	江苏省太湖水污染防治条例(2007 年修订)	2007－9－27
	山西省重点工业污染监督条例	2007－9－26
	重庆市环境保护条例(2007 年)	2007－5－18
	山东省南水北调工程沿线区域水污染防治条例	2006－11－30
	湖北省农业生态环境保护条例	2006－9－29
	海南省南渡江生态环境保护规定	2006－6－5
	浙江省固体废物污染环境防治条例	2006－3－29
	广西壮族自治区环境保护条例(2005 年修订)	2005－12－3
	上海市环境保护条例(2005 年修订)	2005－10－28
	青海省湟水流域水污染防治条例(2005 年修订)	2005－4－1
	河北省环境保护条例(2005 年修订)	2005－3－25
	江苏省长江水污染防治条例	2004－12－22
	西藏自治区环境保护条例(2003 年)	2003－7－24
	福建省人大常委会关于修改《福建省环境保护条例》的决定	2002－1－27
	福建省环境保护条例(2002 年修订)	2002－1－20
	山东省人大常委会关于修改《山东省环境保护条例》的决定	2001－12－7
	山东省环境保护条例(2001 年修订)	2001－12－7

18 条地方政府规章中,资源能源类 6 条,环境保护类 4 条,详细信息见表 3.6。[3]

表 3.6　全文关键字中包含“循环经济”术语的地方政府规章

法规类别	法规标题	发布日期
资源能源	合肥市再生资源回收利用管理办法	2009 – 3 – 20
	深圳市工业及其他产业用地使用权出让若干规定(2008 年修订)	2008 – 10 – 13
	深圳市工业及其他产业用地使用权出让若干规定	2007 – 10 – 16
	唐山市城市再生水利用管理暂行办法	2006 – 9 – 26
	沈阳市再生资源回收管理办法	2006 – 4 – 19
	重庆市人民政府关于发展循环经济的决定	2005 – 4 – 22
环境保护	中新天津生态城管理规定	2008 – 9 – 17
	广东省排污费征收使用管理办法	2007 – 6 – 18
	深圳市城市生活垃圾处理费征收和使用管理办法	2006 – 10 – 17
	浙江省环境污染监督管理办法	2006 – 07 – 13

2.可归类于循环经济法制的地方法规

(1)生产领域

在《清洁生产促进法》公布之前的 1999 年,国家经贸委发布了《关于实施清洁生产示范试点的通知》,选择北京、上海等十个试点城市和石化、冶金等五个试点行业开展清洁生产示范和试点。作为试点单位的陕西省、辽宁省、江苏省、山西省、沈阳市等省市相继制定了地方性的清洁生产法规和政策。1996 年陕西省环保局和省经贸委联合下发了《关于积极推行清洁生产的若干意见》,提出将部分排污费返还给企业开展清洁生产审计;1997 年辽宁省政府制定了《关于环境保护若干问题的决定》,明确指出各地区要将排污收费总额的 10%以上用于清洁生产试点示范工程。1996 年江苏省出台了《关于加快清洁生产步伐的若干意见》,从支持立项审批、加大资金扶持力度、信贷支持、科研推广扶持等十个方面制定了具体的优惠、扶持政策。1999 年山西省人大批准颁布了《太原市清洁生产条例》;2004 年 9 月广东省人大颁布《广东省环境保护条例》,指出各级人民政府应当推行清洁生产,鼓励资源合理利用,倡导绿色消费。

2006 年 3 月,深圳市人大常委会通过《深圳经济特区循环经济促进条例》,该条例是我国副省级城市中的第一部循环经济法规,确立了十项基本制度,其一就是清洁生产审核制度;2006 年 5 月,云南省人大颁布了《云南省清洁生产促进条例》;2006 年 9 月,南京市政府发布《南京市促进清洁生产实施办法》;2007 年 12 月,杭州市政府发布《杭州市强制性清洁生产实施办法》。

截至 2009 年 8 月,在北大法宝数据库中,全文关键字中包含“清洁生产”术语的地方性法规有 157 条,地方政府规章有 57 条,地方规范性文件有 3 926 条。[3]

(2)消费领域

目前有些地方法规,开始涉及在消费领域推动循环经济,如2004年9月贵阳市人大颁布的《贵阳市建设循环经济生态城市条例》中提到了有关强制回收、垃圾分类、绿色消费和绿色采购的内容。

2004年6月厦门人大发布的《厦门市环境保护条例(2004)》中包含提倡绿色消费的内容。

2004年9月广东省人大发布的《广东省环境保护条例》指出各级人民政府应当推行清洁生产,鼓励资源合理利用,倡导绿色消费。

2005年4月重庆市人民政府发布的《关于发展循环经济的决定》明确指出鼓励绿色消费,推进绿色采购。

2006年3月深圳市人大通过《深圳经济特区循环经济促进条例》,该条例是我国副省级城市中的第一部循环经济法规,确立了十项基本制度,其中包括绿色消费制度和政府绿色采购制度两项。

(3)资源能源领域

早在1993年,青岛市就发布了《青岛市资源综合利用若干规定》,其后,广东省、济南市、湖北省、江苏省、河北省、宁夏回族自治区、淄博市、山东省、江西省、深圳市等省市陆续出台了资源综合利用条例或管理办法。

1986年,国务院发布《节约能源管理暂行条例[失效]》后,同年6月,山东省率先出台《贯彻国务院〈节约能源管理暂行条例〉实施细则》,此后,黑龙江、吉林等省结合自身实际,陆续出台了节约能源管理实施细则,北京市于1987年出台《关于实施〈节约能源管理暂行条例〉的若干规定》。

1998年1月1日,《中华人民共和国节约能源法》正式实施。为贯彻《节约能源法》,结合自身实际,浙江、北京等省市出台《实施〈中华人民共和国节约能源法〉办法》;20余省市陆续出台《节约能源条例》。

值得一提的是,1997年6月6日,山东省率先发布《山东省节约能源条例》,该条例是唯一一部在《中华人民共和国节约能源法》出台前发布的条例。

建筑节能是节约能源的重要方面。1992年,河北省发布《河北省干墙体材料革新与建筑节能管理暂行规定》。其后,安徽、北京、天津等省市陆续发布建筑节能条例、管理规定、管理办法;甘肃、重庆、上海先后发布《甘肃省建筑节能"十一五"规划》、《重庆市建筑节能"十一五"发展规划纲要》、《上海市建筑节能"十一五"规划》。

值得关注的是,《深圳经济特区建筑节能条例》于2006年7月26日在深圳市四届人大常委会第七次会议获得通过,11月1日起正式实施,这是我国第一部建筑节能方面的专门法规。

3.2 政策东风吹开千树花

我国的循环经济尚处于起步阶段,但已经进行了大量有益的实践探索,并取得了初步进展。在结合我国实际,借鉴国际成功经验的基础上,制定了一系列政策推进循环经济的发展。我国在推动节约能源、资源综合利用方面,自改革开放以来就有专门的政策,包括对从事资源节约、综合利用等活动的有关企业及产品实行财政补助或税收优惠政策。目前我国已经制定资源税和补偿政策，并设有环境保护专项资金、清洁生产专项资金等专项基金。此外，我国还开展了排污权交易试点，实行了政府绿色采购；审议了延伸生产者责任制度等。

3.2.1 产业政策——循环经济的助推器

1.与循环经济有关的产业政策

产业政策是国家干预或参与经济的政策工具，是从整个国家产业发展的全局着眼而系统设计的比较完整的政策体系。我国制定较早的带有“产业”字样的产业政策，是20世纪90年代出台的汽车产业政策、水产业政策等。随着可持续发展思想的深入人心，我国的产业政策逐步从行业性向功能性方向转变，突出了对资源节约和环境保护的关注。21世纪以来，特别是近期出台的新的产业政策，如煤炭产业政策等，将规模化、集约化、资源节约、环境友好等作为重要指标，引导产业的健康发展。[4]

现行的产业政策见表3.7。

表3.7 现行产业政策

法规名称	发布日期
乳制品工业产业政策	2008-5-29
煤炭产业政策	2007-11-23
国家发展和改革委员会关于印发促进产业集群发展的若干意见的通知	2007-11-13
造纸产业发展政策	2007-10-15
天然气利用政策	2007-8-30
水泥工业产业发展政策	2006-10-17
国务院关于发布实施《促进产业结构调整暂行规定》的决定	2005-12-2
产业结构调整指导目录(2005年)	2005-12-2
钢铁产业发展政策	2005-7-8
汽车产业发展政策	2004-5-21
国务院关于印发鼓励软件产业和集成电路产业发展若干政策的通知	2000-6-24
国务院关于印发《水利产业政策》的通知	1997-9-4

2.与循环经济有关的技术政策[4]

我国2002制定的《国家产业技术政策》中明确，应“重点推进高新技术与产业化发展；用先进适用技术改造提升传统产业”。并对新能源技术、能源与环保、原材料、建筑业等发展方向作了规定。目前，有关的主要技术政策见表3.8。

表 3.8　与循环经济有关的主要技术政策

法规名称	发布日期
节能技术大纲	1996－5－13
机动车排放污染防治技术政策	1999－5－28
煤矸石综合利用技术政策要点	1999－10－20
草浆造纸工业废水污染防治技术政策	1999－9－15
城市生活垃圾处理及污染防治技术政策	2000－5－29
城市污水处理及污染防治技术政策	2000－5－29
印染行业废水污染防治技术政策	2001－8－8
燃煤二氧化硫排放污染防治技术政策	2002－1－30
危险废物污染防治技术政策	2002－8－9
摩托车排放污染防治技术政策	2003－1－13
柴油车排放污染防治技术政策	2003－1－16
废电池污染防治技术政策	2003－10－9
节水技术大纲	2005－4－21

3.与产业发展相关的其他新政策

2007 年 12 月 26 日，国务院新闻办发表《中国的能源状况与政策》白皮书。这是中国首次以国家名义发布能源文件，详细介绍中国能源发展现状、能源发展战略和目标、全面推进能源节约、提高能源供给能力、促进能源产业与环境协调发展、深化能源体制改革以及加强能源领域的国际合作等政策措施。

2007 年 5 月 23 日，国务院印发国家发展和改革委员会同有关部门制定的《节能减排综合性工作方案》，明确了 2010 年中国实现节能减排的目标任务和总体要求。

2007 年 4 月，《能源发展“十一五”规划》由国家发展和改革委员会发布，开宗明义提出：“本规划主要阐明国家能源战略，明确能源发展目标、开发布局、改革方向和节能环保重点，是未来五年我国能源发展的总体蓝图和行动纲领。”

此外，《煤炭工业发展“十一五”规划》、《可再生能源中长期发展规划》、《核电中长期发展规划》也都于 2007 年发布。

3.2.2　绿色消费——让绿色成为“流行色”

绿色消费是重要的循环经济理念之一。消费者对产品和服务的选择主要受经济利益的驱动。需要采取切实可行的措施，引导和促进绿色消费。政府是最大的消费者之一，对各种产品和服务的绿色采购具有很大的引导和示范作用。

2003 年 1 月 1 日开始施行的《中华人民共和国政府采购法》第 9 条要求“政府采购应当有助于实现国家的经济和社会发展政策目标，包括保护环境，扶持不发达地区和少数民族地区，促进中小企业发展等”。同时开始施行的《中华人民共和国清洁生产促进法》第 16 条规定“各级人民政府应当优先采购节能、节水、废物再生利用等有利于环境与资源保护的产品。各级人民政府应当通过宣传、教育等措施，鼓励公众购买和使用节能、节水、废物再生利用等有利于环境与资源保护的产品”。这为我国建立政府绿色采购制度提供了立法依据。

其后，国务院、国务院相关主管部门制定了一些有关政府绿色采购的政策、规章，逐步在全国范围内开展相关的实践。一些地方政府已颁布了或正在制定地方的政府绿色采购法规。如《上海市政府采购管理办法》第 18 条规定，政府采购应当符合环境保护的要求。采购中心和采购人应当优先采购低耗能、低污染的货物和工程。随着政府绿色采购的概念日益深入人心，一些行业、企业也主动地开始实施绿色采购。[6]

2004 年底，财政部与国家发展和改革委员会出台了《节能环保政府采购实施意见》，制定了我国首份政府节能采购清单，并列举了汽车、电脑等八类 100 多种政府优先采购的节能产品，成为我国第一个政府采购促进节能与环保的具体政策规定。

2006 年 10 月 24 日，财政部、环保总局联合发布了《关于环境标志产品政府采购实施的意见》和《环境标志产品政府采购清单》，一批民族品牌企业进入《环境标志产品政府采购清单》。

2007 年 5 月 23 日，国务院印发《节能减排综合性工作方案》指出：加强政府机构节能和绿色采购；进一步完善政府采购节能和环境标志产品清单制度，不断扩大节能和环境标志产品政府采购范围。

2007 年 7 月 23 日国务院办公厅下发《国务院办公厅关于建立政府强制采购节能产品制度的通知》。在积极推进政府机构优先采购节能（包括节水）产品的基础上，选择部分节能效果显著、性能比较成熟的产品，予以强制采购。

3.2.3 生产者责任延伸——让责任延伸至产品的源头和末端[7]

针对日渐严峻的废弃产品问题，国家通过立法逐步确立了生产者的源头预防责任、产品环境信息披露责任与废弃产品回收、处理、循环利用责任三方面的延伸责任，对我国的废弃产品问题作出了积极回应。迄今为止，虽然我国尚未制定专门的《生产者责任延伸法》来明确、具体建构完善的生产者责任延伸制度，但纵观我国近些年来制定的一些相关法律法规或规章，一些法律条文的内容已经明确表明：在我国，生产者责任延伸的理念早已在立法实践中被立法者所“采纳”，生产者责任延伸制度在我国已经渐具雏形。相关法律法规、规章见表 3.9。

体现生产者责任延伸理念的地方性法规、政府规章不断制定。1999 年，北京市政府颁布了《北京市限制销售、使用塑料袋和一次性塑料餐具管理办法》，2000 年，青岛市政府颁布了《青岛市防治一次性塑料餐具和塑料包装袋污染环境管理规定》，正式规定塑料餐具的生产者和销售者应当承担废弃塑料餐具的回收责任；2000 年，上海市政府颁布了《一次性塑料饭盒管理暂行办法》，2000 年 10 月 1 日，上海市开始向一次性塑料饭盒的生产者和销售者征收一次性塑料饭盒回收处置费；2001 年，江西省人大常委会颁布了《江西省环境污染防治条例》，2002 年，山东省人大常委会颁布了《山东省实施〈中华人民共和国固体废物污染环境防治法〉办法》，相继了规定电池的生产者、销售者和使用者应回收废旧电池。2002 年 4 月 1 日起施行的《上海市市容环境卫生管理条例》第 42 条规定：“塑料废弃物、废电池等特殊废弃物应当单独收集和处置。市人民政府可以对塑料制品、电池等产品的生产者和销售者应当承担的相应废弃物回收和处置义务作出规定”。这些地方性法规与政府规章都对生产者为应对废弃产品问题所应承担的延伸责任作了或多或少的规定。

表 3.9　生产者责任延伸制度相关法律法规、规章

法规标题	相关内容
旧水泥纸袋回收办法(1989年)	明确要求水泥厂对废旧水泥袋进行回收,并规定了生产者的回收比例,构建了押金——退款制度,这些内容可以被视为我国最早的体现生产者责任延伸理念的立法
固体废物污染环境防治法(1995年)	确立了包括部分源头预防责任与废弃产品回收、循环利用责任在内的生产者的延伸责任
关于限制电池生产含汞量的规定(1997年)	要求电池生产者承担源头预防责任
包装资源回收利用暂行管理办法(1999年)	对生产者的源头预防责任与废弃产品回收、处置与循环利用责任作了规定
清洁生产促进法(2002年)	对生产者的源头预防责任、产品环境信息披露责任与废弃产品回收、处置与循环利用责任都作了规定
废电池污染防治技术政策(2003年)	明确规定了生产者对电池的源头预防责任、产品环境信息披露责任与废弃产品回收、处置与循环利用责任
电子信息产品污染控制管理办法(2006年)	明确规定了生产者对电子信息产品的源头预防责任与产品环境信息披露责任
固体废物污染环境防治法(2004年修订)	明确规定了生产者对固体废物中的废弃产品的源头预防责任与废弃产品回收、处置与循环利用责任,还规定了相应的法律责任以强制生产者承担法定的延伸责任
废旧家电及电子产品回收处理管理条例(2004年)	明确规定了生产者对废旧家电及电子产品的源头预防责任、产品环境信息披露责任与废弃产品回收、处置与循环利用责任,还规定了相应的法律责任
汽车产品回收利用技术政策(2006年)	明确规定了生产者对汽车的源头预防责任、产品环境信息披露责任与废弃产品回收、处置与循环利用责任

上述法律法规或规章虽然基本未被直接冠名为生产者责任延伸制度,有的甚至制定于生产者责任延伸与生产者责任延伸制度概念传入我国之前,但它们大多或直接或间接地规定了生产者必须为应对废弃产品问题承担一定的延伸责任,实质上就已经构成了我国的生产者责任延伸制度的雏形。

3.2.4　税收优惠——让循环经济"钱"途光明

我国鼓励节约能源、资源综合利用,对有关企业及产品实行了税收优惠政策。

1.节能、节水方面的优惠政策

1997年12月,国务院发布《国务院关于调整进口设备税收政策的通知》,规定节能、节水等技术改造国内投资项目和外商投资项目进口设备,在规定的范围内,免征关税和进口环节增值税。1999年12月,财政部、国家税务总局下发关于印发《技术改造国产设备投资抵免企业所得税暂行办法》的通知,规定凡在我国境内投资于节能、节水等技术改造的企业,其项目所需国产设备投资的40%可从企业技术改造设备购置当年比前一年新增的企业所得税中抵免。2007年3月,新颁布的《中华人民共和国企业所得税法》规定,企业在

节能环保方面所作的投资，或在节能环保项目上的所得，今后可享受税收上的减免。

2.能源发展方面的优惠政策

1994年，财政部和国家税务总局联合发布《关于调整农业产品增值税税率和若干项目征免增值税的通知》，规定县以下小水电生产单位增值税减按6%计征。2002年，我国风力发电开始实行按增值税应纳税额减半征收的优惠政策，这项政策的出台将对我国风力发电产业化发展产生积极的影响。2006年9月30日，财政部、国家发展和改革委员会、农业部、国家税务总局、国家林业局联合发布《关于发展生物能源和生物化工财税扶持政策的实施意见》。指出：对国家确实需要扶持的生物能源和生物化工生产企业，国家给予税收优惠政策，以增强相关企业竞争力，具体政策由财政部、国家税务总局上报国务院后另行制定。2007年2月，财政部、国家税务总局制定了鼓励煤层气抽采的全方位税收政策，这些政策包括，增值税先征后退、不征收企业所得税、对设备加速折旧、对新技术允许加计扣除、暂不征收资源税等。这些优惠政策自2007年1月1日起执行。

3.资源综合利用方面的优惠政策[8]（表3.10）

表3.10 资源综合利用方面的优惠政策

税收优惠政策	主要内容
免征增值税	1.企业生产的原料中掺有不少于30%的煤矸石、石煤、粉煤灰、烧煤锅炉等其他废渣（不包括高炉水渣）为原料生产的建材产品 2.企业利用废液（渣）生产的黄金、白银 3.废旧物资回收经营单位销售其收购的废旧物资
增值税即征即退	1.利用煤炭开采过程中伴生的舍弃物油母页岩生产加工的页岩油及其他产品 2.在生产原料中掺有不少于30%的废旧沥青混凝土生产的再生沥青混凝土 3.利用城市垃圾生产的电力 4.在生产原料中掺有不少于30%的煤矸石、石煤、粉煤灰、烧煤锅炉的炉底渣（不包括高炉水渣）及其他废渣生产的水泥 5.在2008年12月31日前对企业以三剩物和次小薪材为原料生产加工的综合利用产品
增值税减半征收	1.利用煤矸石、煤泥、油母页岩和风力生产的电力 2.部分新型墙体材料产品
所得税减免	企业利用废水、废气、废渣等废弃物为主要原料进行生产的，可在五年内减征或者免征所得税 1.企业在原设计规定的产品以外，综合利用本企业生产过程中产生的，在《资源综合利用目录》内的资源作主要原料生产的产品的所得，自生产经营之日起，免征所得税五年 2.企业利用本企业外的大宗煤矸石、炉渣、粉煤灰作主要原料，生产建材产品的所得，自生产经营之日起，免征所得税五年 3.为处理利用其他企业废弃的，在《资源综合利用目录》内的资源而新办的企业，经主管税务机关批准后，可减征或者免征所得税一年
消费税减免	自2000年1月1日起对翻新轮胎停止征收消费税

4.环境保护方面的税收优惠政策[9]

2000年6月7日经国务院批准,财政部、国家税务总局财税[2000]026号文通知,对低污染排放汽车实行减征30%消费税的政策。自2004年7月1日起,对企业生产销售达到欧洲Ⅲ号排放标准的小汽车减征30%的消费税。国家税务总局2001年11月26日国税发[2001]131号文通知:对退耕还林还草补助粮免征增值税。

5.技术进步、成果转让方面的税收优惠政策[9]

(1)企业事业单位进行技术转让,以及在技术转让过程中发生的与技术转让有关的技术咨询、技术服务、技术培训的所得,年净收入在30万元以下的,暂免征收所得税;超过30万元的部分,依法缴纳所得税。

(2)对科研单位和大专院校服务于各业的技术成果转让、技术培训、技术咨询、技术服务、技术承包所取得的技术性服务收入暂免征收所得税。

(3)为鼓励技术引进、推广,财政部、国家税务总局1994年6月3日(94)财税字第010号通知,规定对科研单位取得的技术转让收入免征营业税。

(4)为加强技术创新,发展高科技,实现产业化,国家税务总局2000年10月8日国税发[2000]166号通知,外国企业和外籍个人技术转让收入免征营业税。

(5)鼓励企业加大技术开发费用的投入。

①企业研究开发新产品、新技术、新工艺所发生的各项费用,包括新产品设计费,工艺规程制定费,设备调整费,原材料和半成品的试验费,技术图书资料费,未纳入国家计划的中间试验费,研究机构人员的工资,研究设备的折旧,与新产品的试制、技术研究有关的其他经费以及委托其他单位进行科研试制的费用,不受比例限制,计入管理费用。

②企业研究开发新产品、新技术、新工艺所发生的各项费用应逐年增长,增长幅度在10%以上的企业,可再按实际发生额的50%抵扣应税所得额。具体抵扣办法由国家税务总局另行制定。

③企业为开发新技术、研制新产品所购置的试制用关键设备、测试仪器,单台价值在10万元以下的,可一次或分次摊入管理费用,其中达到固定资产标准的应单独管理,不再提取折旧。

(6)加速企业技术成果的产业化和商品化。

①企业进行技术转让,以及在技术转让过程中发生的与技术转让有关的技术咨询、技术服务、技术培训所得,年净收入在30万元以下的,暂免征收所得税。

②企业为验证、补充相关数据,确定完善技术规范或解决产业化、商品化规模生产关键技术而进行中间试验,报经主管财税机关批准后,中试设备的折旧年限可在国家规定的基础上加速30%~50%。

3.2.5 收费与征税——谁污染谁付费

1.资源税

主要通过对在中国境内开采应税资源的矿产品或者生产盐的单位和个人征收资源

税,对自然资源的使用进行控制。应税资源及税率情况见表3.11。[10]

表3.11 应税资源及税率

税　目	税额幅度
原　油	8~30元/吨
天然气	2~15元/千立方米
煤　炭	0.3~5元/吨
其他非金属矿原矿	0.5~20元/吨、克拉或者立方米
黑色金属矿原矿	2~30元/吨
有色金属矿原矿	0.4~30元/吨或立方米挖出量
固体盐	10~60元/吨
液体盐	2~10元/吨

目前资源税征收属于矿产资源占用税性质。一方面税率过低,起不到促进合理利用资源的作用;另一方面范围狭窄,如土地、淡水、森林、草原等自然资源没有列入。另外,由于资源税收入大部分归地方,又是对使用自然资源所获得的收益征税,往往起到了鼓励地方对资源过度开发的作用,反而加剧了生态环境的恶化。更主要的是,我国的税收是建立在已经创造财富基础之上的,对破坏生态和污染环境的经济活动没有相应的惩罚性税收。[4]

2.消费税

我国现行消费税共设置了11个税目,在其中的三个税目中又设置了13个子目。列举了25个征税项目,包括了对环境造成污染的鞭炮、烟火以及五类能源及与能源相关的产品汽油、柴油、汽车轮胎、摩托车、小汽车。

2006年3月20日,财政部、国家税务总局又下发了《关于调整和完善消费税政策的通知》,对消费税税目、税率及相关政策进行调整。其中涉及资源利用、环境保护的有新增税目中对木制一次性筷子、实木地板均征收5%的消费税。

从范围上看,没有涉及我国消费最主要的能源产品——煤炭,那些容易给环境带来污染的日常消费品,如电池、一次性塑料包装袋、一次性餐饮容器等,也没有被列入征税范围。而且从力度上看,现行消费税很难对重要战略资源如石油的消费起到限制作用。[10]

3.排污收费[11]

我国的排污收费制度最早出现在1978年中共中央批转国务院环境保护领导小组《环境保护工作汇报要点》中。之后,在1979年颁布的《中华人民共和国环境保护法(试行)》中作出了明确规定。该法第18条规定,"超过国家规定的排放标准排放污染物,要按照排放污染物的数量和浓度根据规定收取污染费"。《环境保护法(试行)》的颁布为我国建立排污收费制度提供了法律依据。1982年,国务院在总结各地征收排污费试行工作的基础上,颁布了《征收排污费暂行办法》,对征收排污费的目的、对象、收费标准、收费政策、排污费的管理、排污费的使用等内容作了详细规定,标志着我国排污收费制度的正式确立。1988年,国务院颁布了《污染源治理专项基金有偿使用暂行办法》,对排污费制度进行了改革,将部分排污费改拨款为贷款,实行有偿使用。1989年颁布的《中华人民共和国环境保护法》重申了这项制度。另外,《中华人民共和国水污染防治法》、《中华人民共和国大气污染防治法》等污染防治的法律对这一制度作了类似规定。2002年国务院在原超标收费制度的基础上,又发布了《排污费征收使用管理条例》。该《条例》由原来的浓度收费转变为实行浓度、总量收费,由单因子收费转变为多因子收费,由高于污染治理设施的运行成本收费向逐步高于治理成本收费转变;资金管理由收支一条线转变为收支两条线管理。《排污费使用管理条例》的发布,标志着我国的排污收费制度进入了一个新的发展阶段。国家环境保护总局及财政部等部委还发布了一系列行政规章,使排污收费制度具有更强的可操作性。目前,我国的排污收费制度已经形成由国家法律、行政法规、地方法规、部门和地方规章以及规范性文件组成的法律、法规体系。

4.排污交易制度

目前我国排污权交易尚处于试点阶段,虽然基层环保部门以及企业都希望能及时出台有关排污权交易的具体规章制度,一些省市如山西、江苏等都相继出台了一些地方性的排污权交易法规,但是在国家层面上还没有针对性立法。

2001年10月13日,我国第一个关于二氧化硫排污交易的地方性规章——《太原市二氧化硫排污交易管理办法》发布。

2002年10月,江苏省环保厅与江苏省经济贸易厅共同制定了《江苏省电力行业二氧化硫排污权交易管理暂行办法》,第一次建立了省级排污权交易的执行依据。

2007年2月,《珠江三角洲火力发电厂排污交易试验计划》实施方案正式对外公布。这标志着广东省将实施环境有偿使用制度改革,并逐步推广排污权交易。

2007年7月,国家发展和改革委员会会同国家环保总局印发了《关于开展烟气脱硫特许经营试点工作的通知》及《火电厂烟气脱硫特许经营试点工作方案》,要求在国电等五大发电集团公司火电厂烟气脱硫引入特许经营模式,试行排污权交易制度。

3.2.6 投融资和补贴——循环经济的催化剂

国务院在1983年颁布的《关于环境保护工作的决定》中,明确了环境保护的8条资金渠道。1984年6月,中央七部委联合颁布了《关于环境保护资金渠道的规定的通知》,对每项资金渠道作了具体规定。投资渠道由单一渠道变为多条渠道,由单一主体转变为多个主体,形成了相对多元化的投资格局。[12] 2002年,国家环保总局在关于实施《城市垃圾填埋气体收集利用国家行动方案》中指出,要鼓励民间资本和私营企业以及国际商业机构进入中国城市垃圾处理领域。2005年,国家发展和改革委员会明确提出,在发展循环经济过程中,要发挥好政府投资对社会投资的引导作用,特别是要引导各类金融机构对有利于促进循环经济发展的重点项目给予贷款支持。2000年,国家发展和改革委员会发布《当前国家重点鼓励发展的产业、产品和技术目录》(2000年修订),引导投资导向。2007年10月31日,国家发展和改革委员会和商务部联合颁布了《外商投资产业指导目录

(2007年修订)》,自2007年12月1日起施行。鼓励外商投资发展循环经济、清洁生产、可再生能源和生态环境保护及资源综合利用。在法规政策的指导规范下,目前中国逐渐形成了国家(包括国债)、地方、民间和利用外资等多元化的投资格局,投资渠道不断拓宽。[13]

截至目前,国家还没有建立独立的循环经济发展专项资金,相关循环经济产业的投入分散在企业技改资金和高新技术发展创新项目资金中,使政府在循环经济投入上处于相当不稳定的状态。而且,政府的直接投入只局限于研发和生产(技改)领域,在循环经济产品销售、使用、服务、回收、信息传播等方面几乎是一个空白。对于循环经济的发展处于起始阶段的农村来说,更缺乏相关政策。[14]

目前主要的相关政策见表3.12。

表3.12 投融资主要相关政策

法规名称	具体内容
节能技术改造财政奖励资金管理暂行办法(2007.8)	对十大重点节能工程范围内的企业节能技术改造项目,实行"以奖代补"新机制,按改造后实际取得的节能量给予奖励,多节能,多奖励
生物能源和生物化工非粮引导奖励资金管理暂行办法(2007.7)	中央财政安排生物能源和生物化工非粮引导奖励专项资金,用于支持以非粮为原料的生物能源和生物化工放大生产,优化生产工艺
关于发展生物能源和生物化工财税扶持政策的实施意见(2006.9)	对生物能源和生物化工企业实施弹性亏损补贴;对以"公司+农户"方式经营的生物能源和生物化工龙头企业,国家给予适当补助;对示范企业予以适当补助
可再生能源建筑应用专项资金管理暂行办法(2006.9)	专项资金以无偿补助形式给予支持
促进风电产业发展实施意见(2006)	将择优培育若干风电机组整机制造企业和零部件制造企业,重点给拥有自主知识产权和品牌的兆瓦级以上风电企业的新产品研发、工艺改进和试验示范以适当资金补助
可再生能源发电价格和费用分摊管理试行办法	生物质发电(包括农林废弃物直接燃烧和气化发电、垃圾焚烧和垃圾填埋气发电、沼气发电)上网电价将享有每千瓦·时0.25元的补贴

3.3 标准催生新技术

3.3.1 清洁生产标准

多年来,发达国家广泛建立了大量的清洁生产相关标准和指标体系,为清洁生产的实施和评估提供依据。我国自2003年以来已经组织开展30个行业的清洁生产标准制定工作。目前已发布的清洁生产标准见表3.13。

表 3.13　清洁生产标准

标准名称	编　号	实施日期
清洁生产标准　石油炼制业	HJ/T125 – 2003	2003 – 6 – 1
清洁生产标准　炼焦行业	HJ/T126 – 2003	2003 – 6 – 1
清洁生产标准　制革行业(猪轻革)	HJ/T127 – 2003	2003 – 6 – 1
清洁生产标准　啤酒制造业	HJ/T 183 – 2006	2006 – 10 – 1
清洁生产标准　食用植物油工业(豆油和豆粕)	HJ/T 184 – 2006	2006 – 10 – 1
清洁生产标准　纺织业(棉印染)	HJ/T 185 – 2006	2006 – 10 – 1
清洁生产标准　甘蔗制糖业	HJ/T 186 – 2006	2006 – 10 – 1
清洁生产标准　电解铝业	HJ/T 187 – 2006	2006 – 10 – 1
清洁生产标准　氮肥制造业	HJ/T 188 – 2006	2006 – 10 – 1
清洁生产标准　钢铁行业	HJ/T 189 – 2006	2006 – 10 – 1
清洁生产标准　基本化学原料制造业(环氧乙烷/乙二醇)	HJ/T 190 – 2006	2006 – 10 – 1
清洁生产标准　汽车制造业(涂装)	HJ/T 293 – 2006	2006 – 12 – 1
清洁生产标准　铁矿采选业	HJ/T 294 – 2006	2006 – 12 – 1

其他如中密度纤维板工业、乳制品制造业(液态奶及全脂淡乳粉)、造纸工业(漂白硫酸盐蔗渣浆生产工艺)、电镀工业、彩色显像(示)管生产、酒精制造业、钢铁工业(中厚板轧钢)、烟草加工业、镍选矿业、水泥工业、浮法玻璃工业等 13 个行业(产品)业已完成了报批稿和送审稿。但相对国内的行业数量对清洁生产环境标准的需求来说,目前标准体系的建立速度比较缓慢。

自 2004 年开始,国家发展和改革委员会组织编制了重点行业清洁生产指标体系,用于评价企业的清洁生产水平,作为创建清洁生产先进企业的主要依据,并为企业推行清洁生产提供技术指导。目前已于 2005 年 6 月 23 日发布了钢铁行业、氮肥行业和电镀行业三个清洁生产评价指标体系(试行)。其他行业评价指标体系,包括纸浆造纸、纺织印染行业、铬盐行业、铝行业、氯碱行业、煤炭行业、电池行业、皮革行业、发酵行业的清洁生产评价指标体系也在制定过程中。[15]

3.3.2　节水标准

国家发展和改革委员会 2006 年 12 月 29 日宣布,其组织制定的《节水型企业评价导则》、《合成氨取水定额》、《酒精制造取水定额》、《医药产品取水定额》四项节水标准已经国家标准委批准发布。为加强工业节水工作,国家发展和改革委员会已组织制定并经国家标准委批准发布了火力发电、钢铁、石油、纺织、造纸、啤酒、酒精七个行业取水定额国家标准(GB 18916.1 – 6)。这些标准于 2005 年 1 月 1 日实施。《节水型企业评价导则》等四项标准的发布和实施,进一步完善了我国工业节水标准体系,对于加大工业节水工作力度,加强工业取水定额管理，实现“十一五”规划《纲要》中提出的万元工业增加值用水量下降30%的目标具有十分重要的意义。

3.3.3 生态工业园区标准

自2006年9月1日起，我国生态工业园区将依照《综合类生态工业园区标准(试行)》、《行业类生态工业园区标准(试行)》和《静脉产业(资源再生利用产业)类生态工业园区标准(试行)》三项标准进行建设、管理和验收。这是国家环保总局首次发布生态工业园区标准。

2001年8月，我国第一个国家级生态工业示范园区——广西贵港国家生态工业(制糖)示范园区由国家环保总局授牌建设。截至2006年8月，环保总局已论证通过了19个国家生态工业示范园区建设规划。通过试点工作，我国在生态工业园区建设和管理上积累了一定经验，这三项标准的发布实施，将进一步推动现有工业园区向生态化方向转型，不断提升园区的生态化水平，从总体上加速我国新型工业化进程。

3.3.4 建筑节能标准

1986年，制定第一部行业标准《民用建筑节能设计标准(采暖居住建筑部分)》，之后陆续制定了《夏热冬冷地区居住建筑节能设计标准》(2001年)、《夏热冬暖地区居住建筑节能设计标准》(2003年)、《公共建筑节能设计标准》(2005年)等标准。2006年3月7日，建设部发布《绿色建筑评价标准》，自2006年6月1日起实施。该标准主要内容是节能、节地、节水、节材与环境保护，注重以人为本，强调建筑的可持续发展。

此外，一批节能标准尚在编制中。总体上，建筑节能标准体系有待完善。

3.3.5 环境保护标准[16]

我国环境保护标准工作与国家环境保护事业同时起步。1973年，我国发布了第一个国家环境保护标准《工业“三废”排放标准》。经过30多年的发展，国家环境保护标准体系已粗具规模，标准体系由国家和地方两级构成。国家级环境保护标准包括环境质量标准、污染物排放(控制)标准、标准样品、环境保护行业标准及其他国家环境保护标准。

截至2005年12月31日，各类现行的国家环境保护标准共计841项。其中，涉及空气、水、土壤、噪声和振动等方面的国家环境质量标准共有16项。包括水污染物、空气污染物和噪声排放标准以及固体废物污染控制的国家污染物排放(控制)标准共有84项。国家环境标准样品的种类包括水、空气、土壤、生物质等，共251项。包括核辐射和电磁辐射污染防治标准、环境污染物与有害因素监测方法标准、环境保护基础标准、建设项目监督管理标准、清洁生产标准、环境标志产品标准、环保产品标准、污染防治技术政策等国家环境保护行业标准和其他国家环境保护标准，共490项。

地方环境保护标准包括环境质量标准和污染物排放标准，北京、上海、山东等省市共制定了地方环境保护标准30余项。

3.4 深圳市做了什么

早在20世纪90年代,深圳市就围绕环境保护、资源利用等制定和出台了一批法规和规章,近年来,为了促进深圳经济特区循环经济发展,建设资源节约型和环境友好型城市,实现经济、社会和环境的全面协调可持续发展,深圳市制定和出台了一批法规和政策。

1.包含循环经济术语的法规、规章、规范性文件

截至2009年8月,在北大法宝数据库中,标题关键字中包含"循环经济"术语的地方性法规有1条,即2006年3月22日发布的《深圳经济特区循环经济促进条例》,是我国首部副省级城市循环经济法规。地方规范性文件7条,主要法规见表3.14。[3]

表3.14 深圳市包含"循环经济"术语的地方规范性文件

法规名称	发布日期
深圳市人民政府关于印发《深圳市循环经济统计与核算管理办法》的通知	2007-5-25
深圳市人民政府关于印发《深圳市循环经济示范项目认定办法(试行)》的通知	2006-12-30
中共深圳市委、深圳市人民政府关于全面推进循环经济发展的决定	2006-4-20
深圳市人民政府关于印发《深圳市全面推进循环经济发展近期实施方案(2006~2008)》的通知	2006-4-20

2.可归类于循环经济的法规、规章、规范性文件

深圳市围绕资源节约、资源综合利用和清洁生产,制定和出台了一批法规和规范性文件。主要法规见表3.15。[3]

表3.15 深圳市可归类于循环经济的法规

法规名称	发布日期
深圳经济特区建筑节能条例	2006-7
深圳市人民政府办公厅关于印发《深圳市创建节水型城市和社会行动方案》的通知	2006-6
深圳市节约用水条例	2005-2
深圳市再生资源回收利用管理办法	2004-12
深圳市居住建筑节能设计规范	2003-7
深圳市推动节约能源工作实施方案	2003-6
深圳市资源综合利用条例	2003-6
深圳市资源综合利用认定管理办法	2003-3

深圳市在近年出台的环保法规中设置有关章节或条文,促进循环经济的发展。主要相关法规见表3.16。[3]

表 3.16 深圳市近年出台的环保法规

法规名称	发布日期
深圳市"十一五"期间主要污染物排放总量控制计划	2006－12
深圳生态市建设规划	2006－12
深圳市环境保护专项资金管理办法	2006－11
深圳经济特区建设项目环境保护条例	2006－7
深圳市鹏城减废行动工作方案	2006－4
深圳经济特区海域污染防治条例	2004－6
深圳经济特区机动车排气污染防治条例	2004－4
深圳市清洁生产实施意见	2003－3

2007年,深圳市通过了《深圳市产业结构调整优化和产业导向目录(2007年版)》,将89个循环经济项目纳入鼓励发展类产业,引导投资导向。此外,深圳市出台了一些补贴政策,推进循环经济发展,主要相关法规见表3.17。[3]

表 3.17 深圳市出台的循环经济补贴政策相关法规

法规名称	发布日期
关于《进一步加快民营经济发展的若干措施》的通知	2006－8
深圳市推动节约能源工作实施方案	2003－6
关于深入开展节能贴息工作的通知	2003－2
深圳市节能贴息项目暂行实施办法	2001－2

主要参考文献

[1] 朱伯玉.循环经济法制论[M].北京:人民出版社,2007.

[2] 王灿发,李俊红.我国循环经济立法现状及相关问题探讨[J].中国发展观察,2007(08):7-9.

[3] 北大法宝.2009-08.

[4] 循环经济立法研究项目组.循环经济立法研究最终报告(讨论稿)[R].2007-04-09.

[5] 方兴业,李兴华.深圳循环经济条例可成全国立法借鉴[N].深圳特区报,2006-12-05.

[6] 周宏春.促进循环经济发展的激励政策[J].中国发展观察,2007(08):10-13.

[7] 唐绍均.生产者责任延伸(EPR)制度研究[D].重庆:重庆大学,2007.

[8] 资源综合利用税收优惠政策(摘要)[EB/OL].(2007-06-26)[2009-04-08] http://www.hainan.gov.cn/data/news/2007/06/33327/.

[9] 阮宜胜.我国发展循环经济税收政策研究[J].财贸研究,2006(06):54-59.

[10] 史磊.循环经济税收政策研究[D].大连:东北财经大学,2006.

[11] 毛应淮.排污收费概论[M].北京:中国环境科学出版社,2004.
[12] 董宝奇.环保产业的投融资机制[D].北京:中国农业科学院,2001.
[13] 王庆忠.中国循环经济投融资机制研究[D].北京:北京工业大学,2007.
[14] 丁俊超.促进循环经济发展的财税政策研究[EB/OL].(2007-12-03)[2009-04-08]http://hsczj.heshan.gov.cn/show.aspx? id=105&cid=14.
[15] 孙启宏,段宁,等.清洁生产标准体系研究[M].北京:新华出版社,2006.
[16] 国家环境保护标准规划[EB/OL].(2006-02-09)[2009-04-08]http://www.caep.org.cn/uploadfile/11-5/国家环境保护标准规划.doc.

(刘　辉)

产业编

4 低碳经济

4.1 “低碳经济”风生水起

由人类活动引起的全球气候变暖将会影响人类自身的生存与发展。国际社会在对大气中二氧化碳浓度升高带来的全球气候变化的认识不断加深的同时，对温室气体减排的负面经济影响也产生了更多的担心。2001 年 3 月，美国宣布拒绝批准《京都议定书》(kyoto protocol)，其理由之一就是《京都议定书》的目标对美国经济的影响太大。但是英国政府在 2003 年 2 月发表了《我们能源的未来——创建低碳经济》的白皮书，率先提出了发展“低碳经济”的国家战略。[1]

联合国环境规划署也把 2008 年“世界环境日”的主题定为“转变传统观念，推行低碳经济”。向低碳经济转型已经成为世界经济发展的大趋势。我国环境保护部确定 2008 年世界环境日中国主题为“绿色奥运与环境友好型社会”。

国家主席胡锦涛于 2007 年 9 月 8 日在亚太经合组织(APEC)第 15 次领导人会议上，本着对人类、对未来高度负责的态度，郑重提出了四项建议，明确主张“发展低碳经济”，令世人瞩目。他在这次重要讲话中，一共说了四次“碳”：“发展低碳经济”、“研发和推广低碳能源技术”、“增加碳汇”、“促进碳吸收技术发展”。他还提出：“开展全民气候变化宣传教育，提高公众节能减排意识，让每个公民自觉为减缓和适应气候变化做出努力。”

在 2008 年的两会上，环境保护部副部长吴晓青已经将“低碳经济”提到了讨论议题上来。他认为，中国能否在未来几十年里走到世界发展的前列，很大程度上或许取决于中国应对低碳经济发展调整的能力，中国必须尽快采取行动积极应对这种严峻的挑战。他建议应当尽快发展低碳经济，并着手开展技术攻关和试点的研究工作。

4.2 走进低碳经济

低碳经济(low-carbon economy)

低碳经济是以低能耗、低污染、低排放为基础的经济模式，是人类社会继农业文明、工业文明之后的又一次重大进步。低碳经济实质是提高能源利用效率和清洁能源结构问题，核心是能源技术创新、政策创新和人类生存发展观念的根本性转变。

碳足迹(carbon footprint)

“碳足迹”是英国最先提出来的，它标示一个人或者团体的“碳耗用量”。“碳”就是石油、煤炭、木材等由碳元素构成的自然资源。碳足迹是一种用来测量某个公司、家庭或个人因每日消耗能源而产生的二氧化碳排放对环境影响的新指标。

碳汇(carbon sink)

碳汇是地球上可暂时或长期吸取大气中二氧化碳，并以不同形式贮存在吸收体中的碳汇聚物，如森林、绿色植被、海洋、土壤等都具有吸收并贮存二氧化碳的功能，成为碳汇。

低碳技术(low-carbon technology)

低碳技术是指涉及电力、交通、建筑、冶金、化工、石化等部门以及在可再生能源及新能源、煤的清洁高效利用、油气资源和煤层气的勘探开发、二氧化碳捕获与埋存等领域开发的有效控制温室气体排放的新技术。

低碳生活(low-carbon living)

低碳生活是指生活作息时所耗用的能量少,从而减低碳,特别是二氧化碳的排放(如图4.1所示)。

低碳城市(low-carbon city)

低碳城市指以低碳经济为发展模式及方向、市民以低碳生活为理念和行为特征、政府公务管理层以低碳社会为建设标本和蓝图的城市。

图4.1 联合国环境规划署提出个人“低碳生活方式”

温室气体(Green House Gas,GHG)

温室气体或称温室效应气体,是指大气中促成温室效应的气体成分。部分温室气体自然存在于大气中,另外一些是人为造成的,例如燃烧化石燃料——煤。

温室气体首先包括水汽,水汽所产生的温室效应大约占整体温室效应的60%~70%,其次是二氧化碳,大约占26%,其他还有臭氧、甲烷、一氧化二氮、氟氯碳化物、全氟碳化物、氢氟碳化物,含氯氟烃、全氟碳化物及六氟化硫等,由于水汽量是由大自然所决定而平衡的,不受人类活动的影响,所以《京都议定书》并没有把水汽列入受控的温室气体行列。列入《京都议定书》受控的六种温室气体有:二氧化碳、甲烷、一氧化二氮、氢氟碳化物、全氟碳化物、六氟化硫。人类活动造成的各种温室气体对全球的温室效应所起作用的比例不同,其中二氧化碳占绝大多数。[2]

清洁发展机制(CDM)

清洁发展机制是《联合国气候变化框架公约》缔约方之发达国家为实现其部分温室气体减排义务与缔约方之发展中国家进行项目合作的机制,其目的是协助发展中国家缔约方实现可持续发展和促进最终减排目标的实现,并协助发达国家缔约方实现其量化限制和减少温室气体排放的承诺。清洁发展机制的核心是允许发达国家通过与发展中国家进行项目级的合作,获得由项目产生的“核证的温室气体减排量”。[3,4]

联合执行(JI)

联合执行是《京都议定书》第6条规定的一种执行机制,允许《京都议定书》附件中38个缔约国或这些国家的企业联合执行限制或减少排放,或增加碳汇项目,共享温室气体减排量,以计入本国的减排目标。[3]

4.3 国际社会发展低碳经济之探索

4.3.1 国际社会发展低碳经济之路漫漫

大多数人类活动如燃烧化石燃料发电、交通、改变土地用途和工业流程等都会排放温室气体,这正是减排艰难的原因之一。控制温室气体排放,国际上采取了一系列行动,大体上可以分为四个阶段：

第一阶段：

1992 年 9 月在巴西里约热内卢召开了由世界各国政府首脑参加的联合国环境与发展大会，会议通过了《联合国气候变化框架公约》（*United Nations Framework Convention on Climate Change*，UNFCCC 或 FCCC）。公约的主要目的是控制温室气体排放，尽量延缓全球气候变暖效应。公约规定发达国家带头遵循本公约的目标，改变温室气体排放的趋势，使得温室气体的人为排放回复到较早的水平，发达国家还应承担为发展中国家履行温室气体减排时导致的资金、技术援助的义务，而正向市场经济过渡的转型国家在执行公约规定的义务时具有一定程度的灵活性。

第二阶段：

1997 年 12 月联合国气候变化纲要公约参加国在日本京都召开第三次会议，制定并通过了《京都议定书》（*kyoto protocol*）。其目标是将大气中的温室气体含量稳定在一个适当的水平，进而防止剧烈的气候改变对人类造成伤害。政府间气候变化专门委员会（简称 IPCC）预测，1990～2100 年全球气温将升高 1.4～5.8 ℃。目前的评估显示，京都议定书如果能被彻底执行，到 2050 年之前仅可以把气温的升幅减少 0.02～0.28 ℃。[5]

《京都议定书》于 2005 年 2 月 16 日在俄罗斯签约后正式生效。《京都议定书》认为，气候变化是人类活动共同造成的，发达国家首先发展的工业耗费了大量的化石能源，对温室气体的排放负有不可推卸的责任，所以应该率先减排，发展中国家在力所能及的范围之内，在得到切实的援助之后，才能够开展减排。《京都议定书》首次以文件形式规定了减少排放的目标以及各方需分担的减少排放的义务。《京都议定书》规定，2008～2012 年，全球主要发达国家的温室气体排放量要在 1990 年基础上平均减少 5.2%。中国政府于 1998 年 5 月签署并于 2002 年 8 月核准了该议定书。由于中国是条约控制框架以外的国家，所以也不受温室气体排放限制。欧盟、加拿大、俄罗斯、日本、印度等国都签署了该协议书。引人注目的是美国和澳大利亚拒绝签署《京都议定书》。

除澳大利亚和美国外，大多数经合组织成员国都承诺在 2008～2012 年期间实现以 1990 年为基准的减排目标（如图 4.2 所示）。许多国家甚至还制定了额外目标。比如欧盟，根据《京都议定书》必须达到 8% 的减排量，在此基础上，2007 年欧盟还承诺，到 2020 年减排至少 20% 的温室气体。此外，如果达成国际协议，则将减排 30% 的温室气体，并且到 2050 年减少 60%～80% 的排放量。[6]

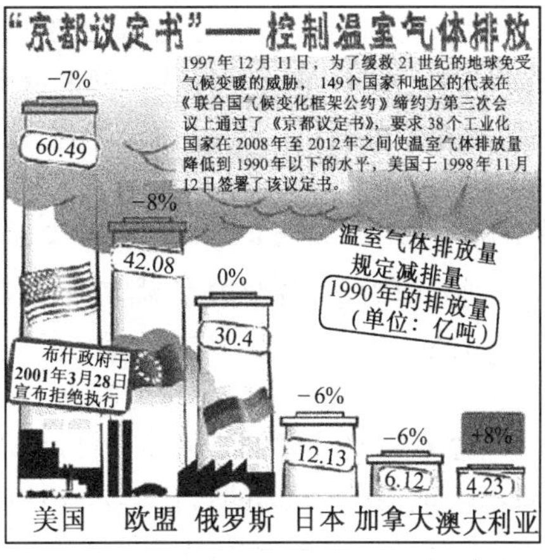

图 4.2 京都议定书设定的部分国家/地区温室气体减排目标

另外，《京都议定书》就减排途径提出三种机制，即联合执行（JI）、清洁发展机制（CDM）及排放交易（ETS），允许签约国彼此间进行排放交易，在本国以外的地区取得减排抵消额，从而以较低的成本实现本国减排目标。[4]

第三阶段:

2007年12月召开的巴厘岛会议,主要议题就是协商用什么样的机制来延续、替代《京都议定书》,也就是在2012年《京都议定书》到期后,为温室气体新的减排方案制定一份路线图,即所谓的“巴厘岛路线图”。该“路线图”所确定的主要目标是:大幅度减少全球温室气体排放量,未来的谈判应考虑为所有发达国家(包括美国)设定具体的温室气体减排目标;发展中国家应努力控制温室气体排放增长,但不设定具体目标;发达国家有义务向发展中国家提供技术和资金支持;各成员国在2009年前达成替代《京都议定书》的减缓全球变暖的新协议。[7]

第四阶段:

《联合国气候变化框架公约》缔约方第15次会议,即哥本哈根全球气候变化大会,于2009年12月7日至12月19日在哥本哈根召开。该会议是为了进一步讨论《京都议定书》2012年一期承诺到期后的后续方案,即2012年至2020年的全球减排协议。大会达成了不具法律约束力的《哥本哈根协议》,其主要内容包括:将全球气温上升幅度控制在比工业化时代上升2摄氏度以内;成立哥本哈根绿色气候基金,要求发达国家需在2010年至2012年三年内提供300亿美元,且2013年至2020年每年要提供的1 000亿美元资金,提供给发展中国家应对气候变化;根据大会的决议,在2010年1月31日之前,该协议由各个国家自行决定是否签署[8]。哥本哈根气候变化大会上,发展中国家普遍主张,当前的气候变化谈判必须坚持《联合国气候变化框架公约》及其《京都议定书》,必须坚持双轨制,发达国家应正视并承担起自己的历史责任,加大减排力度,并为发展中国家减缓和适应气候变化提供足够的资金和技术支持。但是,发达国家并不愿意承担气候变化的责任。《哥本哈根协议》最终还是维护了《联合国气候变化框架公约》及其《京都议定书》确立的“共同但有区别的责任”原则。[9]

中国目前的基本立场是坚持“共同但有区别的责任”原则,发达国家必须确实完成《京都议定书》所赋予的温室气体减排责任,帮助发展中国家提高应对气候变化的能力,并采取积极的措施,尽力控制温室气体排放增加的速度,作为一个负责任的大国,中国也愿意与其他相关国际机构合作,共同为降低全球变暖危机而努力。中国认为目前最好的做法就是将气候变化纳入可持续发展的战略框架当中,因为,减缓全球气候变暖与可持续发展在政策实施和目标上有很大程度的一致性。[10]

4.3.2 国际社会低碳排放不尽如人意

到目前为止,各个国家对《京都议定书》的履行情况不太乐观(如图4.3所示)。

由图4.3可知,各国执行情况存在很大差异,英国虽已超过了其在《京都议定书》下承诺的12.5%减排目标,但却无法实现其国家目标,即温室气体排放量比1990年水平低20%。2005年,德国的排放量比1990年低18.4%。意大利和西班牙远远没有实现其在《京都议定书》下承诺的目标。自1990年以来,由于经济增长强劲,西班牙的排放量几乎增加了50%。美国作为温室气体排放大国却一直没有正式批准该条约。如果批准了,美国要在2010年前实现排放量比1990年低7%,但其排放水平却提高了16.3%。排放量下降比较大的国家大都是经济转型期国家。有些国家的减排量在减排总量中的份额甚至超过了30%,这可能是这些国家的经济衰退造成的。随着经济的恢复,排放量还有可能会增加。

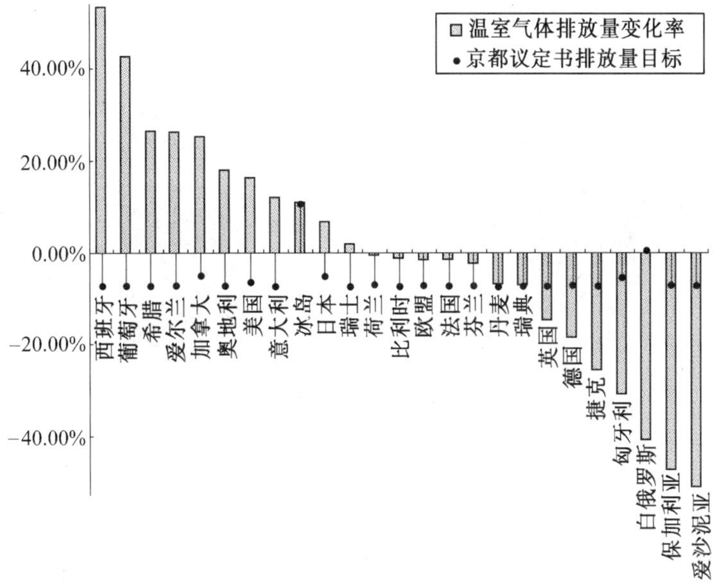

图 4.3 1990~2005 年部分国家温室气体排放变化率(不包括土地利用变化)

(数据来源:http://unfccc.int/ghg_data/ghg_data_unfccc/items/4146.php)

4.4 低碳经济布局——欧盟及英国的经验

4.4.1 欧盟低碳经济发展主要经验

在应对全球气候变暖方面,欧盟一直是国际上的倡导者也是领导者,欧盟所采取的各项措施以及实施的各项政策,为其他发达国家树立了榜样。由欧盟 27 国共同成立的欧盟排放交易体系(European Union Greenhouse Gas Emission Trading Scheme,EU ETS),更是国际发展温室气体排放交易制度的重要指标[11,12,13]。欧盟努力推动国际社会,设定了发达国家在 2020 年前需达到温室气体减排 30%的目标。在上述国际协议尚未达成共识前,欧盟采取独立减排承诺,即在 2020 年之前,减少 20%的温室气体排放量(以 1990 年排放量为基准)。作为长期目标,在 2050 年前全球温室气体排放量与 1990 年相比,应再减少 50%,意味着到 2050 年,发达国家必须减排 60%~80%,而许多发展中国家也必须有相应的减排。欧盟发展低碳经济所采取的主要措施如下:[11]

1.欧盟能源政策

◆ 通过大幅提高许多装置与设备的能源效率,到 2020 年之前降低能源消费 20%。

◆ 把可再生能源在能源消费中的比例,由 2007 年的 7%到 2020 年之前提高到 20%(如图 4.4 所示)。欧盟执委会已于 2007 年通过了欧盟能源科技战略计划,提出将鼓励推广包括风能、太阳能和生物能源技术在内的低碳能源科技,以促进欧盟未来能源可持续利用机制的建立和发展。

◆ 把生物燃料在汽油和柴油中的比例,由 2007 年的 1%到 2020 年之前提高到 10%。

◆ 采用政策框架确保和推广碳捕捉和地下存贮(CCS)技术,比如可以把捕捉到的二氧化碳长期储存到地下洞穴中,如空的油、气田,或煤层中,如有可能,在新的化石燃料电厂部署使用 CCS 技术,欧洲委员会的目标是,到 2015 年在欧洲建设 12 家大型示范电厂。

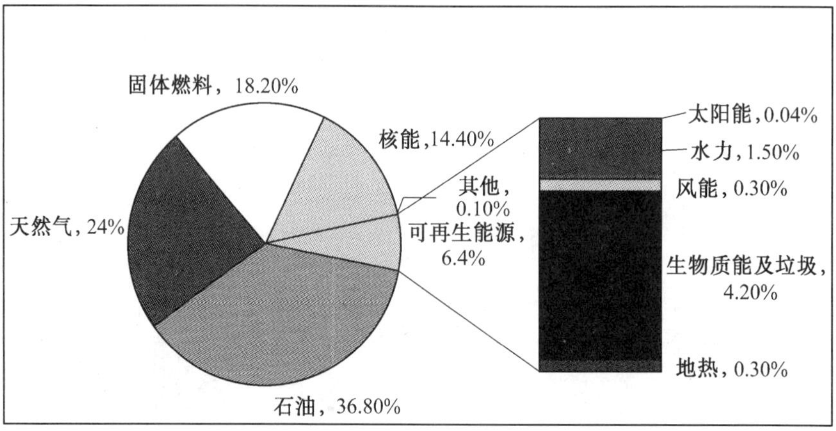

图 4.4　2004 年欧盟的能源消费结构

（数据来源：World Resources Institute 2008）

2.加强欧盟排放交易体系(EU ETS)

欧盟排放交易体系(EU ETS)于 2005 年 1 月发起，是国际上最大的交易体系和全球碳交易市场的主要支柱，该交易体系源于《京都议定书》，包括联合执行(JI)、清洁发展机制(CDM)及排放交易(ETS)。

到目前为止，受 EU ETS 管制的设施已有 10 000 多处，涵盖精炼厂、发电厂(超过 2 000 万瓦)、玻璃制造业、水泥业等，系统涵盖欧盟二氧化碳总排放量的 45%。EU ETS 分两个阶段，2005～2007 年为第一阶段，该阶段主要针对二氧化碳排放，允许排放二氧化碳总量为 65.7 亿吨。2008～2012 年为第二阶段，除二氧化碳外，其他温室气体也将被涵盖，同时扩大该机制所涵盖的部门，与其他像美国加州、澳大利亚等的强制排放机制串联等，超出排放配额的罚款由第一阶段的每吨 40 欧元上涨到 100 欧元。据世界银行 2008 年公布资料显示，2007 年 EU ETS 的交易金额，占全球总温室气体排放交易市场的近八成，约达500.97亿美元。其碳排放交易流程如图 4.5 所示。[14]

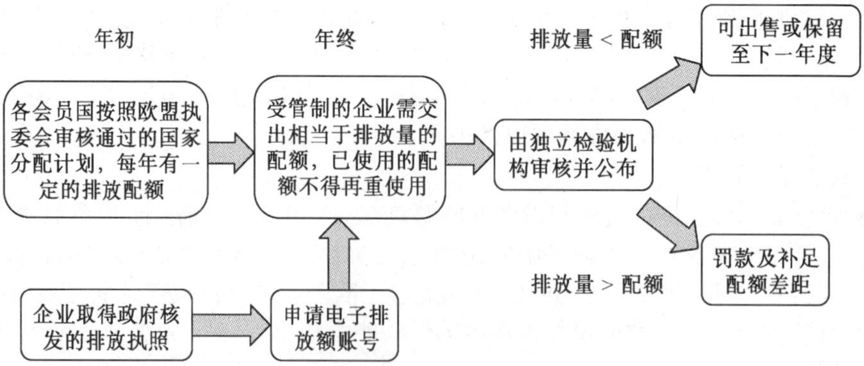

图 4.5　欧盟碳排放交易流程

3.限制来自交通的排放

尽管欧盟成功地减少了来自制造、能源和浪费的温室气体排放，来自交通的排放仍在持续增长。为了扭转这一趋势，主要有以下几项举措：

◆ 考虑从 2011 年起把来自航空的排放纳入 EU ETS。从 2012 年起,到达和离开欧盟的所有航班都将被涵盖。欧盟成员国代表已于 2008 年 7 月 8 日达成妥协方案,要求将 2012 年航空业温室气体排放总量限制在 2004 ~ 2006 年平均排放基准的 97%,2013 年则进一步降低到 95%。

◆ 欧洲委员会也在考虑解决来自海运的排放。

◆ 制定法律确保 2012 年前欧盟新车二氧化碳排放量减低到每公里 120 克的目标,否则将赋以重税。

◆ 欧洲委员会已提议新的交通燃料质量标准,到 2020 年,把来自生产、运输和使用汽油和柴油的温室气体排放减少 10%。实现它的途径包括加速由非食物来源生产的可持续性生物燃料的开发和利用。

4.减少其他领域的排放

◆ 住宅建筑:通过扩大欧盟关于建筑物能源效率法律的使用范围,引入并推广极低能耗建筑物的能源效率要求,可削减建筑物能源消耗高达 30%。

◆ 减少非二氧化碳温室气体的排放,它占欧盟温室气体排放的 17%。采取措施限制像来自汽油引擎以及煤炭、石油及天然气生产过程中的甲烷排放,燃烧植物产生的氧化亚氮,例如可把它们纳入 EU ETS。采取措施减少氟化气体的使用以及推广生物封存。

5.增加研究和技术开发

◆ 2007 ~ 2013 年间,欧盟在对环境、能源和交通方面研发的预算高达 84 亿欧元,2013 年后研究预算应当进一步增加。

◆ 落实能源技术及环境技术相关的研究方案。

6.其他措施

◆ 欧盟正在研究可能的政策措施,包括与贸易相关的政策措施,以鼓励其他国家采取有效措施进行减排。

◆ 采取所有可能的减量方法以及所有能确保环境及经济相容的措施。

◆ 加强全民共识。

4.4.2 英国低碳经济发展主要经验

英国是世界上控制气候变化最积极的倡导者和实践者,京都议定书规定英国的减排目标为:在 2008 ~ 2012 年温室气体排放较 1990 年的基准减排 12.5%。英国国内提出的目标是,在 2010 年将二氧化碳减排 20%。英国议会于 2007 年 11 月宣布气候变化法案(climate change bill),法案中提出了全球第一个具有法律约束力的中长期减排目标,承诺在 2020 年二氧化碳排放较 1990 年排放基准减少 26% ~ 32%,2050 年以前减排至少 60%。[15]

过去几年英国政府主要通过立法、经济工具为主的政策措施来应对气候变化。根据文献[16],自 1990 年以来,英国温室气体减排主要归功于能源供应结构调整、能源效率提升、工业部门污染防制及非二氧化碳温室气体减排措施。概括而言,英国政府发展低碳经济的主要措施如下:

1.气候变化税与气候变化协议

◆ 气候变化税。气候变化税是英国气候变化总体战略的核心部分,于 2001 年开始针对工业、商业和公共部门使用的能源进行征收,不包括民用与交通运输部门使用的燃料,或用以产生其他能源的燃料与非能源用途的燃料。气候变化税一年大约筹措 11 亿 ~

12亿英镑，其目的并非为了扩大税源，而是为了提高能源效率和促进节能投资，政府测算到2010年，通过征收气候变化税每年可减少250多万吨的碳排放。

◆ 气候变化协议。由于气候变化税的征收可能给能源密集型产业造成比较大的负担，因此，推出气候变化协议制度，以减少这些产业的气候变化税负担，能源密集型产业如果和政府签订气候变化协议，并达成规定的能源效率目标，政府可以减少征收其应支付气候变化税的80%。英国政府定义的能源密集型工业为铝业、水泥、陶瓷、化学品、食品与饮料、铸造、玻璃、有色金属、纸业以及炼钢业十大耗能产业，以及其他30多个能耗较小的行业。由主管环境事务的“环境食品乡村事务部”负责与各产业协会进行磋商，以议定设有能源效率(温室气体减排)目标的气候变化协议。在气候变化协议的第一目标期(2001年4月1日～2003年3月31日)，公司只要在政府与各产业协会签署的气候变化协议上列名，就可以享受气候变化税80%的优惠，如果要获得第二目标(2003～2005年)的优惠，各产业协会需要向政府有关部门提交各参与公司在此期间的减排成果报告，由政府相关部门审核是否实现目标，只有实现目标的公司才能继续享有下一个两年期间的气候变化税优惠。[17]

2.与气候变化相关的其他政策(表4.1)

表4.1 英国与气候变化相关的其他政策

实施年	名 称	类 型	说 明
2002	再生能源义务命令	规范工具、教育宣传、排放交易许可、财税鼓励	要求所有电力产业提供一定比例的再生能源电力并逐年增长，目标是到2010年英国10%的电力将来自再生能源
2004	能源法	规范工具、结构调整	依据2003年能源白皮书相关承诺配合实施，针对气候变化减缓对策提出发展离岸风力发电及其他海洋再生能源架构，以确保达成2010年国家再生能源使用目标
2006	英国2005～2007核配计划	规范工具、排放交易许可	英国政府在2004年根据欧盟排放交易机制(EU ETS)，宣布国家二氧化碳排放配额计划，将提供736万吨二氧化碳配额给2005～2007年EU ETS所涵盖的设施，核配计划书于2006年2月经欧盟执委会审核后开始实施
2006	英国气候变化纲领	执行规划	详列了各项未来将在国内及国际推行的减量政策措施及优先行动方案建议，通过此纲领达成减碳目标
2006	气候变化及可持续能源法	再生能源、排放减量、能源效率	要求英国“环境食品及乡村事务部”自2007年起每年向英国国会报告温室气体排放量以及过去一年政府所采取的减量措施，还提出将发展相关机制推动小型发电计划目标、绿色能源以及再生能源
2007	2007年英国能源白皮书	政策程序、策略规划、排放减量	英国政府在2007年5月提出未来到2020年的国家能源政策，列出相关行动架构以应对能源挑战，提供温室气体减量策略，并确保未来能源供应符合低碳、安全、洁净的要求

续表 4.1

实施年	名　称	类　型	说　明
2007	能源效率行动计划	策略规划、排放减量、能源效率队	此行动计划目的在于整合各项针对提升能源效率的政策及措施,另外该行动计划以达成最终能源使用效率及能源服务指令的节能目标为宗旨,以达到2016年节能9%的目标
审议中	气候变化法案	政策架构、法律依据	法律中除了提出具有法律约束力的减量目标外,并将依法设置气候变化小组、构建新的排放交易机制,并强化制度架构,以及加强英国政府对抗气候变化的能力
2010	碳减量承诺	强制规范、排放标准、排放交易许可	碳减量承诺机制是2007能源白皮书中所宣传的主要节能减碳措施之一,该机制是全国性且强制性的排放交易机制,针对EU ETS涵盖范围以外的排放源,如大型商业机构、政府机关等,强制执行总量管制并进行排放交易
2008	碳排放减量目标	强制规范、白色证书	英国政府为延续自2002年实施的《能源效率承诺》,以碳排放减量目标推动第三期的减量措施(2008~2011),该目标将持续针对住宅能源效率进行改善,以降低碳排放
规划中	英国再生能源战略	再生能源	英国政府计划将于2009年推出此再生能源战略

资料来源:OECD/IEA 2008:IEA addressing climate change policies and measures database

3.英国温室气体排放交易体系(UK ETS)

UK ETS采用配额交易市场模式,将所有志愿参加的企业作为一个整体,拟定一个减少排放的总目标,让参与者自行决定其达成目标的方法,参与者可以通过减少本身的排放,或卖出超过的排放额度,或向其他参与者购买排放额度的方式达成目标,最佳策略取决于市场内排放额度的价格,以及排放减量的成本,参与者越多,成本的降低也越多。参与UK ETS有四种方式:

◆ 直接参与:英国政府提供2.15亿英镑作为奖励资金,来鼓励企业设立以1998~2000年排放量为基准的五年期的绝对减排目标。

◆ 协议参与:已经加入政府和产业协会签署的气候变化协议并设定了排放目标的企业,可以参与排放贸易来买卖排放配额。

◆ 项目参与:如果企业投资某个项目,实现了额外的碳减排,经核实后,管理机构向这些企业发放减排信用,信用可以在排放贸易市场上出售。

◆ 没有减排目标或项目的企业或个人也可以在英国排放量登记处开设账户来进行排放配额的交易。

UK ETS于2001年提出并于2002年启动,由于欧盟排放交易体系(EU ETS)在2005年开始实施,为了与欧盟气候政策协调,UK ETS于2006年12月31日结束。UK ETS与EU ETS最大的不同就是UK ETS是通过英国政府的激励措施参与者是自愿性的,而EU ETS则是强制性的。

4.碳基金

碳基金是一个由政府投资、按企业模式运作的独立公司,成立于2001年。目标是通过帮助商业和公共部门减少二氧化碳的排放和从中寻求低碳技术的商业机会,帮助英国走向低碳经济社会。碳基金的使用主要有三个目标,一是促进研究与开发,二是加速技术商业化,三是投资孵化器。主要在三个领域开展活动:

◆ 能马上产生减排效果的活动,通过实地调查、专业咨询、提供金融产品等多样的服务,帮助和促进企业和公共部门利用现在技术制定并实施投资效益高的减排措施,提高能源效率。

◆ 低碳技术开发,开拓和培育低碳技术市场,促进长期减排。

◆ 通过信息传播和咨询活动,帮助企业和公共部门提高应对气候变化的能力。[17]

5.能源供应结构调整

首先,英国政府大幅度转向使用低碳燃料,以天然气代替煤,提高天然气使用比例。在1990~2004年间,由于在北海发现了丰富的天然气,加上政府大力推广天然气复合循环机组(Combined Cycle Gas Turbine,CCGT),以及废止对煤矿开采的补助等措施,使得燃煤产生的二氧化碳排放量大幅减少(减少量达40%)。其次,英国政府也为最早开放电力及天然气事业民营化的国家;使得在市场机制运作下,间接达成了有效提升发电效率的效果。另外,英国政府持续大量使用市场政策推广低碳技术以及鼓励再生能源投资,其中,《再生能源义务条例》(*renewables obligation order*),便帮助建立了英国的再生能源市场,预计到2010年将为英国减少250万吨二氧化碳排放。如图4.6所示为2005年英国初级能源供应结构,由此图可知英国初级能源结构中占绝大多数的是石油和天然气,而煤炭相对则占较小的比例。[11,12]

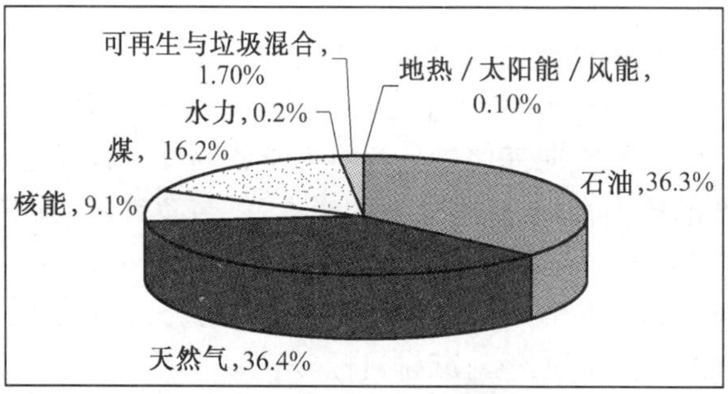

图4.6 2005年英国初级能源供应结构

(数据来源:OECD/IEA 2007)

6.能源效率提升

近几年英国政府把能源效率作为应对气候变化的主要工具,并强调未来约50%的温室气体减排将归功于能源效率提升。英国政府在2007年6月宣布《英国能源效率行动计划》(*UK Energy Efficiency Action Plan*),提出一系列的策略架构,以延续过去所实施的多项能源效率政策及措施,并达成节能18%的目标。包括住宅能源使用效率、政府机关、大专院校及商业机构等公共设施的减排承诺等。

7.工业部门污染防制措施

主要以经济工具为主,配合强制规范,督促工业部门购置污染防治设备。

4.5 我国低碳经济发展述评

4.5.1 我国能源消费现状及二氧化碳排放知多少

目前我国已经是世界第二大能源消费国，并且我国的能源消费呈持续上升趋势。同时我国又是一个能源进口大国，根据文献[18]的分析，到2015年，我国的石油对外依存度将达到63%，到2030年将攀升到77%。并且从1995年到2006年，我国的能源消耗的增长率远高于我国GDP的增长率。随着未来我国经济的持续发展，目前不断上升的能源消费趋势也不会得到缓解。

目前我国已经是世界上第二大温室气体排放国，并且温室气体排放量持续呈上升的趋势，如果按行业划分，我国的电力和热能行业占温室气体排放总量的42%，工业过程占21%，农业占20%，如图4.7所示。

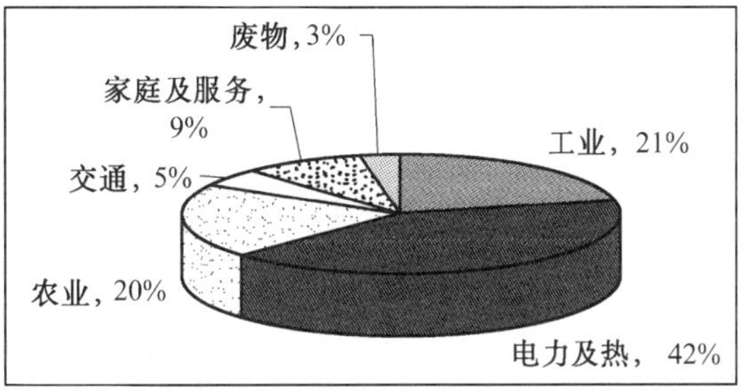

图4.7 我国按行业划分的温室气体排放[19]

另据[20]，我国的二氧化碳强度，即单位GDP所排出的二氧化碳量，在未来的十几年也仍是全球比较高的国家，如图4.8所示，远远高出发达国家的水平。再看能源强度，即单位GDP所消耗的能源，在全球来看，我国也是比较高的，以2004年为例，日本的能源强度是全球最好的国家，因此把日本的能源强度看做1.0，我国的能源强度是日本的6.2倍，并且也远高于同属于发展中大国的墨西哥、巴西等。

由以上不难发现，我国的高碳经济特征十分明显，我国是发展中国家，目前正处在工业化、城市化和市场化的发展过程之中，资源环境与经济发展的矛盾十分突出，并处在两难选择之中。一方面经济的快速发展，希望承接发达国家的产业转移，重化工产业快速发

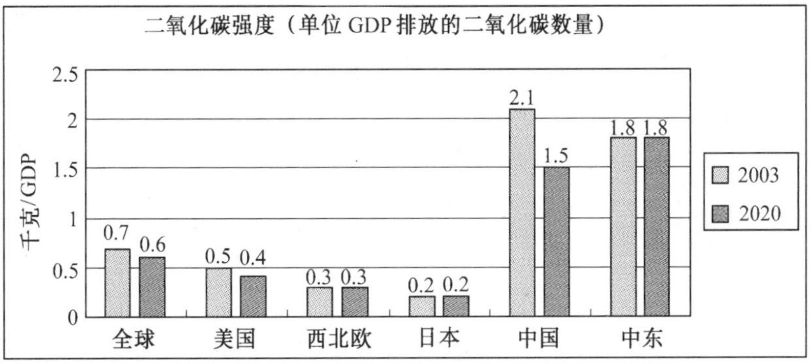

图4.8 2003/2020年我国及世界其他地区的二氧化碳强度对比[20]

展需要大量的化石能源的支撑。另一方面以化石能源为基础的产业又不可避免地带来高能耗、高污染、高排放,因此,大力发展低碳经济为中国可持续发展提供了一条新的途径。发展低碳经济有可能演变为中国未来社会经济发展的主流模式,成为促进国内节能减排和应对全球气候变化的重要战略选择。2006 年英国政府发表的《斯特恩报告》也指出,以全球每年 GDP 的 1%进行低碳经济投资就可以避免将来每年 GDP 5% ~ 20%的经济损失。

4.5.2 发展低碳经济——中国做了什么

尽管《京都议定书》中"共同但有区别的责任"条款,使得中国作为发展中国家暂时还没有承担二氧化碳减排的责任,但中国作为全球第二大温室气体排放国,我国正面临着巨大的国际社会压力。为此,我国也先后采取了一系列的减缓温室气体排放的政策措施。

1.发展低碳经济——依靠政策引导

如表 4.2 所示,为我国采取的减缓温室气体排放的主要政策。

表 4.2 我国采取的减缓温室气体排放的主要政策

主要政策	发布时间
《中国环境与发展十大对策》	1992-8
《中国 21 世纪议程——中国 21 世纪人口、环境与发展白皮书》	1994-3
《中华人民共和国清洁生产促进法》	2002-6
《节能中长期专项规划》	2004-11
《中华人民共和国可再生能源法》	2005-6
《关于发展节能省地型住宅和公共建筑的指导意见》	2005
《关于加快发展循环经济的若干意见》	2005-9
《关于做好建设节约型社会的近期重点工作的通知》	2005-9
《国家中长期科学和技术发展规划纲要》	2006-2
《民用建筑节能管理规定》	2006
《国务院关于加强节能工作的决定》	2006-7
《关于加强节能工作的决定》	2006-8
《"十一五"十大重点节能工程实施意见》	2006-9
修订《中国节能技术政策大纲(2006 年)》	2006-12
《气候变化国家评估报告》	2006-12
《"十一五"资源综合利用指导意见》	2007
《能源发展"十一五"规划》	2007-4
《中国应对气候变化国家方案》	2007-6
《应对气候变化科技专项行动》	2007-6
《节能减排综合性工作方案》	2007-6
《可再生能源中长期规划》	2007-8
《中华人民共和国节约能源法》	2007-10
《核电中长期发展规划(2005 ~ 2020 年)》	2007-11
《国家环境保护"十一五"规划》	2007-11
修订《产业结构调整指导目录》	2008

2.发展低碳经济——依靠措施促进

◆ **2007年11月,《单位GDP能耗监测体系实施方案》、《单位GDP能耗统计指标体系实施方案》、《单位GDP能耗考核体系实施方案》**:将考核各省(区、市)人民政府和千家重点耗能企业的节能目标完成情况和落实节能措施情况,对各地区节能目标责任评价考核结果,作为对省级人民政府领导班子和领导干部综合考核评价的重要依据,实行问责制和"一票否决"制。同时,对千家企业中的国有独资、国有控股企业的考核评价结果,由各级国有资产监管机构作为对企业负责人业绩考核的重要依据,实行"一票否决"。

◆ **《主要污染物总量减排监测办法》**:由县级市(地)级以上政府环境保护主管部门负责或由省级政府环境保护主管部门确定的部门监测,主要掌握污染源排放污染物的种类、浓度和数量。

◆ **《主要污染物总量减排考核办法》**:"十一五"主要污染物总量减排的责任主体是地方各级人民政府,各省、自治区、直辖市人民政府要按照要求,确定主要污染物年度削减目标,制定年度削减计划。

◆ **2007年《中央财政主要污染物减排专项资金管理暂行办法》**:中央财政设立主要污染物减排专项资金,用于支持中央环境保护部门履行政府职能而推进的主要污染物减排指标、监测和考核体系建设,以及用于对主要污染物减排取得突出成绩的企业和地区的奖励。

◆ **《淘汰落后产能中央财政奖励资金管理暂行办法》**:中央通过专项转移支付对经济欠发达地区淘汰落后产能给予适当的支持和鼓励,2008年中央财政安排40亿奖励经济欠发达地区淘汰落后产能。

◆ **2006年《建筑节能条例》**:建设单位组织竣工验收,对民用建筑是否符合民用建筑节能强制性标准进行查验,对不符合民用建筑节能强制性标准的,不得出具竣工验收合格报告。

◆ **2007年12月,《节能技术改造财政奖励资金管理暂行办法》**:"十一五"期间,国家将安排专项资金支持企业节能技术改造。为加强财政资金管理,提高资金使用效益,特制定本办法。对十大重点节能工程范围内的企业节能技术改造项目,实行"以奖代补"新机制,按改造后实际取得的节能量给予奖励,多节能,多奖励,每节约一吨标准煤中央财政将给予企业200~250元的奖励。十大工程包括:燃煤工业锅炉(窑炉)改造工程;区域热电联产工程;余热余压利用工程;节约和替代石油工程;电机系统节能工程;能量系统优化工程;建筑节能工程;绿色照明工程;政府机构节能工程;节能监测和技术服务体系建设工程。2007中央财政将安排70亿元用于支持企业节能技术改造。

◆ **2008年《高效照明产品推广财政补贴资金管理暂行办法》**:国家采取间接补贴方式进行推广,大宗用户每只高效照明产品,中央财政按中标协议供货价格的30%给予补贴,城乡居民用户每只高效照明产品,中央财政按中标协议供货价格的50%给予补贴。

◆ **2008年《秸秆能源化利用补助资金管理暂行办法》**:中央财政安排补助资金支持秸秆能源化利用,有关企业可以申请补助资金。

◆ **2006年《国家鼓励的资源综合利用认定管理办法》**:鼓励企业开展资源综合利用,

促进经济社会可持续发展,经认定的生产资源综合利用产品或采用资源综合利用工艺和技术的企业,按国家有关规定申请享受税收、运行等优惠政策。

◆ **2008年10月《再生节能建筑材料生产利用财政补助资金管理暂行办法》:**国家财政将安排资金专项用于支持再生节能建筑材料生产与推广利用,符合相关条件的企业均可向当地财政部门申请资金,省级财政部门会同建设部门负责对申报企业的相关条件进行审核,并根据贷款合同及结息凭证等,对企业申报的贴息资金予以审核确认。

◆ **2007年10月《国家机关办公建筑和大型公共建筑节能专项资金管理暂行办法》:**中央财政对采用合同能源管理形式对国家机关办公建筑和大型公共建筑实施的节能改造,予以贷款贴息补助。地方建筑节能改造项目贷款,中央财政贴息50%;中央建筑节能改造项目贷款,中央财政金额贴息。

◆ **2004年《节能产品政府采购实施意见》:**各级国家机关、事业单位和团体组织用财政性资金进行采购的,应当优先采购节能产品,逐步淘汰低能效产品。"节能产品政府采购清单"会在中国政府采购网上适时调整公布。

◆ **2005年《清洁发展机制项目运行管理办法》:**中国清洁发展机制项目的许可条件、管理和实施机构以及实施的程序,企业如果要申请清洁发展机制项目,可以参照该办法。

◆ 2007年,国家确定了1 000家重点企业作为节能减排工作的重点,五年实现节能1亿吨标准煤,各级政府对企业严格检查指导,实施严格的奖惩措施。

◆ 2008年6月开始执行**《交通工具燃料经济性标准》**。

◆ **2008年《关于资源综合利用及其他产品增值税政策的通知》:**对销售下列自产货物实行免征增值税政策:再生水、以废旧轮胎为全部生产原料生产的胶粉、翻新轮胎、生产原料中掺兑废渣比例不低于30%的特定建材产品。对污水处理劳务免征增值税。对销售下列自产货物实行增值税即征即退的政策:以工业废气为原料生产的高纯度二氧化碳产品、以垃圾为燃料生产的电力或者热力、以废旧沥青混凝土为原料生产的再生沥青混凝土等。还有对部分资源综合利用产品实行即征即退50%的政策,对销售自产的综合利用生物柴油实行增值税先征后退政策等。

◆ **在所得税方面**,企业利用本企业生产过程中产生的,在《资源综合利用目录》内规定的废水、废气、废渣等废弃物为主要原料进行生产的,可在五年内免征所得税;为处理利用其他企业废弃的,在《资源综合利用目录》内的资源而兴办的企业,经主管税务机关批准后,可减征或免征所得税一年。

◆ 为限制高污染、高能耗、资源性产品的出口,在出口退税方面取消部分资源性产品的出口退税政策。

◆ 组织开展节能减排专项检查,对违法排污企业实行经济处罚。对未按期完成减排任务、超过总量指标、主要河流控制断面不达标、城市污水处理厂建设严重滞后和不正常运行的,以及没有完成淘汰落后产能任务的地区或企业(集团),按照有关规定,暂停该地区或集团新增污染物项目的环评审批。

4.5.3 全球碳博弈与中国的地位

由于减排温室气体是有成本的,各国政府都在采取措施以实现《京都议定书》设定的减排目标，使得原本“没有价值”的温室气体现在也产生了价值。

碳交易是京都议定书为促进全球温室气体减排，以具有法律效力的国际公法作为依据的温室气体减排量的交易。也就是通过购买合同或者碳减排购买协议（ERPAs），即合同的一方通过支付另一方金钱或技术获得温室气体减排额，买方可以将购得的减排额用于减缓温室效应，从而实现其减排的目标。[21]这种交易以每吨二氧化碳当量为计算单位，企业或国家将减少的或用不到的二氧化碳排放量，称之为**碳权**（CARBON CREDIT），碳权释放到市场进行买卖，就形成碳交易市场即**碳市场**。[4]

通常来说，碳交易可以分成两大类：其一是基于配额的交易，即排放贸易（ET）。买家在碳排放量总量管制的前提下购买由管理者制定、分配（或拍卖）的减排配额，譬如欧盟排放交易体系（EU ETS）下的欧盟的减排配额（EUAs）。其二是基于项目的交易。买主向可以减少温室气体排放的项目购买减排额。最典型的交易为清洁发展机制（CDM）以及联合执行机制（JI），一般通过国际合作的减排项目产生的减排量交易，它们的相关解释如下：

清洁发展机制（CDM）：允许《京都议定书》附件中的38个缔约国（发达国家和经济转型国家）向其他非附件中的缔约国（多为发展中国家）实施温室气体减排或者碳汇项目，获得的核证减排量可以计入本国的减排目标。由于发达国家的温室气体减排成本远远高于发展中国家，从其他国家购买温室气体排放配额比花费大量资金改进工业技术减排合算得多。因此，发达国家更愿意把资金和技术投入到发展中国家，从而间接获得排放配额，而发展中国家也可获得资金和技术，这种交易的达成显然是一种双赢。[4]

联合执行机制（JI）：允许《京都议定书》附件中38个缔约国在本国之外的附件中的其他缔约国实施温室气体减排或者碳汇项目，获得的核证减排量可以计入本国的减排目标。JI大多数在像俄罗斯联邦这样的经济转型国家进行。[4]

排放贸易（ET）：允许《京都议定书》附件中38个缔约国向比较难达到排放目标的附件中的缔约国出售指定排放量中的一部分。

全球碳市场发展非常迅猛，在2007年总交易金额达到640.35亿美元，比2006年的312.35亿美元成长了一倍以上，总交易量也由2006年的17.45亿吨二氧化碳当量成长为2007年的29.83亿吨二氧化碳当量，年成长率为71%。CDM与JI这两种机制下的碳权商品在2007年交易金额分别为503.94亿美元以及136.41亿美元，成长率分别是104%及109%。在2007年CDM仍是主流，占总交易二氧化碳当量的87%、总交易金额的91%。[22]

根据《联合国气候变化框架公约》和《京都议定书》的有关规定，中国作为发展中国家，可以参加以项目为基础的清洁发展机制（CDM）下的碳排放交易，作为经济充满活力的发展中大国，我国有很多有利条件来实施清洁机制项目，据世界银行2008年的全球碳市场研究，我国是2007年全球清洁发展机制项目最大的卖出国，占全球的73%，如图4.9所示。而英国则是基于清洁发展机制的碳权交易的最大购买国，占全球的59%，如图4.10所示。2007年清洁机制项目的类型来看，60%以上的项目集中在能源效率及替代能源、再生能源领域。另外，俄罗斯是基于联合执行机制的项目的最大卖出国。文献[23]提到，到2012年，中国将提供全球碳排放量41%的配额，成为全球第一大配额提供国。但从中国清洁发展机制项目开发的实际情况看，更多的是发达国家资金的转让，即单纯的二氧化碳排放权的买卖,而新技术的输出转让很少,2007 年,中国国内碳排放单位价格约 8~11 欧元,仅为国际价格的一半。所以,中国应积极参与规则谈判,保护自身的利益。[24]

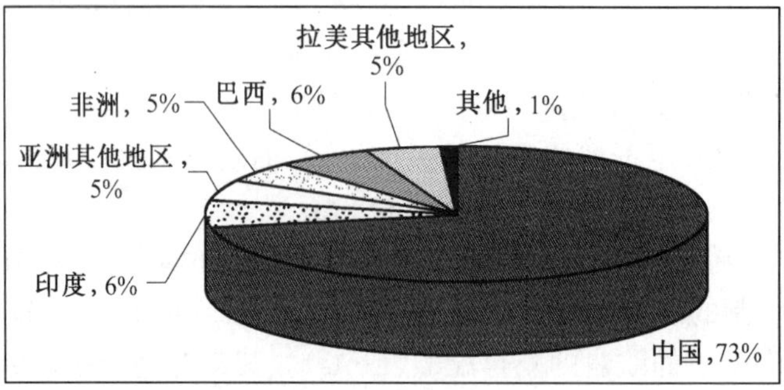

图 4.9　2007 年清洁发展机制项目区域分布[20]

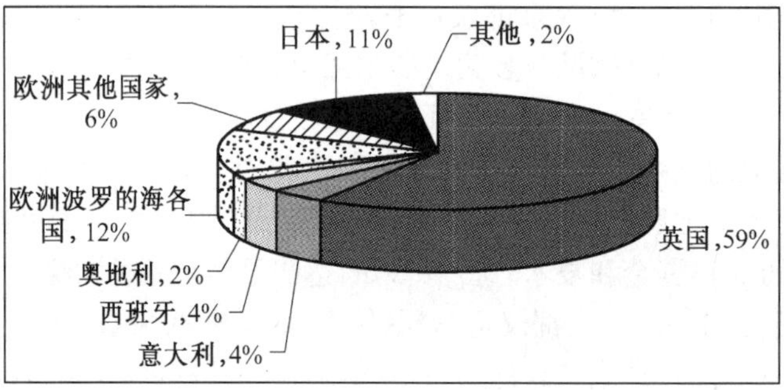

图 4.10　2007 年清洁发展机制项目初级市场的购买方分布[20]

4.5.4　CDM 在我国的发展

在《京都议定书》中的三种方式中,联合执行机制(JI)和排放贸易(ET)都是针对缔约国中的发达国家(ANNEX I)的,而清洁发展机制(CDM)是《京都议定书》框架下唯一包括发展中国家的弹性机制。该机制鼓励企业通过 CDM 履行自身减排职责的同时,还可获得直接经济收益。

中国堪称 CDM 机制最大的受益方。从 2002 年亚洲开发银行、世界银行、荷兰政府基金等进入中国探索 CDM 业务算起,中国 CDM 市场仅仅用三年的时间就完成了从买方市场向卖方市场的转变。截至 2008 年 8 月 26 日,中国 CDM 审核理事会已批准了 1 444 个 CDM 项目,其中 260 个项目通过联合国清洁发展机制项目执行理事会(简称 EB)注册,占已注册项目的 22.59%,居世界第二位,年产生减排总量 1.14 亿吨 CERs(Certified Emission Reductions,经核证的温室气体减排量),占已注册项目的 51.75%。

在巨额利益的诱惑下,中国企业纷纷进入这一市场淘金。全国 27 个省、自治区和直辖市建立了 CDM 技术服务中心,国电、大唐、首钢、中石油等有实力的大企业也组建了专门的机构从事这一工作,CDM 项目遍地开花,相关的咨询机构如雨后春笋般涌现,各种金融机构和政府基金纷纷杀入。甚至连中国本土的 CDM 项目审定及核查市场都逐渐启动,目前已有4家企业向联合国提交了CDM项目审定及核查资格申请,其中一家已经暂时获得开展CDM项目审定及核查(validation/ verification)的资格,所谓CDM项目审定及核查就是对企业所申请的CDM项目的合格性进行审定,对温室气体减排量进行核查核证。

中国第一个CDM项目是甘肃小孤山水电项目。2005年6月,黑河水电与“世界银行”签订了十年期的《减排抵消额购买协议》,小孤山年减排二氧化碳30万吨,十年总收益1 350万美元。2005年5月,小孤山首台机组并网发电,比设计工期提前4个月,仅当年就可新增收入4 000多万元。8月,小孤山项目在联合国注册成功,并在3个月后获得“世界银行”50万美元预付款。6~8月间所产生的5万吨CER也出售给了欧洲买家,该项目是通过德国的TüV SüD(南德认证服务机构)进行项目审定与核证的。

在政府和企业的通力合作下,中国清洁发展机制项目发展迅速。截至2008年11月11日,国家发展和改革委员会共批准1 701个清洁发展机制项目,我国的清洁发展机制项目也多分布在新能源与可再生能源领域,如图4.11所示。

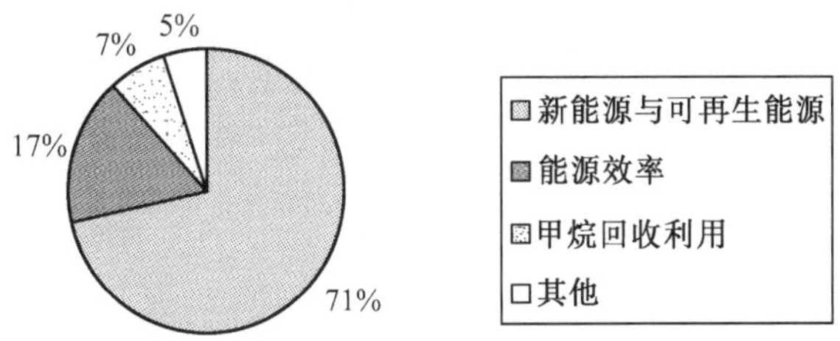

图4.11　我国清洁发展机制项目分布(数据来源:中国清洁发展机制网)

另外,国家发展和改革委员会应对气候变化司也专门建立了中国清洁发展机制网(http://cdm.ccchina.gov.cn/),该网站是国内清洁发展机制的权威网站,内含有关清洁发展机制的项目信息、买方信息、如何申请清洁发展机制项目、清洁发展机制项目的申批及管理办法、清洁发展机制基本知识等,如果企业想申请清洁发展机制项目,参与国际合作,就可以参考该网站。

4.5.5　中国低碳经济发展之路

根据日本学者茅阳一的KAYA公式,一个国家或地区的二氧化碳排放量取决于人口规模、人均GDP、能源强度和能源结构四个要素,走向低碳经济的途径包括控制人口、提高能源效率、优化能源结构、发展可再生能源、调整经济结构、增加碳汇、合理消费等。参考众多相关文献,我国可以通过以下途径实现低碳发展:调整能源结构、提高能源效率、调整产业结构、倡导低碳生活方式、发挥碳汇潜力、加强国际经济技术合作,政府实行相应的优惠政策来鼓励低碳发展;增强自主创新能力,开发低碳技术和低碳产品;先行试点低碳经济示范区等。[17]

1.调整能源结构

在传统的化石能源煤、石油、天然气中,煤的含碳量最高,其他形式的能源如太阳能、风能、水能、生物质能、沼气、核能等属于低碳能源或无碳能源,从保证能源安全和保护环境的角度看，发展低碳和无碳能源，促进能源供应的多样化，是减少煤炭消费、降低对进口石油依赖程度的必然选择。而 2006 年煤炭在我国一次能源消费结构占 69.4%，远高于其他国家。有关研究表明，如果将中国的煤炭消费降低 1 个百分点，代之以水电或核电，则中国温室气体的排放总量将减少 1.14%。因此，我国能源结构调整的方向是逐步降低煤炭消费比率，加速发展天然气，依靠国内外资源满足国内市场对石油的基本需求，积极发展水电、核电和可再生能源。

2007 年 8 月，国家发展和改革委员会发布《可再生能源中长期发展规划》，明确提出了水电、风电等可再生能源的发展规划，即可再生能源在一次能源消费比例从 2005 年的 7.5%提高到 2010 年 10%，2020 年 15%。另外，国家发展和改革委员会于 2007 年 10 月发布我国《核电中长期规划》，积极推进核电建设。据文献[25]，目前核电在国家一次能源消费中所占的比例较小，以 2006 年为例，核电仅占一次能源消费中 0.8%，远低于世界平均水平 5.8%，与发达国家的差距更大，同期法国、瑞典、瑞士的核电占一次能源的比例高达 38.9%、32.6%、21.6%，而中国台湾的这一比例也达到了 7.9%。《核电中长期规划》中明确提出 2020 年核电占全部电装机容量的比重从现在的不到 2%提高到 4%。文献[17]也提到尽管我国积极发展低碳或无碳能源，但是在未来的很长一段时间，我国能源消费还仍将以煤为主，只是逐步降低它在一次能源消费中的比例，到 2020 年煤炭消费比例力争控制在 60%左右。

2. 提高能源效率

传统的能源结构在较长的一段时间内很难有颠覆性的改变，所以在注重开发新能源的同时，应该把能源结构的调整与提高能源效率的方法相结合，提高能源效率等同于同样的产出却减少了能源消费，从而降低了温室气体的排放，技术进步是提高能源效率的主要途径。以 2002 年为例，我国综合能源效率约为 35%左右，比发达国家低 10～30 个百分点，如图 4.12 所示。电力、钢铁、有色金属、石化、建材、化工、轻工、纺织八个行业主要产品的单位能耗平均比国际先进水平高 40%，水泥、纸及纸板的单位产品综合能耗比国际

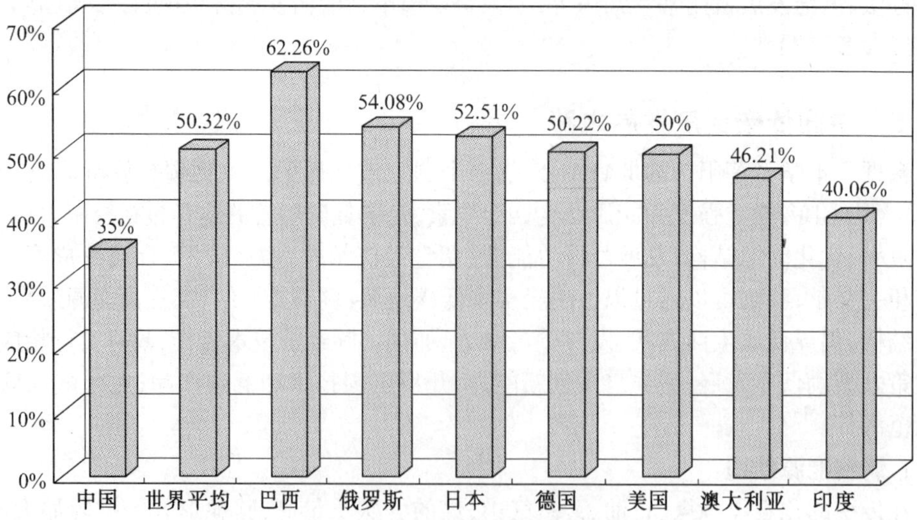

图 4.12　2002 年中国能源利用效率的国际比较[26]

先进水平分别高 45%、120%,我国的建筑能耗是发达国家的 2~3 倍,我国矿产资源总回收率为 30%,比世界先进水平低 20 个百分点。比如节能灯,我国是全球第一大节能灯生产国,但我国生产的节能灯在国内使用的比例并不高,出口量占生产总量的 70%以上,如果把现有的普通白炽灯全部更换成节能灯,全国一年可节电 600 多亿千瓦·时。因此,我们必须坚持节能优先的战略。2004 年 11 月 25 日国家发展和改革委员会发布了《节能中长期专项规划》,到 2010 年每万元 GDP 能耗由 2002 年的 2.68 吨标准煤下降到 2.25 吨标准煤,2020 年每万元 GDP 能耗下降到 1.54 吨标准煤,2003~2020 年年均节能率为 3%,形成的节能能力为 14 亿吨标准煤。

3.调整产业结构

走低碳发展道路,不仅仅是微观层次的问题,而首先是宏观层面的事件,即是国民经济结构问题。因为同等规模的经济,处于同样的技术水平,如果产业结构不同,则碳排放量可能相去甚远。传统的农业只使用较少的能源,第三产业单位产值消耗电量的能源也非常有限,真正需要大量消耗能源的是工业制造业、建筑业和交通运输业。

目前,从我国三次产业结构来看,经济增长过于依赖第二产业,低能耗的第三产业发展滞后、比重偏低。图 4.13 为我国 1990~2006 年的国内生产总值构成。以 2004 年为例,我国第三产业增加值占 GDP 的比重为 40.4%,而同期 OECD 国家这一比重平均水平为 72.5%,美国达到了 76.5%,与我国发展水平相近的印度也高达 53.2%。2003 年英国能源白皮书《我们未来的能源——创建低碳经济》揭示,英国近 30 年中经济规模增加1 倍,但能耗总量只增加了 10%,一方面得益于能源利用效率的提高,另一方面也得益于产业结构的调整和现代服务业的发展。

根据文献[17],要发展低碳经济,首先要调整结构,大力发展低能耗的第三产业和高技术产业,同时还要调整工业内部结构,尤其要抑制能源密集型产业的无约束发展,还要调整产品结构,提高产品的附加价值。

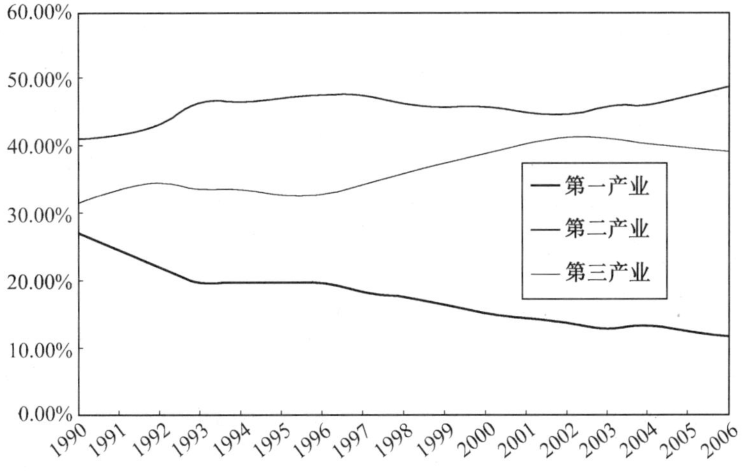

图 4.13 我国 1990~2006 年的国内生产总值构成

(数据来源:中国统计年鉴 2007)

4.发挥碳汇潜力

通过土地利用调整和林业措施将大气温室气体贮存于生物碳库中,也是一种积极有效的减缓气候变化的途径,据文献[27],目前的森林砍伐造成全球近25%的温室气体排放以及地球碳吸收能力下降。2000年IPCC在《土地利用、土地利用变化和林业》专题报告中指出,从2000年到2050年,全球最大碳汇潜力为每年15.3亿~24.7亿吨碳,其中造林的碳汇潜力为28%,再造林的潜力为14%,农用林约占7%。最近20年来,中国的森林植被净吸收二氧化碳的功能明显增强,共吸收4.5亿吨二氧化碳,占中国工业二氧化碳年均排放量的3%~4%,表明中国森林为改善生态环境做出了巨大的贡献。然而,长期的人类活动、巨大的人口生存压力和一些不科学的生产方式,已经导致中国陆地生态系统的碳贮存量处于一种低水平状态。研究表明,中国增加1%的森林覆盖率,便可以从大气中吸收固定0.6亿~7.1亿吨碳,然而我国人地矛盾突出,用于造林的土地面积有限,所以未来大幅度提高森林覆盖率的困难非常大,所以在看到森林碳汇潜力的同时,也要看到其极限。

5.积极参与国际经济技术合作,增强自主创新能力

解决气候变化问题的实质是实现可持续发展,其关键是实现技术创新、转让、推广,开展灵活务实的国际合作。除此之外,发展中国家能否利用后发优势在工业化进程中实现低碳经济发展,在很大程度上取决于资金和技术能力。发展中国家科技整体水平相对落后,在很大程度上依赖于进口国外技术,虽然《联合国气候变化框架公约》规定,发达国家有义务向发展中国家提供资金援助和技术转让,然而长期以来,真正积极意义上的技术转让进展十分缓慢。因此,我国更应增强自主创新能力,开发低碳技术和低碳产品,我国能否在工业化进程中实现低碳经济发展,很大程度上取决于自主创新能力。

目前,我国"973计划"和"863计划"中有大量关于低碳经济的技术研发项目课题,科技部在相关科技计划中,对节能和清洁能源、可再生能源、核能、碳捕集和封存、清洁汽车等具有战略意义的低碳前沿技术也已经进行了部署,并加大了投入力度。但是,由于低碳技术涉及电力、交通、建筑、冶金、化工、石化等部门以及在可再生能源及新能源、煤的清洁高效利用、油气资源和煤层气的勘探开发、二氧化碳捕获与埋存等领域,几乎涵盖了GDP的支柱产业,而这些支柱产业又有着不同的生产方式、发展阶段和技术模式,要想掌握低碳核心技术,并建立与之相适应的生产方式并不容易。

另外,中国应该积极利用自身作为温室气体排放大国的地位,促进发达国家向中国的技术转让。目前,我国的企业也积极参与国际合作项目,截至2008年11月11日,国家发展和改革委员会共批准1 701个清洁发展机制项目。

我国于2005年7月参与了"亚太清洁发展与气候新伙伴计划",该伙伴计划旨在通过国际合作,促进清洁能源和高效能源技术的开发和推广,在应对气候变化的同时,实现发展经济、减少贫困、保证能源安全和减少空气污染的目标。中国与欧盟也建立了应对气候变化的伙伴关系。2007年,中国和日本也建立了在节能和环境保护上的合作关系。[28,29]

6.生活方式要"低碳"

为实现城市的低碳发展,人们要改变以往高消费、高浪费的生活方式。大力发展公共交通和轨道交通,大容量公共交通可以有效削减未来城市道路交通的能源需求和温室气体排放。同时,城市建设应推行紧凑的城区格局,让居民徒步或依靠自行车就能方便出

行。调整消费方式，民众应优先选择低碳产品。每个家庭尽量使用节能电器和节能灯，尽量不使用一次性用品，尽量不用塑料袋。提倡居住低碳建筑和公共住宅。

欧洲一个组织调查表明：如果全世界67亿人都按照3亿美国人那样的生活方式去生活，人类需要5.6个地球；如果按照英、法这样的欧洲国家去生活，人类需要3.9个地球；如果按照日本的生活方式生活，人类需要2.9个地球；如果按照中国人的生活方式生活我们只需要0.9个地球就够了。因此，对于每个人都要培养和坚持节约的习惯，彻底改变与节能减排背道而驰的陋习。[30]

7.建立低碳经济试验区，总结经验逐步推广

建立低碳经济试验区，可以选择电力、交通、建筑、冶金、化工、石化等能耗高、污染重的行业进行先行试点示范。同时，积极构建“低碳经济发展区”，在东部发达地区和国家重点能源基地，选定典型城市进行试验试点，寻求我国的低碳经济发展之路。

2008年初，世界自然基金会在中国内地以上海和保定两市为试点推出“低碳城市”发展示范项目，希望上海和保定这两个试点城市在建筑节能、可再生能源和节能产品制造与应用等领域，总结出可行模式，然后向全国推广。目前，国内一些经济发展水平较高的城市，也已将低碳经济和低碳城市作为发展的方向，纷纷建设低碳示范区和碳零排放区，以期在新一轮的城市竞争中获得主动。

文献[31]指出，到2007年底，全球已有50多家金融机构加入“气候变化投资网络”，总投资额达13万亿美元。低碳经济试验区应能成为“气候变化投资”的重点，如英国和欧盟已表示其与中国在能源和气候方面的合作将着重在低碳经济示范区内进行，并将集中在广东、浙江两省。广东发展低碳经济具有丰富的海洋能、太阳能和风能等可再生能源，核电发展也位于全国前列，适合作为低碳能源、产业和消费的创新示范。[32]

8.利用财税政策促节能减排

据文献[33]，一些发达国家都在利用各自的财税政策促进节能减排，比如美国通过财税优惠政策鼓励企业及家庭、个人更多地使用节能、洁能产品，以达到减排目标。美国政府还通过减税鼓励石油、天然气、煤和电力企业采取节能、洁能措施。法国通过减免税，鼓励在工业、服务、住房建筑、交通运输等领域采用节能型设备。日本则对使用列入目录的111种节能设备实行税收减免优惠，减免约占设备购置成本7%的税收。

文献[34]提出，我国应进一步完善对节能、环保产业的税收优惠政策，一方面，加大增值税、企业所得税对节能、环保、再生资源产业的优惠力度；另一方面，加大对节能、环保科研成果的鼓励力度。适当扩大消费税的征税范围，将部分高耗能、高污染产品纳入征税范围，近期发布的燃油税就有利于保障石油的供应安全，提高能源效率，同时有利于推动清洁能源技术和替代燃料技术的创新和推广。

另外，现行资源税的征收范围应由目前的矿产品和盐扩大到所有需要保护的自然资源，适当扩大消费税的征税范围，将部分高耗能、高污染产品纳入征税范围。部分学者对此也有相关的研究，据分析[35]，如果从2005~2010年，我国征收50元/标准煤当量，则到2010年，能源需求将下降6.3%，大约节约1.23亿吨标准煤，征收120元/标准煤当量，则到2010年，能源需求将下降16.3%，大约4亿吨标准煤，但对GDP的影响却很少，到2010年，GDP大约只会损失0.4%。

4.6 发展低碳经济关键在于低碳技术

4.6.1 低碳技术一览

“低碳技术”包括在节能、煤的清洁高效利用、油气资源和煤层气的勘探开发、可再生能源及新能源、二氧化碳捕获与埋存等领域开发的有效控制温室气体排放的新技术，它涉及电力、交通、建筑、冶金、化工、石化、汽车等部门，几乎涵盖了 GDP 的支柱产业。表 4.3 列举了部分相关技术。

表 4.3 与低碳经济相关的部分技术[36,37,38]

新能源与可再生能源	
太阳能利用技术	太阳能利用包括太阳能发电、太阳能生活热水、太阳能建筑、太阳能制冷与空调、太阳能干燥和海水淡化等。“十一五”期间重点发展晶体硅技术、薄膜电池技术、并网发电系统技术、建筑一体化太阳能利用技术、高温太阳能集热及太阳能热发电技术等
风力发电技术	“十一五”期间，重点发展大型风力发电装备及制造技术、风电场开发技术、海上风电场开发技术
生物质能利用技术	主要应用是发电和生产液体燃料。发电包括直接燃烧发电、气化发电以及气化—燃料电池一体化发电等。液体燃料包括气化合成、燃料乙醇、生物柴油和生物油燃料等。“十一五”期间重点发展非粮食资源开发燃料乙醇、生物柴油和生物质发电的产业化关键技术
海洋能技术	海洋能包括波浪能、海流能、潮汐能和海洋温差能等，技术有波浪发电技术、潮汐发电技术、海洋温差发电技术和海流发电技术等
氢能技术	氢能的大规模制备、储运、燃料电池技术、氢能发电技术
地热能利用技术	地热能发电、地源热泵、地热制冷和地热供暖技术
水力发电技术	大、中、小型水力发电开发技术
核能技术	反应堆设计和制造、乏燃料的后处理及再循环、铀浓缩及核燃料制造等
行业节能	
电力行业	煤气化联合循环技术、高参数超超临界机组技术、热电联产技术、再热机组热力系统节能技术、电机及其系统节能技术、大型循环流化床锅炉发电机组及整体煤气化发电技术
交通运输行业	混合动力汽车技术、汽车尾气净化减排技术、低排放车用燃料技术、低排放绿色汽车技术、节能发动机设计技术
钢铁行业	露天矿陡帮开采工艺技术、多碎少磨技术、尾矿资源的综合利用技术、干法熄焦技术 、捣固焦技术 、高炉配套炉顶压差发电技术、煤气及蒸气回收技术、特殊钢连铸技术、蓄热式燃烧技术
建筑节能技术	围护结构的节能技术、空调系统的节能控制技术、照明系统的节能控制技术、新能源和可再生能源的开发与利用技术
石油化工行业节能技术	节能工艺技术、化学反应节能技术、蒸馏节能技术、分离节能技术、设备节能技术、自动化控制节能技术、废水处理节能技术、余热余压能量回收技术等
其他节能减排技术	废旧物资回收及利用技术、二氧化碳回收和利用技术(二氧化碳回收和捕集技术、用二氧化碳加收煤层气、提高油气回采收率等)、锅炉节能技术

4.6.2 日本低碳技术未来发展动向

未来几十年日本主要低碳技术研究方向如表4.4。

表4.4 未来几十年日本主要低碳技术研究方向[39,40,41]

部 门	主要技术
发电输电部门	**高效的煤炭发电技术**：在高级超超临界发电领域，开发700o级的Advanced USC技术，开发1 700o级的发电机，涉及煤炭气化复合发电领域、煤炭气化燃料电池复合发电领域 **高效天然气火力发电**：进一步提高发电效率，并进一步与燃料电池技术结合 **核电**：新型下一代轻水反应堆；中子增殖堆及核燃料循环利用设施；中小型反应堆相关技术的研发 **碳捕捉及封存技术(CCS)**：一是开发分离膜等技术，二是推进二氧化碳的动向预测技术 **超导高效输电**：钇(Yttrium)类超导电缆的实际应用技术 **太阳能发电**：开发第二代超薄型硅太阳能电池；超高效薄膜太阳能电池；有机薄膜、色素增感型等有机太阳能电池
运输部门	混合动力汽车(PHEV)和电力汽车(EV)；燃料电池汽车；插电型混合动力车；生物质能源从燃料向运输用替代能源转变；智能交通系统(ITS)
民生部门	节能住宅、宾馆；下一代高效照明；定置型燃料电池；超高效热泵；节能型信息器械、系统；家庭用能源管理系统(HEMS)/建筑物用能源管理系统(BEMS)/区域能源管理系统(EMS)
其他	高性能电力储藏；氢的制造、运输和储藏

4.7 走进低碳城市

城市作为经济社会活动的中心，城市能源消费量占全国消费总量的大多数，因此，目前发展低碳城市也就成为众多城市所追求的目标。所谓**低碳城市**(Low-Carbon City)，指以低碳经济为发展模式及方向、市民以低碳生活为理念和行为特征、政府公务管理层以低碳社会为建设标本和蓝图的城市。2008年2月全球性保护组织WWF(世界自然基金会)在北京正式启动“中国低碳城市发展项目”，上海、保定入选首批试点城市。

4.7.1 保定

1.保定成为首批入选试点城市的优势

就像WWF(中国)气候变化与能源项目主任陈冬梅所言，保定能成为首批低碳城市发展试点项目最大的优势就是其可再生资源发展的特色，保定国家高新区用十年时间建设了我国第一个也是全国唯一的“国家可再生能源产业化基地”。保定与可再生能源相关的产业已经占据了保定经济结构中非常重要的部分。在2007年,可再生能源相关的产业占据了城市GDP的12%,到2050年这一比例可能会提升到40%。[42]

另外,保定国家高新区还是"国家科技兴贸出口创新基地(新能源)",以风能、太阳能为代表的新能源与能源设备产业,保定具备非常雄厚的产业基础。像天威英利是国内唯一具有全产业链的多晶硅太阳能电池组件和系统的生产企业,其生产的太阳能电池居全国首位。中航惠航公司是国内目前最大的风电叶片制造商,国内唯一拥有自主知识产权、自主研发能力的风力发电叶片生产企业。截至2006年,以保定新能源设备产业基地为核心的"保定·中国电谷"已拥有相关企业130家,实现产品销售收入90亿元,同比增长50%;出口创汇2.5亿元,同比增长327%。企业自主创新能力不断提高,目前已拥有五家国家级企业技术中心,21家企业技术研发中心。[43]

2.保定发展低碳城市的现状

在2007~2008年度,保定低碳城市项目计划先期启动风电设备产业园项目、太阳能示范城项目、中国风能之家项目和促进新能源产品出口项目。截至2007年底,保定市区50%的公共场所、40%的生活小区、40%的旅游景区完成了太阳能应用改造。传统户外照明、广告灯、交通信号灯、路灯正逐步被绿色、节电的光伏-LED灯或LED产品所取代。保定还着手建设中国首座太阳能大厦——中国电谷大厦,年发电量可达1.5兆瓦。据悉,这座太阳能大厦的外立面采用大规模呼吸式太阳能玻璃幕墙,不仅能满足大厦的公共照明,而且能够并网发电。

3.相关的政策支持

◆ 保定市政府已出台**《关于鼓励投资"中国电谷"建设的若干规定》**,并在项目用地、资金、产品应用等等方面给予了"中国电谷"极大支持;

◆ 2007年出台了**《关于建设保定"太阳能之城"的实施意见》**;

◆ 保定市发改委编制完成了**《太阳能之城整体项目建议书》**;

◆ 高新区制定了**《保定市太阳能光伏发电应用系统规范要求》**(试行);

◆ **《关于建设"太阳能之城"的实施方案》**;

◆ **《关于推广应用太阳能热水系统与建筑一体化技术的通知》**;

◆ **《关于在建筑领域推广应用太阳能光伏LED照明技术的通知》**;

◆ **《保定市能源产业发展规划》**。

4.7.2 瑞典的韦克舍(Växjö)

1.韦克舍的能源状况知多少

韦克舍是瑞典克鲁努省(Kronoberg)的省辖市,在全球是相当成功的低碳城市,其市政远景是希望让所有市民享有悠闲、富裕且不需要化石燃料的美好生活。2005年,韦克舍的能源供应中50.7%已经全部来自可再生能源,在可再生能源中35.5%是生物质能,在供热采暖行业更是高达88%的来自可再生能源,而相比较化石能源仅占韦克舍的能源供应的37%,并且主要应用交通运输行业。其余的能源主要是来自其他自治省输送的电力,而瑞典的电力结构,大约50%是水力,50%是核能。在二氧化碳排放中,从1993年到2005年,每人排放的二氧化碳平均年减少24%。韦克舍在2000年获得国际地方政府环境行动理事会颁发的"杰出国际环境奖",2007年获"可持续能源欧洲奖"。二氧化碳总量从1993年到2005年减少24%,各行业减少二氧化碳量及趋势如图4.14所示,其中除交通行业略有增长外,其他行业均有下降趋势。[44]

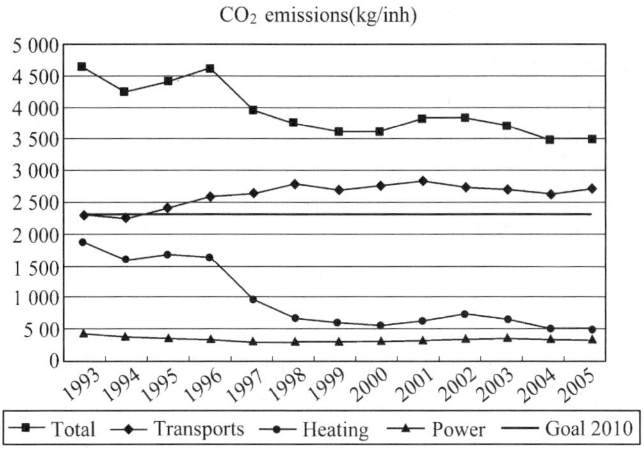

图4.14　1993~2005韦克舍二氧化碳排放量趋势

2.韦克舍的远景目标

希望让所有市民享有悠闲、富裕且不需要化石燃料的美好生活。

要达到的目标

◆ 到2010年人均二氧化碳排放量在1993年的基础上减少50%,到2025年至少达到70%。

◆ 到2015年人均使用电能在1993年的基础上减少20%。

◆ 鼓励使用循环型交通工具,到2015年使用循环型交通工具在2004的基础上提高20%。

◆ 鼓励使用公共交通,到2015年出行时使用公共交通的比例与2002年相比提升20%。

◆ 到2010年,在市政公共运行事务中停止使用石油。

◆ 到2015年,在市政公共事务的交通和服务行业的二氧化碳排放量与1999年相比减少30%。

为实现这一目标所努力的方向:

◆ 努力使用来自可再生资源的能源。

◆ 努力提高能源的使用效率。

◆ 努力改善交通系统,使之尽量不使用石化能源。

3.韦克舍已经采取的部分行动

为实现上述目标,韦克舍市也采取了一系列的行动,如表4.5所示。

表 4.5　韦克舍市低碳发展采取的部分行动[45,46]

行动内容	执行起始时间
区域供暖和区域冷气供应方面要采用生物质能的相关行动	
区域集中供热系统的快速扩容	1970
在 Sandvik 热电联产工厂一期中,小规模使用生物质能	1980
建设 Sandvik 热电联产工厂二期,大规模使用生物质能	1997
Växjö Energi Ltd 开始使用生物质能发电	1983
各城镇实现小规模区域集中供热	1997
家庭中从由电取热到区域集中供热的成功转变	2001
大规模使用太阳能的一系列项目	1980
部分城镇的工业与区域集中供热系统相连	2007 ~ 2008
建设更大型的热电联产工厂并使用生物质能	2012
部分基于区域集中供热系统的吸收式制冷项目	2008
提升能源效率的相关行动	
使用节能路灯	1994
设备的能源效率测量	2000
市政建筑的能源效率测量	2005
建造采用非传统取暖方式取暖的房子	2007
政府对安装太阳能的用户给予财政补贴	1998 ~ 2005
政府对安装家用木质锅炉以取代燃烧油气的用户给财政补贴	1998 ~ 2005
与汽车和交通相关的行动	
市政用车采用环保型车	2002
转换汽油汽车,使之可以使用酒精	1997
环保型车可以免费停车	2002
拓展自行车使用项目,建设新的自行车车道	2001
由于定位系统使出租车可以减少行驶 20%的距离	2002
对购买环保车的车主进行财政补贴	2002 ~ 2004
公众生态驾驶教育	2002 ~ 2004
推进公司上下班采用班车接送	1995
公共交通中采用生物燃料	1996
建设连接热电联产工厂的铁路,使之可以运送木料到工厂,以减少许多运送木料卡车的使用	2007
与生物燃料相关的行动	
建立车用添加酒精的站点	1999
建立沼气加气站	2006

4.7.3 低碳社区——德国弗莱堡 Vauban 社区

弗莱堡位于德国南部，人口大约 20 万，是世界率先执行可持续发展理念的城市之一。享有“欧洲太阳能之都”的美誉，还被选为“欧洲环境之都”，弗莱堡太阳能安装量已经超过了德国一半以上，可再生能源占城市目前电力消费的 10%，他们的目标是将可再生能源占城市目前电力消费的 40%以上。

Vauban 社区是一处以民众参与能源住宅获得全球注视的小社区，位于德国弗莱堡市区的南部。经过十几年的发展，总面积约 38 公顷的 Vauban 社区已成为一个具有 5 000 人口与 600 个工作机会的活力社区。以下是 Vauban 社区部分低碳经济发展的政策与措施。[47,48]

1. Vauban 社区的公共规划

在规划社区公共空间配置时，将学校、幼儿园、儿童游乐园、市场等公共设施纳入考虑的范围，让所有住户都可以步行或骑自行车的距离到达这些公共场所。由于 Vauban 社区距离弗莱堡市中心只有 4 千米的距离，对外交通大部可以依靠自行车或大众运输工具。目前整个弗莱堡地区有超过 500 千米的自行车车道，超过 5 000 个自行车停车位，Vauban 社区 64%的居民出行都是骑自行车。

2. 汽车与交通政策

Vauban 社区被全世界所称道的创举包括交通理念、便利的大众运输工具、汽车共享制度。社区的“无车社区”和“零容忍停车政策”(zero-tolerance parking policy)就是由 Vauban 社区的居民自行讨论出来的政策。这项政策的核心就是要私家车使用者付费，所有在“零停车区”内的住户，即使拥有汽车，也必须将车辆停在社区外的公共停车场内。Vauban 的停车控制相当严格，并且车位相当贵，大约 10 000 ~ 14 000 英镑，因此，车主除了保养车辆的成本之外，还必须付出购买或租用公共车位的成本。

为鼓励居民养成共乘的习惯，Vauban 社区与当地的弗莱堡汽车公会合作推出了一套“通勤套餐”，只要居民缴一定费用购买套餐服务，就可以全年享有无限次数的共乘接驳车服务，同时还可免费转乘弗莱堡内任何大众交通工具，这项服务涵盖弗莱堡周围半径 60 千米的范围。上述政策使得目前 Vauban 社区有 40%的住户没有私人汽车也承诺不再购买汽车，Vauban 社区私人汽车的拥有率大约是德国平均值的三分之一。

3. 建筑节能政策

◆ Vauban 社区规定所有住宅均必须采取“低耗能”的标准(65 千瓦·时/(米^2·年))，至少有 150 户住家达到“极低耗能”(15 千瓦·时/(米^2·年))被动式住宅标准，或可以达到自己生产的能源比自己消耗的能源还要多的“正能源住宅”，目前社区总体的平均耗能量仅为德国平均值的 30%以下。

◆ 部分建筑项目采用真空盥洗和建设沼气厂。

◆ 垃圾分类回收制度，以减少真正的垃圾排放。

◆ 住宅分散收集雨水以供家用或通过可以渗透的地面将雨水渗透到地下，地下水在排入河流之前进行减污处理。

◆ Vauban 大量的树木对于夏季社区降温也有促进作用。

◆ Vauban 的建筑高度限制在 12.5 米，以使得夏季来自山里的风可以起城市降温作用。

4.能源政策

◆ 进一步开发热电联产的潜力，以平衡城市的能源，热电联产厂 80%采用碎木料，20%采用天然气，这就使得二氧化碳减排大约 60%。

◆ Vauban 社区的太阳能的安装数逐步增加，65%的电力来自当地的太阳能和热电联产厂，使得能源效率从 40%提高到 80%。

◆ 采用可再生能源的财税补给政策以鼓励可再生能源，使得一些像个人住宅这样的小的可再生能源生产者将多余的电力可以以普通电力两倍的价格再卖给国家电网，同时这部分生产者也在税收上享有一定的优惠政策，这就使得他们的太阳能电板的安装成本可以在 12 年内收回。

4.8 深圳发展低碳经济述评及良方

2008 年 12 月 6 日，由联合国工业发展组织、博鳌亚洲论坛、深圳市人民政府、中国可再生能源学会等主办的“深圳国际可再生能源技术与投资研讨会”在深圳市民中心举行。该次研讨会的主题就是“引领未来的低碳经济—金融危机背景下的可再生能源产业发展对策”。虽然，在目前的公开发表的文献上，还没有有关深圳发展低碳经济的记载。但是，节能减排、发展可再生能源、发展循环经济、优化产业结构，是众多专家学者眼里的中国低碳经济最优路径。而深圳在节能减排、发展循环经济等方面的确走在国家的前列，因此在研讨会上，龙永图也认为“在发展低碳经济方面，深圳走在了全国其他城市的前面”。

4.8.1 发展低碳经济——深圳做了什么

从 2001 年到现在，深圳已经制定了非常多的节能减排及发展循环经济的政策措施，总结起来，节能减排共 14 条，产业结构调整 1 条，发展循环经济 6 条，资源的综合利用 3 条，分别列举如下。

表 4.6 深圳低碳经济发展的有关政策措施[49]

节能减排	
2001－2－22	《深圳市节能贴息项目暂行实施办法》
2003－1	《深圳市居住建筑节能设计规范》
2003－2－17	《关于深入开展节能贴息工作的通知》
2003－6－26	《深圳市推动节约能源工作实施方案》
2003	《推动节能工作实施方案》
2004	《建筑节能监督暂行办法》
2005	《关于贯彻执行建设部建筑节能有关文件通知》
2005	《深圳市居住建筑节能设计标准实施细则》

续表 4.6

2006	《深圳市“十一五”期间主要污染物排放总量控制计划》
2006-4-12	《深圳市“鹏城减废行动”工作方案》
2007	《深圳建筑垃圾综合利用管理规定》(征求意见稿)
2007	《深圳市重污染行业减排和优化升级工作方案》
2007-11-1	《深圳经济特区建筑节能条例》
2008	《“十一五”期间污染减排工作方案》
产业结构调整	
2007-10-6	《深圳市产业结构调整优化和产业导向目录(2007~2008年)》
循环经济	
2003-3	《深圳市清洁生产实施意见》
2006	《深圳经济特区循环经济促进条例》
2006	《深圳市循环经济发展“十一五”规划及2020年远景目标》
2006-5	《深圳市全面推进循环经济发展近期实施方案(2006~2008年)》
2006-5	《关于全面推进循环经济发展的决定》
2007-5	《清洁生产审核实施细则》
资源综合利用	
2003	《资源综合利用条例》
2003	《深圳市资源综合利用认定管理办法》
2003	《再生资源回收利用管理办法》

4.8.2　深圳低碳经济发展述评

1.深圳节能减排知多少

深圳市高度重视节能减排工作,注重运用财税等政策杠杆撬动市场大门,早在2001年就印发了《深圳市节能贴息项目暂行实施办法》,对企业利用银行贷款开发节能技术、生产节能产品、实施节能项目提供全额贴息,政府每年都从市能源基金中安排500~800万元,以节能贴息方式,扶持节能产品、节能项目的发展。深圳市财政还投入近千万元对医院、学校等单位进行节能改造。深圳还给137家能耗大户下达了限期节能降耗的硬指标,同时引进国际先进的MC(合同能源管理)模式,为用能大户提供整体改造方案和节能技术服务,要求在2007年6月底前,该类企业能耗必须下降15%以上。目前,深圳市对137家重点用能单位的节能降耗达标验收工作已全面展开。[50]

在深圳,越来越多的企业将节能降耗作为提高效益的重要手段,不遗余力地进行节能技改:深圳奥贝尔公司于2009年正在建设年产5 000吨以上可完全生物降解材料的生产线,其原材料全部来自农作物和植物,其产品在完成使用周期后可100%回归大自然;深南电厂将排出的蒸气进行循环利用,为印染企业提供蒸气,每年可以新增3 000多万元的经济效益;福华德电厂通过海水循环利用,每年节约淡水资源300多万吨。

对于深圳市的耗能大户——建筑,2006年7月,深圳市通过了我国首部地方建筑节能专门法规——《深圳经济特区建筑节能条例》。实施以前,深圳市只有几个零星的建筑节能项目。《条例》实施以后,建筑节能项目快速增长。截至2008年,全市共有32个绿色建筑和建筑节能项目,总建筑面积达430多万平方米,总投资额近130亿元,其中有11个示范项目为国家级示范项目。深圳市民用新建建筑符合节能标准率从不到10%提高到100%(全国符合节能标准率为71%),累计节能总量达到61.7万吨标准煤,累计节省用电16.2亿千瓦时,累计减排二氧化碳164.1万吨,其中新建建筑通过实施节能标准,减缓能耗增长实现节能51.5万吨标准煤;既有建筑节能改造实现节能8.2万吨标准煤;应用可再生能源实现节能2万吨标准煤。据预计,2008全年建筑节能总量将达到40.8万吨标准煤,占全市当年节能减排目标82.5万吨的49%。

深圳市的建筑节能工作,在全省和全国推广多次,受到上级部门高度评价。国务院建设领域节能减排监督检查组认为,深圳是全国建设领域节能减排工作的创新基地,是建设部节能减排工作的一面旗帜。[51]

在绿色车辆开发领域,深圳市也将投入超过5 000万元,规划3条公交线路,每条线投放10辆混合动力客车,并在特区内投放20辆电动小汽车,建立相应的充电与测试设施,制定管理规范和评价方法,完成其商业运营的政策环境评估,等等。启动混合动力客车和电动小汽车示范项目,有利于探索新能源汽车产业化政策和商业化运营模式,有利于推动该市新能源汽车产业发展、促进相关技术的稳定、完善和成熟,扶持企业加快发展进一步提升国际竞争能力,有利于有效推进节能减排,进一步改善城市环境。[52]

总之,在绿色发展上,深圳的确取得了一定的成绩,图4.15为2004~2007年深圳与全国的万元GDP能耗对比图,从2004年到2007年,深圳的万元GDP能耗不到全国平均水平的一半,与国际上其他国家相比,以2005年为例,深圳的万元GDP能耗已达到新加坡与韩国的水平。至2010年,全市单位生产总值能耗可望降到0.5吨标准煤/万元,从而达到《深圳市循环经济发展"十一五"规划及2020年远景目标》。[50]

2.深圳新能源及可再生能源利用知多少

在太阳能领域,深圳从事太阳能光电产品的研究起步较早,目前从事太阳能相关产品研发、生产和销售的企业约60多家,其中光电企业就有50多家。深圳目前已经成为世界太阳能光电产品的主要产业聚集地,全世界约72%的太阳能光电小产品生产厂家主要集中在深圳及周边地区。

在太阳能利用方面,深圳也取得了一定的成果,比如,深圳建设了国内首套光伏幕墙发电系统(方大大厦),亚洲最大国内首座太阳能光伏发电系统(园博园),国内首套墙面太阳能热水系统(梅山苑),在政府安置房、廉租房的建设中规模化应用太阳能热水系统超过100万平方米。[53]

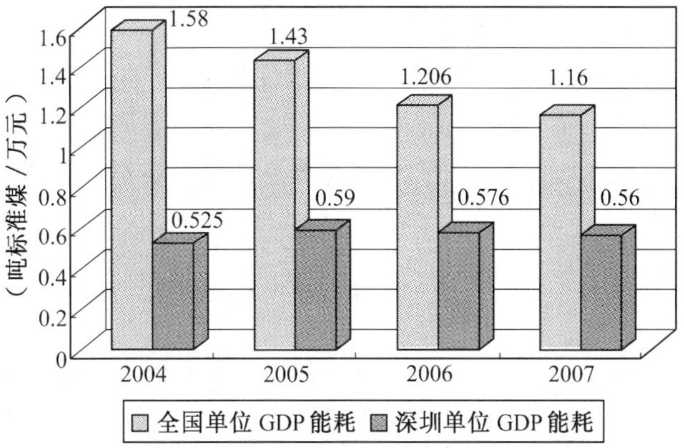

图 4.15　2004～2007 年深圳与全国的万元 GDP 能耗对比图

（数据来源：国家统计网站，广东省政府网站）

在生物质能领域，深圳市在垃圾发电方面走在全国前列，目前深圳建成和在建的垃圾发电厂总处理能力达到 3 250 吨/日，约占深圳日生活垃圾产量的 40%。深圳已经明确把垃圾焚烧发电作为深圳市垃圾处理的主要方式。

3.深圳 CDM 项目知多少

《京都议定书》规定的碳交易方式有三种，即联合执行机制（JI）、排放贸易（ET）和清洁发展机制（CDM），前两者是针对缔约国中的发达国家和经济转型国家，而《京都议定书》框架下唯一包括发展中国家的弹性机制就是清洁发展机制（CDM）。该机制鼓励企业通过 CDM 项目履行自身减排职责的同时，还可获得直接经济收益。从 2005 年开始，也有部分深圳的企业参与了清洁发展机制（CDM）项目，如下表 4.7 所示，截至 2008 年 11 月 26 日，深圳企业共参与了 10 项 CDM 项目，从参与的项目类型来看，多为新能源开发项目，在数量上看，同期全国共有 1 700 多项，所以深圳与全国相比并不算多。

4.低碳经济——深圳与世界还有多远

深圳低碳经济发展虽然取得了一定的成绩，但与国外的一些城市相比差距还是比较大。从发展低碳经济的路径来看，其中使用低碳或无碳的新能源和可再生能源是非常有效的方法，但从深圳的能源结构来看，深圳市是一个无一次能源的城市，所有的能源靠市外输入，所消耗的能源绝大多数是煤炭等高碳的化石能源，新能源及可再生能源所占的比重非常少，这就非常不利于二氧化碳等温室气体的减排。

而如上文所述的作为全球比较成功的低碳城市——瑞典的韦克舍市，在 2005 年，韦克舍的能源供应中 50.7% 已经全部来自可再生能源，在可再生能源中 35.5% 是生物质能，而化石能源仅占韦克舍的能源供应 37%，并且主要应用于交通运输行业。

全球著名低碳发展社区——弗莱堡市 Vauban 社区，其 65% 的电力来自当地的太阳能和热电联产厂，并且热电联产厂的原材料 80% 采用碎木料，20% 采用天然气，这就使得二氧化碳减排大约 60%。

表 4.7 深圳清洁发展机制(CDM)项目

项目名称	GHG 减排类型	项目业主	国外合作方	估计年减排量 /tCO_2e
惠州垃圾填埋厂沼气回收与利用项目	甲烷回收利用	深圳相控科技有限公司	荷兰政府通过国际金融公司作为代管人的 IFC－荷兰碳机构	136 250
黄石垃圾填埋沼气回收与发电项目	甲烷回收利用	深圳相控科技有限公司	维多石油集团(瑞士)	93 365
深南电燃油改燃天然气工程项目	燃料替代	深圳南山热电股份有限公司	英国排放贸易公司	435 965
广东柳城(蓝口)25.5 兆瓦水电项目	新能源和可再生能源	深圳市富源实业(集团)有限公司	复兴碳基金	65 581
广东蓝口(白坭塘)26 兆瓦水电项目	新能源和可再生能源	深圳市富源实业(集团)有限公司	复兴碳基金	69 259
广东省马房水电项目	新能源和可再生能源	深圳市油富实业发展有限公司	国际能源系统(荷兰)公司	37 643
深圳市东部电厂天然气发电项目	燃料替代	深圳能源集团有限公司	西班牙安第沙电力公司	765 628
广东深圳前湾 LNG 发电项目	低排放的化石能源发电	深圳市广前电力有限公司	三井株式会社	1 231 549
深圳下坪固体废弃物填埋场填埋气体收集利用项目	甲烷回收利用	深圳市利赛实业发展有限公司	英国	749 186
梅州垃圾填埋场沼气回收与能源利用项目	甲烷回收利用	深圳相控科技有限公司	奥地利	278 000

资料来源:中国清洁发展机制网

就电力消耗而言,图 4.16 为深圳从 1995～2005 年 GDP 与电力消耗的变化图,从图中

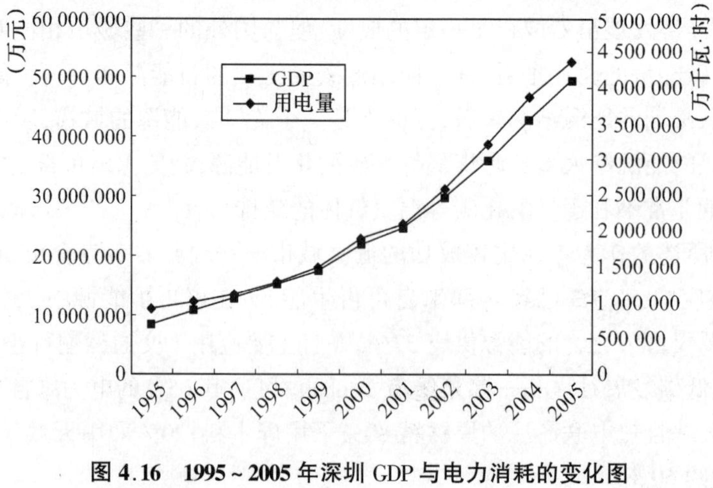

图 4.16 1995～2005 年深圳 GDP 与电力消耗的变化图

(数据来源:深圳统计年鉴 2007)

可知,从 1995 ~ 2005 年深圳 GDP 翻了 4.87 倍,电力消耗也翻了 3.81 倍,而位于同一时段的丹麦,从 1995 ~ 2005 年,丹麦 GDP 增长了 23%,而电力消耗却只增加了 7%,因此,深圳的电力消耗对 GDP 增长的贡献率与丹麦相比还有相当大的差距。

4.8.3　深圳发展低碳经济良方

1.开发新能源与可再生能源

深圳处亚热带地区,可再生能源资源丰富,尤以太阳能、风能突出。在太阳能领域,深圳是世界太阳能光电产品的主要产业聚集地,深圳具有技术与天然资源优势。

深圳风能蕴藏量丰富,拥有 230 千米的连绵海岸线,沿海一带及岛屿风速大。平均风速可媲美甚至高于全球最大风电国——德国的风速,有相当大的可开发利用价值,风能的应用技术上已经成熟,成本也是越来越低,深圳应该充分利用丰富的风力资源。

在核能发电领域,邻近深圳的大亚湾核电站已成为全国三大核电基地之一。

在海洋能领域,深圳是靠海城市,发展潮汐能、波浪能、海洋热能、海流能、海盐差能等条件极为有利,目前全球沿海区域已利用海洋能就达 10 亿千瓦以上,但深圳的使用情况基本为零。深圳 2020 年要建成具国际竞争力的海洋强市,因此,深圳应该充分挖掘和利用丰富的太阳能、风能、海洋能等新能源与可再生能源。[49,54,55]

2.优化产业结构,努力发展第三产业

由于在产业结构中,真正消耗大量能源的是工业制造业、建筑业和交通运输业等第二产业,而第三产业单位产值消耗的能源非常有限。图 4.17 为深圳市 1996 ~ 2007 年产业结构变化图。

从图 4.17 中可以看出,2007 年之前,第三产业虽然也得到了一定的发展,但发展速度落后于第二产业,这可能是由于深圳市大力扶持高新技术产业,使得深圳高新技术产业发展迅猛的原因造成的。到了 2007 年,第三产业占 GDP 的比重首次超过第二产业,达到了 51.01%,但是深圳目前第三产业占 GDP 比重距离发达国家 60% ~ 70% 的水平仍相距甚

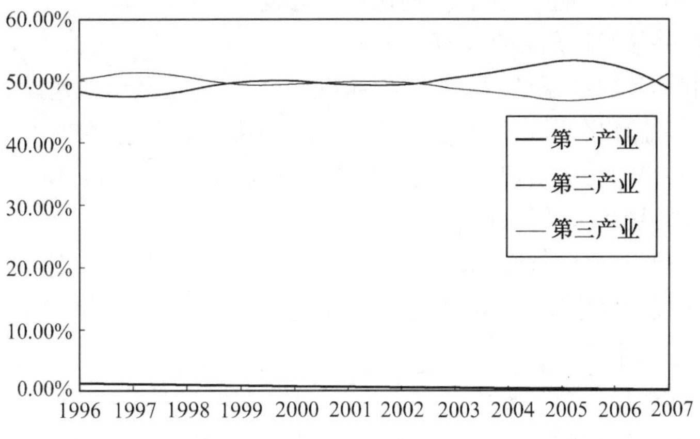

图 4.17　深圳市 1996 ~ 2007 年产业结构变化图

(数据来源:深圳统计年鉴 2008)

远。以2004年为例,深圳第三产业占GDP的比重为48.1%,同期新加坡占66.1%,香港的这一比例高达90%。因此,未来深圳应在发展高新技术产业的基础上,努力发展现代物流业、现代金融业、现代会展业以及文化产业。2008年12月深圳被联合国教科文组织授予"设计之都"称号,深圳也应以此为契机,通过制定相关的政策措施来促进创意文化产业发展,使其能够成为深圳的支柱产业之一。[56,57]

3.加大宣传力度,倡导低碳生活方式

我国科技部编制了《全民节能减排手册——36项日常生活行为节能减排潜力量化指标》,为每个公民制定了一套从我做起、从点滴着手、从现在做起、从身边做起的绿色生活行动指南。目前有许多人在提倡低碳生活方式。但是,由于种种原因,我们的市民中又有多少人知道《全民节能减排手册》?知道"低碳"生活方式?因此,政府应在宣传上起主导作用,利用各种渠道加大对低碳生活方式的宣传力度,或者通过制定一系列的经济措施来促使人们采用低碳生活方式,从人们的衣、食、住、行、用上善待地球,生活中节约一滴水、一张纸、一度电,不用塑料袋,不使用一次性用品,出行乘公共交通,等等[58]。德国弗莱堡市Vauban低碳社区能够发展成功的很重要的原因就是低碳发展已经深入人心,全民都参与到了低碳发展之中,他们自己来制定约束自己的低碳发展的政策。深圳作为经济特区,这方面的观念也应该走在全国的前列。

4.保护和增加深圳的森林和绿地资源

森林和绿地是非常重要的碳汇,中国的森林植被每年净吸收二氧化碳已经占中国工业二氧化碳年均排放量的3%~4%[17]。早在2005年11月,深圳以8处大型区域绿地和18条城市生态廊道组成的生态绿地系统为基础,在全国率先划定了基本生态控制线,加上没有划入基本生态控制线内的城市公园、绿化带等,深圳的绿地会多出159平方千米。

另外,深圳的红树林湿地系统也是非常重要的碳汇。据研究其贮碳量是森林的数倍。在这方面,深圳市也有先见之明,很早之前就建了我国唯一位于市区的红树林自然保护区,但目前深圳的红树林总量并不大,随着填海工程的进行也有减少的趋势。接下来,深圳应加大对这些森林、绿地、红树林湿地保护的力度。

5.加快发展并鼓励使用公共交通

深圳可以利用当前国家进一步扩大内需的时机,加大公共交通建设的投入,优先发展公共交通,鼓励节能环保型汽车发展,加快发展轨道交通、快速公交系统和智能交通管理系统,建立以公共交通为主要出行方式的绿色综合交通运输体系。使人们在深圳任何位置都可以便捷地使用到公共交通。

深圳还可以制定一些经济政策来鼓励人们出行使用公共交通,比如可以参照北京市用财政补贴的方式大幅度降低人们乘坐公共交通的费用,当然,深圳之前也采取过相关的政策,但是力度还是不够。

另一方面,深圳目前的个人汽车拥有量在全国来说也是非常高的,从2009年1月1日,国家就开始征收燃油税,在某种程度这也是限制人们过多使用个人汽车的方法。另外,深圳可以利用立法权制定一些法规来进一步提高人们使用汽车的成本。通过上述方法来限制使用私家车,鼓励使用公共交通。

从日本和欧盟未来的技术方向来看，绿色车辆也是未来实现低碳发展的关键性技术，深圳也应以创建国家创新型城市为契机，进一步加大对绿色车辆和绿色交通这一未来低碳发展关键技术投入的力度。

6.进一步加大节能减排力度

深圳目前的节能减排工作已经领先全国，引用深圳市发改局循环经济办负责人的话，深圳节能工作着重要降低工业、建筑、交通、政府机构和公用设施四大领域的单位能耗。工业能耗占深圳市全社会能源消费比例的43%。深圳一方面优化产业结构，发展能耗较低高新技术产业和第三产业，另一方面对一些用能大户，推进高耗能企业能源审计，通过制定相关政策来促进以工业锅炉改造、余热余压利用、能量系统优化、电机系统节能等为主要内容的节能改造。

在建筑节能方面，深圳也要严格落实《深圳经济特区建筑节能条例》，全面推动我市政府机构、公用设施节能改造的规划、政府机构及公用设施用能标准及管理规范，逐步开展政府机构办公楼围护结构、空调、电梯系统节能改造及办公设备节能，办公区域逐步推行绿色照明，带头更换节能灯，减少各种形式的待机损耗。

在电力行业，深圳可规划建设区域性热电冷三联供系统，将地方电厂逐步发展成为综合能源资源供应基地，充分利用电厂余热、余压向周边用户实施集中供热供冷，替代用户原有商业楼宇空调、锅炉等设施，这将会使得能源利用效率得到大幅提高。[59]

7.鼓励和引导企业参与CDM项目

清洁发展机制(CDM)是《京都议定书》规定的三种灵活机制之一，它是基于项目的双赢合作机制，既为发达国家提供更多的灵活性，降低其遵守京都议定书承诺的总成本，同时为作为CDM项目的东道方的发展中国家提供额外的资金和先进技术。而国内众多企业目前对CDM项目了解不多，这其中的原因之一是政府层面上的宣传发动不够。另外，由于CDM项目开发使用的语言是英语，而且CDM规则较复杂，技术性很强，因此，国内也有众多的省市都建立了专门的CDM服务中心，如广州、湖南、山东等。从政府层面，深圳也应该建立这样的专门部门或服务机构，加强对CDM的宣传力度，加强对有关政府官员、企业和中介服务机构的培训，促进更多的企业进入CDM市场。像印度除成立了一个管理CDM项目开发的部门外，还出台了一系列鼓励、支持企业和中介服务机构发展CDM项目的政策，这也是深圳需要积极借鉴的。[60]

主要参考文献

[1] 朱四海.低碳经济：怎么看，怎么办[N].中国电力报，2008-09-03.

[2] 大气成分[EB/OL].[2008-12-12]http://qxg.com.cn/n/? cid = 41&nid = 1916&fc = nd&types = 4110.

[3] 中国碳汇网.www.fcarbonsinks.gov.cn.

[4] 姜冬梅，张孟衡，陆根法.应对气候变化[M].北京：中国环境科学出版社，2007.

[5] 柯南.温室的昨天、今天和明天——IPCC关于全球变暖的报告[EB/OL].[2008-12-20]

www.biox.cn/content/20050413/10324.htm.
[6] 各国温室气体减量目标资讯[EB/OL].[2008-12-25]http://proj.moeaidb.gov.tw.
[7] 联合国第13届气候变化纲要:公约缔约国大会纪要[EB/OL].[2008-11-24]www.tgpf.org.tw.
[8] 台湾如何应对哥本哈根气候会议[OL].[2009-12-30]www.npf.org.tw.
[9]《哥本哈根协议》的积极意义不容否定[OL].[2009-12-24]http://news.xinhuanet.com/world/2009-12/24/content_12700304.htm.
[10] 中国代表在东京重申中国积极应对气候变化的立场[EB/OL].[2008-12-10]www.gov.cn/jrzg/2008-06/30/content_1030811.htm.
[11] 欧盟对付气候变化的行动[EB/OL].[2008-12-28]http://ec.europa.eu.
[12] An Energy Policy for Europe. COM(2007)1[EB/OL].[2008-12-10]http://eur-lex.europa.eu/LexUriServ/site/en/com/2007.
[13] Limiting Global Climate Change to 2 degrees Celsius-The way ahead for 2020 and beyond. COM(2007)2[EB/OL].[2008-12-23]http://eur-lex.europa.eu/LexUriServ/site/en/com/2007.
[14] 欧盟排放交易体系介绍[EB/OL].[2008-11-29]http://proj.moeaidb.gov.tw.
[15] UK climate change bill [EB/OL].[2008-11-21]http://www.defra.gov.uk.
[16] UK Climate Change Programme:Annual Report to Parliament,July 2007[EB/OL].[2008-12-23]www.defra.gov.uk.
[17] 庄贵阳.低碳经济:气候变化背景下中国的发展之路[M].北京:气象出版社,2007.
[18] World Energy Outlook 2006[EB/OL].[2008-11-26] http://www.worldenergyoutlook.org/2006.asp.
[19] CLIMATE CHANGE MITIGATION MEASURES IN THE PEOPLE'S REPUBLIC OF CHINA [EB/OL].[2008-11-12]www.pewclimate.org.
[20] McKinsey Global Institute. Curbing Global Energy Demand Growth:The energy Productivity Opportunity[EB/OL].[2008-11-01]www.mckinsey.com.
[21] 低碳经济相关概念简析——碳交易[EB/OL].[2008-11-15]http://www.miit.gov.cn.
[22] World bank:State and Trends of the carbon market 2008 [EB/OL].[2008-11-18] http://siteresources.worldbank.org.
[23] 中国应积极顺应低碳经济发展新趋势[N].国际商报,2008-09-11.
[24] 尤建新.发展低碳经济重在行动、成在创新[J].上海企业,2008(8):13-14.
[25] BP Statistical Review of World Energy June 2007[EB/OL].[2008-11-18]http://www.bp.com.
[26] 崔民选.2007中国能源发展报告[M].北京:社会科学文献出版社,2007.
[27] 亚洲及太平洋经济社会委员会.亚太气候变化问题的应对方法[EB/OL].[2008-11-16] http://www.unescap.org.
[28] 吴晓青.关于中国发展低碳经济的若干建议[J].环境保护,2008,391(3):22-23.

[29] 中国低碳产业处境尴尬[EB/OL].(2008-08-25)[2008-11-23]中国证券网.

[30] 不要被高油价牵着鼻子走[EB/OL].(2008-01-09)[2008-12-01]新华网.

[31] "低碳经济示范区" 申办城市寻思撤身[EB/OL].[2008-11-14]中金在线.

[32] 辛章平,张银太.低碳经济与低碳城市[J].城市发展研究,2008,15(4):98-102.

[33] 刘助仁.部分发达国家推动节能减排的主要经验及对我国的启示[J].中国发展观察,2007(11):56-59.

[33] 匡小平,罗晓华.世界各国节能减排税收政策的比较分析及对我国的启示[J]. 山东经济,2008(2):38-41,65.

[35] KEJUN JIANG, XIULIAN HU, XIANLI ZHU, AMIT GARG, KIRSTEN HALSAES, QIANG LIU. Balancing Development, Energyand Climate Priorities in China[M]. Magnum Custom Publishing,2007.

[36] "十五"863 计划能源技术领域后续能源技术主题专家组.中国可再生能源技术开发与发展方向[J].中国科技产业,2006(2):64-68.

[37] 钱伯章.节能减排——可持续发展的必由之路[M].北京:科学出版社,2008.

[38] 黄素逸.能源与节能技术[M].北京:中国电力出版社,2004.

[39] Council for Science and Technology Policy. Low Carbon Technology Plan[EB/OL]. (2008-05-19)[2008-11-26]www8.cao.go.jp.

[40] 值得关注的日本节能减排技术创新目标和技术路线[EB/OL].(2008-11-03)[2008-11-27]中宏数据库.

[41] RASMUS REINVANG, CHEN DONGMEI, STEFAN HENNINGSSON, LEI HONGPENG, LI JUNFENG, LIU MINGLIAN, MA LINGJUAN, DENNIS PAMLIN, WANG YING. A global "Electric Valley" for sustainable energy production? [EB/OL].[2008-12-02]http://assets.wwf.no.

[42] 王丽民.保定"中国电谷"建设的现实条件与发展战略[J].商场现代化,2008(9):187-188.

[43] 保定市"太阳能之城"建设的主要做法[EB/OL]. [2008-12-13]www.zzfgw.gov.cn.

[44] Climate strategy of Växjö[EB/OL]. [2008-12-24]http://www.climateneutral.unep.org.

[45] Växjö is halfway to becoming fossil fuel free [EB/OL]. [2008-12-27] http://www.nycclimatesummit.com.

[46] Eco-towns: Learning from International Experience Appendix-Case Studies[EB/OL]. [2008-11-25]www.designforhomes.org.

[47] Vauban[EB/OL].[2008-12-19]www.secureproject.org.

[48] 谢统胜.德国弗莱堡 Vauban 社区:以人为本的可持续发展模式[J].社区,2007(05X):30-31.

[49] 发展循环经济深圳大步领跑[J].经济视角,2008(2):55-56.

[50] 郑向鹏.民用建筑 100%符合节能标准[N]. 深圳特区报,2008-08-21(A02).

[51] 滕礼,等.深圳绿色建筑节能获佳绩[EB/OL].[2008-12-18] http://news.qq.com/a/

20080516/001412.htm.
[52] 傅江平.深圳市将启动新能源汽车示范项目[N]. 中国质量报,2008-10-24(002).
[53] 深圳12层以下住宅建筑须安装太阳能热水系统[EB/OL]. [2008-12-04] http://www.dbjnw.com/solar/200805/article_6815.html.
[54] 朱衍强.深圳可再生能源发展之道[J]. 深圳特区科技,2006(7):54-57.
[55] 苏波.深圳市第三产业现状及发展战略研究[J]. 工业技术经济,2008,27(9):12-14.
[56] 深圳被联合国教科文组织授予“设计之都”[EB/OL]. [2008-12-15]http://news.21cn.com.
[57] 深圳“押宝”新能源汽车业[EB/OL].[2008-12-27]http://news.stockstar.com.
[58] 陈坤林.坚持开放互动,环保会有较大胜算[EB/OL]. [2008-12-17] http://www.lnwmw.gd.gov.cn/wmw/html/wmlt/article/1218161791562.html.
[59] 林若飞,程连红. 节能减排瞄准四大重点领域[N]. 深圳商报,2007-06-11(A04).
[60] 杨伟利.中国CDM项目商机初现[J].环境,2006(10):67-69.

（闫伟东）

5 生态工业园

5.1 国外生态工业园的发展现状及特色

生态工业园(Eco-Industrial Park,EIP)概念的提出可以追溯到美国 Indigo 发展研究所的 Ernest Lowe 教授(1992),他将生态工业园定义为:一个由制造业企业和服务业企业组成的企业生物群落。它通过包括能源、水和材料这些基本要素在内的环境与资源方面的合作来实现生态环境与经济的双重优化和协调发展,最终使该企业群落寻求一种比每个公司优化个体表现就会实现的个体效益的总和还要大得多的群体效益。生态工业园区的目标体现在:①设法将人类系统与自然系统进行充分的结合;②减少对能源和材料的使用;③减少工业活动对自然系统可承受程度产生的生态影响;④保护自然系统的生态可靠性;⑤确保人们满意的生活质量;⑥维持工业、贸易和商业系统的经济可靠性。

此外,更值得指出的是生态工业园之所以具有吸引力,在于它为企业带来巨大经济效益的同时也为自身和周边社区带来巨大的环境效益,它将环境保护与企业和社区利益有机地结合在一起,使各参与主体均从环境保护中获得利益,这也是生态工业园之所以能够在世界各地推广开来的主要原因。[1]

5.1.1 丹麦建立了世界上第一个生态工业园

20 世纪 70 年代,丹麦建立了世界上第一个生态工业园——卡伦堡(Kalunborg)生态工业园,该园区被认为是国际上最成功的生态工业园,也是以重污染企业为核心的生态工业园的成功案例。该园区以发电厂、炼油厂、制药厂和石膏制板厂为核心企业,把一家企业的废物或副产物作为另一家企业的投入或原料,通过企业间的工业共生和代谢生态群落关系,建立"纸浆 - 造纸"、"肥料 - 水泥"等工业联合体。发电厂以炼油厂的废气为燃料,其公司与炼油厂共享冷却水;发电厂煤炭燃料的副产物可用于生产水泥和铺路材料;发电厂的余热可为养鱼场和城里的居民住宅提供热能。该园区以闭环方式进行生产的构想,要求各个参与厂家的输入和产品相匹配,形成一个连续的生产流,每个厂家的废物至少是另一个合作伙伴的有效燃料或原料。同时,对各参与方来讲,必须具备经济效益,如节省成本等,最终实现园区的污染"零排放"。[2]

卡伦堡生态工业园的共生网络组成如表 5.1 所示。[3]

据统计,卡伦堡生态工业园每年炼油厂节约用水 120 万立方米,药厂的废水处理后有 90 万立方米可替代淡水供应,电厂使用炼油厂的排放火焰节煤 3 万吨,节油 1.9 万吨,制药厂 1 百万立方米的水处理废渣需填埋或填海而作为有机肥等。由此产生的效益每年为 1 000 万美元,投资年均折旧少于 5 年,获得了巨大的经济效益和环境效益。[4]

表 5.1 卡伦堡生态工业园的共生网络

企业名称	原材料	产品	废弃物/副产品
石膏厂	石膏	石膏板	
微生物公司	污泥	土壤	
发电站	可燃气、煤、冷却水	热、电	石膏、粉煤灰、硫代物
炼油厂	原油	成品油	可燃气
制药厂	土豆粉、玉米淀粉	胰岛素等药品	废渣、废水、酵母
废物处理公司	三废	电、可燃废物	
市政府	水、电、热	服务	石膏、污泥

5.1.2 加拿大典型生态工业园的主要企业类型

自 1995 年以来，生态工业园区项目在加拿大多伦多的 Portland 工业区逐步展开。这一工业园区汇集了具有废物和能量交换潜力的多种制造和服务行业。目前，加拿大约 40 个生态工业园区中有 9 个被认为具备很强的生态工业性质，其中，涉及的工业组合主要有：蒸汽发生器、造纸厂、包装业的组合；化学工业、发电、苯乙烯、聚氯乙烯、生物燃料的组合；发电厂、钢铁厂、造纸厂、刨花板厂的组合；热电站、石油提炼工厂、水泥厂、石油冶炼、合成橡胶厂、石化工厂和蒸汽发电站的组合等。[5]加拿大有代表性的九座准生态工业园如表 5.2 所示。[1]

表 5.2 加拿大典型生态工业园列表

地 点	主要企业类型
范库弗峰(英属哥伦比亚)	蒸汽制造厂、造纸厂、包装厂
萨斯喀彻温省堡垒(萨斯喀州)	化工厂、发电厂、苯乙烯、PVC 和生物染料厂
斯蒂玛丽盐湖城(安大略湖)	化工厂、炼钢厂、造纸厂、刨花板厂、工业园
Nanticoke(安大略湖)	供热站、炼油厂、钢厂、水泥厂、工业园
康沃尔(安大略湖)	发电厂、造纸厂、化工厂、食品厂、电子设备厂、混凝土预制板厂
Becancour(魁北克省)	联合加工厂、化工厂(过氧化氢，盐酸，氯气，氢氧化钠)镁和铝厂
东蒙特利尔(魁北克省)	石化产品提炼厂、空气压缩厂、石膏板厂、金属提炼厂、沥青加工厂
圣约翰(新布卢斯韦克)	发电厂、造纸厂、石油提炼厂、酿酒厂、制糖厂、工业园
波恩赛德(新斯托克省)	发电厂、纸浆加工造纸厂、建筑板厂、石油提炼厂

5.1.3 美国三大类生态工业园的定义

美国生态工业园区的发展已有十多年的历史。早在 20 世纪 90 年代，生态工业园区作为一个新兴的工业生产理念在美国引起了政府、科研机构及工商企业的高度重视。1991年,美国国家科学院举办了第一届关于生态工业的研讨会。为了促进工业生态园区的发展,美国政府在总统可持续发展委员会下面设立了“生态工业园区特别工作组”。1994年,美国环境保护局与“生态工业园区特别工作组”一起指定了四个社区作为生态工业园区的示范点,其中包括马里兰州的费尔菲尔德、弗吉尼亚州的查尔斯角、德克萨斯州的布朗斯维尔和田纳西州的恰塔努加。

目前,全美已建有约20个生态工业园区。这些园区往往是一个包含着许多工业企业,也包含着农业、居民区等的区域系统。在生态工业园区内,各个企业内部都要实现清洁生产,以减少废物源,而在各个企业之间实现废物、能量和信息的交换,以达到尽可能完善的资源利用和物质循环以及能量的高效利用,使得园区对外界的废物排放趋于零。总的看来,美国生态工业园区大致可分为三大类。

(1)虚拟生态工业园区

布朗斯维尔生态工业园区就属于这类园区。这类园区并不严格要求其成员企业在同一地区,它通过建立计算机模型和数据库,在计算机上建立成员间的物料或能量联系。虚拟生态工业园可以省去一般建园所需的土地及设备购置费用,避免进行大量的工厂迁址工作,具有很大的灵活性。其缺点是需要承担较高的运输费用。

(2)现有改造型

马里兰州的费尔菲尔德生态工业园区就属于这一类。这类园区对现已存在的工业企业通过适当的技术改造,在区域内进行废物和能量的交换。园内所有企业都采用可持续性生产方式制造可持续性产品。园内建立的生物燃料发电设备完全能向园内企业提供电力,这样园内企业就不再需要依靠化石燃料发电。

(3)全新创建型

美国弗吉尼亚州的查尔斯角可持续技术园区就属于这类园区。这类园区主要吸引那些具有“绿色制造技术”的企业入园,并创建一些基础设施使得这些企业间可以实现废水、废热等的交换。这类工业园区的投资大,对其成员的要求较高。

德州的布朗斯维尔生态工业园区是在一个地区范围内促使企业之间形成一种原料→废料→原料交换的工业生产系统(又被称为地区“工业共生”)。布朗斯维尔生态工业园区根据相关企业的特性建立了“工业共生”路线图,在提高园内现有企业生产效益的同时,吸引新企业进入。该园区建立了自己的数据库,列出了本区及附近地区现有企业生产的产品及废料或排放物,园内咨询专家对这些企业的排放物或废料进行分析,并且找出有可能使用这些排放物或废料的潜在企业,以促使它们加入生态工业园区的“工业共生”系统。

布朗斯维尔生态工业园区内比较典型的“工业共生”组合要算是查普雷尔钢铁公司与得克萨斯工业公司在得克萨斯州的米得罗森市共同组建的零排放工业生态模式。得克萨斯工业公司下属的水泥厂利用查普雷尔钢铁公司炼钢厂的炉渣生产高质量的水泥。由于炉渣直接从炼钢厂的冶炼炉里转运到水泥厂的窑中,从而使炼钢厂的废料得以充分利用,也让水泥厂省下了大笔生产成本。水泥厂在使用炼钢厂的炉渣作原料后,其产量增加了10%,能耗则减少了10%。[6]美国各地生态工业园项目的主要特征如表5.3所示。[1]

表 5.3　美国各地生态工业园项目的主要特征

地　点	特　征
查尔斯港(弗吉尼亚州)	可持续性的技术和自然海岸特色
巴尔的摩飞机场(马里兰州)	对现存工业园的改造、合作生产、废物回收利用环保技术
布朗斯维尔(德克萨斯州)	区域范围内的废料交换和销售
波林顿河床(佛蒙特州)	城郊农业生态园,生物能量,废物处理
查塔努加(田纳西州)	对城市市区和原军用制造厂房的重新开发,绿色区域,环保技术
明尼苏达绿色机构(明尼苏达州)	城市市区、小规模绿色企业孵化器,废料的重新利用
普拉特博(纽约州)	对大型军用基地的重新开发,资源和废物管理,EMS(环境管理系统)
伦敦德里(新罕布什尔州)	面向小规模的社区
图森(亚利桑那州)	商务和居民区的整合,面向环保的企业,自然特色
富兰克林郡(北卡罗莱纳州)	关于能源更新和环境技术的复杂商务活动
雷蒙德(华盛顿州)	具有人造森林的新园区,固体和液体废物的循环流动
萨根特郡(华盛顿州)	具有支持体系的新园区,环保工业
Shady Side(马里兰州)	从事已用设备的更新改造、维修工作,小规模的环保和技术型企业

5.1.4　日本生态工业园的五大特色

日本从 1997 年就开始规划和建设生态工业园区,并把它作为建设循环型社会的重要举措。截至 2006 年底,先后批准建设 26 个生态工业园区。其中,北九州生态工业园和藤泽(Fujisawa)生态工业园是其中做得较好的生态工业园区。

(1)北九州生态工业园

北九州市以环境、再利用产业为支柱,制定了"北九州生态工业园区规划",并于 1997 年 7 月得到国家的批准。生态工业园区项目的目的在于将各种垃圾作为其他产业的原料进行回收利用,以尽可能实现不排放垃圾(零排放),建造资源循环社会。北九州生态工业园区项目的具体内容,是以现在的响滩地区为中心,集中开展家电、汽车、塑料瓶等各种物品的再利用。该地区聚集了很多产学联合开展垃圾处理技术、再利用技术的研究机构;此外,生态工业园区规划项目还包括:充分利用市内工业基础设施,互相合作,从地方城市的角度出发,努力实现"环境联合企业"设想(该设想以资源能源的循环利用以及产业创新为目的),促进市内整个产业界的环保活动等。[7]

(2)藤泽生态工业园

藤泽生态工业园占地 35 万平方米,由日本的 EBARA 公司和零排放研究机构(ZERI)以及日本贸易、工业部合作启动。EBARA 公司通过应用各种废物转化新技术,把园区内

700户居民、商业设施和一个工业制造区集成为一个自身可持续的零排放生态工业园区。园区内的基础设施将保证所有的工厂、住户、零售商店和农业区完全循环利用废物，在内部废物循环利用的基础上建立一个闭合的经济系统。与传统的工业系统相比，藤泽生态工业园使用的技术可使能源消耗较低40%，水消耗降低30%，废物排放减少95%，二氧化碳排放量减少30%。[4]

归纳起来，日本的生态工业园区的主要特点为：

(1)**以静脉产业为主体**。现有的23个生态工业园区都以废弃物再生利用为主要内容，相关设施有40多个，所回收、循环利用的废弃物多达几十种。这些废弃物中包括了量大面广的一般废弃物和产业废弃物，如PET瓶、废木材、废塑料、废旧家电、办公设备、报废汽车、荧光灯管、废旧纸张、废轮胎和橡胶、建筑混合废物、泡沫聚苯乙烯等。

(2)**生态工业园区内利用的废弃物大部分属于个别再生法规定的范围**。正是由于有了相关法律的支持，日本生态工业园区的废弃物再生利用产业才能够有序、规范地发展。例如，一般废弃物中的废弃家电、废旧汽车、废容器等，分别被家电再利用法、汽车再利用法和容器包装再利用法所覆盖。建筑混合废物等产业废弃物的再生利用则是建筑再利用法等相关法律所规定的。

(3)**在园区内开辟专门的实验研究区域，产、学、政府部门共同研究废弃物处理技术、再利用技术和环境污染物质合理控制技术，为企业开展废弃物再生、循环利用提供了技术支持**。例如，北九州生态工业园区中，具体的实验项目包括废纸再利用、填埋再生系统的开发、封闭型最终处理场、完全无排放型最终处理场、最终处理场早期稳定化技术开发、废弃物无毒化处理系统，以及豆腐渣等食品化技术、食品垃圾生物质塑料化等多项实验研究。

(4)**生态工业园区建设重点突出、特色分明**。从总体上讲，日本生态工业园区内的产业活动是以废弃物再生利用为主的，但是，从所利用的废弃物种类看，园区之间还是存在差别的，即各个园区都有自己的主体方向。另外，同一类型的废弃物再生事业也可能在不同的生态工业园区实施，例如，秋田县、宫城县、北海道和北九州市四个生态工业园区均布局了家电再生利用设施。后一种情况表明，日本所规划、建设的生态工业园区是具有地域性的，即首先考虑了不同地区建设生态工业园区的产业技术基础，同时也考虑了废弃物资源的空间分布特征。

(5)**生态工业园区是一个多功能载体，除了进行常规的产业活动外，还是一个地区环境事业的窗口**。例如北九州生态工业园区内除了各项废弃物再生利用设施外，还具有以下功能：举办以市民为主的环境学习；举办与环境相关的研修、讲座；接待考察团；支援实验研究活动；园区综合环境管理；展示环境、再生使用技术和再生产品；展示、介绍市内环境产业。[8]

5.1.5　其他国家生态工业园迅速崛起

法国的OREE作为欧洲环境合作伙伴组织的发起机构之一，正致力于他的PALME计划，该计划旨在为生态工业园区的建立提供技术支持和规范，到1995年，已有Sophia、Esterel等五个工业区在PALME指导下加紧建设，已取得PALME的生态认证标志；荷兰鹿特丹正在建设以石油工业、石油化工及其支持行业为主的生态工业园，它由 85 家大中型企业组成；意大利北部的 Emilia-Romagna 地区，企业间的合作初具规模，取得了良好的经济效益，具有生态工业发展的良好基础；印度尼西亚的 Jakarta 和印度的 Naroda 也正在进行生态工业园区的规划；在德国，有阿姆斯切园区；在意大利，有突瑞园区。生态工业园区在欧洲的奥地利、瑞典、爱尔兰、芬兰、英国等国家也正在迅速发展。[9]

5.2 我国生态工业园的建设现状、问题及建议

5.2.1 我国生态工业园发展的背景

1.我国建立生态工业园的必要性

目前，我国防治工业污染的主要措施是加强对企业的技术改造、推广清洁生产，即对生产过程与产品采取整体预防性的环境策略，以减少对人类与环境可能的危害。然而，清洁生产过于重视在单个企业内部开展系统化的污染预防工作，忽略了不同企业的合作。对于一个地区来说，污染和生态破坏是一个系统问题，仅从单个企业着手而不考虑整体预防是无法实现区域范围内整体环境和生态改善的。清洁生产的提倡者往往不能从工业系统的高度来审视系统内部不同成员之间的物流和能流关系，这种缺乏一体化的思想导致大量有用资源和能源的白白浪费，而且也往往忽视了工业发展和周围的自然环境之间的和谐问题。以工业生态学为理论基础建立的生态工业园既考虑到了单个企业的清洁生产问题，又鼓励园区内的企业相互交换副产品，从系统一体化的角度建立工业共生网络，提高了园区的生态及资源效率。因此，建立生态工业园将是实现我国工业可持续发展的可行途径。[1]

2.我国生态工业园发展阶段的划分

和其他工业园区建设规划相似，EIP 的建设规划也要遵循阶段论的发展模式，从时序过程整体地考虑当前与长远的关系，不同的发展阶段确定不同的目标模式，并力求使各阶段的规划目标相互衔接。我国 EIP 建设可分为萌芽、扩张和成熟三个阶段。在每一阶段中，EIP 建设都将达到相应的目标，并提高到新的发展水平以进入下一个新的发展阶段。

(1)萌芽期(2000~2005 年)

在这一发展阶段，主要工作是将 EIP 概念引入各地，因地制宜地推广 EIP。以示范园区为切入点，在东西南北中几个大地理区域由建设规范正式的 EIP 国家示范点，以其延伸效应带动当地 EIP 建设，争取到 2005 年全国每个省都有 EIP，EIP 原料链涉及国家工业部门划定的每个重度及中度污染工业。

(2)扩张期(2005~2015 年)

经过了萌芽期挣扎的 EIP，已逐步沉淀为稳定运行的系统，接下来面临的是效益、规模等各方面的扩张，而特色项目的形成也将出现在这个时期。

(3)成熟期(2016~2020 年)

到 2020 年左右，我国 EIP 建设渐近成熟，形成覆盖全国、各具特色的局面。通过“零排放”式运作方式，有效地改善我国各行业的污染状况，并带动区域性生态恢复与保持，初

步实现环境、经济、社会协调发展的大目标。我国生态工业园区发展阶段如图5.1所示。[10]

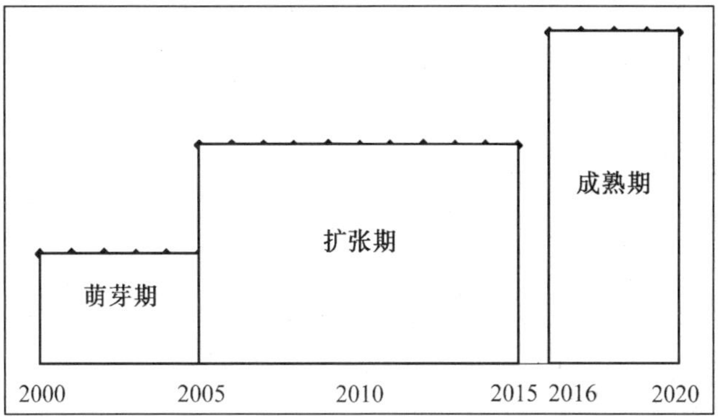

图5.1　我国生态工业园区发展阶段

3.我国已发布生态工业园标准

从2006年9月1日起，我国生态工业园区开始依照三项标准进行建设、管理和验收，这是国家环保总局首次发布生态工业园区标准。这三项标准是《综合类生态工业园区标准(试行)》、《行业类生态工业园区标准(试行)》和《静脉产业类生态工业园区标准(试行)》。通过试点工作，我国在生态工业园区建设和管理上积累了一定经验，这三项标准的发布实施，将进一步推动现有工业园区向生态化方向转型，不断提升园区的生态化水平，从总体上加速我国新型工业化进程。[11]

5.2.2　我国生态工业园的发展现状

我国在20世纪建立了大量的工业园区，其中经国务院批准的有113个，各地自行建立的不计其数；在经历了经济开发区、高新技术开发区两个阶段的经验积累后，正朝第三代的生态工业园区发展。

1999年以来，在中国经济快速增长带来的资源环境压力及国际环保新思潮的影响下，国家环保总局将建设生态工业园区作为改变经济增长模式、实现经济和环境“双赢”的一个重要举措，在全国范围内，在不同的行业和工业园区进行了生态工业园区建设的试点。2001年8月，我国第一个国家级生态工业示范园区广西贵港国家生态工业(制糖)示范园区由国家环保总局授牌建设。之后，辽宁、江苏、山东、天津、新疆、内蒙古、浙江、广东等省市自治区分别开展了生态工业园区建设的试点，试点不仅覆盖制糖、造纸、化工、水泥、冶金等传统行业，也有电子、环保、汽车、生物化工等高科技行业。[12]

截至2008年12月，原国家环保总局和国家生态工业示范园区建设领导小组办公室已组织专家论证通过了30个国家生态工业示范园区的建设规划，其中苏州工业园区、苏州高新技术产业开发区和天津经济技术开发区三个园区已正式得到了国家生态工业示范园区的命名，其他27个园区得到了同意开展国家生态工业示范园区建设的批复，国家生态工业园区的建设工作正在稳步进行之中(详细情况见表5.4)，而且目前国内绝大多数的省，大部分地市甚至部分县也都开始建设自己的生态工业园。

表 5.4 国家生态工业示范园区目录(截至 2008 年 12 月)

序号	试点示范单位名称	批准时间	所属省区	类 型
一、通过验收命名的国家生态工业示范园区				
1	苏州工业园国家生态工业示范园区	2008 - 3 - 31	江苏省	综合类(国家级经济技术开发区)
2	苏州高新技术产业开发区国家生态工业示范园区	2008 - 3 - 31	江苏省	综合类(国家高新技术产业开发区)
3	天津经济技术开发区国家生态工业示范园区	2008 - 3 - 31	天津市	综合类(国家级经济技术开发区)
二、批准建设的国家生态工业示范园区				
1	贵港国家生态工业(糖业)示范园区	2001 - 8 - 14	广西壮族自治区	行业类(制糖)
2	南海国家生态工业示范园区	2001 - 11 - 29	广东省	综合类(环保产业)
3	包头国家生态工业(铝业)示范园区	2003 - 4 - 18	内蒙古自治区	行业类(电解铝)
4	长沙黄兴国家生态工业示范园区	2003 - 4 - 29	湖南省	综合类(省级工业园区)
5	鲁北国家生态工业示范园区	2003 - 11 - 18	山东省	行业类(盐化工)
6	抚顺矿业集团国家生态工业示范园区	2004 - 4 - 26	辽宁省	综合类(矿山开采)
7	大连经济技术开发区国家生态工业示范园区	2004 - 4 - 26	辽宁省	综合类(国家级经济技术开发区)
8	贵阳开阳磷煤化工国家生态工业示范基地	2004 - 11 - 22	贵州省	行业类(磷煤化工)
9	烟台经济技术开发区国家生态工业示范园区	2004 - 11 - 29	山东省	综合类(国家级经济技术开发区)
10	潍坊海洋化工高新技术产业开发区国家生态工业示范园区	2005 - 3 - 31	山东省	行业类(海洋化工)
11	郑州市上街区国家生态工业示范园区	2005 - 4 - 21	河南省	行业类(氧化铝)
12	包钢国家生态工业示范园区	2005 - 12 - 8	内蒙古自治区	行业类(钢铁)
13	山西安泰国家生态工业示范园区	2006 - 5 - 18	山西省	行业类(炼焦业)
14	青岛新天地静脉产业园	2006 - 9 - 11	山东省	静脉产业类
15	张家港保税区国家生态工业示范园区	2006 - 10 - 24	江苏省	综合类(国家级保税区)
16	昆山经济开发区国家生态工业示范园区	2006 - 10 - 24	江苏省	综合类(国家级经济技术开发区)
17	福州马尾国家生态工业示范园区	2006 - 10 - 24	福建省	综合类(国家级经济技术开发区)
18	无锡新区国家生态工业示范园区	2006 - 11 - 22	江苏省	综合类(国家高新技术产业开发区)
19	绍兴袍江工业区国家生态工业示范园区	2006 - 12 - 4	浙江省	综合类(省级工业园区)
20	日照经济开发区国家生态工业示范园区	2006 - 12 - 29	山东省	综合类(省级工业园区)

续表 5.4

序号	试点示范单位名称	批准时间	所属省区	类　型
21	上海市莘庄工业区国家生态工业示范园区	2007－1－19	上海市	综合类(省级工业园区)
22	青岛高新区市北新产业国家生态工业示范园区	2007－5－16	山东省	综合类(省级工业园区)
23	扬州经济开发区国家生态工业示范园区	2007－5－16	江苏省	综合类(省级工业园区)
24	上海金桥出口加工区	2008－8－25	上海市	综合类(国家级经济技术开发区)
25	南京经济技术开发区	2008－8－25	江苏省	综合类(国家级经济技术开发区)
26	天津新技术产业园区华苑产业区国家生态工业示范园区	2008－8－25	天津市	综合类(国家高新技术产业开发区)
27	昆明高新技术产业开发区	2008－8－25	云南省	综合类(国家高新技术产业开发区)

30个园区中,按照类型划分:行业类园区8个,占总数的27%,覆盖了制糖、电解铝、盐化工、矿山开采、磷煤化工、海洋化工、钢铁和煤化工等行业;综合类园区21个,占总数的70%,其中国家级高新技术产业开发区4个,国家级经济技术开发区8个,国家级保税区1个,环保产业园1个,省级工业园区6个;静脉产业类园区1个,占总数的3%。我国国家生态工业示范园区类型分布如图5.2所示。

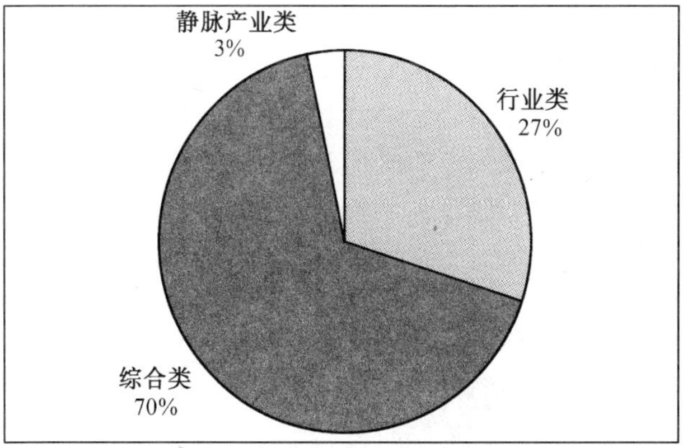

图 5.2　国家生态工业示范园区类型分布图(2008)

按照地区划分,西部地区5个(内蒙古2个、贵州1个、广西1个、云南1个),占总数的17%;中部地区3个(湖南1个、河南1个、山西1个),占10%;东部地区22个(广东1个、山东6个、辽宁2个、江苏7个、浙江1个、天津2个、福建1个、上海2个),占总数的73%。

国家生态工业示范园区地理分布详情如表5.5所示。

表 5.5 国家生态工业示范园区地理分布表(截至 2008 年 12 月)

省(自治区、直辖市)	试点示范个数	省(自治区、直辖市)	试点示范个数
北京市	0	河南省	1
上海市	1	湖北省	0
天津市	1	湖南省	1
重庆市	0	广东省	1
河北省	0	广西壮族自治区	1
山西省	1	海南省	0
内蒙古自治区	2	四川省	0
辽宁省	2	贵州省	1
吉林省	0	云南省	0
黑龙江省	0	西藏自治区	0
江苏省	5	陕西省	0
浙江省	1	甘肃省	0
安徽省	0	宁夏回族自治区	0
福建省	1	青海省	0
江西省	0	新疆维吾尔自治区	0
山东省	5		

国家生态工业示范园区地域分布如图 5.3 所示。[13]

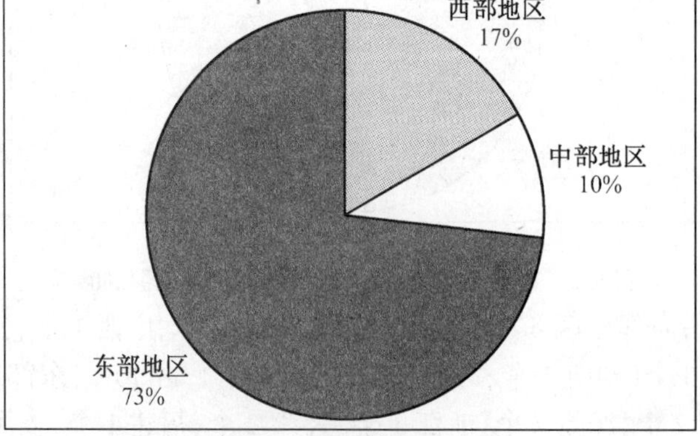

图 5.3 国家生态工业示范园区地域分布图(2008)

5.2.3 我国生态工业园园区建设的主要措施

2008年，国家生态工业示范园区建设在科学发展观的指导下，以循环经济理念为依托，在生态工业模式构建、基础设施建设和共享、节能减排、环境管理能力建设与宣传和公众参与等方面进行了探索，积累了宝贵的经验。主要表现在：

1.促进工业园区污染减排

生态工业园区建设主要是通过企业内部清洁生产、企业间共生合作和基础设施共享、区域产业结构优化等途径实现工业园区或工业集聚区资源能源利用的最大化和污染物排放的最小化，2008年，国家生态工业示范园区建设试点示范的经验表明，生态工业园区的建设直接为工业园区的节能减排做出了显著的贡献。

烟台经济技术开发区于2008年启动清洁生产审核企业14家，截至2008年12月，已有41家企业开展清洁生产审核，东岳汽车、乐金电子等29家企业完成了清洁生产审核。氨纶股份等企业按照计划开展了持续的清洁生产，氨纶股份在2007年持续清洁生产的基础上，2008年又投资1 260万元，实施了精制塔再沸器改造等12项中高费方案，年节约蒸汽43 200吨，节约成本580万元，提高了锅炉给水温度，降低了能源消耗，解决了原料漏料问题。企业通过清洁生产审核，都取得了明显的经济、社会、环境效益。斗山工程机械投资121万元，实施了35个清洁生产方案，年节省成本453.4万元，节电22.28万千瓦·时，减排废水3.4万吨，COD(化学需氧量)减排2.03吨。正海磁材有限公司将钕铁硼磁材压型工序由手动操作改造为自动称量、压制，提高粉末利用率0.5%～1%，年节约成本112万元。

扬州经济开发区共实施清洁生产方案188个，实现年节水约23万吨，节约标煤约10万吨，节电1.34亿千瓦·时，COD减排197吨，二氧化硫减排240吨；新增扬州第二发电有限责任公司、扬州海克赛尔新材料有限公司、江苏先丰光电有限公司三家市环境友好企业，五家规模化企业通过ISO 14000环境管理体系认证，目前园区规模以上企业通过ISO 14000认证率已达25%以上。

无锡新区在生态工业园区建设中，不断调整优化产业结构。2008年1～9月全区服务业增加值占GDP的比重27.6%，比上年底提高了1.6个百分点。通过积极落实生态工业园区建设重点支撑项目，加快了污水处理厂提标扩容工程、再生水回用工程、企业提标工程以及截污、纳污工作的力度，为完成2008年区域污染减排任务提供了有力的保障。经测算，截至10月底，完成全年上报项目计划的103.95%；合计完成COD减排1 256.75吨。

潍坊滨海经济开发区将生态工业园区建设作为节能减排的重要措施，结合生态工业园区建设目标的实现，一是积极推行企业清洁生产审核和环境管理体系认证，不断提升园区管理水平。2008年开发区管委会下发了《山东潍坊滨海经济开发区2008年清洁生产审核和ISO 14001环境管理体系认证工作实施方案》，确定对区内20家企业进行清洁生产审核和环境管理体系认证，并在实施过程中严格检查督导，已有七家企业开始了清洁生产审核，八家企业开展了ISO 14001环境管理体系认证工作；二是重点开工建设了一批节能减排的大项目和技改项目，2008年共投入资金约3亿元开展了13个COD减排工程、2个二氧化硫减排工程。二氧化硫净减排2 000吨，COD净减排60吨，确保了节能减排任务的完成。如海化集团实施电机变频改造、配电系统滤波无功补偿改造等一系列大型节电改造项目,年节电 940 万千瓦·时;热电分公司实施了抽凝机组循环水采暖改造,利用循环水的余热供生活区取暖,每年减少二氧化碳排放 1 100 吨,减少废渣排放 6 000 吨,节煤 3 万多吨,减少二氧化硫排放 480 吨,增效 1 000 多万元。三是通过企业间生态工业链的构建,取得了良好的环境和经济效益。如热电厂排放的清水用作纯碱厂工艺冷却用水,年节约海水 1 000 万立方米,节电 350 万千瓦·时,回收化工余热折合原煤 3.3 万吨,折合效益达 2 800万元;山东海化股份公司投资 5.2 亿元新上综合利用废弃物改造纯碱生产装置项目,每年可消化氯碱树脂公司的电石泥 548 万立方米,利用石化分公司的二氧化碳废气 0.88 亿立方米,年可节约标准煤 3.3 万吨;潍坊联兴炭素有限公司实施了 30 万吨蒸汽的余热利用项目,年可节约 3.87 万吨标准煤。

其他园区也根据自身特点,在生态工业园区建设过程中推行企业清洁生产,培育和引进循环经济项目。据不完全统计,在 2008 国家生态工业示范园区创建期间共有 300 余家企业通过清洁生产审核。

节能减排任务是我国未来工作的重点,区域节能减排的任务既是开展生态工业园区建设的目的,也是检验生态工业园区建设成效的重要依据。我国已开展建设的生态工业园区均按照循环经济理念,通过产业结构优化调整,先进生态工业技术的应用以及配套政策的制定和实施,在资源能源节约利用和减少污染物排放方面取得了显著成效。

2.提高产业发展的环境友好性

2008 年,各园区在产业链延伸和废物代谢效率的提高方面积累了一些经验。

昆山经济技术开发区生态工业建设以区内现有的电子信息业、精密机械加工业、民生用品业三大门类 1 000 多家企业作为生态系统的结构成员,通过构建开放的柔性生态网络加以实现。柔性生态网络的形成、丰富和完善将在开发区建设过程中通过市场机制构建产业链、减量化措施及绿色招商等重点工程因地制宜逐步形成。

2008 年鲁北化工园区根据建设规划,启动实施了一批循环经济生态示范项目。包括:火电厂烟气脱硫石膏、灰渣资源化示范工程、鲁北 40 000 吨/日反渗透海水淡化工程、化工领域循环经济关键节能技术研究与示范、氧化铝赤泥废渣资源化利用等多项国债项目以及粉煤灰综合利用提取氧化铝工程、48 兆瓦风力发电项目、环氧氯丙烷、四氯化钛等项目,使园区发展循环经济工作落到了实处,并形成了磷铵、硫酸、水泥联产,海水“一水多用”,盐、碱、热电联产,生态电业,油、煤、盐“三化合一”,钛白粉清洁生产六条完整的循环经济生态产业体系。

在废物链方面,烟台经济技术开发区通过政策引导、技术支持和资金扶持等手段,依托优势产业和龙头企业,积极引进和培育资源再生和循环利用项目,形成资源再生产业良性发展格局。建成了绿环再生资源废物资源化等 11 个生态工业链条,培育了绿环再生资源、永旭环保等多家“吃废”企业,实现企业之间废物的交换和资源化利用。宏华胜精密电子公司产生的蚀刻液、剥挂架废液和高浓度更新液,全部由超鼎再生资源有限公司驻厂回收制取氧化铜,回收效率达 99%。烟台希尔德材料科技有限公司利用相关化学废液通过酸溶、萃取、反萃、浓缩、置换等方法提取含量为 90%以上的金属粗铟,经过电解形成纯度达到 99.995%以上的精铟,通过铟、锡反应制备 ITO 导电粉末。东诚生化是一家利用水产品加工业废物为原料的制药企业，利用酶剪切技术从鱼皮鱼鳞扇贝边等水产品下脚料中提取胶原蛋白和牛磺酸用于药品、保健品、化妆品的生产。通用东岳汽车、通用东岳动力总成、鸿富泰精密电子产生的各种不合格产品和废旧包装物，由绿环再生资源公司进行专业化加工再生，2008 年加工处理线路板边角余料、废木材、废纸箱、废塑料等废物10 万吨，实现产值 2.5 亿元，成为机械汽车和电子信息产业废物的“加工中转站”。

扬州经济开发区注重产业链招商和完善循环经济产业链条。从招商引资到整体规划，每一个环节都按照循环经济的科学理念进行开发建设，区内各大企业的生产装置和产品前后连接，上游企业的产品甚至废料就是下游企业的原料和能源，整体打造“减量化、再利用、再循环”的“静脉产业链”。如引进的亚东水泥、金秋建材项目共同消化二电厂的粉煤灰、渣；引进麦拓卡夫特浆料有限公司回收单晶硅浆料液等，对现有生态产业链进行了补充和完善，构建了五条生态产业链。

其他园区也不程度地根据自身产业特点，优化和完善生态工业链网，部分园区生态工业链网已形成可持续发展的良好态势。

3.保障生态工业园区建设稳定运行

完备的环境保护管理职能是生态工业园区建设顺利开展和稳定运行的重要保障，通过生态工业园区的建设，大部分开发区在环境管理能力的建设方面都有长足的进步。目前正在建设的综合类生态工业园区中，其中四个国家高新技术产业开发区和九个国家经济技术开发区，包括三个已通过验收获得国家生态工业示范园区命名的开发区，环境管理能力有很大提高，生态工业园区建设对加强各类各级开发区环境管理能力的作用日益凸显。

此外，各园区还通过基础设施的完善，在生态工业园区建设中不断提高环境监测和监管能力。

上海莘庄工业区基础设施建设投资近千万元，为集中供热全面实施烟气脱硫项目和烟气在线监测项目。其中烟气在线监测项目已在 2007 年 11 月 26 日取得了上海市环保局的正式书面通知通过验收，12 月 1 日起正式纳入上海市环保局固定源烟气连续监测系统。而烟气脱硫项目已完成施工，处于试用调试阶段，脱硫效率在 85%以上，计划 2008 年年底前通过市环保局的验收。工业区污水集中外排管网建设工程和企事业单位雨污水分流工程已基本完成。新建及改造污水管网近 20 公里，131 家企业进行了厂区内部雨污水分流改造工程，目前工业区内企业污水纳管率已达 100%。

4.实现区域污水排放最小化

提高工业用水重复利用率，扩展中水利用途径等提高水资源利用效率措施在生态工业园区建设中得到了广泛的实践。

烟台经济技术开发区采用 BOT 投资模式，在西区规划建设两座 10 万吨污水处理厂，出水水质达到一级 B。其中首期 2 万吨的大季家污水处理厂已于 2008 年 6 月份投入正式运行，古现污水处理厂也于 2008 年 10 月份通水调试。同时投资 1 900 万元，建设配套再生水系统工程，在新区预埋中水管网 46 千米，服务面积达 117 平方千米。要求该区域内新建企业建设中水回用对接端口，鼓励企业通过中水回用、企业梯级利用等手段，减少废水排放。在建筑工程项目中，明确规定规模居住小区必须建设中水设施。2008 年，共计

40多个中水工程项目开工建设,20家中水工程已建成,其中蔚蓝海岸小区、新时代大酒店等8家单位中水设施已投入运行,年减少COD排放200吨。

天津经济技术开发区在水资源循环系统建设方面成绩显著。产水能力为1万吨/日的海水淡化一期工程已建成并投入试运行;为区内企业提供去离子水的新水源一厂改扩建项目已完成并稳定运行,2008年,再生水生产能力已达到4万吨/日,位居全国综合类工业园区领先水平。此外,包括中水回用设计在内的西区污水处理厂(一期)通过项目验收并正常运行,化学工业区污水处理厂(一期)已经投入试运行。

绍兴袍江工业区纺织印染行业的水资源消耗占全区水资源消耗总量的80%左右,废水排放占整个园区废水排放总量的90%以上,是园区水资源消耗和废水排放大户。为减少资源能源消耗,园区印染行业大力推行企业内水循环利用。企业积极开展中水回用工作,促进减排。明业印染、立盛印染和鑫和平印染分别形成了日回用污水10 000吨/日、6 000吨/日和3 000吨/日的能力。

无锡新区加快推进污水处理厂提标扩容工程,完成了梅村、新城污水处理厂二期扩容建设,水处理能力已达到14万吨/日。新城污水处理厂(9万吨/日)、梅村污水处理厂(3万吨/日)、硕放污水处理厂(2万吨/日)除磷脱氮升级提标改造工程相继完工,正式进水调试,改造后的出水全部由一级B标准提升为一级A标准。2008年,无锡新区大力推广再生水回用工程,委托无锡市市政设计院编制的《新区再生水回用规划》已顺利通过专家组评审和论证,作为区内再生水回用示范工程的德宝水务公司再生水示范工程一期建成投运,二期将在2008年年底竣工投产。

5.扩大生态工业园区建设的影响

通过宣传、试点建设等形式,拓展政府、企业和公众之间信息交流的渠道,提高公众对生态工业园区建设的认知和参与。

上海金桥出口加工区以碧云国际社区为试点,建立"全分类全分流"的生活垃圾收集模式,强化居民生活垃圾源头分类和回收利用的责任感和意识。对家庭厨余垃圾、大件木质垃圾、大件电子垃圾建立独立的收集系统。废旧电池、废灯管等危险废物专门收集;对家庭厨余垃圾进行就地资源化示范,开展建筑节能改造,采用高效节能照明设备;探索适合社区的中水回用方式,深化社区景观、居民的中水回用、分质使用,开展多方位的节水实践;开展形式多样、内容丰富的绿色社区主题活动。

5.2.4 我国生态工业园建设存在的问题

2008年国家生态工业示范区园区的建设在法规政策建设、资金落实、技术进步等方面还存在着一些问题,不同程度地制约着园区的建设。

1.发展政策措施不到位

目前,我国政府对生态工业园区建设的支持主要在宣传和引导层面,鼓励生态工业园区发展的宏观调控、财税金融优惠、激励机制等方面的政策还存在一定缺失,这使得生态工业园区的建设出现了阻碍和困难。部分园区补链项目的引进遭遇政策冲突的尴尬,受政策的限制,一些具有良好社会效益和环境效益的补链项目无法引进、无法运转。

2.资金来源渠道不畅顺

2008年园区建设的经验表明，由于缺少与生态工业园区建设相配套的经济政策，部分园区的资金来源渠道不畅或不确定，直接制约了园区建设规划中重点支撑项目的落实，影响了相关企业的积极性，造成废旧物资回收利用技术开发的投入严重不足，企业难以取得应有的效益，规模难以扩大。

3.生态工业关键技术创新不足

废物的资源化、生态效率的提高、能源与资源消耗的降低和废物的减排都需要先进的生产技术和工艺。目前我国与生态工业发展相关的技术尚显薄弱，生态工业链中的物质流动过程和产品生产过程的生态化改造缺少技术支撑，制约了先进理念、管理和工具的有效发挥，限制了物质的减量化、资源化和再利用。

4.部分园区创建工作停滞不前

2008年底，部分得到创建批复的园区存在发育不良、园区建设工作停滞不前的现象，如长沙黄兴开发区、广东南海工业园区、福州马尾工业园区。出现这种现象的主要原因包括：一是组织机构方面，部分园区由于管理关系变动，未形成专门的生态工业园区建设组织机构，生态工业建设工作无人管理，如长沙黄兴国家生态工业示范园区，由于原批准的“长沙黄兴国家生态工业示范园区”已被并入长沙经济技术开发区，已无法作为一个独立的工业园区运作；二是园区创建基础条件不成熟，与生态工业园区的要求存在较大差距；三是园区管理者对国家生态工业园区建设的意义和作用的认识不足，建设目标不明确，动机不正确，得到批复后就将工作搁置。

5.管理支撑体系有待完善

当前我国的工业园区发展具有地域分布差异大、发展水平参差不齐的特点。原环保总局已发布三个生态工业园区标准作为指导和考核生态工业园区建设的重要依据，但是根据我国生态工业园区建设的现状和未来发展趋势，当前试行中的各项生态工业园区标准中部分指标尚不能完全满足处于不同地区、不同发展阶段的各类工业园区开展生态化建设的评估和引导需求。

6.静脉产业类生态工业园区发展缓慢

自2006年批准青岛新天地静脉产业园为我国第一家静脉产业类生态工业园区以来，静脉产业类生态工业示范园区至今为止仍只有该园区一家。受经济、社会和环境等因素的制约，静脉产业类园区发展速度缓慢，难以满足我国不断严峻的对固体废物资源化利用的需求。

5.2.5 我国生态工业园未来发展的建议

针对我国生态工业园发展存在的问题，特对未来发展提出如下的建议：

1.进一步加大生态工业示范园区建设力度

三部门联合加快生态工业园区建设步伐，积极发挥地方环保、商务和科技等部门的作用，尽快在全国范围建成一批优秀的生态工业示范园区，发挥辐射带动作用，扩大影响力。积极协调有关部门，争取对国家生态工业示范园区加强政策扶持力度，帮助园区拓展融资渠道，在政策上对生态工业园区建设工作中的关键项目予以重点支持。

2.完善生态工业管理体系和信息平台

根据我国生态工业园区建设的现状和未来发展趋势,对试行中的各项生态工业园区标准不断修订完善。通过对国家生态工业示范园区创建和验收工作经验的不断总结,进一步完善国家生态工业示范园区的管理办法,健全生态工业园区管理体制和管理机制,完善信息平台,构建国家生态工业示范园区数据库。

3.鼓励生态工业支撑技术研发

为解决生态工业园区建设中技术创新不足的问题,需会同有关部门重视和加大以废物资源化、提高生态效率、降低能源与资源消耗和废物减排为主的生态工业技术开发和引进的扶持力度。组织科研院所、重点高校和企业,大力开展生态工业技术、理论和实践的科研工作,形成产学研一体化的生态工业支撑体系,筛选和引进一批具有较好应用前景和经济效益的生态工业技术,对具有推广应用前景的技术给予专项经费支持。

4.加强监管和宣传

对已开展国家生态工业示范园区创建工作的园区加强监督和管理,建立生态工业园区年度总结制度,完善生态工业园区动态管理体系。加强宣传教育力度,特别是大力开展清洁生产、生态工业和循环经济理念宣传。促使园区管理者改变观念,清楚认识生态工业园区创建工作对园区和周边地区的社会进步、经济发展和环境质量改善的重要作用和意义。

5.推动静脉产业类生态工业园区建设

在我国典型地区选择有基础的静脉产业聚集区域,积极推动静脉产业类生态工业园区建设,按照循环经济和工业生态学的理念规划构建静脉产业聚集区域的产业结构和布局,形成资源利用最大化和废物产生最小化的物质循环模式,从根本上解决静脉产业带来的资源环境和社会问题。[13]

5.3 深圳工业园的发展现状及规划

5.3.1 深圳工业园的发展现状

虽然至今为止,深圳尚无一家国家环保总局批准建设的生态工业园,但正如深圳的循环经济发展得如火如荼一样,深圳工业园的发展也是可圈可点。

由于工业区升级改造工作涉及土地政策、资金扶持、市场操作等问题,情况较复杂,无先例可循,深圳市在全市范围选取不同区域不同类型的工业区进行升级改造试点,探索积累改造经验,然后再在全市全面推开。2007 年年底深圳市常务会原则通过了《关于推进我市工业区升级改造试点项目有关问题的意见》,决定选取 11 个工业区作为试点立即启动升级改造工作,分别是天安数码城厂房公寓区、福田燃机电厂、金地工业区、水贝国际珠宝交易广场、特力吉盟黄金首饰产业园区、马家龙工业区、永新工业区、福永第一工业区、黄阁坑工业区、太平洋工业区、茶光工业区(扣除政府储备用地部分),总用地规模大约为 88 公顷。此次工业区升级改造将坚持以符合城市规划为原则,以符合土地产权政策为核心,以带动产业升级为目标;坚持"工改工"的原则,改造后的工业园区以自用为主,严格控制出租,不得转让;同时改造中将按照生态工业园区关于绿色环保节能等方面的要求进行规划建设。深圳市的工业区升级改造工作是城市发展到现阶段,化解深圳市"四个难以为继”、促进产业结构调整、进行城市空间二次开发、提升城市功能的一个重要举措，刻不容缓。成功推进工业区升级改造试点对于在全市范围内全面开展工业区升级改造具有重要意义。[14]

1.深圳市高新技术产业园区是国家高新技术产业标准化示范区

深圳高新区始建于1996年9月，规划面积11.5平方千米，是国家“建设世界一流高科技园区”的六家试点园区之一，是“国家知识产权试点园区”和“国家高新技术产业标准化示范区”。

2008年，高新区在占全市不到0.6%的土地上，实现工业总产值2 249.78亿元，同比增长17.60%，占全市工业总产值的14.19%；高新技术产品产值2 134.07亿元，同比增长17.51%，占全市高新技术产品产值的23.36%；工业增加值490.33亿元，同比增长22.99%，占全市工业增加值的13.55%；出口112.31亿美元；实现税收119.78亿元。高新区每平方公里工业总产值196亿元、高新技术产品产值186亿元、工业增加值43亿元。

1996～2008年深圳高新区主要经济指标对比如表5.6所示。[15]

表5.6 1996～2008年深圳高新区主要经济指标对比表

指标名称	工业总产值/亿元	高新技术产品产值/亿元	工业增加值/亿元	实现税收/亿元	出口创汇/亿美元
1996	99.80	63.00	—	3.60	1.50
1997	135.32	108.01	—	5.50	5.03
1998	239.22	213.12	—	7.60	6.71
1999	304.04	296.92	—	14.97	13.13
2000	456.36	448.00	76.02	22.03	20.86
2001	630.93	601.90	151.05	31.53	25.31
2002	719.87	690.00	158.84	36.06	34.94
2003	895.80	867.70	191.89	32.53	52.20
2004	1 088.38	1 011.60	206.09	51.66	71.65
2005	1 368.01	1 324.32	261.09	54.76	82.64
2006	1 601.74	1 551.65	326.72	69.76	74.50
2007	1 913.09	1 816.28	437.32	90.00	84.94
2008	2 249.78	2 134.07	490.33	119.78	112.31

从表5.6可以看出：2008年与1996年建园之初相比，2008年的工业总产值是1996年的22.5倍，高新技术产品产值是1996年的33.9倍，工业增加值是2000年的6.5倍，实现税收是1996年的33.3倍，出口创汇是1996年的74.9倍。1996～2008年深圳高新区主要

经济指标对比如图5.4所示。

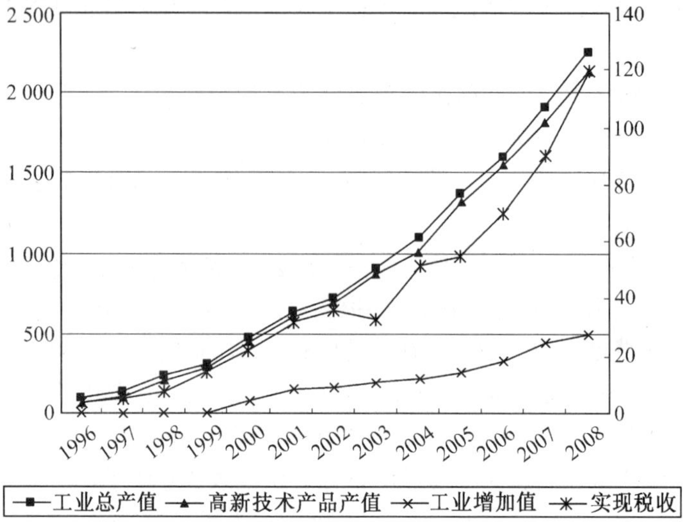

图5.4 1996～2008年深圳高新区主要经济指标对比图

从图5.4可以看出：自1996年到2008年，深圳高新区各项主要经济指标均呈快速增长的态势；实现税收在2003年有个较大的滑坡，之后又迅速拉升上去；工业总产值中，高新技术产品占绝大多数。

电子信息技术领域的产业发展始终是深圳高新区中各高新技术产业发展的龙头。2005年该领域工业总产值1 268亿元，占深圳高新区总产值的92.7%；实现总收入12 277亿元，占总量的93.2%；上缴利税49.27亿元，占总量比重的90%；出口创汇和净利润分别实现78.14亿美元和50.88亿元，分别占总量的94.5%和84.2%，研发经费支出36.96亿元，占总量比重的93.2%。

从各技术领域产业分布来看，除电子信息领域外，光机电一体化领域工业总产值48.46亿元，占深圳高新区总产值的3.5%；新材料领域工业总产值26.36亿元，占深圳高新区总产值的1.9%；生物技术领域工业总产值19.71亿元，占深圳高新区总产值的1.4%（如图5.5所示）。

高新区有五大特色：

特色之一，自主知识产权占据主导地位

高新区企业研发生产的具有自主知识产权、自主品牌的产品在国内外具有广泛影响，成为深圳市自主创新的主要特征。仅2008年，专利申请量为7 701件，其中发明专利5 618件，占深圳市发明专利申请量的30%。

特色之二，不断完善的高新技术产业链

高新区已形成了从移动通信、程控交换到光纤光端、网络设备的通讯产业群；从配件、部件到整机的计算机产业群；从IC设计、嵌入式软件、应用软件到服务外包的软件产业群；从诊断试剂、基因疫苗、基因药物到医疗器械的医药产业群。全区产业规模不断扩大，经济效益和社会效益同步增长，涌现出了一批产值超过百亿元的企业。

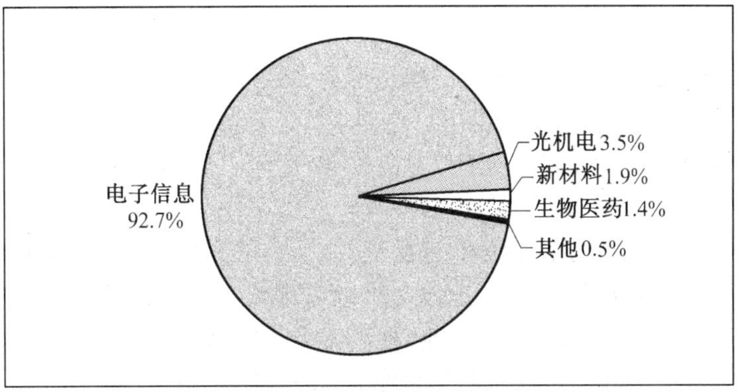

图 5.5　2005 年深圳高新区各技术领域产业分布图

特色之三，多元化、专业型、互动式孵化器群

由政府兴办的深圳软件园、国家 IC 设计深圳产业化基地、深圳国家电子工试中心、生物孵化器；由深圳虚拟大学园创办的院校孵化器；由政府、留学生协会共同兴办的留学生创业园构成的孵化器群已经形成，为“创业板”和“新三板”市场培育了一批优质的企业资源。“深圳高新区孵化器联盟”进一步聚合创新资源，推动区内中小科技企业快速成长；高新区“创业投资服务广场”正在为高科技企业提供投融资与创业服务。

特色之四，名校汇聚高新区

深圳虚拟大学园汇聚 52 所海内外著名院校。经过十年的发展，在深培养硕士以上研究生 25 220 余人，孵化企业 532 家，促成校企合作项目 1 036 项，由 101 个国家级科研机构组成的“深圳虚拟大学园重点实验室平台”正在为企业技术创新提供支撑；“深圳虚拟大学园国家大学科技园”正在建设中。虚拟大学园依托大学的有效人才、有效技术，在有效环境下形成有效贡献，已成为高层次人才培养、重点实验室建设、科研成果转化和产业化基地。

特色之五，国际化的科技园区

作为国际科学园协会成员单位和亚太经合组织科技园区，深圳高新区设立了“深圳国际科技商务平台”，深入贯彻实施市委市政府“走出去”战略。目前已有 25 个国家和地区的 36 家海外机构入驻国际平台，在促进深圳对外科技经济交流与合作方面取得了丰硕成果，使我们的技术进步不断融入国际科技发展的大平台上。

2007 年，“深港创新圈”合作协议正式签署。深圳高新区正致力于“深港创新圈”的建设，以国际领域有影响、国家战略有地位、区域发展有贡献为定位，借此促进两地资源共享、教育同构和交流便利，共同探讨、构筑深港区域创新体系的新模式。

2009 年 3 月，深圳高新区与香港科技园共同成立深港互动基地，加强两地企业的交流合作，共同开拓海内外市场。[16]

2.福田保税区努力争创国家生态工业示范园区

福田保税区于 1991 年 5 月 28 日经国务院批准设立，1993 年 2 月 18 日隔离围网设施通过海关总署验收。围网面积为 1.35 平方千米。福田保税区东起皇岗口岸，北邻广深珠高速公路，南沿深圳河，西至红树林自然保护区，毗邻深圳地铁与香港西北铁路接驳的皇岗地铁总站。

作为深圳发展功能区战略的试验田和先行者，深圳保税区2007年预计实现工业总产值892亿元；工业增加值157亿元；进出口总额457亿美元，其中进口238亿美元、出口219亿美元；实际利用外资1.04亿美元；实现税收42亿元。连续7年在高位上实现快速发展。

近年来，深圳发展面临土地、空间、资源等"四个难以为继"，保税区面临的压力更为突出："零地招商"、政策优势不断弱化，土地与行政管理资源都处在负增长的严峻局面。但深圳保税区在2.9平方千米的"弹丸之地"种出了令人瞩目的"高产田"，每平方公里实现工业总产值323亿元。同时，绿色GDP和循环经济效应显现，万元工业增加值电能消耗量低于500千瓦·时；万元增加值水消耗量低于5立方米。

在具体实践中，保税区管理局采取了一系列措施，加大力度发展循环经济。2007年1月成立了保税区循环经济工作领导小组，以福田保税区创建"国家生态工业示范园区"作为推进平台开展循环经济工作，3月保税区管理局开展了针对创建国家生态工业示范园区的调研工作，联合中山大学生命科学院共同完成了企业调查和园区生态规划的编制。设计并印刷一系列宣传作品，图文并茂、深入浅出地宣传循环经济的小册子《推进循环经济建设生态保税区》，介绍保护环境随手可做的80件小事，受到了园区企业和单位的热烈欢迎。

保税区内发展循环经济，推行清洁生产，节能减排，提高资源使用效率工作成效显著。园区内涌现出日立环球存储科技（深圳）有限公司、赛意法微电子有限公司、杜邦实业有限公司、捷迪讯光电有限公司、霍尼韦尔感应器系统有限公司、优比仕电子有限公司、戈尔科技有限公司等一批以"节能减排，清洁生产"为生产理念的优秀生产企业。

日立环球存储科技（深圳）有限公司的环保累积投资额逾人民币6 000万元，其中投入工业废水处理设施约3 500万元，节能节水及工艺环保化改造1 200多万元，生活废水处理设施约900万元，投入废气管理、固废管理、噪声控制、化学品管理、地下水保护工程等共计400多万元。2007年与2002年比，单位产量的二氧化碳排放量减少约80%，单位产量的废物产生量减少约95%。自2007年7月中水回用系统试运行以来，每天节约市政供水约2 300吨，预计在2007年底实现水回用率达到65%。赛意法微电子（深圳）有限公司投入大量资金建设废水回收使用系统，使用去电离子系统回收去离子水，同时对生产过程中的边角料进行循环再利用。捷迪讯光电有限公司在采取节约用电、用水、用纸，废水排放控制、固体废弃物及有害废弃物的产生和管理等方面的措施和办法后，2007年和2006年相比，每人每月用水量、人均用纸量均减少数个百分点，生活污水的排放达到二级排放标准，有害废弃物得到100%处理。

日立环球存储科技（深圳）有限公司是1998年落户深圳保税区的外资企业。该公司先后承担过液晶显示屏、浮动块等多项生产业务，在客户对供应商的评分中各项指标多次拔得头筹。出色的表现加强了公司总部对本地的生产运营、技术提升和人才培养的信心。2003年8月，日立宣布投资数亿美元，将日立全球磁碟生产基地迁往福田保税区的工厂，成为区域内最大的硬盘机业务投资者及首家在中国开设磁碟生产工厂的公司。目前，该工厂已成为全球最大的磁碟厂商之一,并以领先业界的成本优势提供着代表最尖端技术的高品质磁碟。由于公司出色的表现,总公司决定把硬盘行业革命性技术——垂直记录技术(PMR)引入深圳工厂,并在2006年9月交付了第一枚PMR磁碟,进一步强化了深圳工厂在日立硬盘发展蓝图中的战略性地位。日立环球存储科技在深圳的稳步发展,离不开保税区完善的产业链、便捷的物流渠道、高效的政府支持及服务、卓越出色的本地人才队伍等方面的优良投资环境。[17]

3.月亮湾生态工业园区拟建"四区三线"的循环经济网

2006年10月,南山区循环经济"十一五"规划通过专家论证。按照规划,南山将呈现出以"四区三线"为核心的南山循环经济空间分布格局。目前,"四区三线"中的月亮湾生态工业园区已经开始了前期建设工作。"四区"包括西部物流区、月亮湾生态工业园区、高新技术产业园区以及西丽工业区。"三线"即大南山-华侨城生态旅游走廊,深圳大学-高职院-大学城科技创新走廊以及西丽湖-大沙河水资源综合利用走廊。南山将在此基础上形成"两圈一带"的功能格局,即中部形成以科技创新走廊和生态旅游走廊闭合的水资源综合利用圈,西南部以西部物流区和月亮湾循环经济产业园区构成的能源梯级使用圈;贯穿南山区东北——西南方向的生态旅游走廊,形成生态保育带。

月亮湾生态工业园区将以餐厨垃圾处理、电厂热能综合利用、污泥综合处置和中水回用为园区产业链条的核心,辐射多个相关联产业,通过能量、物质等的循环利用,构成循环经济网。[18]

4.观澜高新园区加速推进生态文明建设

宝安观澜高新技术产业园区(以下简称"观澜园区")是深圳市高新技术产业带的重要园区,位于宝安区观澜街道。规划面积4.23平方千米,由宝安区高新技术产业园区管理办公室(以下简称区高新办)负责园区规划、建设、管理等工作。观澜园区从2002年1月16日正式奠基开工以来,始终坚持以科学发展观为指导,以高起点、高标准规划,高质量推进建设,尤其是生态文明建设。近日,区高新办顺利通过了观澜园区的ISO 14000环境管理体系的认证工作,观澜园区正朝着建设现代化的国家级高端、和谐、生态示范园区的定位迈进。至2008年底,观澜园区将初步建立起以资源消耗低、环境污染少、经济效益好为基本特征的资源节约型和环境友好型"生态园区"。

截至2008年7月,观澜园区已竣工工程21项,在建工程4项。园区已正式投产或建成试产的企业9家,在建的企业5家。这些企业都积极响应区高新办的倡导,采取各种措施投入到循环经济发展中,有效进行节能减排生产。园区进入快速发展期,预计2008年园区工业总产值和利税等经济指标将成倍增长。

完善园区主要支柱产业链,实现循环经济发展中重点企业的引入,完善园区产业共生网络;建设相应的信息平台和信息管理系统,以及完善的应急系统等;全面提高园区内资源循环使用效率,基本形成水、能源、固体废物等资源的一体化管理体系,基本建成国家级生态、环保、循环经济示范园区是观澜园区的远期发展目标。近期,将积极推进未建项目及时开工,加快在建项目组织落实,实施现有工业链接项目,强化园区企业的末端治理;提高资源能源利用效率,减少污染物的排放量;以园区配套设施项目作为牵动,实现水、能源、固体废弃物一体化管理的部分基础设施的改造和建设;鼓励企业实施清洁生产,积极推进企业层面循环经济建设;初步形成以产业共生、物质循环利用为特征的高新技术产业经济体系。[19]

5.龙岗区工业园区陆续建设形成工业园区群落

龙岗区已建成和正在建设的市、区级工业园区总占地面积约100平方千米,其中已经建成的有坂雪岗、宝龙、龙城、大鹏龙旗湾、葵涌高新技术走廊、东部海洋生物高科技园六个园区;已经启动建设的有家具基地、现代家电基地、新型自行车基地、天安龙岗数码城和留学生产业基地五个园区;正在规划建设的有“高桥－新生”、“沙莹－碧岭”、“金沙－沙田”三个园区;正在筹备建设的有坝光精细化工基地;占地38平方千米的深圳市大工业区位于龙岗区的中部。

坂雪岗工业园占地2.7平方千米,重点发展通讯、计算机及配套产业;宝龙工业园占地11.6平方千米,重点发展超大规模集成电路及配套产业、光机电一体化产业、医疗器械及汽车零部件制造业;龙城工业园占地0.5平方千米,重点孵化高新技术企业,该园区现有86家留学生企业;葵涌高新技术产业园占地10.5平方千米,重点发展绿色电池产业;大鹏龙旗湾生态产业园占地9平方千米,重点发展高新技术产业研发;东部海洋生物高新科技产业区重点建设海洋生物高科技研发中心和海洋生态园;天安龙岗数码城占地0.12平方千米,建筑面积36万平方米,重点发展创新科技产业、创意产业、金融服务业以及高端专业服务业;深圳市留学生产业基地占地0.2平方千米,建筑面积50万平方米,建成后将容纳200家留学生企业;高桥－新生工业园占地11.9平方千米,重点发展计算机配套产业和生物医药产业;沙莹－碧岭工业园占地10.8平方千米,重点发展装备制造业、精密元配器件制造业和汽车零部件制造业;金沙－沙田工业园占地10.2平方千米,重点发展数控设备制造业、家具制造业、自行车制造业和B型保税物流区;坝光精细化工基地占地10.8平方千米,重点发展精细化工产品加工制造。[20]

6.银星工业园的生态工业模式初步显现

位于深圳市宝安区梅观高速路观澜出口处,占地32万平方米,毗邻世界级的观澜湖高尔夫球会。园区规划合理,环境整洁,绿化面积达40%,由专业的物业公司实施管理。园区从建立开始,就决心摒弃传统的“资源高投入、污染物高排放、社会经济效益低产出”的粗放型发展模式,注重环境保护和区域的可持续发展。园区的开发、招商严格按照总体规划和环保规划的要求实施。全面贯彻了“功能分区”、“清洁生产”、“污染集中控制”等环保策略。三年来,先后共投入2 000余万元建设园区的基础设施和环保设施。超前建设了处理能力20万吨/年的竹园废品处理厂;配套完善了园区雨污分流管网系统,生活污水、工业废水100%达标处理;重视园区生态绿化设计,完成了5万平方米生态绿化建设。先期营造了一个绿色、环保、生态的园区投资环境。

目前园区的动脉产业和静脉产业已呈现雏形,循环经济、生态工业模式初步显现。循环经济产业链初步形成,园区建设已经进入良性发展阶段。先后已有银星电子电力有限公司、银星智能电器有限公司、富士施乐高科技(深圳)有限公司、深圳市富上佳实业有限公司等六家企业入园运营。工业园设有规划与发展办公室,直属董事会领导,全面负责工业园循环经济工作的推进、园区规划的执行及企业间的协调。目前,银星生态工业园入驻企业均获得ISO 9001质量体系认证和ISO 14001环境体系认证,园区申请ISO 14001环境管理体系认证工作已经开展。

园区内的深圳市银星电力电子有限公司是深圳市高新技术企业，主要生产6～500千伏电压等级瓷外套和复合外套金属氧化物避雷器等输变电设备，电阻片及避雷器制造技术获九项国家专利。产品从研发到生产，所使用的原材料都进行严格的评审，并将环境因素纳入设计和服务中；在节能降耗方面，采用了叠烧技术，仅此一项可节省烧成能耗25%以上。

深圳市银星智能电器有限公司是一家集智能家用电器研发、生产、销售为一体的综合性高科技企业。公司自主研发和生产的智能吸尘器系列产品，荣获三项国家专利。产品全部采用新型可降解和再生使用的环保材料进行生产，产品经SGS检测，整机达欧盟环保标准，并以低能耗、低噪声、清洁模式多样化远销东南亚、韩国、澳洲、欧洲等多个国家和地区，产品供不应求。

深圳市富上佳实业发展有限公司主要从事废旧物资的回收、加工和销售，自主引进设备、技术和科技人员，改变传统的废物回收－分类－销售或销毁模式，开发生产的再生纸品、再生塑胶料以及翻新的废硒鼓已在市场和政府部门推广使用，仅每年0A耗材所回收的碳粉就相当于减少对3 000万吨水源的污染。

担负园区各企业间副产品与废物处置的竹园废品处理厂，率先在同行中获得ISO 14001环境管理体系认证，该企业全面实施废品回收、分类、加工、再利用的循环经营模式。对园区企业生产运营产生的工业废品，100%进行分类处理和再利用，实现了“零垃圾”的目标。

工业园内已实行垃圾分类，无法再利用的生活垃圾不再是简单的填埋而是采取更环保的处理方式——送垃圾发电厂焚烧发电；生产废水也不是简单的达标排放，而是逐步实施循环再利用。目前园区正在实施中水回用、雨水收集、太阳能集热、太阳能照明、屋顶隔热漆和玻璃隔热膜等项目，并在园区内大力栽种吸尘好的绿色植物，实施立体绿化。预计以上项目的应用，全园区年可节水1.2万吨，节电40万千瓦·时。推进清洁生产是建设高质量生态工业园区的基本要求。目前，入园的六家企业均已开展清洁生产工作[21]。

5.3.2 深圳生态工业园的发展规划

关于深圳市未来生态工业园的发展规划，深圳市环保局于2006年8月8日公布的《推行循环经济发展行动计划》(以下简称《计划》)中，强调“探索循环经济有效模式，开展生态工业园示范工程建设”。《计划》提出，要探索发展循环经济有效模式，开展生态工业园示范工程建设。

一是指导、协调我市重污染工业园、精细化工工业园及各种专业化工业园的规划、建设工作，并对现有各类工业园区(如现有的高新技术产业园、产业带、大工业区、福田保税区)进行改造、整合、提升。“十一五”期间争取按循环经济模式完成对15家以上工业园区的生态化建设和改造，为加快发展循环经济提供示范。

二是按照省政府有关要求，合理规划我市电镀行业布局，重点推进东部电镀工业园区基地(松岗碧头工业区)、西部电镀工业园区基地(龙岗大工业区)建设和循环经济示范工程。凡新、扩、改、迁建的专业电镀项目全部进入统一定点的电镀工业基地建设、生产和经营。

三是在全市组织开展环境友好型企业创建活动,引导、鼓励企业自愿采纳更严格的环保标准,自觉遵守各项环境法律法规,主动承担环境保护责任。

预期目标是力争在2006年内把大工业区、市高新开发区初步建成生态工业园示范工程。通过试点,提出我市发展循环经济的重大技术和项目领域。对现有工业园区的生态化改造过程中,引进关键链接项目,形成园区内企业共生和代谢的生态网络关系,最大限度降低资源消耗、减少废弃物的产生,实现资源高效利用和循环利用。

2008年,随着深圳被国家环保部选定为六个市(县)国家"生态文明建设试点地区"之一,市环保部门将结合我市创建生态文明示范城市的现实要求,抓紧落实八大具体工作。其中之一就是完成2~3个国家生态工业示范园区创建。福田保税区完成"国家生态工业示范园区"创建任务并通过验收;大工业区、月亮湾工业区开展创建工作,相信通过深圳有关部门和人员的共同努力,这一愿望在不久的将来就能实现。

主要参考文献

[1] 王兆华,朱方伟,武春友. 基于生态工业学的我国工业可持续发展问题研究[J]. 中国地质大学学报(社会科学版),2003(5):31-34.

[2] 戴永务,刘燕娜,郑晶,余建辉. 生态工业园区建设的国内外比较研究[J]. 福建农林大学学报(哲学社会科学版),2006,9(2):48-50.

[3] 丹麦卡伦堡生态工业园——新型工业发展方向[J]. 中国科技信息,2006(19):318-320.

[4] 戴备军. 循环经济实用案例[M]. 北京:中国环境科学出版社,2006.

[5] 国外生态工业园区的成功实践[DB/OL]. (2005-08-10)[2009-05-15] http://www.kaifaqu.com.cn/cms/web/info/showinfo? mainInfoId = 15727.

[6] 严恒元. 美国生态工业带动循环生产[N]. 经济日报,2005-07-19(7).

[7] 建设世界环境首都是我市的目标[DB/OL]. [2009-05-15] hu.jp/pcp _ portal/PortalServlet; jsessionid = FA2AC8D94F51975925A357F2B6D51908? DISPLAY _ ID = DIRECT & NEXT _ DISPLAY _ ID = U000004&CONTENTS _ ID = 14508.

[8] 日本生态工业园区发展现状和管理模式[EB/OL].(2005-08-24)[2008-08-18] http://www.kaifaqu.com.cn/cms/web/info/showinfo? mainInfoId = 15861.

[9] 赵兴,史宝忠. 生态工业园发展现状综述[C]. 第九届全国大气环境学术会议论文集大气环境科学研究进展. 中国环境科学学会大气分会,乌鲁木齐,2002:531-537.

[10] 叶子青,钟书华. 我国生态工业园区建设的宏观构想[J]. 中国科技论坛,2003(4):7-10.

[11] 程开元,我国首次发布生态工业园区标准[J].环境教育,2006(08):59-59.

[12] 毛玉如,孙启宏,沈鹏,乔琦,段宁. 生态工业园区的典型链网结构研究[J]. 科技进步与对策,2006(02):42-44.

[13] 2008年度国家生态工业示范园区建设工作进展报告[DB/OL]. [2009-05-16] http://

www.zhb.gov.cn/tech/stgyyq/sp/200902/p020090220519033747361.pdf.

[14] 崔霞. 11个工业区率先升级改造[N]. 深圳商报,2007-12-07.

[15] 高新办. 深圳市高新区经济发展图解[J]. 中国经济信息,2006(19):24-25.

[16] 深圳高新技术产业园简介[DB/OL]. [2009-05-20] http://www.ship.gov.cn/index.asp? bianhao=361.

[17] 李玫. 深圳保税区"高产田"上再造发展新优势[N]. 深圳商报,2007-12-28.

[18] 郑恺,万红金,实习生庄建芬. 南山将建月亮湾生态工业园区[N].深圳商报,2006-10-20.

[19] 石泰康. 观澜高新园区:生态文明之花——深圳宝安区观澜高新技术产业园创建国家生态示范园区纪实[N]. 宝安日报,2008-07-21.

[20] 龙岗区产业发展[EB/OL].[2008-08-14] http://www.lg.gov.cn/web/Economy/Economy4.aspx.

[21] 银星生态工业园 建国内一流生态工业示范园区[N].深圳特区报,2006-10-16.

（孙　洵）

6 清洁生产

6.1 清洁生产的概念

6.1.1 什么是清洁生产[1]

在工业化初期,污染物的排放大多采用"稀释排放"。在工业化快速发展的过程中,由于污染物急剧增加,污染物的处理方式由"稀释排放"发展为相对进步的"末端治理",这在一定程度上减缓了环境污染。但随着工业发达国家经济的高速发展和环境污染的日益严重,人们逐渐意识到,"末端治理"不能从根本上解决环境污染问题,必须改变现行社会消费和生产方式。于是,清洁生产逐渐被人类提出和认识。

1989 年,联合国环境规划署(UNEP)首次提出了"清洁生产"(cleaner production)的概念,运用这一术语来表征从原料、生产工艺到产品使用全过程的广义的污染防治途径。1998 年,在第五次国际清洁生产研讨会上,清洁生产的定义得到了进一步完善。

联合国环境规划署对"清洁生产"给出了以下定义:"清洁生产是一种创新思想,该思想将整体预防的环境战略持续运用于生产过程、产品和服务中,以提高效率,并减少对人类及环境的风险。"对于生产过程来说,清洁生产指节约能源和原材料、淘汰有害原材料,减少污染物和废物的排放及它们的有害性。对于产品来说,清洁生产指降低产品全生命周期(包括从原材料的开采到寿命终结的处置)对环境的有害影响。对于服务来说,清洁生产指将预防性环境战略结合到设计和所提供的服务中。

清洁生产的发展进程如图 6.1 所示。

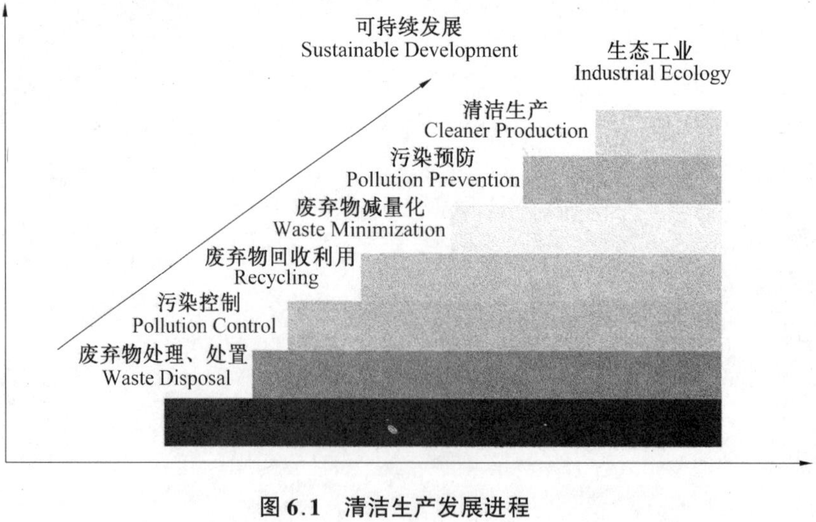

图 6.1 清洁生产发展进程

我国《清洁生产促进法》关于清洁生产的定义：清洁生产是指不断采取改进设计、使用清洁的能源和原料、采取先进的工艺技术与设备、改善管理、综合利用等措施，从源头削减污染，提高资源利用效率，减少或者避免生产、服务和产品使用过程中污染的产生和排放，以减轻或者消除对人类健康和环境的危害。

这两个定义虽然表述不同，但内涵是一致的。《清洁生产促进法》关于清洁生产的定义，借鉴了联合国环境规划署的定义，结合我国实际情况，表述更加具体、明确。

6.1.2 清洁生产的重要性是什么

1.实施循环经济的重要手段

由于清洁生产是将综合预防的环境策略持续地应用于生产过程和产品中，从生产的源头抓起，着眼于全过程的控制，使产品的整个生命周期能够实现节能节材，尽可能提高资源能源的利用率和原材料的转化率，减少对资源的浪费，从而保障资源的循环利用，而且通过清洁生产，把污染尽可能消除在生产过程中，尽可能减少污染物的产生和排放，大大减少对人类的危害和对环境的污染，实现了经济效益和环境效益的统一。因此，清洁生产能够改变传统高消耗、高污染的生产方式，促进生产与经济的可持续发展，是实施循环经济的重要手段。

2.丰富和完善了企业生产管理

清洁生产通过一套严格的企业清洁生产审计程序，对生产流程中的各个环节进行检测，分析投入与产出数据，找出物料流失的主要环节和原因，确定废物的来源、数量、类型和毒性，判定企业生产的“瓶颈”部位和管理不善之处，从而提出一套简单易行的无/低费方案，采取边审计边削减物耗和污染物生产量做法。通过清洁生产，可提高企业的投入与产出比，降低污染物的产生量，提高企业的整体管理素质，从而丰富和完善企业的管理。

3.促进企业技术改造

清洁生产内涵的核心：实行源头削减和对产品生产实施全过程控制。因此，企业必须通过生产技术、工艺流程的改造来达到清洁生产的目标。

企业实施清洁生产可能需要循序渐进的过程，如企业通过管理和实施无/低费清洁生产方案后，企业的清洁生产达到了某种程度，但其设备、工艺技术水平上还处在一个较低层次上，要使企业的清洁生产达到一个更高层次，必须在工艺技术改造中，对某一关键部位进行较高投资的技术改造。这种较高投资的技术改造，不仅能大幅提高原材料的转化系数(提高成品率和降低损失率)，而且可以大大降低污染物的排放量和排放浓度与毒性。因而必须在促进企业实施清洁生产的同时促进企业技术改造。

4.现代工业发展和现代工业文明的标志

清洁生产是新型的工业生产模式，是现代工业发展和现代工业文明的标志，它提倡采用先进技术、工艺和设备，将污染物消除在生产过程中，通过在各行各业中推行清洁生产，可改变原有的生产与消费方式，全面实现经济和环保效益的“双赢”，从而推进生产力的发展和社会进步，促进我国经济沿着健康、协调道路发展。

6.2 国际清洁生产的发展状况

6.2.1 国际清洁生产发展进程及成果

1.国际清洁生产发展进程

清洁生产起源于1960的美国化学行业的污染预防审计。而“清洁生产”概念的出现，最早可追溯到1976年。当年欧共体在巴黎举行了“无废工艺和无废生产国际研讨会”，会上提出“消除造成污染的根源”的思想，标志着清洁生产的概念正式被提上议程。

1984年，美国国会通过了《资源保护与恢复法——固体及有害废物修正案》，明确指出了废物最少化。

1989年，联合国环境规划署工业与环境计划活动中心(UNEP IE/PAC)制定了《清洗生产计划》，在全球范围内推行清洁生产。1990年，美国国会又通过了《污染预防法》，再次强调了清洁生产的观念，成为美国的一项国策。1992年，联合国环境与发展大会发表了《里约环境与发展宣言》，通过了“21世纪议程”，表明清洁生产是可持续发展的关键因素。1995年，联合国工业发展组织和联合国环境规划署联合发起了“全球范围创建发展中国家国家清洁生产中心计划”。1998年，第五届促进清洁生产高级研讨会制定和签署了《清洁生产国际宣言》。

2.取得的阶段性成果

根据联合国环境规划署环境论坛的资料介绍，截至2003年，全球的清洁生产工作取得了阶段性成果，其中包括：

(1)全球已建立了150多个国家清洁生产中心，有23个国家中心是与联合国工业发展组织共同建立的，此外还推出了1 000多个示范项目[2]，项目援助经费达1 700万美元(见表6.1)。这些项目及其他类似的倡议已开始产生实际效果。例如，美国因采用节能产品的能源明星标志而节省的能源足够为1 000万个家庭供电；空气污染减少的程度则相当于减少了1 000万辆上路汽车。

(2)各国政府、产业界、消费者及其他各方尝试了许多新的战略及倡议，其中包括预防措施，例如清洁生产评估、生态效益、绿色生产、再利用和再循环以及生态设计等。

(3)各国继续实施终端控制战略，如产品检验、废物处理及处置和排放许可证等。陆续开始利用一些新型工具，其中包括生命周期方式、环境管理系统、生态设计、绿色供应链、可持续的采购及环境报告等。工业生态学开始起步，工业生产的设计已形成一个封闭循环，利用一种活动的废物作为对另一种活动的投入。

(4)有些国家已开始要求生产者肩负更多的责任：不仅要求生产者回收包装材料，有时甚至还要求回收整个产品，例如汽车和电子设备。从而形成了减少废物生成的强大推动力。例如，至少有包括20个欧洲国家及8个亚洲国家已开始实施回收法律，要求各公司回收或再利用消费者弃置的包装用品。再如法国雷诺汽车公司，通过采用小排量发动机、电池动力及报废汽车再循环等系列环保解决方案，成功跻身欧洲三大高效低碳排放汽车生产商之一。其汽车产品再循环过程如图6.2所示。

(5)有些国家已开始实施环境敏感财政政策，其中包括生态税收及补贴改革。

表 6.1 发展中国家清洁生产中心资金援助表(2003 年 1 月)

Country	Start of operation with UNIDO	End of operation with UNIDO	Donor	Amount(US $)	Amount per year(US $)
Brazil	1995	1998	Brazil	330 000	110 000
China	1995	1998	The Netherlands	310 000	103 000
Costa Rica	1998	2003	Switzerland	1 123 000	224 600
Croatia	1997	1999	Czech Republic	175 000	58 100
Czech Republic	1994	1999	Austria	603 000	120 600
El Salvador	1998	2003	Switzerland	1 123 000	224 600
Ethiopia	2000	2002	Italy	708 000	236 000
Guatemala	1999	2004	Switzerland	1 123 000	224 600
Hungary	1997	2000	Austria	444 000	148 000
India	1995	1998	The Netherlands	310 000	103 000
Kenya	2000	2002	UNDP	421 000	140 300
Republic of Korea	2001	2003	Republic of Korea	610 000	203 000
Lebanon	2002	2004	EU/Austria	200 000	100 000
Mexico	1995	1998	The Netherlands	310 000	103 000
Morocco	2000	2005	Switzerland	1 334 000	266 800
Mozambique	2000	2002	Italy	713 000	237 600
Nicaragua	1997	2002	Austria	805 000	161 000
Slovakia	1995	2000	Austria	517 500	86 200
Sri Lanka	2001	2006	Norway	1 200 000	240 000
South Africa	2002	2007	Switzerland, Austria	1 500 000	300 000
Tanzania	1995	1998	The Netherlands	310 000	103 000
Tunisia	1996	1998	Norway	66 500	33 200
Uganda	2001	2003	Austria	708 000	236 000
Vietnam	1998	2003	Switzerland	2 550 000	510 000
Zimbabwe	1995	1998	The Netherlands	310 000	103 000
TOTAL				17 804 000	

(6)生态标志及其认证迅速普及,这些举措的目的在于设法利用消费者的压力,鼓励生产商转向更可持续的方式及做法。包括德国、印度、新加坡及北欧国家在内的许多国家政府促进了在国家和区域两级的标识项目的发展。同时还采取了许多国际性标识措施,其中包括森林保护理事会、海洋保护理事会及有机农业运动国际联合会等组织实行的措施。总之,现已有数百种不同的标识系统涵盖各式各样的产品,包括洗涤用品、油漆及清漆、卫生用品、木材、纺织品、能源生产及旅游业。

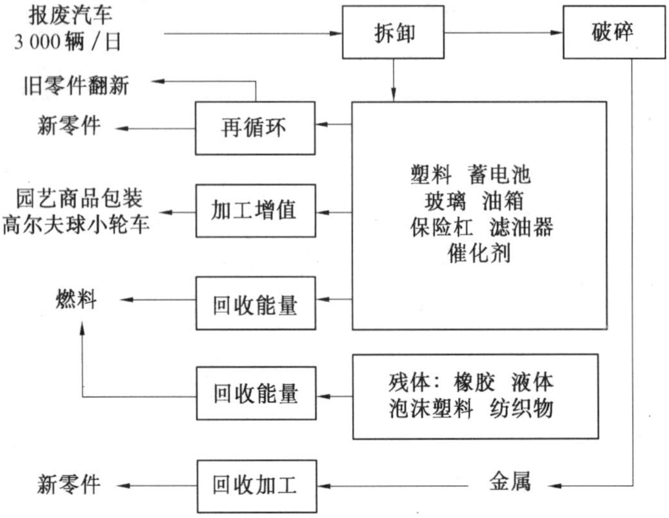

图 6.2 法国雷诺公司汽车产品再循环过程

6.2.2 世界各国是如何推行清洁生产的

美国、欧洲、日本及澳大利亚等发达国家在清洁生产立法、组织机构建设、科学研究、信息交换、示范项目和推广等领域已取得明显成就。特别是近年来发达国家清洁生产政策有两个重要的倾向：其一是着眼点从清洁生产技术逐渐转向清洁产品的整个生命周期；其二是从多年前大型企业在获得财政支持和其他种类对工业的支持方面拥有优先权转变为更重视扶持中小企业进行清洁生产，包括提供财政补贴、项目支持、技术服务和信息等措施。

1.建立健全法律法规体系，将清洁生产作为首选环保战略

从法律上明确清洁生产的预防性、整体性和生命周期性特征，并要求企业接受此约束，不仅把清洁生产作为企业不可推卸的责任，而且将清洁生产纳入法治轨道，从而有助于统一清洁生产规范和推广清洁生产的先进工艺。

日本政府先后制定了三个层次、多个行业的法律体系，对不同行业的废弃物处理和资源再利用等都作了具体规定，并大力加以推行。其中《促进资源有效利用法》的主要内容是：从促进废物再生利用扩大为通过清洁生产促进减废和尽可能对废旧产品和零部件进行再循环利用，要求在产品设计、制造、加工、销售、修理、报废等各阶段全面实施 3R（废物减少、再利用、再循环），达到资源的最有效利用。由于日本的立法体系比较完备，使日本成为当今世界上资源循环利用率最高、环境保护最好的国家之一。

美国[3]是世界上第一个将污染预防确立为国策的国家，美国国会通过《污染预防法》，开创了清洁生产立法之先河。《污染预防法》明确宣布以污染预防政策取代长期采用的以“末端处理”为主的污染控制政策，将减少和防止污染源的排放作为全美环境政策的核心，是一部从源头防止污染源的排放、实施预防技术（清洁生产）的重要法规，要求工矿企业必须通过“源头削减”减少各种污染物的产生量和排放量，并要求环保局从信息收集、工艺改革、财政支持等方面来支持实施这项政策，以推进清洁生产的发展。

英国政府认为，制定适当和有效的环境法规框架是实现清洁生产的先决条件，1990年颁布了新的环境保护法，用“生产工序排污许可制”代替过去实行的“排污量许可制”。

丹麦于1991年6月颁布了新的丹麦环境保护法(污染预防法)，于1992年1月1日起正式执行。这一法案的目标就是努力预防和防治对大气、水、土壤和亚壤土的污染以及振动和噪声带来的危害；减少对原材料和其他资源的消耗和浪费；促进清洁生产的推行和物料循环利用，减少废物处理中出现的问题。

2.采取有效的经济政策，充分发挥经济的调解作用

目前，很多发达国家都通过采取优惠政策的方法，鼓励企业开展清洁生产。

美国自实行污染预防政策以来，一直都十分重视经济调控手段。在财政支持方面，《污染预防法》规定国家环保局长应当依法为各州推动企业采用源头削减技术的计划提供配套经费；建立信息交流平台，对企业提供技术支持，并规定由国家环保总局局长设立的一项年度奖金对在实施源头削减计划方面成效显著或有创新的企业实行奖励；联邦政府制定和实施的“中小企业污染预防特殊计划”，规定对每家进行污染革新示范的中小企业给予2.5万美元的奖励。在商品采购方面，《污染预防法》规定，由国家环保总局局长确定利用联邦采购活动促进源头削减的机会，要求联邦政府必须购买那些使用替代燃料的车辆，以便向制造商提供明确的信号，促进相关清洁产品的发展和采用；克林顿当总统时曾经以政府的行政命令规定联邦政府必须购买节能的计算机，联邦政府各部门以及军队所购买的打印纸和书写纸必须是至少含有20%再生纤维的纸张等等，从而推动源头控制技术的推广。

而在日本[4]，各级政府为推进清洁生产，则采取了财政补贴、低息贷款和税收优惠等政策。如日本国会每年通过与环保有关的预算超过1万亿日元，为其发展循环经济提供了经济基础；在产业废弃物的处理和再利用方面，虽然按照“排放者负担”原则，由企业自行负责，但是政府也通过提供低息贷款等手段，帮助企业建立清洁生产系统；对减轻环境污染的环保设施给予贷款，这种贷款利率低于市场利率，而偿还条件优于市场条件，且借贷周期长，利率固定，头几年不需偿还，必要时还可给予一定的补助，低息贷款已成为一种固定的社会制度；日本政府还从税收方面给予了各种优惠。这些优惠包括：加大设备折旧率，对各类不同的环保设施，在其原有的折旧率基础上，再增加14%～20%不等的特别折旧率；减免固定资产税。

法国环境部为推行清洁生产，特设立专门机构，制定一系列优惠政策，每年给清洁生产示范工程补贴10%的投资，给科研的资助高达50%。法国从1980年起还设立了无污染工厂的奥斯卡奖金，奖励在采用无废工艺方面做出成绩的企业。

澳大利亚在推行清洁生产方面采取了鼓励性措施包括财政资助、补贴、奖励等手段，如对实施清洁生产的企业减免排污费、提供无息贷款，以刺激清洁生产的推行应用，并设立了“清洁生产奖”。

3.实行技术政策支持，利用科技力量来推广清洁生产

以科技发展推动清洁生产。只有在自然—社会—经济—技术系统内以更宽的角度将环境和技术因素集成起来才是通向可持续发展的必由之路。企业不但要针对污染源进行技术改造,还应加强技术创新,从而推进清洁生产的发展。

日本政府高度重视清洁生产中的新技术、新设备的研制、推广和应用。这为日本发展循环经济、构建资源节约型社会提供了技术保障。目前,各种节能、利用可再生能源技术和资源回收利用技术的开发在日本蓬勃发展,特别在节约资源、有效利用资源、循环利用各类废物方面都有自己专用的设备。日本环境厅为了鼓励企业开发和应用新技术、新设备,设置了环境奖;日本通产省和日本产业机械工业会在1974年就设立了优秀环境资源循环利用装置奖,每年奖励项目8~10项。日本的技术研究部门和企业都非常看好未来循环经济产业发展可能带来的商机,投入了大量的人力物力和财力,进行更广泛、更前沿、更实用的应用技术开发,持续不断地研究开发实用的循环经济新技术、新设备。

德国政府积极出台政策支持各项清洁生产工艺,如将70%投资用于清洁工艺的工厂可以申请减税;同时还积极支持清洁能源的开发,如许多地方政府对风力发电所得的每度电均有一定的补贴以鼓励风力发电;电网购买太阳能发电装置所发的电,电价远高于火电或核电电价,政府以此鼓励企业和个人进行风力及太阳能的投资与开发。德国很多地方政府都积极开展清洁生产或环境管理项目,规模较大或具有典型性的有:针对企业开展的"生产过程一体化环保项目"、"生态经济盈利",针对政府部门开展的"生态经济审核",及针对政府下属部门节能降耗开展的"现场办公室"项目等。德国政府还大力鼓励节能与环保方面的研究开发,凡为节能而进行的投资,都可以向所从属的财政部门申请补贴,并提供相应的证明文件。一经确认,可享受7.5%的补贴。凡用于老设备改造或更新,减少环境污染的投资,只要经过一定时间的测量,确认达到减少环境污染的,可向联邦环保局提出补贴申请,补贴额可达50%。

法国环境部曾对一百多项无废工艺的技术经济情况进行了调查研究,其中无废工艺设备运行费低于原工艺设备运行费的占68%,对超过原工艺设备运行费的给予财政补贴和资助,以鼓励和支持无废工艺的发展和推行。

4.建立信息交流机制,实现清洁生产技术信息共享

信息交流,对于推行清洁生产和提高经济竞争力日益重要。将信息方便、快捷、多渠道地输送给公众和决策者,使他们及时掌握更多更好的信息,将是推动变革的强大力量。

美国是首先倡导建立"有毒物质排放清单"的国家,美国法律要求具有一定规模的企业必须报告其向环境释放的有毒物质数量与组成,然后把这种信息向公众公开。于是企业为了避免成为社会环境不友好成员的企业形象而不断改变工艺和使用替代原料,其结果是大量削减了有毒物质的排放量,环境质量因而优化。

在日本,每年约有800多个大型企业编制并向社会公布《环境报告书》,自觉接受社会监督。

英国组织制定了清洁生产的工艺规范并向企业推荐采用。英国环境保护部门出版了《经济可行最佳工艺指南》,改革污染严重的工艺,在清除大量非放射性和放射性危险废物污染方面已经取得一定成效。

5.要求社会各部门广泛参与,共同推进清洁生产

在清洁生产项目的设计、实施和管理中深化和广化非环境性的政府或非政府股份持有者的参与是非常重要的。国外各工业发达国家推行清洁生产的经验证明:成功实施清洁生产要求许多不同级别的部门参与,中央政府、地方政府及所有产业部门的作用都很重要,而且它们之间需要相互补充与协作。中央政府必须制定实施清洁生产总体计划框架,包括法律和制度措施以及一系列相互协调的经济刺激和处罚手段。另外,中央政府对确保研究和开发、教育及培训系统发挥的作用至关重要,并提供清洁生产所必要的知识和专门技术。产业部门的积极参与也很重要,因为他们更加了解生产和处理系统的复杂性,从而能够提出最适宜的清洁生产方式选择方案。

清洁生产伙伴关系还必须包括银行和金融机构,首先要让金融部门了解清洁生产及其经济回报,以及其较低的债务和信贷风险,以增进他们认识到促进清洁生产可以发挥巨大的作用,这种作用是清洁生产由低级向高级发展的进程中必不可少的动力。

日本实施了公害防止协定制度,由地方公共团体和从事有发生公害危险活动的企业主,签定防止公害协议,让企业采取各种防止公害的措施。其始于 1964 年,横滨市与进入该市根岸湾填湾造地的企业通过签订协议的方式来防止各种公害发生,这被称之为“横滨方式”。随后,这种方式在日本各都道府县和市町村被广泛运用。该类协议的广泛应用,使公害防止协议由单纯的行政合同发展到具有多样性质的特殊法律性环境契约,日本的环境问题发生了转机,使得日本在短短几十年就由世界著名的公害大国而变为清洁国家。

美国的代替性纠纷处理(Alternative Dispute Resolution,ADR)制度在环境保护中的运用也起到了理想的效果。美国第一例采用行政性 ADR 方式处理的环境案件是杜邦公司的环境污染案,杜邦公司在弗吉尼亚州造成了污染,州环保局拟对其处以 800 万美元的罚款,杜邦公司由律师出面与州环保局进行交涉,提出由公司出资罚款额的双倍设立污染补偿基金,条件是为顾及杜邦的环保形象,州环保局不再出具罚款单。弗吉尼亚州环保局答应了这一请求。此后,更有许多公司、企业以建立公园、进行小区绿化等方式补偿对附近居民造成的污染损失。

6.加大宣传、教育与培训力度,将清洁生产的观念深入人心

宣传、教育和培训是推行清洁生产的重要内容之一,亦可认为是推行清洁生产的先导和基础,其中教育又是基础的基础。

随着全球范围内清洁生产的不断深入开展,清洁生产已从概念培训阶段逐步进入学校课堂的正规教育。例如,澳大利亚已有近十所大学开办了与清洁生产相关的课程,进行清洁生产理论研究和人才培训,皇家墨尔本技术学院(RMIT)还开展了清洁生产的硕士生培养教育,可授予清洁生产方面的工程硕士学位,从 1997 年开始推行通过海外远距离教育或压缩教育形式学习清洁生产的知识;其研究生院的焦点是扩大和提高清洁生产法的应用,促使越来越多的学生进修清洁生产的硕士课程和博士课程,为清洁生产技术的发展做贡献。

清洁生产课程进入高等教育,使得清洁生产贯穿于整个工程教育之中,以培养一代新型的工程技术人员,他们不但掌握专门的工程技术专业知识和技能,而且清洁生产的概念、方法和思维也深深扎根在他们的知识结构之中，他们选择技术时必然不会忘记清洁生产和污染预防，这对深入持续开展清洁生产将会做出不可估量的贡献。

7.将清洁生产与国际标准化组织 ISO 14000 的环境管理制度有机地结合起来，一同进行推行

国际标准组织(ISO)发布了 14000 系列的环境管理标准，它和清洁生产都是以控制和减少污染、保护环境为目的。清洁生产强调资源、能源的合理利用，要求企业在生产过程中最大限度地做到节约能源，利用可再生能源和清洁能源，节约原材料，使用无毒、低毒和无害的原材料，尽可能地循环利用原材料。环境管理体系强调持续改进，通过制定环境方针和目标以达到节能、降耗、减污的目的。而清洁生产的基本做法和措施正是环境管理体系中应控制的重要因素、是管理体系不断取得新的环境绩效的基本措施和要求、是污染预防和持续改进的重要手段。

由此可知，清洁生产虽然已强调管理，但偏重技术因素；环境管理体系强调污染预防技术的采用，但管理色彩较浓；两者共同体现了污染治理预防为主的思想，两者相辅相成，互相促进。ISO 14000 标准为清洁生产提供了机制、组织保证，清洁生产为 ISO 14000 提供了技术支持，二者有机结合，提高企业环境管理水平。

在日本，获得 ISO 14000 国际标准化环保认证的企业已有 5 000 多家，在世界上处于领先地位。日本的企业都有自己的"绿色经营"理念，并制定循环利用再生资源的具体量化的长期发展目标。例如，日本的富士通公司是一家跨国大公司，它的理念是"要以环境、经济、社会作为三个支柱，通过这三个方面的有责任感的行动为社会可持续发展做出贡献"；日立公司的理念是"从我做起，以创造环境价值的企业为发展目标"；东芝公司的理念是"通过实践协调经济、环境和社会的环境经营，为循环型社会做出贡献"。这些理念还不止于清谈，每个企业在理念的基础上制定中长期目标，追求及达到零排放，循环利用再生资源和开发环保产品都有具体量化指标。每年提出环境报告书，上面写着当年该企业在环保方面的成绩。

6.2.3 各国开展清洁生产的示范项目及案例

1.美国

(1)33/50 项目。33/50 项目是美国环保局有毒物质管理办公室管理的一项志愿性的污染预防活动，其目标是通过志愿性源削减，在制造工业中将 17 种化学品和化合物的排放量与转化量从 1988 年的 6.35 亿千克减少至 1995 年的 3.17 亿千克，7 年内削减 50%。分阶段的目标是 1992 年削减 33%，1995 年至少削减 50%。全美排放 33/50 化学品的企业超过 3 000 家，美国环保局 1991 年 11 月报道，环保局深为 33/50 项目的早期成果鼓舞，已有近 300 家企业参加这一项目，并承诺在 1995 年前至少削减 0.98 亿千克污染物。美国环保局已邀请其余的几千家企业参加 33/50 项目，并将每年公开报道企业参加项目的情况，重点报道源削减活动和化学品替代品方向的进展。

(2)绿光项目。美国环保局在 1991 年 1 月宣布了其新一轮绿光项目。绿光项目是鼓励企业在有利可图，且一定会维持和改进现照明条件的前提下，安装高效节能的照明装置以减少电厂造成的污染。由于绿光活动及其合作者的高度透明性，高效节能照明装置及其改进过程吸引了更多的公众参与,使更多的人认识到高效节能技术和设计的环境效益及经济效益。

(3)联邦场地废物削减评估项目。该项目是由美国环保局“削减风险工程实验室”协调,由若干美国联邦政府部门参加。其目标一是评估在联邦设施内的产污工艺中进行源削减和循环利用的机会;二是通过项目报告、项目总结、会议及研讨班的形式,向公众和私人企业进行技术转让,以增强和推广污染预防与循环利用。

2.澳大利亚

近年来,澳大利亚政府实施了一系列清洁生产示范项目。如澳大利亚国家纺织厂于1992年引入清洁生产项目,并进行废物审计和酝酿废物贸易计划,通过环境行为方案注意减少排放,注重回收与再利用废水,在实施了50多个低成本和无成本改良方案以后,染色成品提高近60%,且减少了44%的污水排放量,获经济效益1 327 000澳元。澳大利亚霍尔顿发动机公司(HEC)实施清洁生产,对清洁生产技术投资68 000美元,降低了50%的化学冷却剂消耗,每年减少10 000升废品;装置“金属屑干燥器”使公司当场回收金属屑300吨,仅此一项,每年可节约成本500 000美元。由于使用清洁生产技术,公司还节约煤气成本15%,每年电费开支降低1 300万澳元,减少二氧化碳排放量达28 850吨。这些项目均为澳大利亚的各行业实施清洁生产提供了综合、现实的范例。为了促进清洁生产示范项目的开展,政府对参与示范项目的公司提供财政激励政策(如赠款、低息贷款或免费咨询等)。许多参与公司通过实施清洁生产均取得了显著的环境效益和经济效益。

3.德国

德国的16个州中11个州都推行了“生产过程一体化环保项目”。其基本思想是对生产过程进行整体考虑,通过提高能源效率、资源效率,以减少资源能源的浪费、减少“非产品输出”即损失,从而保护环境、降低成本,改以往的末端治理为在生产过程中提高技术与管理水平从而避免污染。在开展形式上,“生产过程一体化环保项目”由政府委托成立的环境机构进行组织运作。一方面环境机构组织企业参与“生产过程一体化环保项目”项目(参与企业以中小企业为主,即企业员工少于500人,集团公司参与程度小于50%的企业)。另一方面,这些环境机构又组织咨询研究机构对企业进行全面的环境保护技术上、管理上的咨询。企业可自选咨询机构。这些环境机构、企业及咨询公司之间签有合作合同。依据此合作合同,咨询公司对企业进行“生产过程一体化环保项目”咨询并承担70%的咨询费用(最高500欧元/天),企业承担剩余的咨询费用。项目进行6~9个月后,“生产过程一体化环保项目”环境机构与企业对项目进行评估。同时“生产过程一体化环保项目”环境机构负责联系组织金融或基金投资机构对参与“生产过程一体化环保项目”欲投资相关设施设备的企业进行补贴或贷款等经济上的扶持。“生产过程一体化环保项目”的实施有固定的工作程序,即项目开始时召开动员大会,对企业的状况进行粗略的分析,明确实施“生产过程一体化环保项目”的重要性;项目进行中对企业进行大体分析,了解企业的现状;对企业进行细节微观分析,进行“生产过程一体化环保项目”评估核算;在对企业进行了上述细致的分析了解之后,拟定并实施“生产过程一体化环境保护”计划;通过外界进行满意度分析,6~9个月后进行最终“生产过程一体化环保项目”审核验收。

“生产过程一体化环保项目”环境机构开展工作的形式丰富多样,如举办座谈会,以进行潜力分析、项目启动;进行"生产过程一体化环保项目"检查、进行扶持项目及内容介绍、进行资源成本核算;进行信息中介活动,如发行出版物、互联网、信息座谈会、作专业报告、举行博览会等。

6.2.4 国际清洁生产机构

到目前为止,在 UNEP 等国际组织的努力下世界范围内的清洁生产合作取得了瞩目的成就,主要表现在以下几个方面:发表了《国际清洁生产宣言》、定期开展清洁生产高级国际研讨会、建立国家或地区清洁生产中心、举行圆桌会议、开展区域性的活动等。

在 2002 年第七次清洁生产国际高级研讨会上,联合国环境规划署建议各国进一步加强政府的政策制定,使清洁生产成为主流,尤其是提高国家清洁生产中心在政策、技术、管理以及网络等方面的能力。此次会议上,联合国环境规划署与环境毒理学与化学学会(SETAC)共同发起了"生命周期行动",旨在全球推广生命周期的思想。会议还提出,清洁生产和可持续消费密不可分,建议改变生产模式与改变消费模式并举,进一步把可持续生产[5]和消费模式融入商业运作和日常生活,乃至国际多边环境协议的执行中。

2005 年,联合国环境规划署提出了实施《巴厘技术支持和能力建设战略计划》,其目的是以计划性和战略性的方式面向所有国家全面提供合理和协调的环境技术支持和能力建设。在促进清洁生产方面,更加注重论证和运用无害环境技术,与清洁生产中心等机构合作论证和运用相关技术,并大力推广有关经验;计划通过与私营机构解决技术转让的资金问题;加强与发展中国家清洁生产中心支援与合作,面向中小企业提供技术支持服务。实施《巴厘技术支持和能力建设战略计划》是一项长期任务,环境规划署通过 2006 ~ 2007 年的实践,积累经验,并根据实际情况评估和修正实施计划,以推进全球环保工作。

鉴于持久性有机污染物(POPs)对人类健康和生态环境的巨大威胁,国际社会自 1995 年起开始筹备制定有法律约束力的国际文书以便采取国际行动,其间组织了有 138 个国家参加的 8 次区域或次区域专家讨论会,召开了 7 次关于公约的政府谈判委员会会议。2001 年 5 月 23 日公约外交全权代表大会在斯德哥尔摩召开,127 个国家的代表通过了《关于持久性有机污染物的斯德哥尔摩公约》并开放供各国签署,旨在通过全球努力共同淘汰和消除 POPs 污染,保护人类健康和环境免受 POPs 的危害。目前公约的签字国已达 151 个,批准国已达 98 个。目前公约已于 2004 年 5 月 17 日正式生效。公约规定,各缔约方应采取必要的法律和行政措施,以禁止和消除有意生产的 POPs 的生产和使用,并严格管制其进出口;促进最佳实用技术和最佳环境实践的应用,以持续减少并最终消除无意排放的 POPs;查明并以安全、有效和对环境无害化方式处置 POPs 库存及废弃物。

20 世纪 90 年代初开始,经济合作和开发组织(OECD)在许多国家采取不同措施鼓励采用清洁生产技术。自 1995 年以来,经合组织国家的政府开始把它们的环境战略针对产品而不是工艺,以此为出发点,引进生命周期分析,以确定在产品寿命周期(包括制造、运输、使用和处置)中的哪一个阶段有可能削减或替代原材料投入和最有效并以最低费用消除污染物和废物。这一战略刺激和引导生产商和制造商以及政府政策制定者去寻找更富有想象力的途径来实现清洁生产和产品。

6.2.5 国外清洁生产的实践给我们的启示

研究分析国外清洁生产的情况,对我们有以下启示。

1.深化和普及清洁生产的理念

清洁生产是世界各国在反省环境污染末端治理的种种不足后,提出的一种以污染的源头削减和全过程控制为主要特征的环保战略,是环境保护由被动向主动行动的一种转变。

清洁生产是关于产品和产品生产过程的一种全新的、节约环保、可持续发展的新的生产思维,通过实施清洁生产,才能实现节能减排、保护环境的最终目标。

因此,需深化和普及清洁生产的理念,重视教育和宣传,让全社会关注产品及其生产过程对环境的影响,促进社会各方共同努力,全面推动清洁生产。

2.建立完善的法律法规

通过建立完善的法律法规,从法律上强制实行清洁生产。

制定专项法规,增加可操作性,使清洁生产有法可依。

制定实施清洁生产的管理条例和实施细则,促使地方政府结合本地区的实际情况推行清洁生产,从而增强清洁生产的实施力度,保证企业实施清洁生产。

3.以经济政策推进清洁生产

制定推行清洁生产的经济政策,激励企业进行技术改革,开展清洁生产。

• 对于企业技术进步和推行清洁生产,财政必须给予必要的资金保障。

• 对于推行清洁生产和技术进步较好的企业,政府应要在税收减免方面给予优惠。

• 企业推行清洁生产和技术进步,应当充分利用国际、国内两个市场,采取直接融资和间接融资两种方式,调动政策性银行和商业银行的积极性。

• 制定技术创新政策,刺激企业开展技术改造、采用新技术和新设备。

• 在人才方面鼓励研究机构和高校的科技人员流向企业,开展技术创新,推行清洁生产,并给予一定的优惠条件。

4.转变观念与机制,以科技发展推动清洁生产

使企业真正成为推行清洁生产、研究开发与技术创新的主体,重视企业研究开发的经济功能,把研究开发、推行清洁生产作为企业生产过程的重要组成部分和企业发展的动力源。为此需要认真做到以下几点:

• 转变观念,在生产方式上变过去的“要素投入粗放型”为“技术进步主导效益型”。

• 积极促进股份制、股份合作制为主要内容的企业经营机制转换,明确产权关系,通过企业交叉持股等形式促使各企业及时采用新技术、新设备,并推行清洁生产,不断降低成本,提高效益。

• 加强企业新技术(包括清洁生产技术)、新产品的开发能力。

6.3 国内清洁生产发展的现状如何

6.3.1 国内清洁生产简史

中国的清洁生产工作具有较长的历史,1992 年党中央和国务院批准外交部和国家环保总局《关于联合国环境与发展大会的报告》中提出的尽量采用清洁生产工艺的建议；1993年，国家环保总局与国家经贸委联合召开的第二次全国工业污染防治工作会议明确提出实行清洁生产将作为一项具体政策在全国推行；1994年《中国21世纪议程——中国21世纪人口、环境与发展白皮书》单独设立了“开展清洁生产和生产绿色产品”的领域；1994年底成立国家清洁生产中心，并随后在全国各地成立多家行业和地方清洁生产中心；1997年国家环保总局发布了“关于推行清洁生产的若干意见”；1999年，国家经贸委发布了《关于实施清洁生产示范试点的通知》，选择北京、上海等10个试点城市和石化、冶金等5个试点行业开展清洁生产示范和试点，并加强了在国际合作方面的清洁生产；2003年我国颁布实施了《中华人民共和国清洁生产促进法》；2004年国家环保总局和国家发展和改革委员会制定《清洁生产审核暂行办法》后，2005年又印发了《重点企业清洁生产审核程序的规定》，这标志着将强制性清洁生产审核纳入了全国环境保护管理，带动了清洁生产各项工作的全面推进[6]。

2006年，通过落实清洁生产的各项措施，使节能减排取得了较好的成绩，据22个省、自治区、直辖市、计划单列市的不完全统计，2006年节电8.48亿千瓦时、节煤122.81万吨、节油6.98万吨、节蒸汽53.85万吨、节天然气1 323.7万立方米、节水1.77亿吨。分别占历年合计数的46.80%、4.01%、63.5%、47.29%、18.9%和35.34%。截至统计时，实施清洁生产方案使排水削减近4亿吨、COD削减77万吨、生化需氧量削减90.01万吨、氨氮削减3 344.44吨；另外，锅炉大气排放物烟尘、二氧化硫、粉尘均有大幅度削减。另据23个省的不完全统计，2006年通过实施清洁生产方案使COD削减近20万吨、二氧化硫削减10万吨。实施清洁生产方案减排污染物所取得的经济效益为44.2亿元，节能降耗产生的直接经济效益为52亿元，其中2006年度因实施清洁生产方案减排污染物所取得的经济效益占历年经济效益的一半以上。由此可见，清洁生产对推动我国可持续发展及环境保护发挥了很大的作用。

2007年，国务院发布《国家环境保护“十一五”规划》，这是国务院第一次以国发形式印发专项规划，在我国环境保护历史上具有里程碑意义。《规划》提出了“十一五”期间单位GDP能耗降低20%左右，主要污染物的排放总量减少10%。而清洁生产是污染物减排最直接、最有效的方法，是实现“十一五”节能减排目标的重要举措。国家发展和改革委员会、环保局以及各级政府和环保部门积极依法推进清洁生产，制定行业清洁生产标准，行业清洁生产评价指标体系，开展清洁生产审核，加强清洁生产审核咨询服务体系建设，进一步加大宣传力度，努力搞好清洁生产培训，使我国的清洁生产工作取得了显著成效。

6.3.2 我国采用了哪些措施推进清洁生产，取得成效如何

1.不断完善法律法规体系的建设

2007年6月国务院下发的《节能减排综合性工作方案》中明确提出要加大实施清洁生产审核力度，并将强制性清洁生产审核的范围扩大到“没有完成节能减排任务的企业”。2007年8月国家环保总局印发的《“十一五”主要污染物总量减排核查办法(试行)》中对如何将清洁生产审核同污染物减排相结合进行了初步探讨，指明了对通过清洁生产(审核)而确实达到减排效果的项目如何核查、认定、证实等原则性规定，例如在27条和31条

中分别规定:企事业单位通过实施清洁生产审核方案达标排放或完成削减污染物排放量协议,并通过省级环保行政主管部门或清洁生产相关行政主管部门评审、验收而形成的新增化学需氧量、二氧化硫削减量。2008年7月,为进一步发挥清洁生产在污染减排工作中的重要作用,国家环境保护部下发了《关于进一步加强重点企业清洁生产审核工作的通知》,明确环保部门在重点企业清洁生产审核工作中的职责和作用,强调抓好重点企业清洁生产审核、评估和验收。

各级政府根据国家节能减排要求制定了有关清洁生产审核的地方性配套法规。到2007年,除了西藏自治区和海南省以外,全国其他所有省、市、自治区和计划单列市均出台了有关清洁生产审核的地方性配套文件,共计203份。通过中央和地方政府实施的各项政策措施,有力推进了我国的节能减排和清洁生产的进度。

2.通过制定清洁生产的行业标准,使推进清洁生产有了重要依据

清洁生产指标分为六大类,即生产工艺与装备要求(定性);资源能源利用指标(定量);产品指标(定量);污染物产生指标(定量);废物回收利用指标(定量);环境管理要求(定性)。根据当前的行业技术、装备水平、管理水平和行业企业在清洁生产方面的发展趋势,又将这六大类指标分为三级:一级为国际清洁生产先进水平,代表目前国际上相关行业清洁生产的发展方向;二级为国内清洁生产先进水平,代表目前国内相关行业清洁生产的发展方向;三级为国内清洁生产基本水平,代表目前在国家技术许可的前提下,进行清洁生产的企业应该达到的最基本的水平。行业清洁生产标准第三级与企业排放标准相比稍严,但对达标企业而言难度不是很大。因此,行业清洁生产标准提供了一个与行业排放标准很好的衔接平台。

国家环保总局分别已于2001年、2005年先后启动第一、第二批共55个行业(产品)的清洁生产标准编制工作,至今已经发布了25项清洁生产标准,其中,2006年颁布啤酒制造业、食用植物油工业(豆油和豆粕)、纺织业(棉印染)、甘蔗制糖业、电解铝业、氮肥制造业、钢铁行业、基本化学原料制造业(环氧乙烷/乙二醇)8个行业清洁生产标准。2007年8月发布了平板玻璃、彩色显像、化纤(氨纶)、镍选矿、电解锰等行业标准,2007年12月发布了白酒制造业、烟草加工业等行业标准,2008年4月8日发布了钢铁行业(烧结)、钢铁行业(高炉炼铁)、钢铁行业(炼钢)、化纤行业(涤纶)、电石行业等行业标准,还有数十项清洁生产标准正在编制中。行业清洁生产标准使清洁生产由过去抽象的概念转变成为一个量化的、可操作的、具体的工作,指导和帮助企业进行污染全过程控制,尤其是对生产过程产生的污染的控制,使各个生产环节的污染预防具体化和定量化。清洁生产标准将作为企业清洁生产审核的评判标准。各级环保部门已逐步将清洁生产标准作为环境管理工作的依据,作为重点企业清洁生产审核、环境影响评价、环境友好企业评估、生态工业园区示范建设等工作的重要依据。清洁生产标准为推荐性标准。短期内并不强制要求有关企业必须达到,但企业通过与标准值的对比,可以找出差距,明确努力方向。

3.制定行业的清洁生产评价指标体系

清洁生产评价指标体系是根据清洁生产的原则要求和指标的可度量性,制定了定量和定性评价指标。定量评价指标选取了有代表性的、能反映"节能"、"降耗"、"减污"和"增效"等有关清洁生产最终目标的指标,建立评价模式。通过对各项指标的实际达到值、评价基准值和指标的权重值进行计算和评分，综合考评企业实施清洁生产的状况和企业清洁生产程度。定性评价指标主要根据国家有关推行清洁生产的产业发展和技术进步政策、资源环境保护政策规定以及行业发展规划选取，用于定性考核企业对有关政策法规的符合性及其清洁生产工作实施情况。

国家发展和改革委员会和国家环保总局2007年4月发布了包装、火电、磷肥、轮胎、铅锌、陶瓷、涂料等行业清洁生产评价指标体系，2007年8月发布了水泥、硫酸、机械、发酵、纯碱、制革六个行业清洁生产评价指标体系，2007年月11月发布了煤炭、电池、铝、制浆、烧碱、聚集氯乙烯、铬盐、印染、电镀、氮肥、钢铁等行业清洁生产评价指标体系，建立行业指标体系用于评价企业的清洁生产水平，作为创建清洁生产先进企业的主要依据，并为企业推行清洁生产提供技术指导。

4.全面展开重点企业清洁生产审核[7][8]

清洁生产审核又称为清洁生产审计，主要是对企业目前正在进行的和计划进行的工业生产实行预防污染的分析和评估，从原辅材料（包括能源）、生产工艺、生产设备、过程控制、管理制度、员工技能、产品和废物等方面进行审核，分析高能耗、高物耗、废物产生的部位和产生的原因，提出并实施减少或消除废物的方案，提高资源利用效率。从而达到节能、降耗、减污和增效的目的，实现企业的清洁生产。

清洁生产审核分为自愿性审核和强制性审核。自愿性审核是指对于污染物排放达到国家或者地方排放标准的企业，可以自愿组织实施清洁生产审核，提出进一步节约资源、削减污染物排放量的目标；也可以向有管辖权的环境保护行政主管部门提供拟进行清洁生产审核的计划，并按照清洁生产审核计划的内容、程序组织清洁生产审核。强制性审核的实施对象有两类，一是污染物排放超过国家和地方排放标准，或者污染物排放总量超过地方人民政府核定的排放总量控制指标的污染严重企业；二是使用有毒有害原料进行生产或者在生产中排放有毒有害物质的企业。环境保护行政主管部门将分批核定强制性审核的企业名单，并督促限期进行清洁生产的审核。

开展清洁生产审核的过程中，首先要进行现场调查，采用物料平衡数据分析，识别出污染物（浪费）在哪里产生，列出污染物清单；然后分析生产过程的各个环节，找出污染物产生的原因；同时发动企业全体员工本着节能、降耗、减污、增效的目标，积极广泛地提出意见，并综合这些意见，提出相应的整改措施和清洁生产方案（图6.3）。

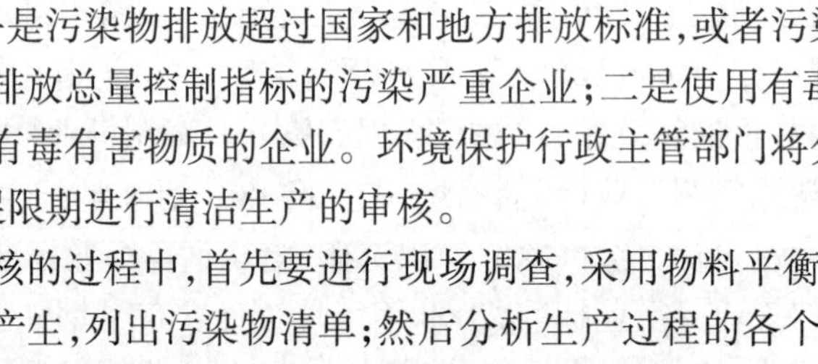

图6.3 生产过程的八个方面

为促进清洁生产，规范清洁生产审核行为，根据《中华人民共和国清洁生产促进法》，国家环保总局于2004年8月制定了《清洁生产审核暂行办法》。《办法》对清洁生产审核的实施程序作了原则规定,主要包括六个步骤,如图 6.4 所示。

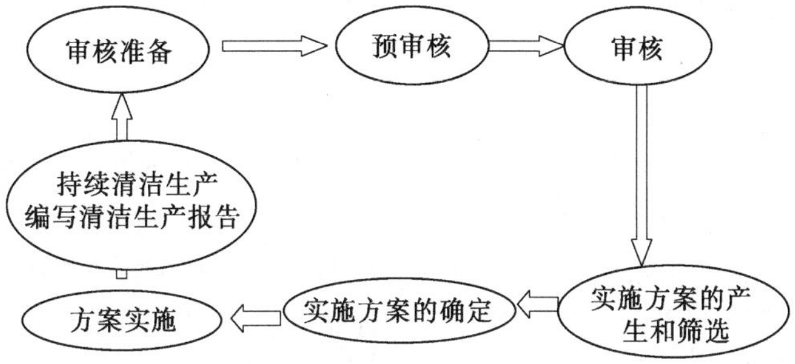

图 6.4 清洁生产审核主要程序

目前,全国已经开展清洁生产审核企业(包括重点企业)6 626 家,其中 2006 年开展审核的企业占历年开展审核企业数的 40.3%。环境影响大的一批重点企业强制性清洁审核得到大力推进。2004 年开展强制性清洁生产审核的重点企业仅为 100 多家,2005 年为 500 多家,到 2006 年底增为 1 483 家。各地企业清洁生产审核方案及资金投入倍增。截至目前,清洁生产审核提出的清洁生产方案总数 75 498 个,其中 72.5%已经实施。2006 年度提出清洁生产方案数 27 565 个,占历年提出总数的 36.5%;实施的方案占历年实施方案数的 40.5%。另据不完全统计,全国实施清洁生产方案资金投入总计 119 亿元;其中 2006 年度实施清洁生产方案资金投入 55.44 亿元,占历年投资额的 46.8%。

5.加大力度构建清洁生产技术支撑体系,引导企业开展清洁生产

(1)编制出版《国家重点行业清洁生产技术导向目录》[9]

清洁生产是将污染预防战略持续地应用于生产全过程,通过不断地改善管理和技术进步,提高资源利用率,减少污染物排放,以降低对环境和人类的危害。清洁生产技术正是实现清洁生产的技术支持。为了促进这项工作的进行,国家发展和改革委员会和国家环保总局组织编制了《国家重点行业清洁生产技术导向目录》,引导企业采用先进的清洁生产工艺和技术。

2000 年公布的第一批目录涉及冶金、石化、化工、轻工和纺织五个重点行业,共 57 项清洁生产技术;2003 年公布的第二批目录涉及冶金、机械、有色金属、石油和建材五个重点行业,共 56 项清洁生产技术;2006 年公布了第三批目录,涉及钢铁、有色金属、电力、煤炭、化工、建材、纺织等行业,共 28 项清洁生产技术。

以上三批目录涉及清洁生产技术是在行业主管部门对本行业清洁生产技术进行认真筛选、审核的基础上,组织有关专家进行评审后确定的。这些技术是经过生产实践证明,具有明显的环境效益、经济效益和社会效益,可以在本行业或同类性质生产装置上推广应用。

该目录已作为各级经贸委和行业主管部门推荐和审批清洁生产项目的依据,也是各金融机构和企业投资环境保护项目的方向。国家发展和改革委员会和环保局将继续组织其他行业开展清洁生产技术导向目录的编制工作。

(2)咨询服务稳步推进

各省市、行业均设立清洁生产咨询服务机构,如清洁生产中心、清洁生产审核咨询机构、清洁生产技术依托机构等，截至目前，全国共有清洁生产咨询服务机构205家，面向企业开展清洁生产提供清洁生产审核、培训、政策研究、技术评估和推广、清洁生产企业评定以及帮助企业建立环境管理体系等。

(3)加强清洁生产的宣传培训

全国各级政府采用了多种形式开展清洁生产的宣传、培训活动。通过电视台、电台、杂志、报纸等媒体宣传〈清洁生产促进法〉及相关政策法规，结合每年全国的"节能宣传周"活动加大宣传力度，普及清洁生产知识，使企业和社会各界尽快了解法规政策，树立清洁生产理念，提高对清洁生产在可持续发展和增强企业竞争力中重要作用的认识。

全国各地通过各种清洁生产咨询服务机构开展了各类的培训课程，内容包括清洁生产政策法规、技术标准、评价指标体系、企业生产审核大纲、清洁生产案例分析、重点行业清洁生产审核的全过程及其技巧等，培训了一大批清洁生产审核员和审核师，加强了清洁生产审核队伍的建设，促进企业清洁生产审核。国家环保总局清洁生产中心自2001年开始举办清洁生产审核师培训班，迄今已办122期，培训人员6 439人。地方性清洁生产培训共培训人员48 372人。

6.加强国际合作[10]

《清洁生产促进法》第6条提出，国家鼓励开展有关清洁生产的国际合作。在具体的国际合作方面，合作类型是十分广泛的，包括各种多边及双边合作。合作的方式也是多样的，如合作开发、技术转让、培训、建立机构、资金支持、政策与法律支持等。近些年来，国家在鼓励清洁生产领域的国际合作方面做了很多工作，从中央政府到地方政府，都对这一领域的合作予以广泛的关注。多边以及双边合作也得到了广泛开展。例如，联合国环境规划署参与，世界银行贷款支持的"中国环境技术援助项目，清洁生产子项目"(B－4项目)、世界银行赠款的JGF项目——"中国乡镇工业废物最少化管理体系的建立研究"、中加清洁生产合作项目以及亚行资助的清洁生产项目等都对我国的清洁生产工作发挥了重要作用。

(1)亚泰集团CDM国际合作项目

亚泰集团与日本超越公司签署了CDM国际合作项目。协议规定，超越公司负责亚泰集团CDM项目的咨询服务，为亚泰集团新建的4座纯低温余热电站提供资金保障，促进水泥产业清洁生产和循环经济的实施。所谓CDM，是指清洁发展机制，主要内容是发达国家根据《京都议定书》关于清洁发展机制的规定，通过提供资金和技术的方式，与发展中国家开展项目级的合作，通过项目所实现的"经核证的减排量"，用于发达国家缔约方完成减少本国二氧化碳等温室气体排放的承诺。这次CDM国际合作项目签约，是亚泰集团控制二氧化碳排放、减少环境污染的一项重要举措，标志着亚泰集团在有效利用CDM合作项目、建设生态企业方面又迈出了可喜的一步。

(2)欧盟——中国山西地区区域合作项目

欧盟—中国山西地区企业合作项目是由欧盟援助、联合国工业发展组织中国投资与技术促进处提供技术支持、太原市政府主办，旨在推进中欧双方企业间经贸合作的大型活动。该项目对接会将于2008年6月在太原举行。届时，将有来自欧洲多国的60多家企业与当地的140余家企业进行面对面的交流。太原市经委主任王志强代表太原市经委与欧盟合作伙伴签约。参加合作项目的欧洲合作伙伴，有比—中经贸委员会、捷克共和国经济促进会、德—中经济联合会、法国里昂工商会、意大利亚洲商会和波兰国家商会。合作项目以山西、陕西、内蒙、宁夏、甘肃地区的包括不锈钢在内的有色金属加工、新材料、资源综合利用及相关产业的企业与欧盟27个国家的相关企业进行全方位、宽领域、多层次交流，实现合作达到共赢的目的。合作项目的执行期为18个月，从2007年7月~2008年12月结束。合作项目的实施，将促进山西地区企业的产品更新换代，促进高耗能、高污染企业向节能减排、清洁生产型企业转变，提高企业的管理和技术水平，促进主导产业优化升级，同时为推动山西地区企业与欧洲合作商的长期合作奠定基础。

(3)清洁生产全国示范合作项目

2006年，由国家环保总局与陶氏化学公司共同开展的为期3年的清洁生产全国示范合作项目取得重大进展。试点企业的审核结果表明，21家试点企业共实施了700多个清洁生产方案，获得经济效益0.36亿元人民币，折算成年效益为1.45亿元。除可观的经济效益之外，项目还在环保方面取得了进一步的成效，包括减少污水167.6万吨，减少废气排放2 400万立方米，减少二氧化硫排放667.2吨，节电276.7万千瓦·时，节水372.8万吨以及节煤10.8万吨。这一项目目前尚有427个清洁生产方案计划在未来实施，并预期可产生年效益约两亿元人民币。陶氏亚太区兼大中华地区总裁麦健铭认为，项目在第二年里所取得的成果足以展示出清洁生产对于促进业务和降低对环境的影响方面，比以往有了很大进展。这一项目是陶氏积极落实2015年可持续发展目标的一个好例证。陶氏2015年可持续发展目标的制定，是为了加强公司与所在社区之间的关系，持续改进企业的产品和创新水平，同时减少环境污染。2006年清洁生产示范项目的重点任务包括清洁生产审核培训、培训教材编写、试点企业审核、行业清洁生产审核指南及需求分析报告的编写。当年共有来自7个省的总共21家中小型企业参与了这一项目。这个由国家环保总局和陶氏化学公司于2005年共同开展的为期三年的清洁生产示范项目，旨在促进化学及其相关行业内中小型企业的清洁生产实践。这些行业包括：化工、医疗、印染、电镀、造纸及酿造等。

(4)日本援助甘肃“清洁生产”项目

2005年，一项名为“清洁生产人力资源开发与能力建设”的国际合作项目在甘肃省启动，由日本国际环境技术转让研究中心出资200万元人民币。日方、中国科技部21世纪议程管理中心联合甘肃省科技厅、省发改委、省经委、省环保局等开展。在日方援助下，甘肃省用两年时间培训出15名“清洁生产培训师”。这些培训师与中日专家一起，在永靖刘化(集团)有限公司、永登祁连山水泥集团公司、西固热电厂、榆中贡马水泥厂进行清洁生产试点，取得较大成效。刘化集团实施了14个清洁生产方案。其中一项就带来经济效益297万元，节省污水处理厂投资2 000万元，最重要的是极大地降低了爆炸隐患和对大气的污染。在日方专家参与下，甘肃省还编辑出版了《甘肃省清洁生产指南》，这是我国首部针对一个地域的清洁生产工具书。

(5)英国投资银行参与中国清洁生产项目

据英国气候变化资本集团中国区总裁路跃兵介绍，英国气候变化资本集团准备在中国清洁发展机制领域投资6亿多欧元，参与清洁生产。英国气候变化资本集团在中国清洁机制项目投资的重点领域分别是,清洁能源、可再生能源项目,煤层气、焦炉煤气发电项目,水泥、钢铁、化工等行业能源效率提高项目,垃圾填埋气发电、农业废物、动物粪便、酒精残渣或者淀粉残渣产生沼气发电等废弃物处理项目。英国气候变化资本集团是全球最大的致力于能源和环保领域的专业投资银行集团。

(6)中德合作项目

中国和德国两国政府开展的"生态城市规划与管理项目"的合作已有五年,项目涉及生态城市建设的许多方面,比如生态园规划、水环境综合整治、城市交通管理,在企业层面还包括如何在内部促进清洁生产。项目不仅在城市建设方面有很多可以借鉴的做法,在行业和企业管理方面,也有许多值得学习和研究的经验。在发展中国家的民营企业中推行促进环境管理的试点项目,是德国技术合作公司代表德国联邦政府的经济合作部在1996年至2005年实施的。自2001年以来这个成功的经验已向世界知识产权组织注册,成为一项专利。所谓的"有效益的环境成本管理"通俗地解释,就是关注资源的有效利用,例如原材料、能源和水,通过绩效评估、物料平衡、物料流动分析,降低在生产过程中的"非产品输出"。所谓非产品输出,是按生产过程中使用的、但却未出现在最终产品中的材料、能源与水来确定的。德国技术合作公司从2005年9月18日开始在常州和扬州两地区分批聘请国内外专家对多家企业进行了有关的培训,此后又选择了9家企业重点进行个例分析培训,并采取整改措施。目前常州、扬州两地的"有效益的环境成本管理"项目取得了明显的成效。据统计,参加这个项目的总共9家企业已实施的措施为167项,投入资金582万元,每年为企业节省约1 229万元;每年减少废水86.7万吨,废气662万立方米,固体废物234吨。

6.3.3 部分城市、行业清洁生产发展状况

1.部分省市发展情况[11]

(1)北京市

北京市政府高度重视清洁生产工作,发布的《北京市国民经济和社会发展第十一个五年规划纲要》中提出要"建立重点行业清洁生产审核制度,对冶金、化工、建材、电力等行业的重点企业强化污染预防和全过程控制"。编制完成《北京市"十一五"时期循环经济发展规划》,把逐步推进产业结构优化升级,全面推行企业清洁生产作为北京"十一五"发展循环经济的主要任务之一。

为保障清洁生产工作的顺利开展,从政策上,北京市出台了《北京市〈清洁生产审核暂行办法〉实施细则》;从资金支持上,北京市出台了《北京市支持中小企业发展专项资金管理暂行办法》和《北京市支持清洁生产资金使用办法》;在专家管理方面,北京市出台了《北京市清洁生产专家管理暂行办法》,从验收和中介管理方面,北京市出台了《北京市清洁生产审核验收暂行办法》和《北京市清洁生产审核咨询机构管理办法(暂行)》。上述一系列政策的出台构成了一个比较完整地政策保障体系,为引导企业主动和规范地开展清洁生产工作,从源头控制污染起到了重要作用。

北京市将清洁生产工作作为发展循环经济和促进节能减排指标完成的有效手段来抓,取得了显著的成效。截至目前,北京市已经有109家企业启动了清洁生产审核,50多

家企业通过或正在申请验收，22家企业的审核费用获得了补贴，部分项目获得30%的补助资金支持。经对通过验收的22企业进行统计，企业通过清洁生产审核共提出862个方案，企业总投入24.9亿元，每年可产生经济效益3.3亿元，每年可节水902.4万吨、节电987.6万千瓦·时、节标煤3.1万吨、削减烟尘86.9吨、削减二氧化硫3 502吨、削减废水513万吨、削减COD 2 361吨、削减固体废弃物17.5万吨，企业通过清洁生产方案的落实获得了明显的环境效益和经济效益。

(2)广东省[12]

2001年10月，广东省经贸委联合省科技厅、省环保局向全社会发出倡议，正式启动了该省清洁生产工作。并相继出台了一系列指导性文件。省经贸、科技、环保部门制定出台《广东省清洁生产联合行动实施意见》，明确了清洁生产的指导思想、组织领导和总体目标，确定了在“十五”期间实现“三个100”的目标，即培植100家高标准、规范化的清洁生产示范企业，推出100个原污染严重、经治理效果明显的清洁生产典型案例，研发和推广100项以上成熟有效的清洁生产技术和产品。制定《广东省清洁生产企业验收管理办法(暂行)》，建立起由省三个部门分头带队、专家现场考评打分的验收制度，确保清洁生产审核验收工作规范进行。

目前[13]，由省经贸、科技、环保等三部门联合验收命名的“清洁生产企业”达到52家，广东省环保局开展“强制性清洁生产审核”的污染物排放超标超总量企业共133家，同时还组织建立了“清洁生产技术依托单位”24家。

广东省率先在全国设立清洁生产科技专项。2001年，省科技厅设立了“广东省传统产业清洁生产技术与示范”重大专项，计划连续五年投入资金3 000万元。几年来，累计支持传统行业49个项目清洁生产科研开发、技术攻关和示范项目建设，有效提升了传统行业清洁生产科研和技术水平，使该省造纸、建筑、陶瓷、电镀等行业清洁生产水平在全国领先，带动了相关行业清洁生产的推广。为了鼓励更多企业自主开展清洁生产，2005年，省政府拿出500万元，对清洁生产先进企业给予奖励，对清洁生产组织工作成绩突出的单位给予表彰。

同时广东省还充分利用“粤港环境和可持续发展合作小组”的渠道，设立“粤港两地企业开展节能、清洁生产专题小组”，与香港特区政府的相关部门开展互访交流活动，建立双方的日常工作联系，加强两地政府的合作。

近年来，广东省先后确定三批共75家企业为广东省清洁生产企业。这批企业内部进行清洁生产培训，撰写清洁生产审核报告，确定降低能耗、物耗、削减废物产生的方案并付诸实施，75家企业清洁生产总投入为96 647.86万元，清洁生产实现经济效益共109 312.92万元，实现的经济效益是投入的1.13倍，其中节约原辅材料2 096.49万元/年；节水3 222.05万吨/年，节电33 848.24万千瓦时/年，减少废水及其他废液排放326.29万吨/年，烟尘和粉尘排放减少221.23吨/年，二氧化碳减排3 044.54吨/年，固废减少367.5吨/年。

(3)香港特别行政区[14]

香港加大环境保护力度。近年来，随着电力产能增加，整体环境污染加重，要求控制排放污染物成为整个社会的共识。顺应社会要求，特区政府动用行政权力，与香港电灯和中华电力两家电力公司谈判,要求其推行节能措施,持续减少废物排放,以改善香港空气质量。经过多年反复磋商,双方达成的协议规定,二氧化碳、硫化物、氮氢化合物等,任何一项排放超标都会降低收益,超标10%,扣减收益率0.2%;超标30%,扣0.4%,扣减收益最高可达3亿港元。“两电”排放若低于上限10%,便可获增收益率0.05%;低于上限30%,可增0.1%。

特区政府还积极部署实施“清洁生产伙伴计划”,拨款1亿港元给生产力促进局,协助珠三角港资工厂采用清洁生产技术和清洁生产工序,积极改善珠三角空气质量。整个计划将在指定的8个最大污染行业中,为1 000间厂作验身,再拣选90间作为示范企业,资助它们应用环保、节能技术,第三阶段是为1 000~2 000间厂定期覆检,三个阶段未必重复,故更能收辐射作用,令珠三角逾15 000间厂都进行清洁生产。香港特区政府希望通过这一计划,调动商业机构参与环保的积极性。有关计划为期5年,将于2008年4月展开。改善空气质量是粤港双方环保合作的首要工作。粤港两地目前正合力落实共同执行《珠江三角洲地区空气质素管理计划》,致力在2010年或之前把区内的二氧化硫、氮氧化物、可吸入悬浮粒子和挥发性有机化合物的排放量,以1997年的数据为参照基准,减少20%至55%。

(4)上海市

上海市经委与市发展改革委、市环保局、市科委、市农委共同制定了上海市贯彻《中华人民共和国清洁生产促进法》的实施意见。该实施意见于2003年10月以市府办公厅(2003)41号文发布至各相关委办局和区县,并成立了上海市推进清洁生产的领导和协调机构,形成了全市有关职能部门联合推进清洁生产的新局面。

同时,该市还建立了清洁生产信息服务平台,为企业提供网上清洁生产的动态信息、循环经济、生态工业和清洁生产案例、政策法规等有关内容。依托本市工业系统、大专院校和科研院所雄厚的科技力量建立了本市清洁生产专家库,共有六百多名以教授级高级工程师为主的行业专家成为本市清洁生产专家库的基本成员,其涵盖了化工、冶金、医药、发电、纺织、机电、轻工、电镀、新材料等众多行业,为中小企业提供清洁生产技术服务和技术咨询。上海市在第二轮环保三年行动计划期间(2003~2005年)选择了有代表性的50家企业开展清洁生产试点示范。各个试点示范企业的清洁生产方案涉及方方面面,包括产品设计、清洁工艺、清洁设备改造、过程控制、清洁产品、清洁能源、余热利用、废弃物循环利用、有毒有害原料替代、水的重复利用、加强管理和人员培训等等。通过努力,清洁生产试点企业普遍取得了较大的经济和环境效益。2004年至2006年市财政每年拨专款500万元,用于补贴清洁生产试点示范企业。

(5)辽宁省

辽宁省建立了清洁生产技术支持体系,共成立了10个清洁生产审核机构,组建由30余名国内知名的清洁生产专家和行业专家组成的辽宁省清洁生产审核技术指导组,培养了724名清洁生产审核员,其中内审员658人,外审员66人,58人取得国家清洁生产审核师资格,同时还培养了10名清洁生产高级审核员作为省清洁生产培训教员。省政府每年在安排固定资产及技术改造工程项目中都要优先安排清洁生产示范项目,明确要求各地区必须将排污费总额的10%用于清洁生产试点和示范工作,几年来共投入资金5 000多万,用于清洁生产审核和促进项目的实施。

目前,全省共有618家重点污染企业开展了清洁生产审核,实施清洁生产审核方案9 736个,投入资金57.3亿元,年新增经济效益31.2亿元,节水1.94亿立方米,节电3.08亿千瓦·时,节煤160万吨,减排工业废水3.03亿吨,减排二氧化硫1.89万吨、烟粉尘16.99万吨。在冶金、电力等行业开展创建清洁生产示范活动,创建废水“零排放”企业50多家。其中6大煤矿中的21个洗煤厂,已有19个基本实现了洗煤废水“零排放”;7家大型钢铁公司中,有4个基本实现了轧钢废水“零排放”;8家大型选矿厂中,有5家基本实现了选矿废水“零排放”;13个大型燃煤电厂,有8个基本实现了冲灰水“零排放”,其中北票电厂、大连发电总厂、沈阳热电厂和辽宁电厂已实现厂区生产废水的“零排放”。同时,在石化行业大力推广中水回用,抚顺石油二厂和锦州石化分公司已实现日回用中水1.2万吨;大连石化公司在国内同类炼油厂中淡水消耗最低,随着其日处理5 000吨的海水淡化装置以及回用春柳河污水处理厂外排水的投入使用,预计到2008年大连石化的生产可实现基本不用自来水。鞍钢作为全国循环经济试点,实施钢铁渣开发、瓦斯泥、转炉煤气、水资源和余热回收等40多项工程,基本实现高炉、焦炉、转炉煤气的“零排放”,当年新渣全部回收利用,实现负能炼钢。

另外,从2006年起,辽宁省在全省范围内开展了创建清洁生产示范企业活动,省经委、省环保局以辽经资源[2006]78号文件下发了通知并在全省进行全面部署,以冶金、石油化工、有色、煤炭、电力、建材、轻工、纺织、机械等行业以及污染严重的区域、流域的工业企业为重点,树立一批清洁生产示范企业。通过示范,倡导清洁生产理念,树立清洁生产典范,引导更多企业转变发展思路,实现污染防治从末端治理向全过程控制转变。

2.重点行业发展情况

(1)钢铁

20世纪90年代开始,中国钢铁工业逐渐明确了清洁生产的系统观念,重视从源头治理开始做起的思路,在结构调整中,重点抓好对清洁生产关系最大的几项措施:

• 淘汰低效率、高消耗、质量差、污染严重的落后生产工艺、装备和产品,全面推进以高效率、低消耗、优品质、低成本为目标的连续和紧凑新流程的发展。其核心则是大力发展连铸、高效连铸和近终型连铸连轧新工艺。

• 大力提高钢铁生产精料,资源综合利用排放物资源化和无害化处理的水平,积极研究应用,推行大幅度降低水、能源和各种原材料消耗的先进工艺装备,努力实现零排放的目标,迅速提高余气、余能回收与尘泥、炉渣分级处理回收利用的水平。

• 优化产品结构,大力增加“绿色度”高的品种产量(如:冷轧硅钢、H型钢、高强度钢筋等等)。

• 大力推动信息技术改造钢铁工业的各项工作。

由于采取了以上措施,中国钢铁工业清洁生产取得了一系列重大成就:钢产量大幅度增加,单位能耗大幅度下降;流程整体优化步伐大大加快;排放物的无害化,资源化处理水平有了提高;基本原材料质量水平提高;淘汰落后工艺装备与品种的工作已有长足的进步;品种结构优化取得显著成绩。

(2)电镀

电镀是制造业中不可缺少的中间环节,由于我国电镀企业大部分是中小企业,规模小而数量多,因而主要依靠各地方的电镀行业协会来推进清洁生产,规范电镀企业的行为、治理其环境污染。行业协会主要开展了如下工作:

• 开展清洁生产的宣传与培训

组织企业学习《清洁生产促进法》和《清洁生产审核暂行办法》,让企业人员充分了解清洁生产知识,掌握清洁生产审核方法,为在企业中开展清洁生产审核打下了基础。

成立了“中国表面工程协会清洁生产指导委员会”,秘书处设在北京电镀协会,为全国电镀行业在推动清洁生产方面提供了一个交流的平台。

2005~2006年期间,在无锡、杭州、大连举办了三期清洁生产审核师培训班,共培训出200余名清洁生产审核师,涉及北京、上海、江苏、浙江、辽宁等13个省市和香港特区及日本某化学公司。通过培训,为北京和全国各地电镀行业的清洁生产审核提供了人才。

• 开展清洁生产审核

电镀企业生产中大多使用有毒有害原料,且排放物中也含有数量不等的有毒有害物质,因此,据《清洁生产促进法》的规定,电镀企业需实行强制性审核。

近两年来,许多省市的电镀行业开展了清洁生产审核,例如,杭州、大连、上海、无锡、宁波、太原等地的电镀协会与市经委、市环保局等部门合作开展电镀企业的清洁生产审核。其中,杭州市表面工程协会已配合市政府为39家电镀企业进行清洁生产审核。

行业协会在为企业的清洁生产审核咨询服务过程中,重点是企业加强管理和科技创新。企业管理不善是造成资源浪费和污染严重的重要原因之一。科技创新对于清洁生产也是很重要的,例如,电镀行业的节电很大程度是依靠高频开关电源代替硅整流器、红外加热烘干代替电炉丝加热、采用高电流效率镀液配方实现的,北京中科三环公司的进一步节水是采用了PCF纤维过滤器代替传统的沙滤罐实现的,减少污染物产生是因为创造了很多减少镀液带出的措施。所以,清洁生产依赖于科技不断创新而不断发展。

• 清洁生产审核前置

北京许多电镀企业由市区搬迁到郊区,北京电镀行业协会配合环保部门进行了清洁生产审核前置,就是用清洁生产的标准去衡量搬迁企业在新址的场地、建筑、工艺、设备、环保设施设计方案是否符合清洁生产的要求,防止完工后再进行改动,节省这些企业的时间和改造费用。

• 参与制定有关行业清洁生产的标准

北京电镀协会协助国家发展和改革委员会、环保总局,制定《电镀行业清洁生产评价指标体系》,参与制定国家环保总局组织的“电镀行业污染物排放标准及测量方法”等。

由于各省市电镀行业协会积极配合发改委、环保局,开展一系列清洁生产推进工作,使电镀行业在环境和经济两方面取得了较好效益。

6.3.4 推行清洁生产遇到的问题[15]

推行清洁生产十多年来,我国的清洁生产工作取得了令人瞩目的成就,据实施清洁生产审计试点的200多家企业统计,获得经济效益达5亿元。而这些成绩与应该取得的效益还有很大差距，存在许多亟待解决的问题，主要是：

• 缺乏完善的法律法规体系，影响了政府部门和企业的积极性。

• 企业清洁生产审计的成果持续性差。企业对清洁生产审计大都选择无/低费方案，缺乏大资金投入来实现高费方案，清洁生产无法形成一种持续改进的势头，也难以达到较大的规模。

• 企业实行清洁生产的成本高，实施清洁生产不如不实施清洁生产更经济，企业实施清洁生产的动力不足。

• 清洁生产技术支撑体系严重滞后。

• 清洁生产的宣传教育没有跟上社会要求。

解决以上问题的根本办法就是要完善实施清洁生产的法律法规、制定推动企业开展清洁生产的经济调控政策，促进政府机构、企事业单位、社会团体等所有组织自觉、持续实施污染预防，全社会推行清洁生产。

为更好地在我国实施清洁生产，建议从以下几个方面做好工作：

• 逐步完善法律制度建设，切实解决清洁生产实施中的突出问题，为推行清洁生产提供法律依据。

• 用清洁生产的原理和思路调整工业结构、产业结构、能源结构和产品结构，促进企业实施清洁生产。

• 把推行清洁生产与发展生态工业和循环经济有机结合起来，提高清洁生产的渗透力。

• 推进清洁生产与环境管理体系 ISO 14000 的结合，提高推行清洁生产的效果。

• 建立绿色 GDP 核算与考核体系，加大政府推行清洁生产的力度。

• 建立完善清洁生产技术支撑体系，加强对清洁生产的技术支持，鼓励企业科技创新。

• 以市场驱动策略推行清洁生产，要把拓展清洁生产和企业的经济效益联系起来，保证实施清洁生产的组织获得更好的经济效益。

• 积极拓展国际合作的渠道，引进国外发达国家实施清洁生产的经验、工艺和技术，探索适合中国国情的实施清洁生产的措施和政策，从而促进我国的清洁生产。

• 采取多种形式的宣传培训，使企业充分认识清洁生产，了解清洁生产能使企业节约成本、环保及提高企业在市场上的竞争力，使企业主动实施清洁生产。

6.4 深圳清洁生产是如何规划的，发展现状如何

6.4.1 为什么说深圳必须推行清洁生产

深圳作为一次性能源严重缺乏的城市，大部分工商企业存在 20% 以上的能源浪费，同时存在以废水和废气为主的工业污染。清洁生产作为发展循环经济的一项重要内容，可从源头上削减污染，提高资源利用效率，减少或避免生产、服务和产品使用过程中污染物的产生和排放，达到节能、降耗、减排、增效的目的。

深圳市非常重视循环经济发展工作，自 2000 年以来，专门成立了工作组，在充分调

研、广泛征求意见的基础上，起草了《深圳经济特区实施清洁生产促进法的规定》，该规定对如何制定与实施清洁生产推行规划，以及清洁能源的推广措施等做了规定，同时，全面启动了《深圳经济特区环境保护条例》《深圳市医疗废物集中处置管理若干规定》等专项立法工作，为我市推行清洁生产提供法律保障。目前，“促进绿色消费管理办法”、“废旧电子产品回收利用管理办法”、“废旧容器和包装物回收利用管理办法”、“废纸回收利用管理办法”、“废旧轮胎回收利用管理办法”等也正在制定之中，这些法规将进一步明确政府、企业、公众在发展循环经济和清洁生产中的权利和义务。此外，还制定下发了《深圳市清洁生产实施意见》，对实施清洁生产的组织协调，近期目标、中期目标、远期目标、具体任务及政策措施都做出了明确的规定。

为逐步推广落实清洁生产的各项措施，深圳环保部门于2002年，结合市情，参考内地实践，先后组织了五家试点企业开展清洁生产，其中奥林巴斯工业有限公司、粤宝电子有限公司、市危险废物处理站、富士施乐高科技有限公司等试点企业取得了较好的清洁生产成效，并被省经贸委等部门认定为广东省清洁生产企业。通过试点，这四家企业不仅达到了清洁生产的预防污染、减少资源消耗、提高资源利用、减少污染排放的目的，取得环境效益、经济效益及社会效益的有效统一。同时，还提高了职工的清洁生产意识，改变了传统的环境管理模式，提升了企业的管理水平。

2004年，深圳市组织全市重点行业实施清洁生产工作计划，针对行业现状，选择能源、印染、电子、化工、电镀五个行业的15家企业开展清洁生产示范工作。通过推行清洁生产，除了使这些企业建立起清洁生产机制外，还取得了基于清洁生产的企业竞争战略、重点行业清洁生产工作指南、重点行业清洁生产关键共性技术等五个成果，用于指导全行业开展清洁生产工作。

2006年，深圳市加快推进清洁生产审核[16]，环保部门重点开展15～20家强制性清洁生产审核。贸工部门也加快相应清洁生产示范企业的审核工作。已有1家企业在广东省率先通过国家环境友好企业审核，1家企业成为全国唯一一家线路板类国家级清洁生产示范企业，4家企业获得广东省清洁生产示范企业称号，对33家企业实施了强制性清洁生产审核、15家企业实施了自愿性清洁生产审核，130多家企业开展的工业废水回用工作也取得了较好成效，从而减少了企业资源消耗、提高了资源利用的水平。

深圳市在推进清洁生产的过程中，全面开展环境综合整治，创建生态工业示范区，如“葵涌高新技术产业生态走廊”，从基础设施建设、招商引资、项目开发等多方面落实环境保护及清洁生产的各项措施，取得了良好的效果和发挥了示范效应。目前，深圳市楼村、白花村、西坑村、江岭村、新生村获省生态示范村称号，石岩、公明、葵涌、横岗、坑梓、大鹏、南澳获广东省生态示范镇称号，成为广东省生态示范区最密集的行政区域之一。

为了有效削减工业污染负荷，深圳环保局大力推行清洁生产与ISO 14000认证，引导企业履行环保职责。2006年，已有235家企业通过ISO 14000认证，这些企业通过加强内部各个环境要素管理，不断提高资源利用和节约水平，减少废物排放，持续实施环保和清洁生产，取得了环境效益、经济效益及社会效益。

6.4.2 深圳推行清洁生产的计划是什么

2006年4月20日，为加快推动深圳市循环经济发展，转变经济增长方式，提高城市综合竞争力，深圳市制定了《深圳市全面推进循环经济发展近期实施方案(2006～2008)》，方案里明确指出了近几年深圳市清洁生产的主要任务[17]：

(1)积极推行清洁生产，实现生产环节生态化。制定《深圳市清洁生产审核办法》，制定10个重点行业清洁生产技术指引，完成50家企业清洁生产强制审核。

(2)建设生态型示范园区。在市高新区、龙岗大工业区、东部华侨城、光明农业示范区等条件具备的大型园区，进行生态型园区示范，制定试点园区工作方案并组织实施。

(3)淘汰落后工艺、技术和重污染企业。拟定《深圳市五年内拟退出的重点污染行业、工艺、技术、企业名录》，制定关、停、并、转、迁时间表和具体措施。

(4)加快调整产业结构、改造提升传统产业。进一步鼓励和吸引资源消耗低、环境污染小、科技含量高的产业在我市发展壮大。对规划建设的服装、黄金珠宝、钟表等传统产业园区和产业集聚基地进行生态化评估。

6.4.3 深圳实施清洁生产的行动有哪些[18]

(1)加强组织领导，发挥职能部门作用。在认真贯彻落实国家《清洁生产促进法》的基础上，结合深圳市实际，制定了《深圳市清洁生产实施意见》，并由市贸工局牵头，联合12个有关政府部门成立了“深圳市清洁生产协调小组”，统筹协调积极推进该市清洁生产工作的开展。

(2)加强清洁生产宣传，强化清洁生产意识。通过电视、广播、报纸杂志和网络等媒体宣传国家、省、市有关清洁生产的政策法规。特别是加强了对通过省经贸委清洁生产审核验收的企业的宣传，树立典型，以点带面，使更多的企业认识到清洁生产给企业给社会带来的实实在在的好处，让更多的企业自觉参与到清洁生产中来。

(3)分工合作，共同推进。为便于工作出发，根据政府职能部门工作管辖情况，深圳市对推动清洁生产审核工作进行了分工，对于强制性清洁生产审核的，由市环保部门提出企业名单，限期完成清洁生产审核验收；同时，大力鼓励企业自愿参加清洁生产审核，对于这类企业，由市贸工部门负责引导并推荐中介机构组织实施。

(4)发挥中介机构作用，科学指导清洁生产。为了使清洁生产工作科学、有序、稳步推进，深圳市与清华大学共同成立了“深圳－清华清洁生产研究中心”，目前，深圳市清洁生产咨询服务、技术指导工作，主要委托该中心来完成。具体做法是：“中心”与企业签订清洁生产技术咨询服务合同，市贸工局根据“中心”与企业签订的合同情况再与“中心”签订清洁生产责任协议书，“中心”必须按合同协议书完成各项工作，最终使企业通过省级清洁生产审核验收。

(5)政府出资，企业收益。为鼓励企业积极开展清洁生产活动，减轻企业负担，目前，深圳市清洁生产中介技术咨询服务费全部由政府负担(市政府能源基金列支)，按清洁生产进度分阶段支付，企业无须支付任何中介费。

(6)对通过省清洁生产审核验收的给予奖励。为巩固发展清洁生产成果，奖励在实施清洁生产工作中有贡献的同志，对通过省清洁生产审核验收的企业，将给予10万元的奖励（省经贸委奖5万元，市贸工局奖5万元）。

6.4.4 深圳实施清洁生产有哪些具体措施

1.深入开展“鹏城减废行动”，引导企业自觉进行清洁生产[19]

“鹏城减废行动”是一项由政府引导、企业自愿参与的环保专项行动，政府通过采取政策激励、技术帮助、资金奖励等方式，鼓励企业大力提高单位资源产出效益，降低资源能源消耗，减少生产过程废弃物的排放，为企业提供了一个体现社会责任、展示环保形象的机会和平台，是深圳市落实科学发展观、发展循环经济的一项具体举措。深圳组织数十家企业开展清洁生产示范，已有20多家通过省级审核验收。全市上百家企业参与“鹏城减废行动”，50家企业实现了减废目标。全市137家重点用能单位，已有60多家建立了节能管理制度，部分企业实现了节能15%的目标。同时，市政府启动37个循环经济示范项目，其先导效应正在形成。

2006年4月12日，深圳市人民政府办公厅印发了《深圳市“鹏城减废行动”工作方案》，成立了“鹏城减废行动”指导委员会，负责对减废行动的部署、指导、审核、验收等工作。同时方案还指出本次行动内容旨在组织和动员企业制定污染削减计划、使用清洁原料、改进生产工艺、提高环境管理水平等工作，削减废物产生、减少污染排放。对取得一定减废效果的企业，授予“鹏城减废标志”；对取得卓越减废效果的企业，授予“鹏城卓越减废标志”的同时并给予奖励。规定企业减废活动按照申请参与、组织考评和授予标志的程序进行。考评工作由市“指导委员会办公室”根据企业申请，组织有关部门负责人、专家参加的考评组，通过检查档案、现场抽查和问卷调查等方式进行考评。2006年4月13日，深圳市召开新闻发布会，介绍减废行动内容，启动网站和热线电话，号召广大企业积极参与，“鹏城减废行动”正式启动。

为推动企业更加深入广泛地参与到资源节约和环境建设中来，深圳市政府决定从2007年起实施“环保资助计划”，设立了“鹏城减废先进”奖，每年拨款3 000万元，专门用于奖励企业实施绿色生产，并对企业开展环保科研工作给予资助。

2007年，深圳市环保局继续推出10项举措，做好、做实企业参与的平台，吸引更多企业积极加入节能减废、绿色生产的行动中来。同时，还进一步完善了鹏城减废行动考核办法和奖励办法，对60家鹏城减废培育企业开展了培训，召集30家获奖企业举行了经验交流会，目前已有26家企业主动申请参与鹏城减废活动。在推行清洁生产审核中，11家企业通过了广东省清洁生产专家评审，5家企业申报国家环境友好企业。深圳唯一“全国优秀清洁生产企业”竞华公司，从屡收环保罚单变成清洁生产典范，去年节水32万吨、节电300万千瓦·时，减少固体废物297吨，产生总效益502万元。金威公司投资超千万元实施中水回用、洗瓶机废碱液及冲洗水回收、污水处理好氧曝气自控改造、空压机变频改造等10余项改造，提升了整个生产系统的运行效率，仅空压机变频改造每年就节电30万千瓦·时，包装车间冷凝水回收利用每年节水1.2万吨。理光深圳公司通过改善包装箱，每年节约资金2 617多万元，减少废弃物约5 000吨。

2.正式实施《深圳市清洁生产审核实施细则》,加大清洁生产的管理力度

清洁生产审核是实行清洁生产的前提和基础,也是评价各项环保措施实施效果的工具。2007 年 6 月,深圳海量存储、理光、长城开发科技等 11 家企业在经过省技术专家的“挑三拣四”后,成为第五批省级清洁生产企业。与此同时,《深圳市清洁生产审核实施细则》开始正式实施,自愿开展清洁生产的企业一旦通过验收,将获得诸多优惠和奖励。此次参加省级清洁生产示范验收的 11 家企业主要是生产型企业。通过清洁生产,企业节能减排效果十分明显:如南山垃圾电厂实行清洁生产后,生产成本下降 346 万元,水耗、油耗等指标大幅下降;东江环保沙井处理基地已实施的清洁生产项目中,减少了粉尘和燃油黑烟,每年产生 200 多万元的经济效益。为提高企业实施清洁生产的积极性,鼓励更多企业节能减排,2007 年深圳市财政拿出专项资金,首次对清洁生产验收达标的企业进行奖励。凡获省级清洁生产示范的企业,在省里奖励 5 万元的基础上,深圳还将奖励 5 万 ~ 10 万元。

《深圳市清洁生产审核实施细则》的正式实施,意味着深圳市将更有力地推进清洁生产。按照《细则》,污染物排放超过国家和省级标准,或总量超过我市排放控制指标的污染严重企业,以及使用有毒有害原料进行生产或生产中排放有害物质的企业,将实施强制性清洁生产审核。

3.建章立制,从法律、制度层面来推进节能降耗

深圳相继出台了《推动节能工作实施方案》,以及《资源综合利用条例》、《再生资源回收利用管理办法》、《清洁生产实施意见》等节能降耗方面的指导性法规、规定。《深圳市建筑节能管理条例》则是全国第一部建筑节能的地方法规,明确政府将对建设项目从立项、设计、施工直至竣工验收进行全过程控制。此举意味着:建设项目是否节能,今后在深圳不再是“可有可无”,而是一项决定工程能否上马和通过验收的硬指标。

根据国家下达的减排目标,2010 年深圳市的主要污染物排放将在 2005 年的基础上削减 20%。为实现这一目标,深圳市制定了《“十一五”期间污染减排工作方案》和《“十一五”期间主要污染物排放总量控制计划》,明确了加强实施污染减排工程建设、深入推进经济结构调整、严格环保准入、强化环境监督管理、加快污染减排“指标、监测、考核”三大体系建设等五大任务。

2007 年 3 月 14 日,为落实《深圳市治污保洁工程实施方案》和《深圳市治污保洁行动计(2006 ~ 2010 年)》,结合国家环保模范城市复查新的考核要求与指标、“十一五”期间国家和广东省对深圳市的污染物总量控制目标要求、《2006 年、2007 年珠江综合整治重点工作任务与考核指标》以及《广东省跨行政区域河流交接断面水质保护管理条例》的相关规定,制定《2007 年深圳市实施治污保洁工程主要目标及任务分解方案》,提出了 2007 年治污保洁工程主要目标和任务。

2007 年 12 月 5 日,为推进节能减排工作,促进产业结构优化升级,以环境保护优化经济增长,促进经济、社会与环境保护协调和可持续发展,深圳市制定了《深圳市重污染行业减排和优化升级工作方案》,确定到 2009 年底,全面完成深圳市电镀和印制电路板行业减排和优化升级工作,行业重金属污染物排放总量在 2005 年基础上削减 40%,废水重复利用率超过 60%;2010 年底,全面完成印染、造纸、有机溶剂污染行业、生活污水处理行业、规模化养殖行业以及电力行业减排和优化升级工作,全市 COD 排放总量在 2005 年基础上削减 20%,大气二氧化硫排放总量削减 20%,行业中所有使用落后工艺、技术、设备,以及超标超量排放污染物而又无法治理达标的重污染企业一律依法停产关闭。

通过完善各项法规、制度,深圳市的“节能减排工作”取得了阶段性成果。截至 2007 年第三季度,深圳市已完成“十一五”期间化学需氧量减排任务的 19.5%,二氧化硫减排任务的 24.1%。2006 年,深圳万元 GDP 能耗为 0.576 吨标准煤,较 2005 年下降 2.81%,是全省平均 0.771 吨的 74.7%,是全国平均 1.206 吨的 47.76%。同期,深圳万元工业产值的能耗下降 3.04%。

6.4.5 深圳清洁生产案例

1.深圳市东江环保股份有限公司

主要做法:

• 将工业废物收集分类,通过化学、物理、生物等手段对废物进行无害化、减量化处置和资源化利用,生产出金属盐、有机溶剂、矿物油、脂肪酸等;

• 对无利用价值的废物通过清洁焚烧、安全填埋作最终处理;废水则经物化、生化等方式处理后达标排放;

• 填埋气体综合利用项目开创循环经济发展新模式,即将生活垃圾填埋场产生的沼气转换为电能。减少环境污染、降低温室气体排放的同时还可获得宝贵的清洁能源,极具推广价值。

初步成效:

• 深圳市东江环保股份有限公司成立于 1999 年 9 月,国内第一家在境外上市的民营环保公司,广东省和国家环保骨干企业,“国家资源节约及环境保护重大示范工程”单位,国家首批循环经济试点单位。《福布斯》中文版“2006 中国潜力 100 榜”排名第 40 位。

• 东江环保目前已建立处理基地超过 8 个,形成每年 20 多万吨工业废液、固体废物的收集处理能力。2006 年累计处理含铜、锡等废液(水)及污泥 10 余万吨,转化为各类再生产品 5 万余吨,资源回收率超过 99%,共创造产值 4.7 亿多元,实现利税 1.2 亿元。

2.银星高科技工业园

主要做法:

• 全面贯彻“功能分区”、“清洁生产”、“污染集中控制”等环保策略,先后投入 3 000 多万元建设园区基础环保设施。

• 园区企业建立物、能交换联系,在园内完成再生资源回收与再生资源利用两大循环链。

• 建筑屋顶涂刷隔热防晒漆,窗户玻璃张贴隔热防晒膜。

• 超前建设处理能力 20 万吨/年的废品处理厂,担负园区各企业间副产品交换与废旧物资回收、加工和再利用。

• 园区雨污分流,太阳能集热、照明。

• 入园企业均制定循环经济实施方案。

初步成效：

- 太阳能系统及阀片叠烧技术年节电 60 万千瓦·时。
- 雨水收集及中水回用系统年节水 60 万吨。
- 清洁生产每年可减少不可降解垃圾 600 吨。
- 废硒鼓再生利用年回收碳粉 100 吨，相当于减少对 3 000 万吨水源的污染。
- 隔热防晒系统能阻隔 60% ~ 80% 的太阳能，可降低室温 3 ~ 5 摄氏度。

3.创隆实业(深圳)有限公司

从源头上削减重金属镉的使用，让产品符合欧盟 ROHS 指令，以绿色环保赢得国际品牌订单。

无镉工艺：公司进行工艺开发，改用工艺更先进的无镉 18K 工艺取代 18K 金铜镉工艺用于钟表精饰。随着无镉镀层的推广使用，从源头上也限制了镉的使用，电镀液毒性降低，对员工的健康有利，而排放的废水中也不含重金属镉，减少了对环境的影响，可谓一举多得。

废水处理：公司安装了先进的废水回用系统，利用膜分离技术，对回调池废水进行吸附截留有机物、胶体和金属氧化物等，同时进行脱盐处理，使废水回用处理后符合电镀漂洗水工艺用水要求。由于废水回用处理设施的运行，公司的废水回用量和废水排放量有了明显的变化。据统计，今年 1 月至 8 月，公司平均每月排放废水 3 144 吨，同比每月节约用水 2 477 吨，直接经济效益超过 7 万元。

绿色理念：公司在工资、奖金分配、升降职等多方面，充分与清洁生产、减废节能相挂钩，并配合公司的岗位量化管理，将清洁生产作为岗位量化的一项重要内容，要求员工根据自身工作实际，提出方案和各种建议，经采纳实施取得明显经济效益和环境效益的，公司对方案提出者给予一定的奖励，并在工资、奖金、升职等相关考核方面进行量化加分。据不完全统计，方案的提出和实施后取得了明显的经济效益，其中，无费用和低费用方案投资 6.47 万元，产生直接经济效益 27.1 万元；中费用和高费用方案共投资约 109 万元，创造经济效益 252 万元。

4.深圳深南电路有限公司

推行废水回用新技术，对排放废水进行细致的分类、处理，将需排放的废水部分经深度过滤、杀菌处理后，回用到生产线对水质要求不高的蚀刻、磨板等工段中，每天节约自来水消耗 100 余吨。

公司还将生产线用水量较高的电镀工序进行改造，将电镀后的废水、微蚀后的废水引入到电镀线褪镀后的清洗槽中，每年节约自来水 9 万吨，减少废水排放 9 万吨。

公司逐步取消了产品部分工段的烘干、烘烤工艺，照明采用节电器、水泵并联电容器、优化工序保养等方式，每年总计节约用电 400 余万千瓦·时。

在龙岗坪地高桥开发区建设新厂，其在环保设施、资源循环利用方面投入 4 000 余万元，把新厂建成一个生态优美的工业园区。新工程竣工后，可实现外排废水 70% 的回用率，万元产值水耗、能耗要求比目前进一步降低 15%。

5.深圳理光

创造性地增加了“资源返还(return)”和“拒绝使用(refuse)”，并将“5R”原则始终贯穿于企业设计、采购、生产、经营的全过程,严格控制废弃物产生和排放。

公司每年从改进管理方法和作业工艺等方面提出节能减排和资源再利用的提案,大大小小有十多个提案付诸实施。去年理光公司仅在办公用纸的再利用方面,通过技术改造等活动就节省用纸 76 吨,废纸处理成本和对环境的污染均大大降低。

同时,该公司针对生产过程中一些污染性较大的化学药品和原料,通过对废弃药品和边角料进行回收再资源化处理,使其重新投入使用,减少危险废物处理成本和污染负荷。仅用蒸馏净化方法回收处理化学清洗药品这一项措施,每年就能减少采购约 10 吨化学药品。

作为生产基地,深圳理光经常向海外据点输送产品,以前采用一次性的纸箱包装,不仅占用大量人力和空间,而且也不经济环保。本着减少浪费的原则,公司将所有产品包装改成了可循环使用 20 次的简易包装,仅一个型号的机器每年可递减 94.5 万元的材料成本。去年,通过实施简易包装减少产生的一次性纸箱废物就有 148 吨。

在深圳理光的生产车间里,每天数千台成品源源不断下线,运往理光在海内外的不同据点;与此同时,每天大量来自供应商的零配件输送到深圳工厂。然而这里却很少看到传统的纸箱、垫板等包装材料,取而代之的是由塑料板、钢管和零件等构成的可折叠、可拆卸、多用途的新型"胶箱"。通过采用循环使用的胶箱,公司每年可节约采购成本 300 万元。

6.4.6 深圳清洁生产的努力方向

深圳清洁生产工作开展几年了,在推动企业清洁生产也积累了一些经验,今后深圳还要在此基础上,继续坚定不移地推进清洁生产,把它作为落实科学发展观,实现经济、资源和环境的协调、可持续发展的重要举措,认真加以贯彻实施,为此要做好以下几方面工作:

(1)进一步完善清洁生产联动机制。在现有的各有关部门形成的清洁生产联动机制的基础上,实施市、区、街道办三级联动计划,分解任务,层层落实,要形成分工合作,合力推动的良性机制,争取在未来的三年内全市有 600 家企业通过清洁生产审核验收。

(2)研究制定地方鼓励清洁生产的政策和激励机制,以及配套规章,形成比较完整的法规体系、政策体系和激励机制,并列入深圳市正在制定的循环经济法规的重要组成部分加以贯彻落实。

(3)在继续推行重点行业实施清洁生产工作计划基础上,进一步将清洁生产理念引入我市产业集聚基地及大工业区建设过程中,实现从企业循环到社区循环的升级。

(4)坚持每年从市能源基金中安排一定数量资金用于扶持清洁生产示范和审核工作,同时要进一步拓宽扶持资金渠道,初步拟定由市、区、街道各出一部分资金对清洁生产企业给予奖励,要在目前省经贸委、市贸工局各奖励 5 万元(共 10 万元)的基础上加大奖励力度。

(5)在清洁生产审核技术咨询服务中引入竞争招标机制,要选择技术实力强、服务质量好、价低质优的中介组织来为企业清洁生产咨询服务。

主要参考文献

[1] 肖泉,等. 清洁生产与循环经济知识问答[M].化学工业出版社,2007.

[2] RALPH A LUKEN, JAROSLAV NAVRATIL. A programmatic review of UNIDO/UNEP national cleaner[J].Journal of Cleaner Production.2004(12):195-205.

[3] 李春生. 美国清洁生产法律制度及其对我国清洁生产的启示[J]. 内蒙古财经学院学报,2005.9.

[4] 矫学成,等. 日本发展循环经济的做法与经验借鉴[J]. 环境与可持续发展,2007.6:10-14.

[5] 可持续发展问题世界首脑会议成果[C].全球部长级环境论坛,2003-02-03.

[6] 翟青. 清洁生产要与结构调整结合起来[EB/OL]. [2006]国家发展和改革委员会资源节约和环境保护司网站.

[7] 段宁. 学习《清洁生产促进法》搞好强制性清洁生产审核[EB/OL]. [2007]国家清洁生产中心网站.

[8] 郭启民. 大力推进重点企业清洁生产审核[EB/OL]. [2007]国家环保总局网站.

[9] 国家重点行业清洁生产技术导向目录[EB/OL]. 国家环保总局网站.

[10] 国家如何鼓励清洁生产的国际合作[EB/OL]. [2007]中国环保网.

[11] 部分省(市)清洁生产工作座谈会交流材料 [EB/OL].中华人民共和国国家发展和改革委员会网站.

[12] 广东省清洁生产工作情况汇报[EB/OL]. [2006]国家发展和改革委员会资源节约和环境保护司网站.

[13] 清洁生产的审核. 广东省清洁生产网.

[14] 提倡加鞭策,环保有章循:香港加大环境保护力度[N]. 人民日报海外版,2008.

[15] 王昕杰. 推行清洁生产如何发挥政府的主导作用[C]. 中国环境科学学会学术年会优秀论文集,2006.

[16] 深圳市治污保洁领导小组办公室.《2006年度深圳市环境保护工作白皮书》完成情况总结.

[17] 深圳市人民政府.深圳市全面推进循环经济发展近期实施方案(2006~2008).

[18] 深圳市鼓励企业清洁生产、推动循环经济发展——部分省(市)清洁生产工作座谈会交流材料之十二[EB/OL]. 中华人民共和国国家发展和改革委员会网站.

[19] 深圳市人民政府.关于印发深圳市鹏城减废行动工作方案的通知.

(蔡敏真　刘维华)

7 环保产业

7.1 环保产业

7.1.1 环保产业的多种定义

环保产业(Environment Industry)作为新兴产业,近几年在世界范围内迅速发展壮大,据估计目前的市场规模已经超过7 000亿美元。[1]

联合国发展计划署(UNDP)在2005年4月发表的《全球环境保护前景展望》中指出:过去人们所指的环保产业,仅限于治理空气污染、废水、垃圾、噪声、土壤及海洋污染和环境检测的相关产品、设备、服务及技术项目;但实际上,现代社会的环保产业,其领域已经扩大到发展可能具有防止和减少污染、节省能源和减少资源投入等效应的新领域,由此衍生出多种新的产业部门和服务,诸如新能源产业中的太阳能、风能、氢能、生物能等。

世界范围内对于环保产业定义以及环保产业的边界等问题存在较大差异,目前被统计部门运用的定义主要有以下三种[1]:

(1)经合组织(OECD)定义:环保产业是指在防治水、空气、土壤污染及噪声、缩减和处理废物及保护生态系统而提供产品和劳务的部门,同时,也包括减少环境风险,减少污染程度和提高资源使用效率的清洁技术、生产和劳务的部门。

(2)美国环境商业国际公司(EBI)定义:环境产业由三大类构成:服务、设备和资源。服务类包括:分析服务;固体废弃物管理;危险废弃物管理;化学废弃物管理、修复/工业服务;环境咨询与工程。设备类包括:水处理设备和化学药品;环境信息设备;大气污染治理、过程与预防技术;废弃物处理设备;污染治理及防治技术设备。资源类包括:公共用水、资源恢复、环境能源等。

(3)日本国际贸易与产业省定义:环境产业是潜在的有助于减少环境负担的产业部门,包括:环境保护,废弃物处置和循环利用,环境恢复,有利于环境的能源供给,有利于环境的产品(清洁产品),有利于环境生产过程。

相比较而言,OECD和EBI的定义被较多OECD成员采用。而中国目前对环保产业的定义就采用了EBI的定义。

7.1.2 发达国家居全球环保市场龙头地位

随着各国公众环保意识的增强,环保需求不断上升,在过去十多年中,全球环保市场不断扩大,1990年全球环保市场约为2 000亿美元,1996年为4 530亿美元,2000年达到6 530亿美元,2006年已经超过7 000亿美元,如图7.1所示。

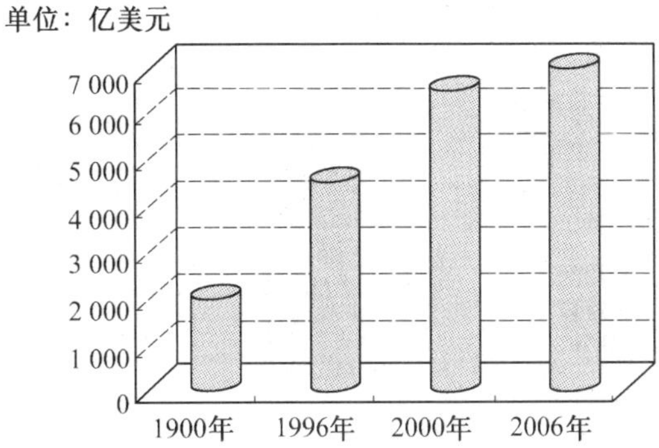

图 7.1　全球环保市场规模

环保产业最先在经合组织（OECD）发达国家兴起，这些国家一直占据着全球环保产业市场的绝对份额。据美国国际环保商业公司统计，2000 年，全球 6 530 亿美元的环保市场中，OECD 发达国家市场总额高达 5 439 亿美元，约占 83.3%。特别是美国、欧洲、日本等国的环保产业在国际环保市场上一直保持领先地位。不过，值得一提的是，近年来发展中国家环保市场也有了不同程度的增长[2]，如图 7.2 所示[3]。

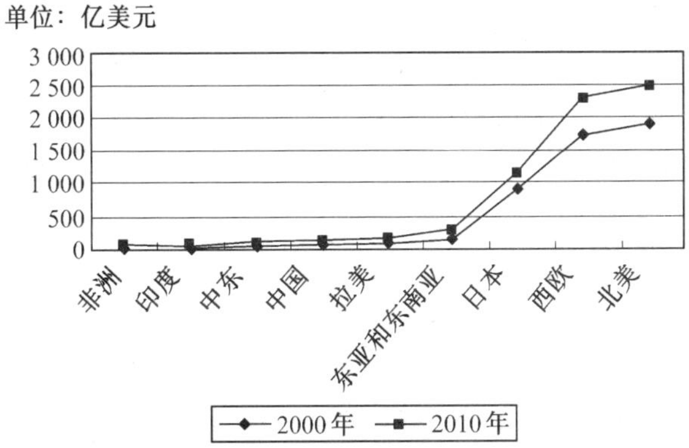

图 7.2　全球环保市场份额分布图

在全球环保市场中，水及污水处理、废弃物管理等产业占据主要地位，其市场份额达到整个环保市场的 70%以上，如图 7.3 所示。

从全球环保企业发展形式看，大致可以分为以下两类[4]：

(1)国际性跨国公司：这类公司具有雄厚的经济实力和技术实力，集科研、设计、制造、安装于一体，具有悠久的发展历史，如美国艾利斯查默斯能源公司、日本久保田铁工株式会社。

(2)大型垄断企业中的环保设备分部或子公司：这类企业以生产单一的名牌产品为主，同时可通过协作网组合后提供成套设备，企业专业性强，技术先进，具有很强的市场竞争力，如日本粟田工业公司，专门提供工业废水处理装置、上下水道设备、环境卫生设备等；美国的布鲁勒污染控制系统公司，其在焚烧固体废物废液处理等方面经验丰富；英国的约翰马瑟化学公司，专门生产空气污染控制设备及节能催化装置。

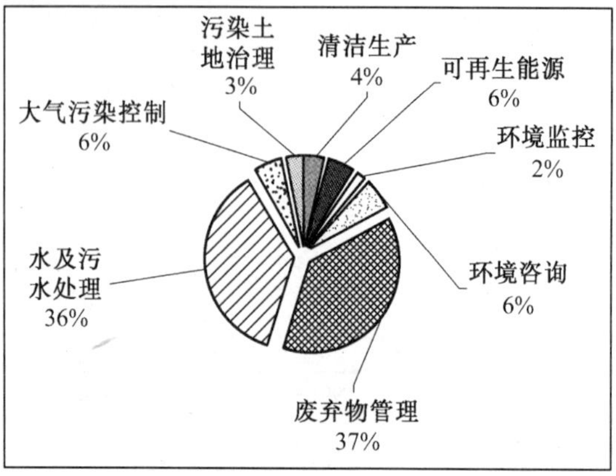

图 7.3　2000 年全球环保子产业结构分布图

1.美国的环保产业发展现状和成功经验

美国是环保产业兴起较早的国家之一,始于 20 世纪 70 年代。由于人们环境意识的提高及政府对环境管制的严格化,环保产业获得了高速发展。1970 年美国环保产业总产值仅为 390 亿美元,2003 年增长到 3 010 亿美元,30 年间增长了近 8 倍,年均增长率近 7%,而同期美国 GDP 年均增长率在 2% ~ 3%。需要指出的是,美国环保产业的总产值并不是匀速增长的:20 世纪 70 年代早期,美国环保产业总产值的年均增长率高达 15%;80 年代晚期的年增长率约为 7%;90 年代末期的年均增长约为 4%,如图 7.4 所示。

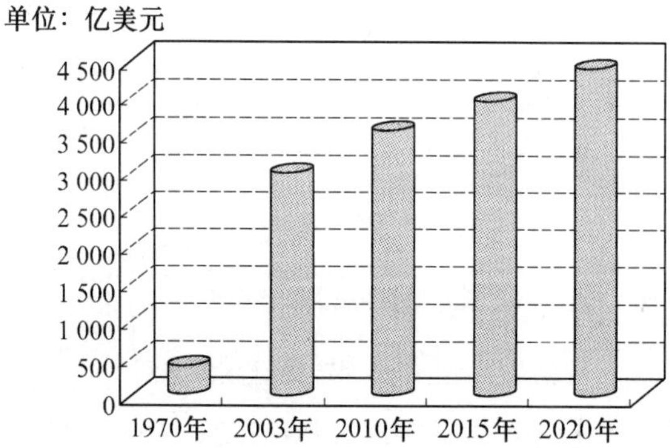

图 7.4　美国环保产业产值规模

目前,美国环保产业总产值占全球环保产业总产值的 1/3。伴随环保类技术迅速发展,美国已经在环保领域形成了一个包括产品开发、信息服务、工程承包等在内的庞大市场,并且将生物技术、计算机技术和新材料等高科技广泛应用到相关业务中,促使环境保护迅速成长为美国的盈利性产业之一,不仅对国民经济增长贡献巨大,而且为社会创造了大量就业机会[2]。

据美国商业部国际贸易管理局(International Trade Administration of the Department of Commerce)统计,2004 ~ 2007 年,美国环保产业的出口额分别为:316.06 亿美元、357.94 亿美元、385.05 亿美元,其主要出口国家见表 7.1[5]。

表 7.1　美国环保产品主要出口国

排名	国　　家	2005 年出口额/亿美元	2006 年出口额/亿美元	2007 年出口额/亿美元
1	加拿大	66.44	72.71	74.22
2	墨西哥	42.31	45.4	47.13
3	德国	19.91	23.72	26.51
4	中国内地	19.03	23.2	26.33
5	日本	21.92	26.8	23.15
6	韩国	11.16	12.56	17.46
7	英国	12.18	12.9	14.1
8	新加坡	9.61	11.7	12.26
9	法国	9.47	11.49	10.96
10	中国台湾	13.28	13.39	10.95
11	荷兰	8.18	8.15	7.78
12	巴西	3.96	4.92	6.37
13	澳大利亚	4.95	5.47	6.17
14	意大利	4.96	5.66	6.13
15	比利时	4.11	4.72	5.98
16	印度	3.5	4.03	5.97
17	中国香港	5.36	5.45	5.61
18	沙特阿拉伯	2.19	3.67	4.93
19	马来群岛	4.07	4.99	4.51
20	阿拉伯联合酋长国	1.88	2.57	3.76
	前 20 位总计	268.76	303.61	320.36
	出口总额	316.06	357.94	385.05

美国环保产业之所以能够快速健康发展，原因是多方面的：

首先得益于完备的法律法规和有效的政策措施。到目前为止，美国国会已颁布了 20 多项联邦环境法规。美国环保局代表联邦政府具体实施国家环保法规中的绝大部分内容，其手段包括行政命令、惩罚、民事诉讼和刑事诉讼等，此外还鼓励公众积极参与法规的实施。

公众环保意识的提高为环保产业提供了良好的社会基础。美国许多环保法规的出台主要缘于民间压力的推动。例如，1972 年颁布的《清洁水法》制定了恢复和维护国际水体系的物理、化学和生物学的完整性的总目标，其中的两个具体目标——1983 年所有水体达到垂钓和游泳的要求，1985 年禁止向用于航运的河流直接排放污染物——都是出于公众的需要。

政府所采取的一系列财政金融措施也为美国环保产业的迅速发展起到了积极的支持作用。美国政府通过采用提供研发经费、示范补贴、减免税款、提供贷款等多种方式,激励环保产品和服务的发展。早在20世纪80年代初美国政府就把税收手段引进环保领域,如今美国已形成了一套相对完善的环境税收政策。目前美国与环境相关的税收主要包括下列四大类:第一,对工业企业在生产过程中排放的废气、废水、废渣及汽车排放的尾气等行为征税,如二氧化硫税、水污染税等。美国于1972年开始对排放二氧化硫到空气中的行为征税。根据美国法律的规定,二氧化硫浓度达一级和二级标准的地区,每排放1磅(1磅=0.453 6千克)硫,分别征税15美分和10美分。第二,对高耗能、高耗材产业征税,也称之为固体废物处理税,如对汽车行业产生的旧轮胎进行征税。第三,对城市环境和居住环境造成污染的行为征税,如噪声税、垃圾税。美国早已对超过一定分贝的特殊噪声源征税,比如,对洛杉矶机场的每位旅客和每吨货物征收1美元噪声治理税,作为机场周围居民区的隔音设施费用。第四,为减少自然资源开采、保护自然资源与生态资源而进行的征税,如矿产开采税。

除了对污染和高耗能等行为征税之外,美国还通过直接减免税收、投资税收抵免、加速折旧等形式积极鼓励各经济主体的环境友好行为。比如,为了鼓励企业安装环保设施,政府规定,凡购买和安装节能设备的公司或企业均可以享受税收抵减优惠。在商用及民用建筑中安装改进能效设备可抵减20%的税金;购买配备节能设备的新房可抵减1 000~2 000美元的税金,其中低于联邦能耗标准30%的可抵税1 000美元,低于50%的可抵税2 000美元。再比如,为了控制汽车尾气污染,并且缓解高速公路的拥挤状况,美国规定,每使用1加仑(1加仑=4.546 09升)酒精燃料可抵减应税收入54美分;1加仑甲醇燃料可抵减应税收入60美分;雇主为雇员购买公共交通月票的开支可计入经营成本,享受免税。

环保产业的快速发展,离不开美国政府对环保研发领域的大力支持。作为美国环境事务方面的最高研究和执行机构,环境保护总署(EPA)的资金预算多年来一直保持在65亿~80亿美元之间,这些资金主要用于环保的基础设施投资、环境技术的研发项目和信贷投资,为美国环保技术的发展提供了有力保障。

此外,美国政府十分注重加强与企业和科技界之间的合作,直接参与环境相关技术和产品的开发,从而大大带动了环保企业的私人投资。如2003年8月28日,美国将环保业、产业界、大学和政府组织联合起来,组成美国东北部创新集团(Northeast CHP Initiative),目的是促使清洁、可靠、有效的电力与能源系统贯穿美国东北部,使能源效率最大化,降低由能源消耗引发的环境污染和破坏。如今,大约有6万家美国公司活跃在环境技术领域,其中包括很多中小公司和数家大型跨国公司。

2.加拿大环境产业发展的基本状况及政策对环境产业的推动作用

EBI 2000年调查报告显示,目前加拿大环境产业的发展已进入国际化与可持续发展阶段。以下从五个方面分析加拿大近年来环境产业发展的基本状况[1]:

(1)加拿大环境产业进入快速发展的态势

据加拿大CCHREI机构估计,加拿大1998年环境产业产值已高达220亿美元,与世界上其他环保产业大国相比,虽然远低于美日水平,但已远远超过中国环境产业产值水平。同时,加拿大环境产业的发展速度较快,以环境产业(商业部分)产值为例,1995年为101.93亿美元,1996年迅速增长为110.13亿美元,至1998年更迅速增长至142.78亿美元,年均增长速度达 11.36%。

(2)环境企业以中小型企业为主

加拿大环境企业 1998 年已突破 6 000 家,无论是企业数目、企业收入还是就业比重,中小型企业均占有重要比例,其中企业数目和就业比重两项指标中小型企业所占有的比重超过了 90%,企业收入比重中小型企业超过七成。加拿大对中小企业的认定是雇员数 100 人以下的为小企业,100 ~ 499 人的为中型企业,500 人以上的为大企业(表 7.2)。

表 7.2 加拿大 1998 年大中小型环境企业数目、收入与就业比重

企业规模	企业数目比重	收入比重	就业比重
小 型	85.62%	47.91%	96%
中 型	11.87%	31.40%	3%
大 型	2.51%	20.69%	1%

(3)环境产业的发展呈现出明显的区域性特征

加拿大环境产业的收入分布主要以安大略、魁北克、阿尔伯它和不列颠哥伦比亚四个省为主,据加拿大统计署 1996 ~ 1999 年的数字,这四个地区的环境产业(商业部分)所占比重较大,其中安大略省比重超过 40%,魁北克省比重超过 20%。与此同时,环保企业的分布也呈现出区域性的特征,如污水处理主要分布于安大略省和魁北克省,各类环保产品则分布于蒙特利尔—温莎走廊,土壤补救产业主要分布于加拿大西海岸地区,环境信息系统和技术则主要分布于太平洋和大西洋两岸。

(4)环境产业出口地主要集中于美国等美洲地区

加拿大环境产业的出口 1998 年已超过 15 亿美元,美国是其主要出口地,所占比例高达 72.47%。自 1994 年加拿大签订了北美自由贸易协定后,加拿大环境产业出口美国占总出口的比重就持续增加,从 1996 年的 57.55%,到 1997 年就增加到 61.14%,1998 年则增加了 10 个百分点以上。加拿大 1997 年同智利签订了加拿大智利自由贸易协定后,先后与阿根廷、巴西、乌拉圭等国签署了谅解备忘录,自此,加拿大环境企业在南美的活动开始不断增加,1998 年出口到南美地区占总出口比重超过 3%,仅次于加拿大出口到欧洲的比重(表 7.3)。

表 7.3 1998 年加拿大环境产业(商业部分)出口目的地比重

出口目的地	美国	南美	墨西哥	欧洲	中东	中国	其他
比 重	72.47%	3.04%	2.03%	5.57%	1.77%	2.03%	13.09%

(5)加拿大环境企业聚集了大量高层次专业人才

人才是新兴产业发展的根本,对于加拿大环境产业而言,可以说是一个人才集结的产业,1998 年加拿大环境产业 9 500 个公共和私营部门雇佣了超过 22 万环境从业人员,是加拿大就业人数最多的三大产业部门之一。这 22 万就业人员中 50% 拥有学士以上学位,其中电脑程序员占 6%,化学、生物、环境研究等专业人员占 44%,工程学及工程技术人员占 38%,商业管理人员占 12%。另据加拿大环境产业人力资源委员会(CCHREI)预测,加拿大环境产业就业人数今后 3 年的增长率将超过 14%。

加拿大环境产业的发展在相当大程度上归功于加拿大政府制定的政策，以下从四个方面分析加拿大政府的政策对于环境产业的推动作用：

(1)积极推进可持续发展战略，为环境产业的发展创造了有利的宏观环境

加拿大在推进可持续发展战略方面处于全球领先地位。

早在1986年加拿大国家环境与经济工作组就建议在全国及大都市成立“环境与经济圆桌会议”，由政府、产业界、环境部门、学术界及其他各方面的人士共同探讨加拿大经济与环境协调发展问题。全国性“圆桌会议”包括经济措施计划、林业发展计划、可持续发展渔业计划等直接或间接地推动了加拿大环境产业的发展。

此外，1990年12月由联邦政府发布实施的全国性“绿色计划”更是直接推动了加拿大环境产业的发展，该计划为期六年，总预算30亿加元，分八大领域，共有100多个项目，联邦政府40多个部门和有关机构参与了该项计划，该计划的成功实施使得加拿大在20世纪90年代迅速把握了环境产业快速发展的机遇，进而成为环境产业大国。

(2)严格的环境保护法律加速了环境产业的发展

《加拿大环境保护法案》(CEPA)是加拿大环境保护法律的代表。CEPA自1988年开始赋予联邦政府巨大的权力，全面控制有毒物质使用、因燃烧导致的污染、国际空气污染及向海洋倾倒垃圾等环境污染活动。1994年CEPA被政府重新评估，并于四年后被修正，其修正的方向主要表现为应对环境问题的复杂性以及科技进步等。具体体现在以下几个方面：①新法案要求厂商和消费者证明其生产的新产品不会对环境或人体健康造成损害；②加强了对危险废物越境转移、可回收有毒物质和无危险废物最终处理权；③增设新的政府机关，处理造成国际水污染的加拿大污染源；④授权确定新型汽车和其他机动车的排放标准；⑤规定如果政府未能执行CEPA，公众有权对环境破坏行为进行诉讼。可以说，严格的环境保护法案在相当大程度上促进了加拿大环境产业的蓬勃发展。

(3)制定合理的产业政策，促进环境产业发展

随着加拿大环境产业出口数额的不断增大，加拿大外交及国际贸易部为环境企业提供国际市场咨询；环境部利用自己的实验室，积极推动环境企业的发展，目前已成立了三个环境技术推广中心，与加拿大环境产业协会展开协作，服务于技术开发能力较小的中小型环境企业。加拿大制定的环境产业政策还包括：①产业研究援助计划(IRAP)。该计划由加拿大国家科研协会推出，旨在为中小型环境企业提供财政及技术援助，帮助其减少财政风险，使其能够开展R&D，发展新技术。②环境技术证书计划(ETV)，该计划主要为私营环境企业新技术、产品及服务提供证明，以利于各企业进入国际国内市场。③加拿大技术合作计划(TPC)。该计划主要帮助环境企业减少风险，加速新技术产业化进程。

(4)运用多种经济手段，为环境产业发展创造有利条件

早在联邦政府和各省环境立法之前，联邦政府就开始运用经济手段刺激环境产业发展，如1965年规定，凡购买水和空气污染控制设备均实行资本加速折旧制度。但税收是广泛应用的经济手段，在固体废物方面先后征收的税收包括：①不列颠哥伦比亚省、阿尔伯它省、马里托巴省对轮胎征收3~4加元的销售税，安大略省则征收5加元，1993年后安大略省该项税收被取消；②不列颠哥伦比亚省1990年对铅酸电池征收5加元销售税，同

时免除了可回收尿布的销售税；③安大略省和马里托巴省对不可再装的酒精容器征收0.1加元的税收；④安大略省1989年开征了“多耗汽油税”，鼓励消费者购买节能交通工具。

除了税收手段外，加拿大一些省份还对塑料饮料容器和啤酒等酒类容器实行押金退款制度，加拿大的返还率均超过60%，说明该制度的设计是有效的。此外不列颠哥伦比亚省，依据固体废物处理法案，那些排放气体和液体污染物的企业必须要交纳许可证费。总之这些经济手段直接或间接地促进了环境产业，特别是环境服务业的发展。

7.1.3 国内环保产业初具规模

环保产业是环境保护事业的重要组成部分和物质技术基础。我国环保产业起步于20世纪70年代，近30年来取得了长足发展，环保产业的内涵更加丰富。环保产业不仅服务于传统的污染防治和生态保护，而且正在成为清洁生产、资源节约、引领产业升级和各行业技术进步的重要物质技术手段。目前我国的环保产业已形成包括环境保护生产、环境保护服务、资源循环利用、洁净产品生产等领域的环境产业体系，具有一定的经济规模，为我国环保事业的发展提供了重要的技术支持和物质保障，同时也带动了环保科技进步和相关产业的发展[6]。

1.环保产业结构

经过20多年的发展，中国环保产业已经初步形成面向三类产业的市场体系，如图7.5所示[7]。该市场体系以环保设备和“三废”综合利用产品为主[8]，而环保设备又以水污染和大气污染防治设备为主，如图7.6所示[9]。

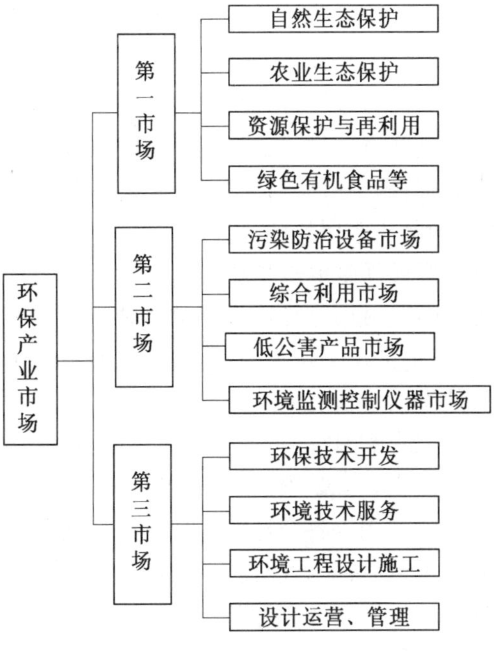

图7.5 中国环保产业的市场体系框架

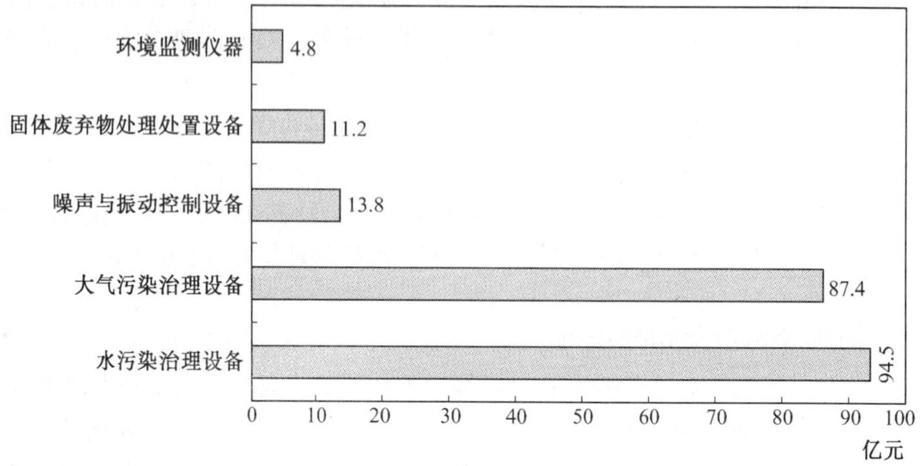

图 7.6　2000 年环保产品销售产值

2.产业规模与效益

我国环保产业多年保持年均增长 15%以上的快速发展态势。据统计,2004 年全国环保产业年产值(收入)超过 2 700 亿元,相关产品实现销售产值 1 700 亿元,实现利税 220 亿~270 亿元,产业年均增长率约 15%~25%,其中,火电厂脱硫、电除尘、布袋除尘、水污染治理等行业增长超过 20%。

2004 年全国环境污染治理项目投资占国内生产总值的 1.4%,达到 1 908.6 亿元,比 2003 年增长 17.3%。其中,环境基础设施建设投资比 2003 年增长 6.3%,工业污染源治理投资增长 38.9%,新建项目污染治理增长 38.1%。此外,环境污染治理项目投资还直接拉动了环境产品生产与环境工程设计、施工等服务市场的增长。

在产业规模继续扩大的同时,环保产业以企业为核心的技术、工艺的开发,以及新产品的研制及其工程应用非常活跃。通过引进、消化和吸收国外先进技术,我国环保技术水平和产品质量有了明显的提高。在污染治理中应用的多数技术已达到 20 世纪 90 年代国际水平,部分技术与当今国际水平保持同步发展。

3.我国当前环保产业发展面临的形势和问题

目前,我国正处于工业化、城市化加速发展的重要阶段,经济发展还没有摆脱粗放型增长的方式,人口、资源、环境的压力巨大,环境与生态保护的任务非常艰巨。今后一个时期将是我国环保产业快速发展的机遇期。一是"十一五"期间环境保护的艰巨任务,为环保产业发展提出了更高的要求和目标,各项国家重点环境工程的建设步伐提速,为我国环保产业提供了巨大的市场需求。二是国家大力推行循环经济、推动经济增长方式的转变,从资源开发、生产使用、废物利用等各个环节加快推进资源循环利用;国家鼓励开发和应用能源资源节约型的新技术,加快对高能耗、高物耗工艺、技术和产品的淘汰,将为我国环保产业中的一些薄弱环节的发展创造有利条件。三是国家环境保护法规、政策的逐步完善,对环保产业扶持力度的加大,将进一步引导和带动环保企业的发展,促进行业的整体进步[6]。

近年来我国环保产业虽有较快发展,但产业技术水平不高,整体经济规模较小。我国环保产业还不能对环境保护形成有效的物质技术保障,不能完全满足国家环境保护工作对环保产业的需求。主要表现在:

(1)企业规模小。大型骨干企业较少,90%以上都是中小企业,固定资产小于1 500万元的企业占企业总数的86%。企业总体技术开发能力弱,产品技术含量低。

(2)传统环保产业技术装备亟待提高。我国环保企业大多从乡镇工业基础上发展起来,生产规模小,技术力量较为薄弱,一些环保产品技术含量低。

(3)环境服务业还需发展。我国环境服务在整个环保产业中的比重不到10%,而发达国家已经占到40%左右。

(4)环保产业市场秩序混乱。不正当竞争和地方保护较严重,在环境工程的设计、施工、营运等方面的招标制度也有待进一步健全。

(5)国外市场有待提高。目前全球每年环保产值达到7 000亿美元,而我国环保产品出口仅为14亿元人民币,远低于环保产品的进口数值[10]。

4.我国环保产业投资状况及年产值预计

随着国家"十一五"规划纲要明确提出要"建设资源节约型、环境友好型社会",今后我国将继续加大污染治理和生态环境建设的投资规模:2006~2010年全国环境保护投资总额将达13 750亿元,约比"十五"期间增加64%,占同期国内生产总值(GDP)的1.5%以上;投入的重点领域主要包括水环境方面、大气环境方面、固体废物方面、生态环境方面、核安全及辐射环境保护建设以及环境能力建设方面。

环保需求的增长和环保投资规模的增加为环境保护相关产业的发展提供了巨大的市场空间,环保产业有望成为我国国民经济新的增长点。据国家环保总局的初步测算,"十一五"期间,我国环保产业可望保持年均15%~17%的增长速度。到2010年,我国环保产业年产值预计将达8 800亿元,其中:资源综合利用产值6 600亿元;环保装备产值1 200亿元;环境服务产值1 000亿元。

环保产业是保护环境、促进经济持续发展的重要物质基础,是未来经济中最具潜力的新增长点之一。有效应对当前和未来的环境问题,要求我们必须对现有技术、制度甚至是生活方式进行更广泛的变革。因此,除了传统的法律法规手段之外,顺应市场发展方向不断进行制度创新,应用适宜的市场工具引导市场力量,是推动环保产业发展的必由之路[11]。

但值得注意的是,在环保产业发展的不同阶段,各种政策手段发挥的效用不同。在产业发展的初期和中期阶段,法律法规、公众意识和企业责任(支付能力)起主导作用;在产业发展进入成熟期后,产业发展的主要外部动力因素是基于市场力量的经济刺激手段以及公众意识和企业责任。在后一阶段,由于法律法规体系已经比较完善,较少或没有新的法律法规出台,法律法规对环保产业的推动作用逐渐减弱。

我国环保产业虽然起步较晚,但目前增长势头良好,增长率高达15%~20%,成为我国经济领域中发展最快的产业之一。尽管如此,与国际发达国家相比,我国的环保产业发展水平仍然很低。我们要积极向包括美国在内的环保产业先进国家学习,加强国际合作,不断引进先进技术和先进经验。同时,我们必须清楚地认识到,因为中国和美国的文化历史背景不同,社会发展阶段和经济发展程度也不同,因此,我国的相关环保政策要符合中国国情,重视各项措施在中国的可操作性和可执行性。

7.1.4 深圳市环保产业全国领先,但还需不断完善

1.深圳市环保产业的发展现状

近年来,深圳市环保产业稳步发展。《2004年深圳市全市环境保护及相关产业的基本情况调查》结果显示,深圳市从事环境保护相关产业年销售(经营)收入200万元以上(含200万)的非国有企事业单位176个,从业人数2.7万人,年产值87.85亿元,年创利润17.6亿元[12]。在深圳循环经济的建设大军中,环保企业起着举足轻重的作用,其技术、规模、市场占有率均引领行业风潮,如表7.4及图7.7所示。

表7.4 2003年、2004年深圳市环境保护相关产业基本情况表

项目		2003年	2004年
单位数合计/个		355	257
其中:/个	环境保护产品生产单位总数	48	37
	洁净产品单位数	28	17
	环境保护服务业单位数	224	161
	资源综合利用单位数	55	42
年利润总额/万元		133 024	176 527
年总产值/万元		651 758	878 493

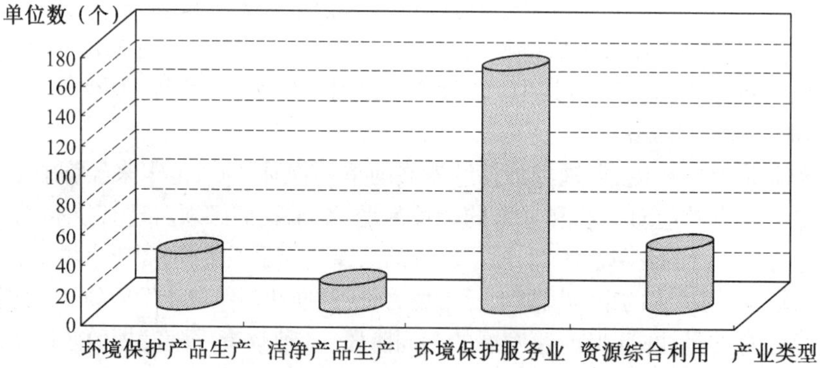

图7.7 2004年深圳市环保相关产业各领域单位数量分布图

从全国范围来看,深圳环保产业在环保产品生产、资源综合利用、环境保护服务业和洁净产品生产四大领域具有显著的比较优势。目前,深圳的固体废弃物综合利用、噪声治理、污水治理技术、洁净能源发展等技术,均在全国同行业处于领先地位。

根据规划,深圳市环保产业在"十一五"期间,总体规模和技术水平将位居国内前列,部分产品和技术达到国际先进水平,满足深圳市率先基本实现现代化的要求。未来五年,深圳环保产业总产值将年均增长18%,到2010年,全市环保产业年产值达到225亿元,为社会经济可持续发展和产业升级提供技术支持。此外,深圳市规划"十一五"期末年产销

额、固定资产双超亿元的环保企业达15~20家,部分环保企业成为国内龙头,一批环保企业走出国门并在国际上表现出较强的竞争力。

目前,深圳正加快环保产业的国产化、标准化、现代化产业体系建设,以逐步使规划蓝图变成现实。政府部门将加强政策扶持和市场监管,促进产业领域的公平竞争;尝试改革环保投融资体制,建立环保资本市场,鼓励社会资本参与环保产业的发展[13]。据统计,1996~2006年深圳环保产业投资额稳步增长,如图7.8所示[14]。

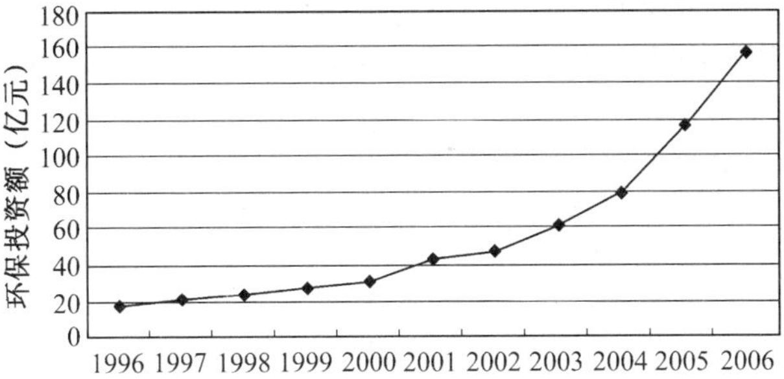

图7.8 1996~2006年环保投资趋势图

同时,环保投资占GDP比重也逐年增加,如图7.9所示。

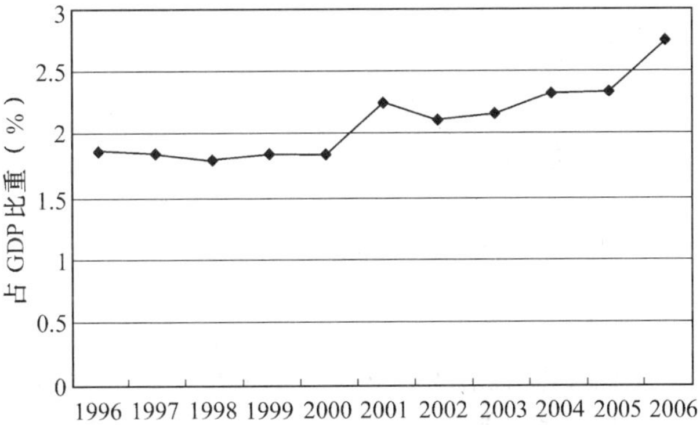

图7.9 1996~2006年环保投资占GDP比重趋势图

2.深圳市环保产业面临的主要问题及建议

(1)产业结构不合理

深圳环保企业大多是实力不强、游离在生存边缘的中小企业,科研和生产能力相对薄弱,缺乏参与大型环保治理的竞争力。

建议:通过产业结构、技术改造和市场竞争,培育一批大型环保企业,成为产业发展的主导力量,同时也要加强中小企业的建设,将环保中小企业作为政府扶持的重点之一。

(2)市场不规范

深圳环保产业缺乏规范的市场机制,缺乏公平竞争的市场环境。

建议:充分发挥环保产业协会的作用,制定行规行约,规范企业经营行为。严格产品市场准入制度,加强环保产品市场管理,完善环境设施建设与营运的招投标制度,消除地方保护主义、部门垄断等不良销售行为,确保公平竞争。

(3)缺乏环境意识

建议:通过各种方式进行环境意识宣传和教育,逐步强化各级政府决策者、企业管理者依法保护环境、积极治理环境污染的意识。不断提高民众的环境意识,增强其参与各项环境保护工作的主动性。

7.2 污水处理

“水污染”是指水体因某种物质的介入,而导致其化学、物理、生物或者放射性等方面特性的改变,从而影响水的有效利用,危害人体健康或者破坏生态环境,造成水质恶化的现象。

水污染有三个主要来源,生活废水、工业废水和含有农业污染物的地面径流。另外,固体废物渗漏和大气污染物沉降也造成对水体的交叉污染。水体污染大大减少了淡水的可供量,加剧了淡水资源的短缺。

没有水资源保障,循环经济将无法发展,水环境恢复和维系的基础是建立健康的社会水循环,所谓健康的水循环就是上游地区的用水循环不影响下游水域的水体功能,水的社会循环不损坏水自然循环的客观规律,从而维系或恢复全流域乃至全球的良好水环境。水的自然循环和社会循环是交织在一起的,社会循环依赖于自然循环,又对自然循环造成一定程度的负面影响。在水的社会循环体系中,人类的活动和用水要有节制,必须与自然循环相协调,使得排放到自然水体中的再生水能够满足水体自净的环境容量要求,方能可持续生存与发展,因此全社会要逐步建立起治污新机制。[15]

7.2.1 全球水资源形势严峻

联合国世界资源研究所发表的世界资源报告书(2000~2001)在述及水资源时作了如下的概括:世界的水资源在质和量的方面都面临着比其他资源和比以往都更为严峻的局面。

据该研究所(WRI)的资料统计[16],当前全球水体总储量为 1.386×10^{10}亿立方米,其中海洋存储量 1.338×10^{10}亿立方米,占总量的96.8%;其他各种水体储量只占3.42%(其中地下水和地表水各占50%左右)。在地球水体总量中,盐的质量浓度低于1克/升的淡水仅占约2.5%,即 3.5×10^{8} 亿立方米,其余约97.5%均为咸水。在淡水储量中,有68.7%覆盖在两极地带和高山冰川中;有30.9%蓄积在地下含水层和永久冻土层中;只有0.4%容纳在河流、湖沼和土壤之中。全球多年平均降水量约为1 130毫米,陆地平均降水量约为805毫米,陆地的多年平均河川径流量为46.8万亿立方米,其中稳定径流量约为14万亿立方米,但却有5万亿立方米流经沙漠而无法利用,实际可利用的河川径流量仅为9万亿立方米,占河川径流总量的19%。但是,江河湖泊却又因工业用水和生活用水的污染而使有限的淡水资源日趋减少。

据统计,全世界每年排向自然水体的工业和生活废水达4 200亿立方米,使35%以上的淡水资源受到不同程度的污染。然而,2001年全球农业用水量已达到了2.19万亿立方米,工业用水量已达到2.07万亿立方米。需求量与有限的可利用的水资源量及其不相适应,因而治理水体污染将显得十分迫切。在一定意义上说,世界各地经济的发展快慢程度将根据拥有可利用水资源的状况而确定。

从世界各国的情况来看，属于经济合作与发展组织(OECD)的发达国家生活和工业污水一般得到了有效控制，但污染物泄漏和污染事故仍有发生，有时造成严重危害。另外，城市和农村地区的地面径流污染和大气污染物的沉降仍未得到有效解决。

非经济合作与发展组织的工业化国家，包括前苏联和东欧国家及其他工业比较发达的发展中国家，生活、工业和农业污染都相当严重，尤其是工业污染非常突出，使为数不少的工业城市成为环境污染重灾区。

在发展中国家，工业和生活污水排放量不断增长，大多数未经处理就直接排放。化肥和农药需求的日益增长和不合理使用，使农业的地表径流污染也发展成为一个比较严重的问题，成为湖泊等地表水体富营养化的一个重要来源。[17]

7.2.2 市场需求与国家政策推动国内污水处理行业稳步增长

1.淡水资源概况

根据水利部门的预测，到 2030 年我国人口增至 16 亿时，人均年水资源将降至 1 760 立方米，总缺水量将达到 400 ~ 500 亿立方米，将达到世界公认的缺水警戒线；从地区分布情况来看，水资源总量的 81% 集中分布于长江及其以南地区，其中 40% 以上又集中于西南五省区，就人均占有淡水资源而言，南方最高地区和北方最低地区相差数十倍，西部比东部甚至高出五六百倍。水资源短缺及分布的不均衡在未来相当长的时间内将成为一个难以解决的问题。[18]

2.污水排放及处理现状

(1)污水排放

改革开放以来，我国工业快速发展，城市化进程也步入高速发展时期。由于人口增加和经济增长的压力；不合理的经济结构和粗放型的发展模式；污水处理率偏低、大量污水直接排放；环境意识淡薄，环境管理薄弱，环境执法力度不够等原因，我国水环境污染日趋严重。

《全国环境统计公报(2006 年)》显示[19]，2001 ~ 2006 年全国污水排放量呈上升趋势。其中，生活废水排放量超过工业废水排放量，且增长速度更快(图 7.10)。

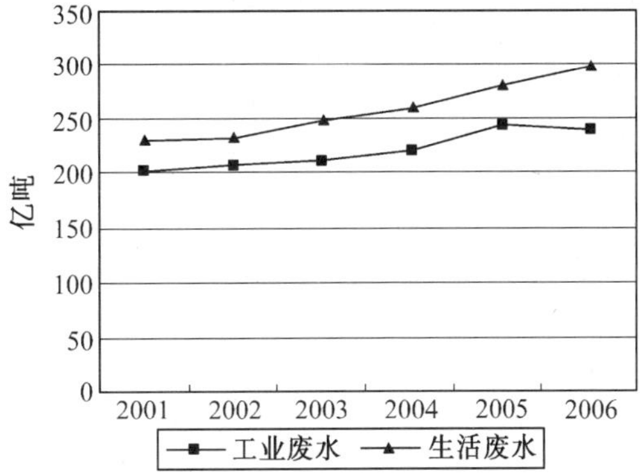

图 7.10 全国近年污水排放量

此外,我国废水排放量有着明显的地域差异性。以2007年全国各地废水排放情况为例(表7.5)。

表7.5 中国2007年各地区废水排放及处理情况统计表

地区	工业废水排放总量/万吨	工业废水排放达标量/万吨	生活污水排放量/万吨
全国	2 466 493.307	2 260 719	3 102 000.851
北京	9 134.250 7	8 898.196 8	98 682.443 9
天津	21 444.349 9	21 381.988 2	35 483.806 4
河北	123 537.262 9	113 999.393 1	99 377.090 7
山西	41 140.309 4	36 296.567 4	63 454.083 2
内蒙古	25 020.841 9	18 436.984 4	35 384.384 6
辽宁	95 196.708 5	87 969.221 5	125 800.022 1
吉林	39 666.333 9	34 740.476 2	58 191.493 3
黑龙江	38 388.299 2	32 780.418 2	70 584.286 5
上海	47 569.530 9	46 491.544 7	179 044.545
江苏	268 761.995 1	261 745.427 9	236 836.331 2
浙江	201 210.551 8	173 219.965 7	136 890.369 8
安徽	73 555.552 6	69 711.078 6	101 771.538 8
福建	136 407.772 5	134 051.952 4	90 590.094 6
江西	71 410.312 5	67 043.787 9	69 856.38
山东	166 573.553 5	163 364.601 4	167 681.181
河南	134 344.317	126 324.298 9	162 122.976 7
湖北	91 001.128 9	85 215.055 3	155 581.434 9
湖南	100 112.705 3	89 934.013 5	151 960.277 1
广东	246 331.036 2	211 958.517 4	444 556.005 5
广西	183 980.858 1	170 756.832 6	135 827.416 1
海南	5 960.123	5 640	29 198.508 9
重庆	69 002.827 5	63 532.542 9	65 237.563 8
四川	114 687.187 9	104 780.231 2	138 274.596 9
贵州	12 101.084 5	8 703.451 7	43 011.339 4
云南	35 352.282 4	31 997.337 8	48 406.662 1
西藏	856.477 3	249.901	2 479.08
陕西	48 522.757 6	46 651.978 1	50 825.398 1
甘肃	15 856.314 1	12 837.693 1	28 478.951
青海	7 318.021 5	3 677.205 8	12 630.47
宁夏	21 089.041 2	14 698.262 6	16 124.334 9
新疆	20 959.519 2	13 629.370 6	47 657.784 1

从表7.5可以看出,废水排放总量位居前三的地区包括:江苏、广东、浙江。从“工业废水排放达标量/工业废水排放总量”的比值可以看出,工业废水处理方面做得较好的地区包括:天津、福建、山东等;而工业废水处理亟待完善的地区则包括:西藏、青海、新疆等。

(2)污水处理现状

截至2006年底,我国仍有248个城市没有建成污水处理厂,仅有52%的城市及工业污水得到了处理,而发达国家污水处理率平均为75%~85%,与欧美发达国家相比,我国污水处理状况仍然相当落后。

截至2007年3月,全国较具规模的污水处理厂仅658家(表7.6)。

表7.6 国内污水处理厂的分布情况

地区	数量/个	地区	数量/个
北京市	18	河南省	26
天津市	9	湖北省	20
河北省	29	湖南省	18
山西省	14	广东省	60
内蒙古自治区	15	广西壮族自治区	7
辽宁省	19	海南省	2
吉林省	6	重庆市	22
黑龙江省	6	四川省	21
上海市	32	贵州省	5
江苏省	91	云南省	25
浙江省	43	陕西省	9
安徽省	16	甘肃省	9
福建省	23	青海省	1
江西省	3	宁夏回族自治区	6
山东省	81	新疆维吾尔自治区	22

3.污水处理行业现状

为了解决水资源短缺问题,我国政府采取了多种措施,这些措施促进了污水处理行业的市场化进程,为企业创造了大量机会。

根据中国环境保护产业协会水污染治理委员会于2007年初对我国部分水污染治理企业(调查对象是52家行业中的骨干企业,包括水污染治理行业的设计施工企业、设施运营企业、设备生产销售企业)的调查显示:[20]

2006年水污染治理相关年收入额超亿元的企业共有18个,其中,江苏天雨环保集团有限公司、江苏金山环保工程有限公司、北京桑德环保集团有限公司等年收入额均达5亿元以上。

本次共调查的52家水污染治理企业的从业人员总数12 670人,注册资金总额16.77亿元,2006年收入总额59.19亿元,年利润总额9.06亿元,出口合同额1.97亿美元。

列入调查的企业中,股份制企业约占总数的一半,其次为国有企业和个体企业。水污染治理企业从业人员共有12 670人,其中技术人员3 590人,具有高级以上职称人员1 315人,中级职称人员2 275人。技术人员占职工总数的28%。

此次调查,按水污染治理服务业、水污染治理产品生产、水资源综合利用三部分进行统计。其中,从事水污染治理服务的企业数占总数的81%,年收入占总额的68%,年利润占总额的74%;从事水污染治理产品生产的企业数占总数的60%,年收入占总额的28%,年利润占总额的24%;从事水资源综合利用的企业数占总数的15%,年收入占总额的4%,年利润占总额的2%。水污染治理服务领域的出口合同额占总额的比例最大,达95%以上。在本次调查中,水污染治理服务业成为行业收入的主体,并以近20%的利润率位居三个领域之首。

1.水污染治理服务业

水污染治理服务主要包括水污染防治技术与产品开发、水污染治理工程设计与施工、水污染治理设施运营服务、水污染治理贸易与金融服务。其中工程设计与施工是水污染治理服务业的主体,拥有较高的收入额和利润率。从事此行业的环保企业正在增加,在未来发展中,运营企业也将更进一步展现其力量。

在运营服务中,生活污水(城市污水)项目所占比例最大,工业废水项目也占了较大比重。本次调查结果显示,水污染治理设施运营管理合同总额达70 137.96万元,在运营管理费用中,政府拨款、企业自筹、其他来源分别占总额的31%、21%、48%。在水污染治理设施运营服务中以投资承包和服务运营承包为主。水污染治理环境贸易与金融服务主要分为进出口贸易、国内贸易和环境金融服务。水污染治理环境贸易仍以国内贸易为主,合同额占贸易总额的80%以上。由于国内企业在产品质量和技术水平上均与发达国家有差距,因此水污染治理服务的出口水平较低,有待发展扩大。

2.水污染治理产品生产

水污染治理产品包括水污染治理设备、水污染治理专用药剂和材料、水环境监测仪器。

本次调查的水污染治理设备共2 988类,产品采标率达65.8%。水污染治理设备类销售占水污染治理产品生产业2006年收入总额的85%,占有绝对的主体地位。

在水污染治理设备中,以物理法处理设备和配套设备的生产销售收入最高,分别占总设备生产销售收入的31%和32%。该类设备也是整个水污染治理产品出口的主要部分。

本次调查的水污染治理药剂与材料产品共计71个类别,产品采标率达69%。水环境监测仪器产品共计32个类别,产品采标率达67.8%。

水环境监测仪器生产与销售以水质监测仪器生产销售为主,其销售收入占总额的56%,水处理设施控制仪表、污水流量和液位计的销售收入分别占总额的23%和19%。

3.水资源综合利用

水资源综合利用主要包括对废水(液)资源的综合利用及对海水资源的综合利用。该领域是本次调查中分量较小的部分,显示出企业在水资源综合利用方面的能力和重视还不足。

本次调查数据显示,2006年从事水资源综合利用的单位占调查总数的15.38%。

废水(液)源综合利用主要以矿废水、城市污水综合利用为主,其销售收入占资源综合利用产品销售收入总额的98.7%。

4.各领域典型企业

2006年收入排名位居前列的企业分别是:

(1)污染治理技术与产品开发领域

江苏金山环保工程有限公司、北京建工金源环保发展有限公司、北京桑德环境工程有限公司、浦华控股有限公司、天津市联合环保工程设计有限公司等。

(2)污染治理设计与施工领域

北京桑德环境工程有限公司、浦华控股有限公司、江苏金山环保工程有限公司、大连东达环境集团有限公司、江苏天雨环保集团有限公司等。

(3)水污染治理运营管理领域

江苏金山环保工程有限公司、安徽国祯环保节能科技股份有限公司、大连东达环境集团有限公司、北京建工金源环保发展有限公司、江苏天雨环保集团有限公司等。

(4)污染治理设备生产与销售领域

江苏天雨环保集团有限公司、江苏金山环保工程有限公司、江苏一环集团有限公司、汉瑞机械(山东)限公司、欧亚华都(宜兴)环保有限公司等。

(5)水污染治理药剂材料和检测仪器生产与销售领域

北京天使专用化学技术有限公司、江苏金山环保工程有限公司、西安热工研究院有限公司、广州市怡文科技有限公司、蓝星水处理技术有限公司等。

(6)水度液综合利用领域

汉瑞机械(山东)有限公司、江苏金山环保工程有限公司、西安热工研究院有限公司、山东美陵中联环境工程有限公司、山东德利环保工程有限公司等。

5.污水处理行业存在的问题

与世界工业发达国家相比,我国污水处理行业存在较大差距。其具体表现为:市场化严重不足,技术水平偏低,科技成果转化率低,企业规模小且分散,缺少知名企业的引领等。以下几个因素制约了行业的发展。[21]

(1)科技投入严重不足

据2004年调查,我国环保产业的科技投入增长幅度不甚明显,而水污染治理技术与产品的应用技术的开发政府投入非常有限,主要投入还是要依靠企业自身。在缺少足够投入的情况下,出现行业发展缓慢的现象也是必然结果。

(2)经济规模过小

我国污水处理行业虽然历经几十年的发展,形成了一批研究开发机构和一支初具规模的服务队伍,但从发展需要来看,队伍仍显弱小。每年的市场额度仅达十几亿元,每个科技开发机构的技术服务收入平均不足100万元,科技人员的人均年产值也只有4~5万元,这与国外科技企业人均20万美元的销售产值,形成巨大反差。

(3)行业效益低下

就我国污水处理行业的发展现状而言,过小的经济规模,不扩展的市场环境和严重的科技投入不足,必然导致本行业的经济效益低下。本来,科技服务业是高回报、高利润、高产值的行业,但是我国的污水处理行业却处在低经济效益的困境中难以自拔。

(4)装备简陋与开发能力不高

我国污水处理行业的组成机构大致分为两种类型,一种是国家科研事业单位,一种是民营科技企业。前者在过去的计划经济时期,科研装备得到过国家支持,还或多或少具备一定的开发能力。但是,经过十几年的科技体制改革,这些单位的科研设备陈旧、得不到更新换代和正常维护。至于后者,从它诞生之日起,在科研装备上就是“先天不足”,再加上企业难于积累资金,更是“后天不良”,基本不具备应该具有的必要的科研条件和技术装备。因此,在这种情况下,我国的水污染治理技术研发服务业的装备水平和研究开发能力不可能产生出高水平的技术成果。

(5)技术水平较低

我国污水处理行业的研究开发水平及其装备制造的水平还都不高,与世界先进水平和普遍水平相比还存在很大的技术差距。目前我国污水处理行业所开展的技术开发大多是简单模仿和低水平的重复,缺少自主知识产权的科技创新和高水平的科技进展,且标准化程度低。

(6)技术没有成为市场竞争的基本手段

在中国的环保产业市场,很多企业都知道科技的力量和作用,但是面对秩序混乱的市场现实,很难注重科技、依靠科技去发展企业。这就导致我国污水处理行业不能够获得足够的市场,也不能满足市场对技术的需求。

(7)行业组织没有发挥实质作用

行业管理和行业指导对行业很难实施影响。政府对环保产业缺乏有效的指导和监督管理。

7.2.3 污水处理行业占据深圳市环保业产值的半壁江山

1.水环境概况

深圳属亚热带季风性气候,多年平均降雨量 1 837 毫米,降雨量虽丰,但时空分布不均,境内无大江大河大湖大库,水资源非常缺乏。深圳多年平均水资源总量为 18.72 亿立方米。按 2005 年常住人口 597 万人计算,人均水资源量为 313 立方米,为全国平均水资源量的 1/6;按实际用水人口 1 071 万人计算,人均水资源量为 175 立方米,不到全国平均水资源量的 1/10,属严重缺水城市。80%以上用水须通过境外水源解决。

深圳全市有大小河流 310 条,主要河流污染较严重,特别是枯水季节,总体水质差,达不到Ⅴ类标准。按照发达社会要求,水质优良率应该达到 70%以上,水质优良率在 50%以下则认为不符合可持续利用观点。但深圳的 310 条河流中,有 217 条河流受到污染,约占七成。[22]

深圳市河流污染的矛盾比较突出,这大多与“人为因素”有关。一是城市建设欠账过多,一些污水管网至今无法接入市政污水管网,相当多的生活污水流进了雨水管,进而污染了河道和水环境。二是受一些餐饮店及住宅楼阳台改厨房等因素的影响,生活污水排进雨水管,不断地产生新的污染源。2005 年全市生活污水排放量达到 6.38 亿吨。[23]

此外,工业废水对深圳市河流的污染也不容小觑。以 2005 年为例,全市工业废水排放量达 6 444.22 万吨，排放达标率约为 96.84%。[24]此外，据"公众与环境研究中心统计"，2007 年深圳市排污不达标企业达 50 家，比 2006 年增加了 11 家。[25]

2.污水处理现状

截至 2007 年 3 月，深圳市较大规模的污水处理场约 12 家，分别是：深圳水务（集团）有限公司罗芳污水处理厂、深圳市水务集团有限公司滨河污水处理厂、深圳市水务集团有限公司南山污水处理厂、蛇口工业区污水处理厂、观澜污水处理厂、坪地横岭污水处理厂、化为污水处理厂、龙港区龙田污水处理厂、瀚洋污水处理有限公司、平湖污水处理厂、坪山上洋污水处理厂、深圳市水务（集团）盐田污水处理厂等。[26]

目前，全市污水处理厂污水处理能力约 173 万吨/日，而污水回用率仅为 1%。水资源短缺的"先天不足"与水环境污染的"后天缺陷"是制约和影响深圳社会经济发展的深层次矛盾。因此，2007 年深圳市提出了在 2009 年创建节水型城市的奋斗目标，而当前面临的最主要问题是，提高污水回用率，把全市污水回用率提高到 20%的标准。

3.污水处理行业发展前景

深圳市环保局公布的数据显示，根据对 2005 年实现 200 万元以上产值环保企业的统计，该市去年实现环保产业产值 87.85 亿元，占同期全国环保产值的 8.13%。从环保产业八大类产品看，其中两大类为涉水产品，即水污染治理设备和水污染在线监测仪器两大类。两大类涉水产品占该市环保产业产值的 44%，即该市水环境产业产值为 38.65 亿元。

深圳市水务局节水办有关专家指出，这一数据仅统计的是与水环境治理相关的设备制造领域，而没有反映出在循环经济大背景下深圳城市水环境的保护治理以及水资源综合开发利用的生产经营体系和新派生的涉水领域的产业整体现状。

比如在工业废水重复利用率方面存在很大问题。按循环经济发展"减量化、再利用、资源化"三原则的要求，工业废水排放不仅要达到排放环境标准，而且须符合"减量化"排放，少排放或零排放，使工业废水实现资源化，提高废水重复利用率。据了解，在一些发达国家，工业废水在排放之前被重复利用达 10 次以上，法国工业废水利用率为 19 次，埃及为 30 次，而深圳市目前工业废水重复利用率与国外相去甚远，仅为 40% ~ 50%左右。

事实上，除工业废水处理领域外，水环境产业涉及市政污水排放处理、工业纯水、中水利用、河道污染治理、人工湿地、海水淡化与利用、节水器械推广、洗车技术等诸多产业领域，衍生出一个巨大的新生"水环境产业"群落。

《深圳市环境保护"十一五"规划》提出，"十一五"期间将以污水处理基础设施建设为重点，全面开展水环境综合整治。规划期内全市新、改、扩建污水处理厂 26 座，市污水处理厂处理能力将大幅提升为 383 万吨/日以上，污水处理率达到 75%以上，其中特区内达到 90%以上，特区外达到 60%以上。

此外，根据深圳市水务局透露的数字，在"十一五"期间，该市仅重点城市排水及水环境治理投资就高达 125.4 亿元。其中，共需建设污水收集处理项目 45 项，投资约 113.5 亿元；河道清淤疏浚重点项目 14 项，投资约 5.4 亿元；河底淤泥、污水处理厂污泥处理处置重点项目 7 项，投资约 6.5 亿元。

深圳市环保局提供的数据表明，水环境产业是一个利润十分丰厚的产业。该市去年环保产业利润为 17.6 亿元，其利润率为 20%。一些企业表示，该市水环境治理企业利润率大体接近这一水平。深圳市节水办高级工程师钟鸣表示,据他掌握的资料,上述盈利水平明显低估了,水环境治理企业利润率应在30%左右。

因此,现在业内十分看好水环境产业,都将其归于朝阳产业,认为这是一个待开发的“金矿”。[27]

4.对深圳市水环境治理的建议

(1)调整产业结构,减少工业废水排放量

水体环境的一大污染源是工业废水,而产业结构与布局影响着工业废水的排放情况。以2007年全国工业按行业分废水排放情况为例(表7.7)。

表7.7 中国2007年各行业废水排放统计表

行业	企业数/个	工业废水排放总量/万吨	工业废水排放达标量/万吨
行业总计	106 434	2 207 566.437	2 047 110
煤炭开采和洗选业	3 610	73 039.654	67 679.8
石油和天然气开采业	224	9 987.954 1	9 320.57
黑色金属矿采选业	1 077	16 031.611	14 969.8
有色金属矿采选业	1 604	43 373.556 4	38 360.2
非金属矿采选业	710	8 663.413 7	8 129.5
其他采矿业	103	1 339.004 8	1 120.53
农副食品加工业	5 701	148 589.142 1	133 128
食品制造业	3 331	42 823.674 7	37 695.7
饮料制造业	2 640	63 156.368 7	54 849.2
烟草制品业	157	2 873.203 2	2 760.73
纺织业	7 644	225 169.200 2	204 731
纺织服装、鞋、帽制造业	1 438	14 493.918 2	13 938.5
皮革毛皮羽毛(绒)及其制品业	1 547	23 573.708 7	20 059.2
木材加工及木竹藤棕草制品业	1 360	4 825.460 9	4 213.5
家具制造业	335	1 848.22	1 725.67
造纸及纸制品业	5 818	424 597.361 5	382 974
印刷业和记录媒介的复制	625	1 964.096 7	1 879.59
文教体育用品制造业	248	929.371 3	802.455
石油加工、炼焦及核燃料加工业	1 439	73 126.368 7	71 837
化学原料及化学制品制造业	9 326	324 025.772	303 982
医药制造业	2 605	42 893.275 8	40 399.3
化学纤维制造业	319	48 957.028 2	47 603.9
橡胶制品业	975	6 434.57	6 091.25
塑料制品业	1 434	4 147.665	3 236.39
非金属矿物制品业	21 402	40 264.927 1	36 704.6
黑色金属冶炼及压延加工业	3 678	156 862.147 3	152 605

续表 7.7

行　　业	企业数/个	工业废水排放总量/万吨	工业废水排放达标量/万吨
有色金属冶炼及压延加工业	2 408	31 806.609 1	29 875.4
金属制品业	5 995	33 335.295 6	31 643.5
通用设备制造业	3 287	12 182.392	11 412.4
专用设备制造业	1 280	9 439.075 6	9 074.41
交通运输设备制造业	2 419	22 047.614 8	21 052.4
电气机械及器材制造业	1 445	8 659.562 4	8 105.3
通信计算机及其他电子设备制造业	1 547	29 621.067 8	28 802.5
仪器仪表及文化办公用机械制造业	575	7 194.643 9	6 663.81
工艺品及其他制造业	999	3 767.075 7	3 608.17
废弃资源和废旧材料回收加工业	226	961.472 7	859.943
电力、热力的生产和供应业	3 373	174 796.109 4	171 209
燃气生产和供应业	89	2 836.536 2	2 412.6
水的生产和供应业	226	15 931.725 5	15 732.9
其他行业	3 215	50 996.581 7	45 860.1

从表 7.7 可以看出：不同行业的工业废水排放量差别很大。其中，化学纤维制造业、造纸及纸制品业、水的生产和供应业的平均工业废水排放量位居前三。

因此，深圳市在大力发展经济的同时，需要谨慎布局产业结构，同时也要有针对性地加大企业废水排放监管力度。

(2)加大生活污水收集力度

由于深圳市城市发展不均衡、部分土地开发时监管力度不够以及城市初期规划建设标准偏低等方面的原因，导致目前部分生活污水存在无专门收集管网、雨污河流、污水管设计管径偏小等问题，从而对水环境造成点源污染。

主要体现在：①城市发展不均衡，一些区域的污水管网建设速度落后于开发建设的速度，造成部分区域出现由于污水没有出路临时接入雨水管道的现象。②由于部分区域属于农村城市化地区，在土地开发的同时，没有进行严格有效的监管，造成目前周边市政排水系统虽已完善，但是区内依旧是合流制排水系统的现状。至 2003 年底，全市范围内采用合流制排水体制的住宅小区有 59 个，175 个城中村的排水系统中有 173 个为合流制，预计每天有 23 万立方米的城中村污水排入河道。据不完全统计，2000 年南山区总污水量为 38.25 万立方米/日，而未进入污水系统的污水量达 14.4 万立方米/日，占总污水量的 37.6%。③由于深圳特区初期规划建设标准较低，部分路段污水管径偏小，现已无法满足使用要求，另外部分区域功能的改变或者区域规模的扩大造成污水量的变化，使部分污水管网的过流能力不足。④乱排现象屡禁不止，部分酒楼、菜市场、发廊等服务业污水、饲养屠宰污水未经许可直接排入雨水管道或者河道中；露天的修车厂、洗车厂多建在雨水口附近，90%的洗车废水直接排入城市雨水系统中[28]。

(3)健全法规,统一管理,提高中水回用率

中水是指污水经处理净化后,达到《生活杂用水水质标准》,可以在一定范围内重复使用的非饮用水。中水的水质介于上水(城市公共供水)和下水(城市生活污水)之间,可用于市政杂用、浇灌、养殖、民用冲厕等。

一般建造中水设施一次性投入较自来水高2~5倍,并且日常运行成本又高于自来水,所以很少有人会放弃使用便宜、安全、方便的自来水而去用中水,已建的中水设施停止运行也就理所当然了。

但是随着经济社会的发展,水资源紧缺,中水回用比长距离引水、海水淡化和人工降雨在经济上更具优势。因此,政府应给予一定的扶持:对于中水价格,政府有关部门可制定相应的配套政策,如已建污水处理回用设施的,其所交纳的排水费根据对应的设施处理能力予以返回中水设施管理部门,贴补日常运行管理;同时也可借鉴国外的收费浮动政策,适当调高自来水水价,但也不宜人为过分抬高自来水价,一般将中水水价控制在自来水水价75%~80%左右较适宜。[29]

中水系统涉及部门颇多,住宅、环保、水务、卫生等部门都有各自的管理职责,由于污水集中处理通常较分散处理成本低、回用用途广、易管理、水质易控制,所以城市中水系统、小区中水系统和建筑物中水系统,大、中、小系统宜合理搭配,以防止建成的设施闲置或设备运行能力不足。建议小区中水系统和小区发展规划应统一规划、合理布局。同时,各地应制定统一的管理办法,由水行政主管部门统一管理中水系统的设计、建设、运行,防止中水设施建设市场出现杂乱无章的现象,水行政主管部门应对中水处理装置和施工单位进行产品认定和施工资质审定,并负责各中水站出水水质监测。[30]

7.3 大气污染

7.3.1 什么把洁净的空气污染了

清洁的空气是人类和各种生物健康生长的重要保障。大气污染是指由于人类活动和自然过程向大气排出的各种污染物质,其数量、浓度和持续时间超过环境所允许的极限时,大气质量发生恶化,使人们的工作、生活、身体健康以及动植物的生长发育受到影响或危害的现象。

大气污染源可分为天然污染源和人为污染源。天然污染源是指自然界向大气排放污染物的地点或地区,如排放灰尘、二氧化硫、硫化氢等污染物的活火山、自然逸出的瓦斯气,以及发生森林火灾、地震等自然灾害的地方。人为污染源则又可按不同的方法分类:按污染源空间分布方式可分为点污染源、面污染源、区域性污染源;按人们的社会活动功能可分为生活污染源、工业污染源、交通污染源等;按污染源存在的形式可分为固定污染源和移动污染源。[31]

随着人类工业的发展,人为污染源对大气造成的危害越来越被重视,人类也采取各种措施减少污染,保护环境。与人为污染源相比,由自然现象所产生的大气污染物种类少,浓度低,在局部地区某一时段可能形成严重影响。有人曾对全球的硫氧化物和氮氧化物的排放作了估计,认为全球氮排放中的93%,硫氧化物排放中的60%来自天然源。

7.3.2 流动的大气污染

各发达工业国家的大气污染都有一个发生、发展和演变的过程,直到1980年,大多数大气污染问题都被认为是局部的问题,人们关注的是那些在大气中寿命很短,或排放量很少的污染物,在排放源以外的区域不会造成危害。直到20世纪80年代后期,随着对长寿命污染物经长距离传输造成大范围污染情况的认识,一个新的主题进入了大气污染领域:全球大气污染。全球大气污染主要是三种环境问题:酸雨、臭氧层的破坏和全球变暖。

1.死亡雨——酸雨

进入20世纪80年代后,随着硫氧化物和氮氧化物排放量的增加,世界形成三大酸雨区:欧洲、北美和中国。欧洲雨水的酸度每年增加1%;斯堪的纳维亚半岛南部、瑞典、丹麦、波兰、德国、捷克等国的酸雨的pH值多为4.0~4.5;北美的酸雨已司空见惯,其pH值为3~4;美国已有15个州pH值接近5;加拿大受酸雨灾害面积达120万~150万平方千米[32]。中国的酸雨主要分布在长江以南,四川、云南以东的区域,包括浙江、江西、湖南、福建、重庆的大部分地区,以及长江、珠江三角洲地区。酸雨监测结果显示,20世纪90年代全国降水酸度总体上保持稳定状态,2000年以后降水酸度呈现出整体升高的趋势。2007年,在监测的城市中,酸雨发生频率在25%以上的占国土面积的34.2%,酸雨发生频率在75%以上的占13.0%,全年发生降水pH值小于4.5的重酸雨城市47个,比2006年降低1.3个百分点[33]。

2.保护臭氧层,减少辐射之苦

在离地面10~55千米的平流层里,大气中的臭氧相对集中,形成了臭氧层。臭氧层吸收了99%的来自太阳的高强度紫外线,保护了人类和生物免遭紫外辐射的伤害。自1958年对臭氧层进行观察以来,发现高空臭氧层有减少的趋势。1985年英国科学家首次发现南极上空在9、10月平均臭氧含量减少50%左右,并出现了巨大的臭氧空洞,面积相当于美国领土面积。1986年,美国公布了通过"雨云二号"卫星得到的数据,证实了自1979年到1984年10月在南极上空的确出现了总臭氧含量持续减少的情况。祸不单行,据"第三次欧洲臭氧同温层试验"发表的新闻公报说,2000年1~3月间,北极上空18千米处的同温层里,臭氧含量累计减少了60%以上。这是近10年间同一区域臭氧损失最严重的一次。据专家们测算,在1985年到2000年的15年中全球臭氧总量大约已减少5%[34]。研究表明,平流层臭氧浓度减少1%,紫外线辐射量将增加2%,皮肤癌发病率将增加3%,白内障发病率将增加0.2%~0.6%[35]。

臭氧层的损害是一个复杂的过程,这种破坏主要是由氯原子引起的。从大约1900年起,人类开始向大气排放大量的合成氯化物,随着氟利昂的开发应用,这种污染源对臭氧层的破坏日益加大,它能够稳定地到达平流层,释放出氯原子,开始对臭氧层的破坏。如果像以前一样对氟利昂的使用不加限制,继续向大气排放,100年以后,大气中的臭氧量将减少50%以上。美国和欧洲等国家决定,自2000年起,停止生产氟利昂。

3.冬天不冷并不是好事

地球的大气本来就存在着温室效应,它使地球保持了一个适于人类生存的正常温度环境。但是人类向大气排放各类可能引起地球平均温度上升的气体,使温室效应增强,从而在全球范围内引发一系列问题。这些温室气体对全球的温室效应所起作用的比例不同,其中二氧化碳的贡献超过一半,达到55%,各类氟利昂气体约占24%,甲烷占15%,一氧化氮占6%,因此二氧化碳的增加是造成全球变暖的主要因素[36]。

近百年来全球地面温度平均增加了0.3~0.6摄氏度。20世纪80年代成为20世纪最热的10年,1988年全球平均气温比1949~1979年的平均值高0.34摄氏度,比20世纪初高0.59摄氏度。这些都证明地球确有变暖趋势。有些预测表明,如果大气中二氧化碳含量增加1倍,全球温度将上升3~5摄氏度。据政府间气候委员会(IPCC)对全球气候变化判断,21世纪全球气温每10年将上升0.3摄氏度,到2050年,全球气温将上升2~4摄氏度。气候的变暖引起了海平面的上升,全球海平面在过去的百年里平均上升了14.4厘米,中国沿海的海平面也平均上升了11.5厘米。目前海平面每年将上升6厘米,到2070年海平面将上升65厘米,但不同海域相差较大。由温室效应所产生海平面上升的速度在逐年增加,海平面的升高将严重威胁低地势岛屿和沿海地区人民的生产、生活和财产安全[35]。

7.3.3 什么方法可防治大气污染

工农业生产、交通运输和人类生活活动中所排放的有害气态物质种类繁多,依据这些物质不同的化学性质和物理性质,需采用不同的技术方法进行治理。常见方法包括:①吸收法:采用适当的液体作为吸收剂,使含有有害物质的废气与吸收剂接触,废气中的有害物质被吸收于吸收剂中,使气体得到净化的方法;②吸附法:使废气与大表面多孔性固体物质相接触,将废气中的有害组分吸附在固体表面上,使其与气体混合物分离,达到净化目的;③催化法:利用催化剂的催化作用,使废气中的有害组分发生化学反应并转化为无害物或易于去除物质的一种方法;④燃烧法:对含有可燃有害组分的混合气体进行氧化燃烧或高温分解,从而使这些有害组分转化为无害物质的方法;⑤冷凝法:采用降低废气温度或提高废气压力的方法,使一些易于凝结的有害气体或蒸气态的污染物冷凝成液体并从废气中分离出来的方法。

1.减少二氧化硫的排放

作为大气主要污染物之一的二氧化硫的治理目的就是减少其排放。按照控制工艺在二氧化硫产生过程中所处的位置,可分为产生前、产生中和产生后三种脱硫工艺。产生前和产生中的脱硫主要是一些辅助措施使能够生产二氧化硫的原料中硫含量降低,并不能起到主要的脱硫作用,因此二氧化硫防治技术主要是烟气脱硫技术。这种技术可以大规模商业化应用到工业污染的控制当中。

烟气脱硫主要有湿法、半干法、干法和硫氮联脱法等。目前世界上采用烟气脱硫系统最多的国家为美国、日本和德国。其中,湿式石灰石·石膏法、喷雾干燥法、炉内喷钙尾部增湿活化(LIFAC与LIMB)法、荷电干式喷射脱硫(CDSI)法是工艺成熟、应用较广的烟气脱硫方法[37]。无论是干法脱硫还是湿法脱硫,其技术基础都采用的是吸收法,常用吸收剂主要是钙基(干法、湿法均可用),此外,氧化镁、氨水、钠盐等其他碱性盐类都可使用。但是受地理环境、脱硫副产品的处理、吸收剂的价格等因素的影响,目前能够代替钙基实现大规模使用的吸收剂主要是氧化镁[38]。

2.将有害的氮氧化物无害化

危害性氮氧化物主要是由燃料燃烧、汽车尾气和工业生产过程中产生的,其治理方法主要有吸收法、吸附法、氧化还原法和生化处理技术。生化法处理氮氧化物废气技术只是近十多年才逐步发展起来的,目前研究的只是强化和优化该过程。

同二氧化硫的治理一样,吸收法是可大规模应用于治理燃料燃烧和工业生产过程中产生的氮氧化物的一种方法。具体处理可采用水吸收、酸性溶液吸收、碱性溶液吸收、氧化吸收和络合剂吸收等。

吸附法处理氮氧化物可分为分子筛吸附法、活性炭吸附法和硅胶吸附法。其中分子筛吸附法是最有前途的一种方法,国外已有工业装置用于处理硝酸尾气,常用的分子筛有氢型丝光沸石、氢型皂沸石等[39]。

氧化还原法分为选择性催化还原法(Selective Catalytic Reduction,SCR)和选择性非催化还原法(Selective Non-Catalytic Reduction,SNCR),两者均为使用还原剂,将氮氧化物还原成无害气体,再排入大气中,最常用的还原剂是氨。区别在于前者使用催化剂,降低了反应条件,应用更加广泛。SCR 是工业上应用最广的一种脱硝技术,可应用于电站锅炉、工业锅炉等,理想状态下,可使氮氧化物的脱除率达 90%以上,但实际上由于氨量的控制误差而造成的二次污染等原因使得通常仅能达到 65% ~ 80%的净化效果。由于此法效率较高,是目前能找到的最好的可以广泛应用于固定源氮氧化物治理的技术[40]。

3.降低二氧化碳在空气中的比例

二氧化碳是主要的温室气体,解决二氧化碳的排放有以下几种途径:一是地质储存法,即将二氧化碳加压后储存于石油、煤层、地下含水层和海洋中,这是二氧化碳减排技术发展的趋势。二是生物储存法,即植物和微生物等通过光合作用吸收和固定大气游离的二氧化碳,并在一定条件下实现向有机碳的转化。三是化学转化法,即通过催化转化将二氧化碳转化为小分子产品(如甲醇、二甲醚、甲酸、低碳烃等)和其他具有高附加值、更有市场潜力的产品(如一些特殊功能的聚合物、重要的药物中间体、重要的有机化合物等)[41]。

据报道,美国科研人员化学合成了一种新的二氧化碳吸附材料——新一代沸石咪唑酯骨架结构材料(ZIFs)。新一代 ZIFs 吸附力强,能将二氧化碳固化,以阻止其向大气排放,吸附了二氧化碳的材料可埋入地下。不过这种材料还需进一步试验。

4.除尘

除尘的方法有很多种,包括袋式除尘、静电除尘、循环流化床电 - 袋组合除尘、高温除尘、对喷流除尘、高压喷雾除尘等,其本质上是两类技术:干法除尘和湿法除尘。

干法除尘的袋式除尘以其除尘效率高、对所除烟尘性质要求低等优点越来越受到青睐,经过几十年的开发,技术也越来越成熟。可用于袋式除尘设备的纤维主要有均聚丙烯腈纤维、PPS 纤维、P84 纤维、PTFE 纤维、玻璃纤维。针刺毡类过滤材料主要用于脉冲清灰型袋式除尘器,机织过滤布主要应用于反吹风类大型袋式除尘器[42]。

粉尘处理的主要对象是 150 微米以下的粉尘颗粒,特别是直径 5 微米以下的可吸入粉尘颗粒。粉尘直径越小,处理过程中的技术要求越高,现有的除尘技术对于去除直径 5 微米以下的可吸入粉尘颗粒还很难实现。近年来研究人员针对这种问题开发出一种新技术——干雾除尘。这种技术具有有效解决无组织排放粉尘污染;针对 5 微米以下可吸入性粉尘治理效果较好;除尘装置设备投入少,操作方便,全自动控制,占地面积小,运行费用低，(煤)无热值损失，物料含水量几乎不增加，无二次污染；除尘装置操作压力及耗水量小，冬季结冻时仍可正常使用等优点。已获得国家专利，具有良好的应用前景。[43]

5. 排放清洁的汽车尾气

减少汽车尾气排放，采取的途径主要有两种，一是在不改变燃料种类的情况下采用清洁燃烧技术(即机内净化)与尾气净化技术(即机外净化)；二是采用清洁燃料，利用绿色替代燃料来减少汽车尾气有害物质的排放。

7.3.4 大气污染治理已经产业化

大气污染控制技术主要可以分为除尘技术、脱硫脱氮技术、废弃有害物质去除及脱臭技术等几个方面。

1. 发达国家大气污染治理产业

发达国家的除尘装置正逐渐引入现代电子技术，电除尘装置的开发正在向脉冲电荷技术发展。目前在各类除尘器中，旋风除尘器已能清除 10 ~ 100 微米的粉末，出现了斜底板、扭底板等；袋式除尘器的发展不在限于解决过滤器的堵塞问题而是使用寿命长、维护费用少的适用技术和机械，滤布开发的重点是在高温下耐酸碱、强度好的材料，日本开发了超高压宽间距除尘器、双区电除尘器；美国则应用蒸汽除尘器、三电极板电除尘器、带屏蔽网电除尘器等。除此之外，一些新的除尘技术正处在研究和试验阶段，如声波辅助青灰、微粒凝聚技术、高压蒸汽喷射、带电湿式除尘和复合式除尘等，这些新技术将为传统的除尘器领域注入新的活力。

脱硫脱氮技术和设备主要用于电力工业，其中，烟气脱硫技术用于集中燃烧高硫煤的电厂，主要包括湿式烟气脱硫、干式烟气脱硫、喷雾式烟气脱硫及流化床燃烧脱硫等，这些技术可以获得 90%以上的二氧化硫去除率，使发电效率提高 30%以上。在脱氮技术方面，日本和欧洲普遍采用选择性催化还原系统(SCR)，其氮氧化物去除率已达 60% ~ 80%；美国则采用选择非催化还原系统(SNCR)的最新改进系统，使氮氧化物去除率提高到 80%。但同时减少氮氧化物和二氧化硫的先进技术尚处于研究阶段，前景十分看好。

目前，发达国家国内环保市场需求已逐渐趋于平衡，发展中国家的环保市场在世界的地位显著上升，在亚洲环保市场上，美、日、德三国占了很大份额，例如在大气污染控制方面，美国占 30%，日本占 31%，德国占 13%。

2. 日本大气污染治理产业

日本于 2004 年 3 月将环保产业定位为优先发展产业，并作为一种策略增长产业。预计 2010 年日本环保产业销售额将占到所有企业销售总额的 4.5%，比 2001 年增长 3.6%。日本环保产业设备的进出口量值比较大，而其中又以包括大气污染控制设备、水污染控制设备、垃圾处理设备、防噪抗振设备在内的环保设备量值为最大，2002 年达到 15 674 亿日元，占当年环保产业设备总进出口值的 89.7%。

2002 年日本大气污染控制设备出口值位居第一，占当年总出口的 49.45%，水污染控制设备居其次，出口值占当年总出口的 29.31%，垃圾处理设备位列第三，出口值占当年总出口的 20.54%。2002 年、2003 年日本汽车尾气分析设备出口值都稳居第一位，分别占当年总出口值的 72.55%和 73.32%。

日本的大气污染控制设备产业较为发达，使其在大气污染控制方面具有较强的社会环境管理能力(Social Capacity for Environmental Management,SCEM)。通过民众的努力、地方政府的驱动、国家政府的调整以及企业的执行,日本在产业公害型污染控制和城市生活型污染控制方面取得巨大成功。2001 年日本的大气污染控制设备市场情况如表 7.8 所示。

表 7.8　2001 年日本的大气污染控制设备市场

工业类型		大气污染控制设备	
企业	制造业	需求量/百万日元	31 089
		国内份额/%	27.3
	非制造业	需求量/百万日元	27 673
		国内份额/%	24.3
	小　计	需求量/百万日元	58 762
		国内份额/%	51.6
政府	地区政府	需求量/百万日元	48 060
		国内份额/%	42.2
	其　他	需求量/百万日元	7 088
		国内份额/%	6.2
	小　计	需求量/百万日元	55 148
		国内份额/%	48.4
日本国内市场小计		总量/百万日元	113 911
出口市场小计		出口量/百万日元	20 475
合计		总量/百万日元	134 386

2000~2002 年,日本大气污染控制设备市场中,烟气脱硫、脱氮处理,以及重、轻油脱硫比重逐渐加大(表 7.9)。

表 7.9　按照设备来划分的 2000~2002 年日本大气污染控制设备市场

	2000 年		2001 年			2002 年		
	国内产值/百万日元	市场份额/%	国内产值/百万日元	市场份额/%	增长率/%	国内产值/百万日元	市场份额/%	增长率/%
集尘器	69 389	4.2	54 652	3.2	-21.2	51 612	3.3	-5.6
重、轻油脱硫	112	0.0	249	0.0	122.3	7 018	0.4	2 718.5
烟气脱硫	55 444	3.4	48 346	2.9	-12.8	56 866	3.6	17.6
烟气脱氮	22 269	1.4	13 138	0.8	-41.0	16 562	1.1	26.1
废气处理	91 214	5.6	78 508	4.6	-13.9	31 518	2.0	-59.9
相关机械	22 739	1.4	17 310	1.0	-23.9	12 486	0.8	-27.9

资料来源:上海情报服务平台 http://www.istis.sh.cn/

7.3.5 我国的大气污染治理产业

大气污染治理设备行业是环保产业的主要组成部分,我国大气污染防治技术装备经过60~70年代的初创、80年代的高速发展及90年代的稳步提高,已成为新的经济增长点,以除尘设备为代表的我国大气污染防治设备的总体水平已接近国外80年代水平。电除尘器、袋式除尘器等产品水平接近国际先进水平,锅炉烟气除尘器和工业粉尘除尘设备已可立足国内市场,并有部分产品打入国际市场,出口额逐年增长。但是,我国烟气脱硫技术发展较晚,缺乏工业化连续运转的成功经验;脱氮技术尚未开发;废气净化技术有新进展,但技术推广速度较慢;汽车尾气控制技术已有突破,正在推广应用。

大气污染治理设备包括除尘器设备(电除尘器、袋式除尘器、旋风除尘器和湿式除尘器)、脱硫设备、脱氮设备、废弃有害物质(如城市生活垃圾)去除及脱臭设备、气体净化设备等。各种设备的市场状况如下:

1.电除尘器

电除尘器主要应用于燃煤电站、冶金、建材、造纸等行业的燃煤锅炉、工业炉窑及工业过程中的消烟除尘,是治理大气粉尘污染的主要设备。

经过20世纪70年代至今近30年的努力,目前,我国电除尘器行业的总体技术水平已基本接近或达到了国际当代先进水平,部分产品在技术性能上优于国外产品;国内产品基本占据了国内市场,并出口创汇。电除尘器产品质量、技术水平与国外先进水平相当,但产品价格远低于国外产品,极具竞争力。韩国、印度电除尘器本体及电源的技术水平提高较快,有可能发展成为我国的有力竞争者。欧美国家电除尘器产品在价格上不具竞争力,不会对我国电除尘器产业构成威胁。

2.烟气脱硫设备

烟气脱硫设备的主要功能是消除燃煤电站排放烟气中的二氧化硫等有害物质,使燃煤电站实现烟气的达标排放。我国烟气脱硫技术早在20世纪50年代就在硫酸和有色冶金工业中应用,对燃煤产生的低浓度二氧化硫烟气的净化研究则始于20世纪70年代,主要表现为国外先进成熟设备引进和对一些烟气脱硫方法进行试验室试验和工业性试验。

目前,烟气脱硫在我国仍属弱势产业,主要表现为:①国内已投运的较大型的烟气脱硫装置大多为国外进口装置;②我国自主开发的烟气脱硫技术尚未达到产业化程度。

2001年2月,浙江菲达机电集团有限公司从瑞典ABB FLAKT公司引进NID干法脱硫技术,设计制造出我国第一套与70兆瓦机组配套的干法烟气脱硫设备并在浙江巨州化学工业公司投入运行,结束了我国烟气脱硫设备长期停留在试验阶段和依赖进口的局面。经测试,脱硫率稳定在90%左右,最高可达95%,效果良好。

3.大型高效布袋除尘器

大型高效布袋除尘器主要用于燃煤电站烟气处理。随着环保排放要求的提高,布袋除尘器将逐步替代电除尘器。钢铁工业中的高炉煤气净化采用干法袋式除尘器的越来越多,并且逐渐向大型化发展,2 000立方米以上的高炉也在采用袋式除尘器。烧结机、机头、机尾除尘过去都是采用电除尘器,现在也开始采用袋式除尘器,并将不能达标排放的电除尘器也改为袋式除尘器。水泥工业自2005年1月1日开始执行新的国家标准,粉尘排放质量浓度提高到50毫克/立方米，新建的新型干法水泥生产线窑头、窑尾除尘，采用袋式除尘器的越来越多，并且也将不能达标排放的电除尘器改为袋式除尘器。窑尾还有将电除尘器改造为电－袋除尘器的成功案例。

据我国环境保护产业协会袋式除尘委员会不完全统计，2005年袋式除尘行业的总产值达64.98亿元，比2004年增加11.71亿元，增长约21%；利润5.58亿元，比2004年增加0.34亿元，利润率8%；出口约5 143万美元，比2004年增加约3 133万美元，增长约15%。其中袋式除尘行业前十位的企业总产值达2.72亿元，占全行业总产值的34%，前20位的企业总产值达35.64亿元，占全行业总产值的54%。目前我国袋式除尘行业产值上亿元的企业已超过20家。

4.国内大气污染治理产业的代表性企业

菲达集团有限公司是全国大气污染治理装备行业龙头企业，早在20世纪80年代初在原国家机械部等部委的支持下由联合国开发计划署援建的电除尘器研究所在菲达诞生，1983年菲达承担的天津军粮城电厂5万千瓦机组电除尘器研制成功并投入运行，填补了我国燃煤电站国产电除尘器的历史空白。1992年该公司通过国际招标取得的北仑电厂2号600兆瓦机组配套电除尘器研制成功，标志着菲达电除尘器技术已达到世界先进水平。迄今，菲达先后改造了包括从美国、日本、比利时等国进口的100多台电除尘器，为此原国家经贸委等多个部门联合做出决定今后限制进口大型电除尘设备，从而基本结束了电除尘器依赖进口的历史，为国家节约了大量的外汇。

电除尘器是菲达公司的强项，但是致力于大气污染治理的菲达公司又相继从美国、瑞典、德国等国引进了气力输送技术、NID半干法烟气脱硫技术、大型燃煤电厂布袋除尘技术和湿式石灰石/石膏法烟气脱硫技术，实现除尘、输灰、脱硫、脱硝技术多元化和大成套、一条龙服务。菲达承接的衢化热电厂8号炉除尘、输灰、脱硫的总成套工程，2002年通过国家级鉴定，以电石渣作脱硫剂开创了以废治废的国际先河，使菲达在循环半干法脱硫领域达到了国内领先、国际先进水平。菲达集团的电除尘器、循环半干法脱硫、垃圾焚烧尾气处理的市场占有率位居全国第一，公司销售收入连年以25%的速度稳定增长。菲达已发展成为国内环保产业中具备30万千瓦及以上燃煤发电机组除尘、输灰、脱硫系统总成套能力的企业。

7.3.6 深圳市大气污染及治理产业

1.深圳市大气污染有多严重

深圳作为珠三角城市群中连接香港和内陆的枢纽，在1997年被率先评为我国的环境保护模范城市，其大气环境质量优于周边城市。2003年10月10日，深圳市圆满完成了国家环保总局交付的工业污染源全面达标试点的任务，并通过了由广东省环保局局长李清率领的专家组的验收，成为全国首个实现工业污染源全面达标的城市。2008年深圳市空气质量等级为优的天数为165天，比2007年多6天；出现轻微污染的天数为2天，比2007年少2天。其中空气质量等级为优的天数在25天以上的月份主要在夏季的6、7、8月。而3月份空气质量等级为优的天数仅为3天[44]。

随着珠三角城市群工业化进程的加快，深圳本地工业燃料消耗量及机动车数量的快速增长，空气中二氧化硫、二氧化氮和可吸入颗粒物的浓度呈逐年上升的趋势，大气能见度在下降，灰霾天气经常出现，大气环境质量有恶化的趋势。目前在我国存在着四个灰霾天气比较严重的地区：黄淮海地区、长江河谷、四川盆地和珠江三角洲地区，深圳的灰霾天气是珠江三角洲区域性灰霾污染的一部分。专家指出，灰霾天气形成的主要化学前提物包括硫化物、氮氧化物和颗粒物等。《2007 年深圳市环境状况公报》统计显示，2007 年深圳市大气主要污染物为二氧化氮，各污染物的年日平均质量浓度如表 7.10 所示。

表 7.10　2006～2008 年深圳市大气主要污染物年日平均质量浓度年际比较

单位：毫克/立方米

污染物	2008 年年日平均质量浓度	2006 年年日平均质量浓度
二氧化硫	0.016	0.030
二氧化氮	0.047	0.053
可吸入颗粒物	0.063	0.064

2.治理深圳市大气污染

环境的恶化引起了深圳的高度重视，20 世纪 90 年代，深圳开始发展环保产业，经数年努力，已经初具规模，八家企业被评为“中国环境保护产业骨干企业”，其中深圳市百斯特环保工程有限公司主要提供废气治理服务。

深圳市百思特环保工程有限公司成立于 1996 年 5 月，是经深圳市环保局、深圳市工商局核准成立的专业环保工程公司。公司长期以来致力于环境保护工作，承接环保工程治理与技术咨询、设计、施工、安装、制造及环保产品的购销等工程，利用公司专有技术治理各类工业废气。近几年，百思特公司加大了对废气治理研究的投入，成功地研制出组合式旋流净化器，使得在废气治理技术上，居于广东省环保产业前列。这种净化器集脱硫、除尘于一体，具有净化效率高、气流阻力小、用液量少、不堵塞、结构简单、操作方便等优点。在有机废气治理方面同华南理工大学技术合作，承建了中日龙电器厂 10 万立方米/小时的有机废气项目，工艺采用吸附→脱附浓缩→催化燃烧法进行处理。并且率先在深圳广州进行了重油锅炉烟气脱硫除尘治理工程，经当地环保部门监测，均一次验收合格，且净化指标均优于国家标准。

2005 年以来，百思特公司先后治理了一批废气工程，效果良好，受到一致好评。这些工程包括：治理深圳市沙头角爱塔珠宝公司酸洗车间的酸废气；治理深圳市海超染织厂的燃油锅炉废气；治理深圳市板田高时石材厂打磨车间的粉尘废气；深圳中日龙电器厂发电机废气治理工程；深圳保安早进有限公司食堂柴油炉黑烟治理工程。

此外，深圳市天浩洋环保科技有限公司、深圳市世纪天源环保技术有限公司等环保产品企业也开发出一系列废气治理、监测仪器。这些企业中具备大气污染治理的能力和技术水平已达国际标准。

7.3.7　大气污染治理产业的发展受哪些因素影响

我国环保产业起步较晚，环保欠账较多，发达国家 100 多年逐步出现并分阶段解决的环境问题，在我国经济发展水平不高的情况下集中暴露出来，使我国面临极大的压力和挑战。在我国面临的环境问题中,大气污染是最严重的问题之一,大气污染防治设备的生产和使用还远远没有达到饱和状态。因此,大气污染治理设备产业是我国的朝阳产业,有着良好的发展前景:

(1)产业政策:1989 年以来的 20 年,国家出台了一系列鼓励环保产业发展的政策,制定和完善了环保法规,严格了环境标准,加大了环保执法力度,强化了政府的宏观调控职能,为我国环保事业的发展创造了良好的政策环境。

目前,我国基本上形成了以《中华人民共和国环境保护法》为主体的环境法律体系,该体系包括《大气污染防治法》等 13 部环保专门法及资源法,《自然保护区条例》等 30 多件环保行政法规和 364 项各类环境标准,还有大量的地方性环境法规和标准。20 世纪 90 年代以来,国家还编制了十多项与环境保护产业有关的对策、方案和规划。这些法律、法规、政策是我国环保产业发展的根本保证。

(2)产品特性:与一般的工业产品不同,环保装备行业的产品——环境保护设备大多为非标准产品,特别是大气污染防治设备——除尘设备、烟气脱硫设备、气力输送设备等,都是根据用户的不同要求和特点量体裁衣、单件设计、单件生产的。此外,这些设备投入运行后,需长期在高温(或高压)、腐蚀性气体中运行,且工况条件多变,对设备的可靠性、稳定性、安全性及运行有效性要求很高。

(3)消费趋向与购买力:如前所述,我国环保产业起步较晚,环保欠账较多,环保市场潜力十分巨大。随着人民生活水平的提高和国力的增强,国家会逐步增加环保投入,环保标准的提高及环保执法力度的加大将迫使企业增加环保投资;另外,环境保护投融资体制的改革还将吸引部分社会公益基金、境外资金等投资于国内环保产业。因此,总的来说,对环保产品的购买力将不断增强,对环保产品的消费将由被动接受转变为主动的消费需求,环保市场的发展空间广阔。

(4)市场竞争:中国加入 WTO 以后,将会有更多的国外厂商进入国内市场,与国内公司展开竞争。总体而言,国外厂商拥有资金、技术和人才等方面的优势,以及长期从事环境污染治理所积累的丰富经验,他们的进入必将加剧国内市场的竞争。

与国外厂商相比,国内公司的优势为:①熟悉国内市场状况的本土化优势,国内产品比国外产品具有更强的适应性,更符合国内企业的资源条件和工况特点;②劳动力成本低,产品价格更具竞争力;③能提供高效优质服务。

就大气污染治理行业的具体产品而言,电除尘器产品的技术水平已达到国际先进水平,国产设备不仅占领了国内市场,而且还向国外多个国家和地区出口;烟气脱硫设备方面,进口设备或技术仍为主流,但国内已有多家企业投资或计划投资脱硫项目。目前,脱硫设备市场尚处于成长期,相信经过若干年的技术引进或自主开发,国产设备和技术将逐渐树立市场优势。

虽然有着诸多有利条件,但是大气污染防治设备的特性要求制造商具有很强的设计能力和足够的试验设施,因此,要进入该产业必定有很多障碍:

(1)行业经验:大气污染治理设备行业在诸多方面(如行业管理体制、产业政策、产品特性、客户群体、市场竞争状况等)都具有不同于其他行业的特点,对行业特性的深刻认识和理解是进入本行业的基本前提。行业经验不足是新进入者面临的主要障碍。

(2)技术基础:包括人才储备、试验设施、知识产权等。电除尘器、配套输送设备、烟气脱硫设备等均为非标准化产品,对产品设计、制造、安装的要求都很高,具有深厚技术基础的企业具有较强的竞争力,技术积累不够是新进入者面临的障碍之一。

(3)市场基础:包括工程业绩、市场占有率、品牌知名度、市场影响力等。进入此行业较早、市场基础较好的企业具有竞争优势,新进入者形成市场优势的难度较大。

(4)管理基础:包括管理制度、激励与约束机制、管理层的开拓进取意识与决策能力等。此行业竞争激烈,高效有序的管理是推动企业持续发展的根本动力,管理基础不稳固的企业进入本行业的难度较大。

(5)资金实力:此行业产品主要为电力、冶金、建材等行业配套,产品单价高,生产周期长,生产过程中需垫支的资金额较大,要求企业具备较强的资金实力,否则,进入该行业难度较大。

主要参考文献

[1] 隋广军,苏启林.环保产业发展与政策分析——以加拿大为例[J].中国人口·资源与环境,2002(2):44-47.

[2] 赵行姝.以环境保护创造社会财富——美国发展环保产业的经验[J].中国金融,2006,(19):23-24.

[3] Global environmental markets and the UK enviromental industry [EB/OL]. [2002-01] 英国商业、企业和管理改革部委员会(BERR)网站 http://www.berr.gov.uk/.

[4] 王宇.国外环保产业的发展[J].节能与环保,2001(3):43-45.

[5] Top U.S. environmental technologies export markets [EB/OL]. [2007]美国商业部国际贸易管理局网站(International Trade Administration of the Department of Commerce):http://trade.gov/index.asp.

[6] 交流材料3环保产业工作[EB/OL].[2006-08-23]中华人民共和国环境保护部:http://www.zhb.gov.cn.

[7] 易斌,燕中凯.中国环保产业市场发展分析[J].中国环保产业,1999(10):17-20.

[8] 张坤民,温宗国.中国可持续发展与环保产业[J].重庆环境科学,2002(2):3-5.

[9] 国家环保总局,2000年全国环境保护相关产业状况公报.2001-12.

[10] 王扬祖,中国环境保护产业现状发展建议[C].中国环境保护产业协会环保产业国际研讨会论文集,2003-12-15.

[11] 2007年中国环保产业发展研究报告[EB/OL].[2006-12-30]中国报告大厅市场研究报告网:http://www.chinaccm.com.

[12] 深圳年鉴编纂委员会,深圳年鉴2006[M].深圳:深圳年鉴社,2006.

[13] 沈勇.深圳环保产业化腐朽为神奇[N].深圳特区报,2006-4-28(9).

[14] 深圳市统计局,深圳统计年鉴2007[M].北京:中国统计出版社,2007.

[15] 邵坚,程林,金栋.循环经济时代对水污染防治的思考[J].气象水文海洋仪器,2006(2):56-59.

[16] 张平远.全球水资源状况堪忧[J].水利天地,2005(5):42.
[17] 曲格平.环境保护知识读本[M].北京:红旗出版社,1999.
[18] 田文龙,刘瑶环.我国污水处理事业的现状和发展趋势[J].中国科技信息,2006(3):110-111.
[19] 全国环境统计公报(2006 年)[EB/OL].[2007-06-19]中华人民共和国环境保护部 http://www.zhb.gov.cn.
[20] 中国环境保护产业协会水污染治理委员会.我国水污染治理行业 2006 年发展报告[J].中国环保产业,2007(9):50-53.
[21] 环境服务业发展报告[EB/OL].[2006-07]中华人民共和国环境保护部:http://www.zhb.gov.cn.
[22] 吴娟.深圳市水环境污染评价[J].资源与环境,2007(21):159.
[23] 张兴衍.深圳污水回用率两年提高至 20%[N].深圳商报,2007-12-5(5).
[24] 中国经济年鉴 2006.深圳市 2005 年经济社会发展主要指标统计[N].北京:中国经济年鉴出版社,2007.
[25] 中国不达标企业名单.公众与环境研究中心——中国水污染地图[EB/OL].[2007] http://www.ipe.org.cn/.
[26] 污水处理厂.中华人民共和国环境保护部[EB/OL].[2007]http://www.zhb.gov.cn/.
[27] 张兴衍.深圳水环境产业浮出水面[N].中国高新技术产业导报,2006-12-18(8).
[28] 游勇,杨小毛,王波.深圳市水环境污染的控制与治理对策[J].中国高新技术企业,2007,(6).
[29] 完善水循环产业链是解决中水回用的关键[N].市场报,2006-03-22(2).
[30] 周妙秋,刘正美.城市中水回用中几个值得重视的问题[J].水环境建设,2002(7):7-10.
[31] 于慧.大气污染的成因及治理措施[J].辽宁化工,2008,37(2):142-144.
[32] 孙敏.全球大气污染问题透视[J].现代经济信息,1997(10):37-38.
[33] 国家环保总局,2007 年中国环境公报[N].2008-6-4.
[34] 余文.北极出现巨大臭氧空洞[N].新浪科技日报,2000-06-29.
[35] 刘圣勇,袁超,等.全球性大气污染的现状及对策[J].河南农业大学学报,2003,37(1):74-77.
[36] 李荫堂.环境保护与节能[M].西安:西安交通大学出版社,1998.
[37] 李善强.中国大气污染防治技术综述[J].芜湖职业技术学院学报,2006,8(4):116-119.
[38] 孙琦明.湿式镁基与钙基脱硫工艺的比较[J].中国环保产业,2006(6):30-33.
[39] 贾毅峰,兰雯.浅谈氮氧化物的污染与治理技术[J].广西轻工业,2007(9):98-99.
[40] 苏亚欣,毛玉如,徐璋.燃煤氮氧化物排放控制技术[M].北京:化学工业出版社,2005.
[41] 申树芳,王换荣.二氧化碳的排放与分离控制技术简介[J].化学教学,2008(2):72-73.
[42] 刘书平.我国用于袋式除尘器的过滤材料[J].合成纤维,2007(4):12-15.
[43] 刘炳煌.除尘领域的新锐——干雾除尘[J].资源再生,2008(1):58-59.
[44] 深圳市气象局.2008 年深圳市气候影响评价[N].2009-01-23.

(吴爱春　胡新颖)

8 能源及新能源

8.1 世界能源、新能源的消费现状及产业发展状况

8.1.1 世界能源消费现状和产业发展状况

1.世界能源消费现状和趋势

据预测:世界总能源消费将从 2005 年的 462 Quadrillion(一千之五次方)British thermal units(Btu,英国热量单位)增加到 2015 年的 563 Quadrillion Btu,大约增加了 21.9%,然后增加到 2030 年的 695 Quadrillion Btu,又增加了 23.4%左右,增长速度高于前 25 年 1.5 个百分点,从 2005 年到 2030 年将扩大 50%。该预测及下文中的其他预测基于如下的假设条件:在预测期间当前的法律和政策保持不变。1980～2030 年全球上市能源消费状况如图 8.1 所示。

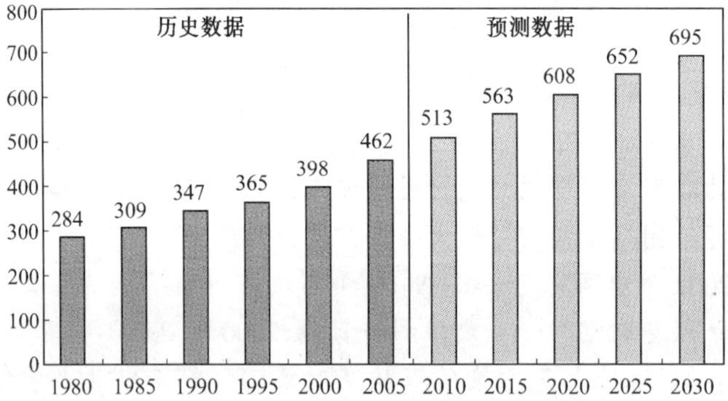

图 8.1 1980～2030 年全球上市能源消费状况(单位:Quadrillion Btu)

资料来源:EIA 注:OECD 包括截至 2008 年 5 月 1 日的所有成员组织

尽管石油和天然气的价格将继续提高,并将长期遏制能源需求的增长,但是由于全球经济的强劲发展和发展中国家人口的急剧增加,全球能源消费仍然会持续快速增长。而且在预测的时期内,OECD 成员国的能源需求将缓慢增长,年增长率仅为 0.7%,而非 OECD 成员国由于新兴经济的缘故能源需求增长迅速,年增长率将高达 2.5%。2005～2030 年全球各地区上市能源消费状况如图 8.2 所示。

图 8.3 为 1980～2030 年全球上市能源消费状况,可以看出,从整体趋势看,OECD 的能源消费呈极其缓慢的增长态势,1980～2030 年增长 60.7%,特别是在预测期间的 25 年期间,即 2005～2030 年,增长更加缓慢,2030 年较 2005 年增长仅为 18.7%;从历史数据来

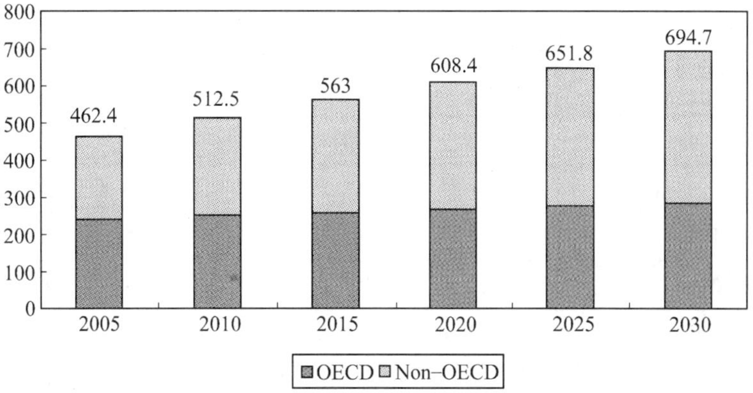

图 8.2 2005～2030 年全球各地区上市能源消费状况(单位:Quadrillion Btu)

资料来源:EIA

看,即 1980～2005 年的 25 年间,OECD 的能源消费一直高于非 OECD,预计在 2008 年左右两者的能源消费持平,之后非 OECD 的能源消费开始领先于 OECD,而且两者的差距将越来越大;非 OECD 的能源消费从 1980～2030 年增长高达 286.4%,在前 25 年,即 1980～2005 年,增长为 109.2%,在 2005～2030 年的 25 年预测期间,增长达 84.7%,比前 25 年降低了 24.5 个百分点。

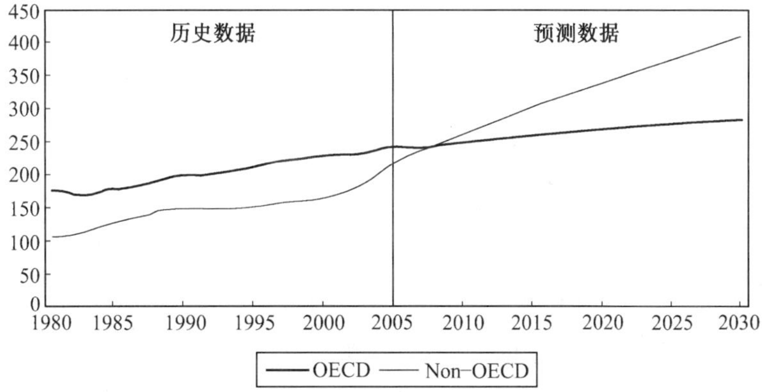

图 8.3 1980～2030 年全球各地区上市能源消费状况(单位:Quadrillion Btu)

资料来源:EIA

中国和印度,作为非 OECD 经济增长最快的国家,将是未来能源消费的主要贡献者。在 1997～2007 年的 10 年中,中国和印度的能源消费增长迅猛,1980 年中国和印度的能源消费合计不超过世界能源总消费的 8%,而 2005 年,即自 1980 年起的 25 年后,中国和印度占世界能源总消费的比例为 18%,增长了 1 倍多。预计从 2005～2030 年的 25 年中,中国和印度的能源消费更加快速,合计占世界能源总消费的比例将达到 25%。相比之下,美国占世界能源总消费的比例预计从 2005 年的 22% 下降到 2030 年的 17%,也就是说,2005 年美国一个国家的能源消费比中国和印度两个经济高速发展的大国的能源消费的总和还要高出 4 个百分点。表 8.1 为全球各地区主要能源消费增长状况表。

表 8.1 全球各地区主要能源消费增长状况 单位:Quadrillion Btu

地区/国家	历史数据	预测数据				
	2005	2010	2015	2020	2025	2030
OECD						
OECD 北美洲	121.3	126.4	132.3	137.8	143.4	148.9
美国	100.1	103.3	107.3	110.8	114.5	118.0
加拿大	14.3	15.7	16.7	17.6	18.4	19.3
墨西哥	6.9	7.4	8.4	9.4	10.4	11.6
OECD 欧洲	81.4	83.9	86.8	88.5	90.4	92.0
OECD 亚洲	38.2	39.3	41.4	42.7	43.7	44.9
日本	22.6	22.4	22.9	23.1	23.3	23.4
韩国	9.3	10.3	11.6	12.4	13.0	13.7
澳大利亚/新西兰	6.3	6.6	6.9	7.2	7.5	7.8
OECD 总额	240.9	249.7	260.5	269.0	277.6	285.9
非 OECD						
非 OECD 欧洲和欧亚大陆	50.7	55.1	59.5	63.3	66.0	69.1
俄罗斯	30.3	32.7	34.9	36.7	38.0	39.6
其他	20.4	22.4	24.5	26.5	28.0	29.4
Non - OECD Asia	109.9	137.1	164.2	189.4	215.3	240.8
中国	67.1	87.3	104.0	120.6	138.0	155.2
印度	16.2	19.4	23.2	26.6	29.9	33.2
其他亚洲的非 OECD 国家	26.6	30.5	37.0	42.2	47.3	52.4
中东	22.9	26.4	29.5	32.6	34.7	36.8
非洲	14.4	16.5	18.9	20.9	22.5	23.9
美洲中部和南部	23.4	27.7	30.5	33.2	35.7	38.3
巴西	9.3	11.1	12.6	14.1	15.5	17.0
美洲中部和南部其他地区	14.1	16.6	17.9	19.1	20.3	21.3
非 OECD 总额	221.3	262.8	302.5	339.4	374.2	408.8
世界总额	462.2	512.5	563.0	608.4	651.8	694.7

资料来源:EIA

在全球石油维持相对高的价格的假设条件下,各种能源的消耗在预测期间将持续增长。液态燃料是世界上增长最缓慢的能源,2005 ~ 2030 年液态燃料消费的平均年增长率为 1.2%,而新能源和煤是增长最快的能源,其增长率分别为 2.1% 和 2.0%。所预测的石油和天然气的高价格,加上对化石燃料使用造成的环境影响的越来越强烈的关注,使新能源的发展前景越来越被重视。与液态燃料和天然气相比,煤的成本相对较低,所以对于煤资源丰富的能源消费大国(包括中国、印度和美国)来说煤是十分经济的燃料选择。

尽管液态燃料和其他石油在预测期间内仍然是重要的能源资源,但是液态燃料在世界上市能源消费的份额将会从2005年的37%下降到2030年的33%。因为在石油价格持续较高的假设条件下,一旦条件可行,许多消费者将从其他石油转向液态燃料,例如,预测显示,除中东之外世界上所有地区用于生产电力的液态燃料消耗量都在稳步下降。1980~2030年全球各类上市能源消费状况如图8.4所示。

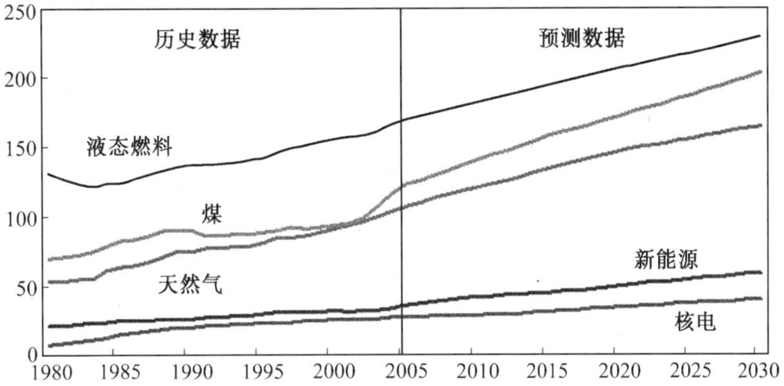

图8.4 1980~2030年全球各类上市能源消费状况(单位:Quadrillion Btu)

资料来源:EIA

注:液态燃料和其他石油包括石油提炼的燃料和非石油提炼的燃料,如乙醇、生物柴油、煤变油,也包括石油焦炭,此外还包括液态天然气、当做燃料消费的原油、液态氢

在预测期间(2005~2030年),全球煤和天然气在燃料消耗中占了增长的绝大部分。其中,煤燃烧产生的电力的年增长率为3.1%,只有天然气燃烧产生的电力的年增长率超过煤,达到3.7%。石油和天然气的持续高价格,使得燃烧煤产生电力从经济上来说更有吸引力,尤其是在富煤的国家,如中国、印度和美国。2005~2030年全球各类能源生产状况如图8.5所示。[1]

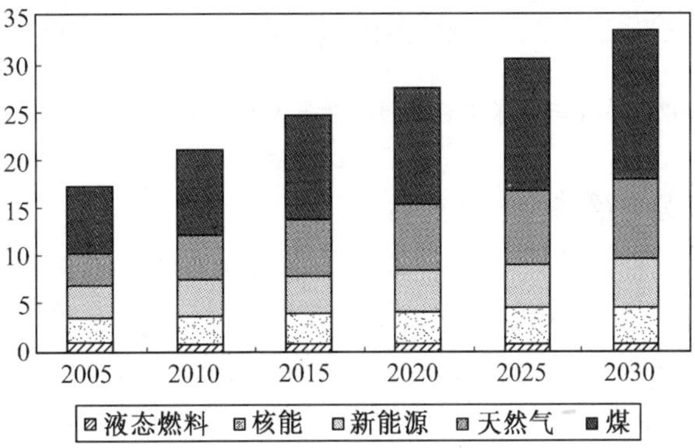

图8.5 2005~2030年全球各类能源生产状况(单位:万亿千瓦·时)

资料来源:EIA

2.全球主要能源生产与消费总量状况

根据美国能源部能源情报署(EIA)的统计数据,1997年全球主要能源(primary energy)的生产量为381.319 Quadrillion Btu,之后逐步增长。2006年全球主要能源的生产量达到469.412 Quadrillion Btu,增加了88.093 Quadrillion Btu,增加了23.1%;而主要能源的生产量一直滞后于主要能源的消费量,1997年主要能源的消费量为381.353 Quadrillion Btu,之后快速增加,2006年全球主要能源的消费量达到472.274 Quadrillion Btu,增长了90.921 Quadrillion Btu,增加了23.8%,可以看出,全球主要能源的消费量从总量到增长速度都高于生产量。1997年到2006年全球主要能源的生产量和消费量如表8.2和图8.6所示。[2,3]

表8.2 1997~2006年全球主要能源的生产量和消费量 单位:Quadrillion Btu

单位:Quadrillion (10^{15})Btu	1997	1998	1999	2000	2001	2002	2003	2004	2005	2006
全球主要能源生产量	381.319	384.872	385.786	395.717	402.823	406.501	422.049	443.695	459.345	469.412
全球主要能源消费量	381.353	382.381	389.954	397.931	402.151	410.561	426.022	447.150	462.060	472.274

资料来源:EIA

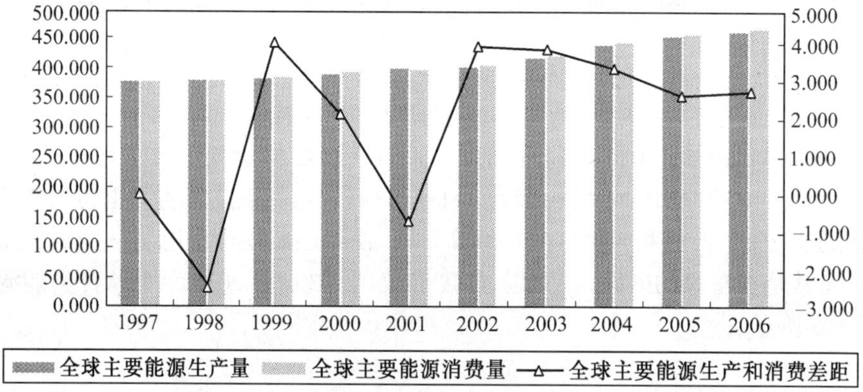

图8.6 1997~2006年全球主要能源的生产和消费状况(单位:Quadrillion Btu)

资料来源:EIA

3.全球最大能源公司最新排名及分布

2008年10月,普氏能源资讯(Platts)公布了世界最大的250家能源公司排名,这是该公司连续7年调查的结果。调查的公司共包括九大类:石油天然气公司、勘探和开发公司、炼油和销售公司、煤炭公司、电力公司、独立的核电公司、天然气利用公司、综合公司和能源运输公司,主要是根据总资产价值、总收入、利润和投资回报率四项指标来综合评判的。调查的数据截至2008年10月1日。

在调查的250家公司中,若按地区划分,美洲地区最多,为111家,但比去年减少3家;其次为欧洲和前苏联地区,为77家,与去年持平;亚太地区为59家,比去年增加2家;中东地区为 2 家,非洲地区最少,仅为 1 家,比去年减少 1 家。

2008 年全球最大能源公司前 250 家地理分布如图 8.7 所示。

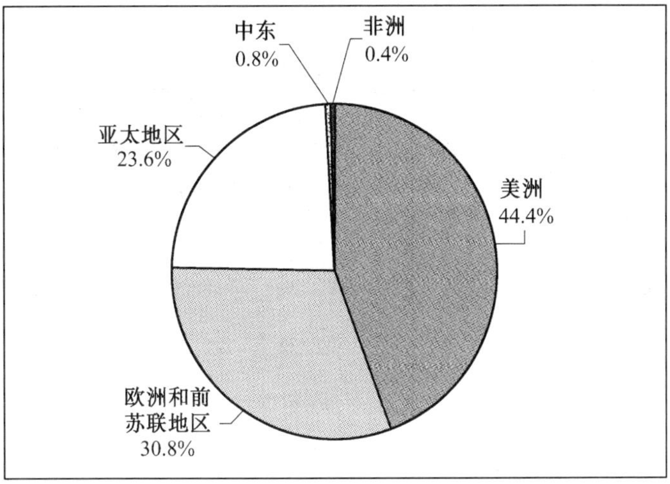

图 8.7　2008 年全球最大能源公司前 250 家地理分布

资料来源:Platts

按行业类型分,电力公司为 61 家,比去年增加 3 家;石油天然气公司为 40 家,比去年增加 3 家;勘探和开发公司为 25 家,比去年减少 9 家;综合公司为 32 家,比去年减少 1 家;炼油和销售公司为 34 家,比去年增加 6 家;独立的核电公司为 19 家,与去年持平;能源运输公司为 14 家,比去年减少 4 家;天然气利用公司为 19 家,比去年增加 4 家;煤炭公司为 6 家,比去年减少 2 家。2008 年全球最大能源公司细分领域分布如图 8.8 所示。

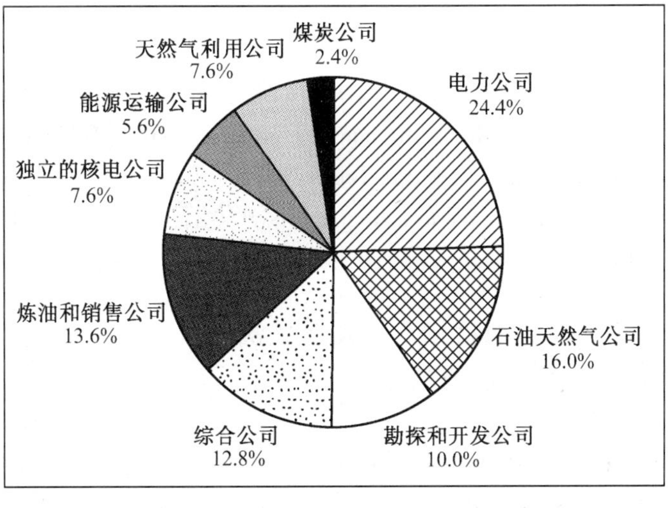

图 8.8　2008 年全球最大能源公司细分领域分布

资料来源:Platts

我国入选的公司有 7 家,其中三大石油公司中国石油天然气股份公司、中国石油化工股份有限公司和中国海洋石油总公司分别排名第 9 位、第 15 位和第 34 位。

在最新排名中位居世界前10位的大公司为:埃克森美孚公司、皇家荷兰/壳牌集团、道达尔菲纳埃尔公司、雪佛龙、BP公司、俄罗斯石油公司、意大利埃尼集团、挪威StatoilHydro公司、中国石油天然气股份有限公司、俄罗斯天然气工业股份公司和俄罗斯鲁克石油公司,其经营状况如表8.3所示。

表8.3 2008年全球最大能源公司前十位的经营状况

排名	公司	国家	总资产/亿美元	总收入/亿美元	利润/亿美元	投资回报率/%	3年收入增长率/%	行业
1	埃克森美孚公司	美国	2 420.82	3 586.00	406.10	30.48	10.75	油气
2	皇家荷兰/壳牌集团	英国	2 094.70	3 557.82	313.31	22.65	10.29	油气
3	道达尔菲纳埃尔公司	法国	1 764.63	1 988.72	191.58	21.76	3.70	油气
4	雪佛龙	美国	1 487.86	2 140.91	186.88	22.42	14.43	油气
5	BP公司	英国	2 360.76	2 843.65	208.45	18.90	0.08	油气
6	俄罗斯石油公司(Rosneft)	俄罗斯	748.05	483.55	128.62	31.69	120.42	油气
7	意大利埃尼集团	意大利	1 578.43	1 268.25	145.51	18.47	14.33	油气
8	StatoiHydro	挪威	947.43	956.07	80.82	19.74	19.75	油气
9	中国石油天然气股份有限公司	中国	1 526.85	1 139.01	198.64	17.85	29.04	油气
10	俄罗斯天然气工业股份公司	俄罗斯	2 240.37	870.73	248.15	15.20	37.95	油气

资料来源:Platts

2008年统计近三年的收入增长情况排出增长最快的50家公司,其中美洲21家,亚太地区12家,欧洲16家,中东1家;2008年增长最快的10家公司为俄罗斯石油公司(Rosneft)、Oneok Partners Lp(美国)、China Resources Power Holdings(中国华润电力控股有限公司)、Addax Petroleum Corp.(加拿大)、Abu Dhabi National Energy Co.(阿联酋)、Inpex Holdings Inc.(日本)、A2A SpA(意大利)、Western Refining Inc.(美国)、International Power plc(美国)和Chesapeake Energy Corp.(美国)。[4]

8.1.2 世界新能源消费现状和产业发展状况

1.新能源和可再生能源的定义和分类

长期以来,中国乃至全世界对"新能源"的定义都比较含糊,范围不够清晰,人们对于"新能源"的认识存在着一些争议。新能源和可再生能源的概念和含义,最早是1981年联合国在内罗华召开的新能源和可再生能源会议上确定的,它不同于常规化石能源,可以持续发展,几乎是用之不竭,对环境无多大损害,有利于生态良性循环。目前,联合国开发计划署(UNDP)将新能源和可再生能源分为三类:①大中型水电;②新可再生能源,包括小水电、太阳能、风能、现代生物质能、地热、海洋能;③传统生物质能。

有观点认为"新能源"包含着狭义化和广义化两个层面的定义。新能源的狭义化定义，主要是将新能源局限在可再生技术之中，而广义新能源是指：人类需要在能源问题上寻找到一条新的出路，需要有多种新的能源转换和利用形态，建立多源新的能源供应体系，创造多维的能源交易机制来解决人类文明的动力问题，减少污染排放，实现可持续发展；广义新能源主要包含以下几个方面：高效利用能源；资源综合利用；可再生能源；代替能源；核能；节能。[5]

我国能源办于 2007 年 12 月 3 日正式对外公布了《能源法》（征求意见稿），其中的第 139 条“术语的法律解释”中对新能源的解释是：“新能源，是指在新技术基础上开发利用的非常规能源，包括风能、太阳能、海洋能、地热能、生物质能、氢能、核聚变能、天然气水合物等。”[6]

无论定义如何，随着常规能源的有限性以及环境问题的日益突出，以环保和可再生为特征的新能源产业越来越得到各国的重视。

2.2007 年全球新能源的构成以风能和小水电为主

据 REN21 2007 可再生能源全球现状报告，2007 年全世界从新能源产生的电力达到 237 吉瓦（1 吉瓦 = 10^9 瓦），占世界总发电能力 4 300 吉瓦的 5.5%。具体分解如下：小型水力为 73 吉瓦，风能总设置能力为 93 吉瓦，生物质能为 44 吉瓦，地热能为 10 吉瓦，太阳能光伏总设置能力为 8 吉瓦。2007 年全球新能源生产构成如图 8.9 所示。[7]

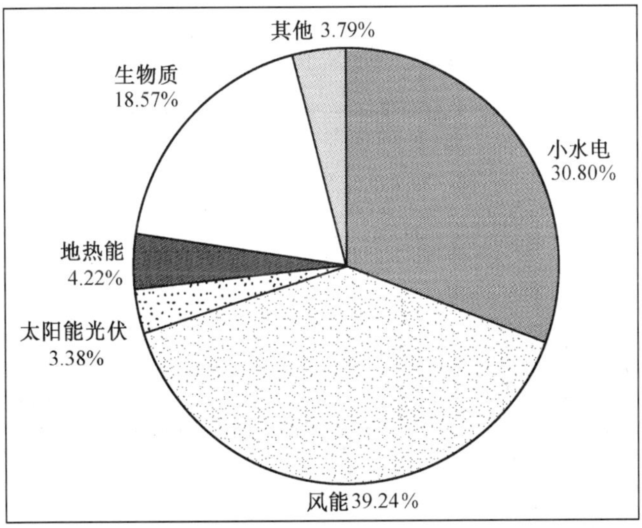

图 8.9　2007 年全球新能源生产构成图

资料来源：REN21

3.全球近十年部分新能源消费总体呈快速上升的态势

尽管新能源在全球能源生产中所占的比例较小，但其发展应用的潜力巨大，表 8.4 显示了全球近十年部分新能源消费的动态变化情况。全球水电的消费基本呈快速上升的态势，只是在 2000 年到 2003 年之间发生了波动，而全球地热、太阳能、风电、木材和废物发电消费则始终呈现平稳上升的趋势，从 1997 到 2006 年，全球水电的消费增长了 17.4%，而全球地热、太阳能、风电、木材和废物发电的消费却增长了 114.6%。新能源消费变化一方面反映了人们对新能源的接受态度,另一方面也反映了新能源产业的发展趋势。[8]

表 8.4　全球近十年新能源消费变化状况

年份 (Year)	全球水电消费净值/亿千瓦·时 World Net Hydroelectric Power Consumption(Billion Kilowatthours)	全球地热、太阳能、风电、木材和废物发电消费净额/亿千瓦·时 World Net Geothermal, Solar, Wind, and Wood and Waste Electric Power Consumption(Billion Kilowatthours)
1997	25 523.52	1 930.94
1998	25 543.90	2 060.54
1999	25 961.15	2 197.81
2000	26 250.22	2 408.70
2001	25 705.12	2 512.01
2002	26 075.77	2 827.69
2003	26 162.31	3 066.37
2004	27 829.81	3 392.70
2005	28 978.03	3 717.50
2006	29 970.63	4 143.10

资料来源:EIA

全球近十年新能源消费变化状况如图 8.10 所示。

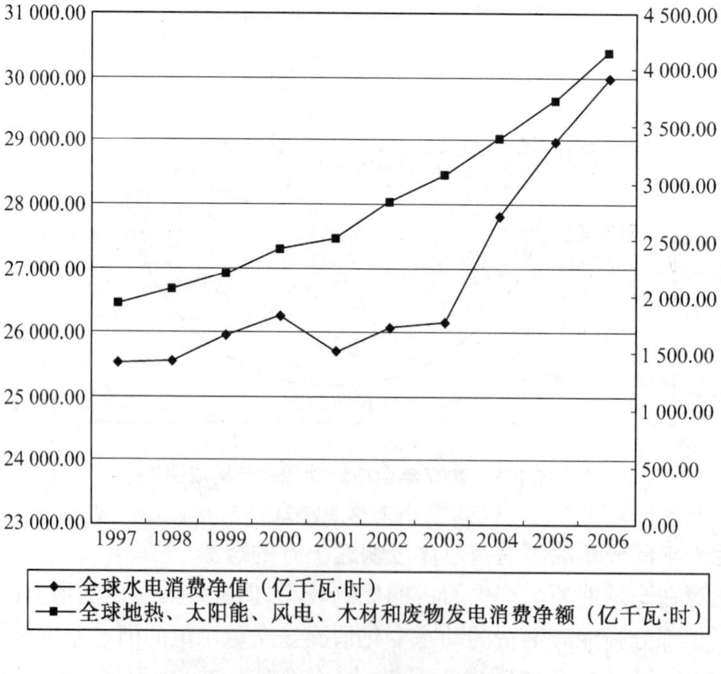

图 8.10　全球近十年新能源消费变化状况

资料来源:EIA

4.全球新能源产业领先公司德国、美国、日本列前三甲

全球新能源产业领先公司如表8.5所示。表8.5中显示的公司基于两个准则:①在美国纽约交易所上市的公司;②超过4 000万的市值由新能源业务产生。

表8.5 全球领先新能源公司列表

序号	公司名称	序号	公司名称
德国 Germany(19)		加拿大 Canada(9)	
1	Centrosolar	48	ATS Automation
2	Conergy	49	Boralex
3	E.On Energie	50	Brascan
4	Energiekontor	51	Canadian Hydro Developers
5	ErSol Solar Energy AG	52	Clean Power Income Fund
6	Nordex Energy	53	Great Lakes Hydro Income Fund
7	Pfleiderer	54	Talisman Energy
8	Qcells	55	TransCanada
9	Reinecke + Pohl Sun Energy	56	Carmanah Technologies
10	Repower Systems	英国 UK(8)	
11	SAG Solarstrom	57	Biofuels Corporation
12	Siemens	58	BP
13	Solar – Fabrik	59	British Energy
14	Solarparc	60	Ocean Power Technologies
15	SolarWorld	61	Renewable Energy Holdings
16	Solon	62	Scottish Power
17	Sunline	63	Shell
18	Sunways AG Photovoltaic Technology	64	Solar Integrated Technologies
19	Wacker – Chemie	澳大利亚 Australia(4)	
美国 USA(16)		65	Dyesol Ltd.
20	Alliant Energy	66	Energy Developments
21	Beacon Power	67	Geodynamics
22	Calpine	68	Pacific Hydro
23	Corning	中国 China(3)	
24	Cypress Semiconductor	69	Taiwan E – Ton Solar
25	Daystar	70	Taiwan Motech Industries

续表 8.5

序号	公司名称	序号	公司名称
26	Dynamotive	71	Suntech Power
27	Evergreen Solar		印度 India(3)
28	Florida Power & Light Energy	72	Bharat Heavy Electricals
29	General Electric	73	NEPC India
30	MEMC	74	Suzlon
31	Ormat Technologies		西班牙 Spain(3)
32	Spire	75	Acciona
33	Sunpower	76	Endesa
34	TXU	77	Gamesa Energia
35	XCEL Energy		挪威 Norway(2)
	日本 Japan(12)	78	REC
36	Ishikawajima – Harima Heavy Industries	79	RWE
37	Japan Wind Development		奥地利 Austria(1)
38	Kaneka SolarTech	80	Verbund
39	Kyocera		智利 Chile(1)
40	Marubeni	81	Enersis
41	Mitsubishi Electric		丹麦 Denmark(1)
42	Mitsubishi Heavy Industries	82	Vestas
43	Omron		意大利 Italy(1)
44	Sanyo	83	ENEL
45	Sekisui Chemical		泰国 Thailand(1)
46	Sharp	84	Solartron
47	Tokuyama		

资料来源:REN21

若按国家划分,在新能源产业,各国拥有的领先公司数量占总量的百分比如图 8.11 所示。其中,德国拥有的领先公司最多,为 19 家,占总量的 22.62%,其次为美国,16 家,占总量的 19.05%,接下来为日本、加拿大和英国,分别拥有 12、9、8 家,分别占总量的 14.29%、10.71%和 9.5%,中国拥有 3 家,占总量的 3.57%,分别是中国内地尚德太阳能电力有限公司(Suntech Power)、中国台湾的茂迪股份有限公司(Motech Industries)和益通光能科技股份有限公司(E – Ton Solar)。一个国家拥有的领先公司数量在一定程度上反映了该国在新能源产业技术和应用的实力。

除了以上这些上市公司之外,新能源产业还有其他一些比较有潜力的非上市公司,如

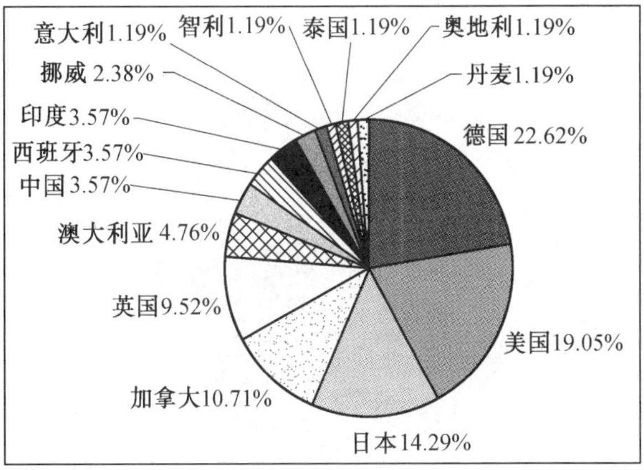

图 8.11 各国新能源产业领先企业占比图

资料来源:REN21

西班牙的 Iberdrola,荷兰的 Nuon 和 Essent,法国的 Electricité de France,加拿大的 Hydro Quebec,澳大利亚的 Hydro Tasmania,挪威的 Norsk Hydro 和 SN Power,以及德国的 Enercon。此外,本身并不拥有庞大的资产基础、但仍然是投资流方面主要玩家的项目开发者包括美国的 Zilkha Renewables(Goldman Sachs 拥有)和 Clipper Windpower and AES,日本的 Eurus 和很多其他公司。新能源价值链的组成部分也构建了新能源商业,如硅晶片生产商、生产设备提供商和风涡轮叶片生产商(比较著名的有丹麦的 LM Glasfibre)。[9]

5.全球新能源产业投资持续活跃

根据美国市场调查公司 Clean Edge 发布的 2009 年洁净能源趋势报告(Clean Energy Trends 2009)的统计数据,全球在新能源领域的新增投资从 2007 年的 1 484 亿美元增加到 2008 年的 1 554 亿美元,仅增加了 4.7%,这一数字包括风险投资和私募股权投资者所做的投资、公共市场行为(IPO 等)、项目融资、资本融资、政府研发和企业研发与部署。与上一年的增长速度相比相差甚远:从 2006 年到 2007 年,全球新能源领域的投资扩大了近 60%,其原因是公共市场投资从 2007 年的 234 亿美元下降到 2008 年的 114 亿美元,发生了重大滑坡,而其他投资领域或者保持稳定不变,或者小有增长。

在很大的范围内,新能源产业都是个发展势头强劲的产业,因为没有任何其他的产业能像新能源产业那样能够在过去的十年中保持超过 30% 的年增长速度。但是新能源产业同样对当今的金融风暴无法免疫,例如,新能源的生产商和开发商也和其他产业一样面临着令人畏缩的信用冻结,但是即使在这样的背景之下,新能源还是证明它是许多政府试图重建他们的经济的种种努力的中心内容。2008 年全球新能源产业投资来源如图 8.12 所示。

基于美国公司的在新能源领域的风险资本投资从 2007 年的 27 亿美元增长到 2008 年的 33 亿美元,增加了 22%,占全部风险资本投资总额的比例从 2007 年的 9.1% 上升到 2008 年的 11.84%,而在 2000 年新能源领域的风险资本投资仅占全部风险资本投资总额的 0.6%。表 8.6 为 2000 年以来基于美国公司的风险资本投资占全部风险资本投资总额的比例表。[10]

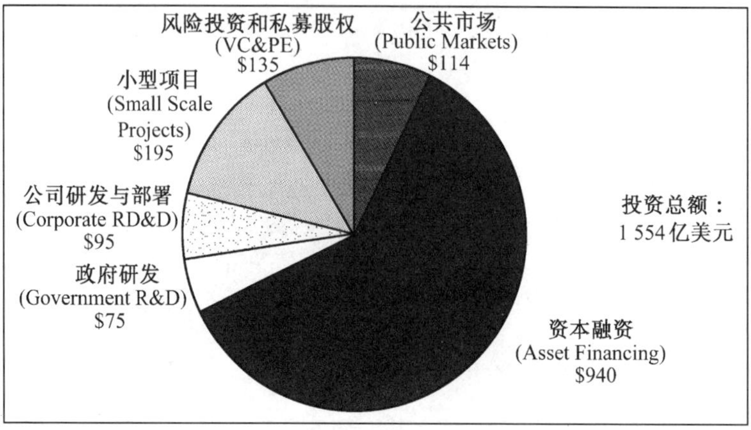

图 8.12　2008 年全球新能源产业投资来源图

资料来源:Clean Edge

表 8.6　2000 年以来基于美国公司的风险资本投资占全部风险资本投资总额的比例表

年份	全部风险资本投资总额/亿美元	新能源领域的投资/亿美元	新能源领域投资占投资总额的比例/%
2000	1 051	5.99	0.6
2001	406	5.84	1.4
2002	220	4.83	2.2
2003	197	4.46	2.3
2004	225	6.63	2.9
2005	230	10.38	4.5
2006	265	15.55	5.9
2007	294	26.65	9.1
2008	283	33.51	11.8

资料来源:Clean Edge

注:新能源领域的风险资本投资包括可再生能源、生物燃料、低碳技术和碳市场,风险资本投资用于技术研发和初始的商业化、产品和服务,不包括私人用于公开股票的投资或扩展资本交易。

2000 年以来基于美国公司的风险资本投资占全部风险资本投资总额的比例状况如图 8.13 所示。

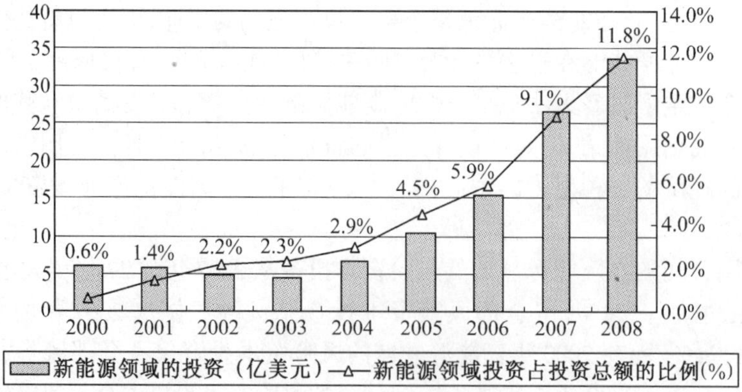

图 8.13　2000 年以来基于美国公司的风险资本投资占全部风险资本投资总额的比例图

8.1.3 世界部分领先国家新能源发展现状

1.美国2008年荣升世界风电大国

自2000年以来,美国政府就开始关注新能源和可再生能源的发展,支持新能源技术的研究开发,并且取得了令世界瞩目的成果:生物液体燃料发展迅速,自2000年的16亿加仑(1加仑=4.546 09升)增加到64亿加仑;重新成为世界风电大国,从2001年到2007年,美国的风电增加了300%,2007年新增风电装机520万千瓦,居世界之首,累计装机容量超过1 600万千瓦,居世界第二,2008年,美国风电市场增幅巨大,当年新增装机容量达到835.8万千瓦,超过德国,跃居全球风电装机首位,美国当年新增装机容量同比增长157%,累计增长49.6%,累计装机容量达25 170兆瓦(1兆瓦$=10^6$瓦),成为第二个风电装机容量超过2 000万千瓦的风电大国。

今后美国发展新能源技术的重点可能放在以下几个方面:重点发展液体燃料替代技术,减少对石油的依赖,其对策是,继续扩大生物液体燃料的发展,重点发展第二代液体燃料技术,兼顾其他合成燃料技术;发展风力发电和太阳能发电,推广分布式电源技术,美国把发电技术作为维系现代化生活和现代工业文明的基础;重新发展核电;倡导国际合作,推动新能源技术的规模化应用。

为达到以上目标,美国能源部还提出了可再生能源发展技术指标。陆地大型风电系统的发电成本到2012年每千瓦时降低3.6美分,离岸风电成本到2014年每千瓦时降低7美分;为可再生能源和能效系统提供100亿美元的贷款,用于设备制造、独立式能源生产、运输和分配;通过"阳光美国计划",到2015年使太阳能发电成本具备与常规能源发电成本相竞争的能力,将光伏技术成本每千瓦时减少0.05~0.12美元,2025年光伏发电的成本每千瓦时为0.05~0.12美元。[11]

2.德国老牌世界"风能冠军"推动近海风能和太阳能的新规划

2000年,德国颁布了《可再生能源促进法》。根据该法,开发可再生能源的公司可获得政府补助。在这一法律鼓励下,许多可再生能源的开发和利用取得了明显成果。如2003年完成了"10万屋顶太阳能发电计划"、促进可再生能源开发利用的《可再生能源市场化促进方案》、促进新能源技术开发的《未来投资计划》和《家庭使用可再生能源补助计划》。此外,德国还制定了《生物能发展法规》,以促进生物能的技术开发以及市场化。德国政府希望通过调整能源政策,以不断地优化能源结构,到2010年,将由太阳能、风能、水力及生物能等可再生能源提供的电力供应量逐步提高到占德国整个电力供应量的12.5%;到2020年,再提高至20%;50年后力争使可再生能源成为国民使用的主要能源。

德国是世界的"风能冠军",其风能发电量占全球1/3。德国风能发电占全国电力生产总量的4%,远高于世界范围内0.4%的水平。目前德国正在推动近海风能发电,预计通过这一行动的推广,风能发电25年后将提高到总量的25%。2002年新增风电机组2.645吉瓦。风电年发电量15~20太瓦·时(1太瓦·时$=10^9$千瓦·时),相当于全国电力年消费量的3.75%。今后德国还将计划大力发展海上风力发电。计划在2010年之前建成的部分海上风力发电场,其中容量在1吉瓦以上者有10个,最大风电场容量将达4.905吉瓦。

自2003年以来,德国大力扶植太阳能企业。为加大对德国太阳能企业在家用采暖和饮用水方面的扶植力度,提高对太阳能与地热等再生能源的综合利用,2004年德国设立

6 000万欧元的联邦研究基金。同时,德国在2004年建成了最大的太阳能电站,总发电功率达5兆瓦,可供1 800个家庭使用。

为了保持并扩大在新兴能源领域的技术优势,德国联邦政府最近决定,在2006年至2009年的"高科技战略"规划中对此投入20亿欧元之后,再追加20亿欧元,用于支持和奖励企业在新兴能源领域里的创新计划。随着新兴能源产业的发展,德国相关技术和设备的出口也呈现良好态势。仅以风能发电设备为例,2005年德国的出口收入已达60亿欧元,占全球风力发电设备交易额的一半左右。[12]

3.法国的生物质能源占据全部可再生能源的主要份额

法国在2008年初制定的可再生能源目标中提出,可再生能源份额在总能源消费中的比重从2006年的6.7%提高到2020年的20%。在风能发电方面,法国计划将总量从2006年的810兆瓦提高到2020年25 000兆瓦;在光伏发电方面,从2006年的32.7兆瓦提高到2020年3 000兆瓦。此外,到2020年法国在建筑中将采用500万个太阳能集热设施,其中民用占80%。这一计划将改变法国一次能源消费结构,到2020年法国一次能源消费中,将有20%来自可再生能源,25%来自核能,55%来自化石燃料,新增的可再生能源可望替代20兆吨石油。

到2007年底,生物质能源占法国全部可再生能源的约2/3,水力发电占近1/3。太阳能和风能发电仍只占很小一部分。2007年法国风能发电能力仅为810兆瓦,在欧洲列第三位,居于德国(2 233兆瓦)和西班牙(1 587兆瓦)之后。虽然法国的风能和太阳能利用都在快速增长,但即使到2020年,生物质能仍将继续在法国可再生能源中占据主要份额。[13]

4.英国可再生能源的未来趋势:潮汐发电、风力发电和生物发电

从英国能源发展历史和趋势不难看出可再生能源在该国未来能源发展中的分量。在1950年,英国的能源100%来自煤炭,而2005年,该国能源结构中,煤炭占35%,石油和天然气占40%,核能占19%,可再生能源占6%。预计到2020年,煤炭在英国能源总量中所占比率将减少至20%,核能将缩减至5%,石油和天然气将占40%左右,可再生能源将扩大至35%。

从趋势上看,潮汐发电、风力发电和生物发电等最适合英国的未来发展趋势。其中,潮汐发电和风力发电对英国这个海岛国家来说是更现实的选择。有专家预测,英国未来可再生能源中,20%左右必须由风能解决。而目前英国能源总量中只有2%来自风能,远远落后于欧洲大陆国家。为此,专家建议,英国在未来10多年中应安装至少1万台风力发电机组。近日,一个在全球名列前茅的风力发电场计划也成了英国人谈论的重要话题。在英国西南部沿海开发的这个号称"世界第一"的风力发电场将投资30亿英镑,安装350个风力发电机组。该项目建成运转之后可满足100万个家庭的日常用电,同时带来1 000个就业机会。

潮汐发电则是英国的另一可再生能源领域。专家建议在苏格兰、北爱尔兰等海湾地区利用海底水流较强的优势大力开发潮汐能源。为此,包括环境大臣班德在内的不少政界要员都纷纷要求政府投资140亿英镑建设一个海底大坝,以便建设一个能够提供英国能源总量5%的潮汐发电场。[14]

5.丹麦的风电设备制造和秸秆发电技术世界领先

20世纪70年代后,丹麦大力调整能源结构,积极开发可再生能源,取得了令世人瞩目的成就。经过20多年的努力,丹麦已经成为世界上利用可再生能源的先锋。可再生能源占总能源消耗量的比例逐年增长,由1990年的6%左右增至2003年的近13%。利用可再生能源发电占总发电量的比例由1994年的不到5%增加到2003年的23%,并计划在2008年进一步提高到29%左右。

丹麦拥有丰富的风能资源,是世界上最早大规模开发利用风力发电的国家。在利用风能方面,丹麦的风电水平居世界领先地位。至2005年底,丹麦风力发电的装机容量达到3 122兆瓦,风力发电为全国提供了25%的电力。丹麦政府在早先制定的目标中,计划到2005年风能比重达到10%,但早在1999年就已经达到12%。在丹麦环境能源部的长远计划中,2015年风电比重预计达到35%,2030年则达到50%。随着科技的不断进步,风机的功率也越来越大,且提高很快。在2000年时,全国每台风机平均功率为856千瓦,2002年增至1 356千瓦,2003年则跃增至2 045千瓦。

在风电制造技术方面,丹麦也居于世界领先水平。目前,世界排名前十位的风机公司中,丹麦占4家,其中居首位的是丹麦的Vestas公司,约占世界总产量的35%。现在,世界投入使用的风电设备中,有一半是丹麦制造的。

近两年来,丹麦风机仍占世界市场的40%左右。近年来,海上风电场成为新亮点。目前,已安装和在建的海上风电场有6个,装机容量超过750兆瓦。

丹麦也较早开始利用生物能和太阳能。丹麦农作物主要有大麦、小麦和黑麦,其秸秆过去除小部分还地或做饲料外,大部分在田野烧掉了。1992年和1997年联合国《气候变化公约》及《京都议定书》先后出台后,为建立清洁发展机制,减少温室气体排放,丹麦进一步加大了生物质能和其他可再生能源的研发和利用力度。丹麦BWE公司率先研发秸秆生物燃烧发电技术,1988年,丹麦诞生了世界第一座秸秆生物燃烧发电厂。丹麦现已建立了13家秸秆发电厂,还有一部分烧木屑或垃圾的发电厂也兼烧秸秆。目前,以秸秆和木屑为主要原料的生物质能在丹麦可再生能源中的比重已超过40%。丹麦的秸秆发电技术现已走向世界,并被联合国列为重点推广项目。

尽管丹麦的气候条件并不十分理想,但仍十分重视对太阳能的利用。多年来,丹麦致力于研发提高太阳能利用效率的相关技术。目前,丹麦共有3万个太阳能加热站(厂),主要用于居民家用热水和空间加热。此外,1997年以来,丹麦加大废物回收利用力度,约有超过1/4的废物在CHP(热电联产装置)中焚烧,18家大型的垃圾焚烧厂已经或正在与CHP结合起来。平均每家垃圾焚烧厂年处理垃圾量达4万吨,总共能够处理和利用丹麦90%左右的可燃性废物,做到了变废为宝。[15]

6.瑞典的风力发电、太阳能、垃圾焚烧发电和生物能源发展迅猛

瑞典的清洁能源技术比较成熟,使用量在整个能源结构中的比例越来越大。近十年来,瑞典清洁能源占能源市场的份额逐步提高,从1994年的22%,提高到目前的28%。目前,瑞典电力生产基本实现无油、无煤,电力来源基本是水电和核电各占一半。

瑞典的清洁能源除了水电外,风力发电、太阳能、垃圾焚烧发电、生物能源等发展也很快。目前,风力发电已达到1太瓦·时(1太瓦·时 = 10^{12}瓦·时)的发电能力,具有较为先进的风力发电技术；太阳能发电进入商业运作阶段，产能达到 1 吉瓦·时（1 吉瓦·时 = 10^9 瓦·时），乌普萨拉市产的太阳能板在发电效能方面创下国际同类产品的最高纪录；垃圾发电供热普及速度快，目前年垃圾总量的一半约 170 万吨用来发电供热。瑞典在烟气清洁方面设备和技术先进，不会造成环境污染；生物燃料是清洁能源发展最快的能源，瑞典在利用速生柳作为能源发电方面技术成熟；生物燃料技术的应用还体现在动力车用燃料上，目前混合燃料轿车已占轿车市场份额的 10%。SAAB 公司在世界上第一个推出百分百全部乙醇动力车；瑞典是第一个使用沼气为动力火车燃料的国家，瑞典生物气体公司开发的沼气动力火车 2005 年首航时速达到 130 千米。

主要企业：瑞典大瀑布电力公司又称瑞典国家电力公司由瑞典国家全资拥有，目前是欧洲第四大电力公司和第一大热力公司，该公司目前在瑞典、芬兰、德国和波兰从事业务，从事发电、传输、送电和销售业务，同时兼营电力贸易、热能制造、传送和销售，该公司目前年发电 169.1 万亿瓦·时，年销售电力 221 万亿瓦·时，该公司正在开发简单经济的清洁煤炭技术；林雪坪技术公司主营业务为水、电、供热、垃圾回收、数据通信等，该公司是欧洲最大生物气体生产商；塔尔公司在工艺和技术方面，是欧洲领先的生物能源公司之一，主要产品为液体生物燃料和固体生物燃料。[16]

7. 日本的新国家能源战略

20 世纪 90 年代后期，日本开始施行《新能源利用促进法》。此法将新能源定位为政策性支持对象。该法规定为促进新能源开发利用，能源供应方、电力公司、设备制造商以及非营利机构要承担开发新能源的义务。依据此法，地方政府要为此制定计划，而地方开发署要对计划进行认定。跨入新世纪，日本于 2002 年重新公布了新能源利用法规，并在其中增加了生物质能源和雪冰低温能源利用的内容。

2002 年，日本制定了《电力供应商利用新能源特别措施法》。据日本产经省披露，该法规定了一般电力供应商、特定电力生产商以及特定规模电力供应商，每年度必须出售一定比例的新能源电力，被称之为可再生能源配额制。按此法规要求，设立的目标是从 2004 年到 2010 年间，日本新能源发电量要达到 122 亿千瓦·时。而与此法规实施相配套的是建立了一套相应的认证制度，并规定电力供应商必须提供 1.35% 的新能源电力。统计资料显示，2003 年到 2006 年期间，日本共有 38 家电力公司实现了各自的可再生能源配额目标。2006 年政府规定的可再生能源配额总量为 44 亿千瓦·时，为年供电总量的 0.5%。而各电力公司的实际供电总量已达到了 65 亿千瓦·时，大大超过了规定的配额目标。目前，从实际运行来看，日本可再生能源配额制的完成情况较好。

据日本对外公布的数据，2005 年，其可再生能源利用总量达到 115.8 亿升石油当量，约占一次能源供应总量的 2%。而日本新能源引进目标诠释，到 2010 年，其可再生能源利用总量将达到 191 亿升石油当量，约占一次能源供应总量的 3%。

依据可再生能源发展规划，2006 年，日本制定了新国家能源战略。据了解，该战略的时间目标为 2030 年，内容是针对各种能源发展的总体战略，重点是强调和重视能源安全，并明确了五大具体发展目标：一是节能，到 2030 年能源效率将在现有 37% 的基础上再提高 30%；二是石油对外依存度，石油对外依存度要小于 40%；三是交通燃料的使用，将石油在交通燃料中的应用比率降到 80%，其余 20% 中的一半将来自生物燃料，另一半主要为混合动力车;四是核能发电,其电量将达到总发电量的 30% ~ 40%;五是海外资源开发,海外石油开发利用量将增加到 40%。

日本在新的国家能源战略中,也提出了降低太阳能光伏发电成本,促进地区生物质能和风力发电发展,增强区域性能源供给安全以及发展混合动力车来降低交通运输中对石油的依存度等问题。

目前,日本国内可再生能源以光伏发电和生物质发电为主。在其 2010 年发展目标中,太阳能光伏发电的装机总量将达到 480 万千瓦,占可再生能源发电装机总量的 39%。日本能源经济研究所强调,由于生物质的种类较多,从单类技术的发展角度来看,太阳能光伏发电是日本可再生能源应用中的主流技术。[17]

8.印度成为世界第五大风力发电国家

早在 20 世纪 90 年代,印度发动经济起飞引擎时,目光就锁定在可持续发展上。对于制约发展的能源“瓶颈”,印度的目标是摆脱对石油、天然气、焦炭等能源的进口依赖,以自产能源供应确保经济的持续、稳定增长。印度政府制定了雄心勃勃的“能源独立”战略,其目标是到 2030 年通过利用煤炭、水能、核能、风能、太阳能、生物柴油等形式的新型和可再生能源,大大降低对进口油气的依赖,最终实现能源的独立。

印度位于南亚次大陆,属于印度洋季风气候,风力资源丰富,潜在风能为 4.5 万兆瓦。印度政府一直积极支持风电发展。从 20 世纪 80 年代起,印度就启动了风电项目。到 20 世纪 90 年代中期,印度便迎来了首个风电年安装量高峰期,新机组安装量超过原计划 50 万千瓦的 2 倍以上。近三年,印度风电发展又进入了第二个高峰期,继德国、西班牙、美国和丹麦之后成为世界第五大风力发电国家,在亚洲的装机容量名列第一。

印度拥有巨大的经济上可行的水电潜能,在 60% 的负荷条件下约为 8.40 万兆瓦。对此,政府成立专门的非常规能源部,对小水电项目的开发进行规划和监管,简化了中央电力局(CEAs)的技术、经济和环境等许可证的转让程序,制定合理的水电工程电价等,通过一系列的配套措施,印度在第十和第十一个五年计划期间,靠小水电的开发,便可增加 3.4 万兆瓦的水力发电能力,从而保证到 2012 年使每一个家庭都能用上电,实现电气化,并且电费控制在 1 卢比(约 0.2 元人民币)/千瓦·时以内。[18]

8.2 我国能源与新能源产业的发展现状及展望

中国作为世界上最大的发展中国家,能源生产与消费均独具特色。从总量上来看,中国的能源生产量仅次于美国与俄罗斯,排在世界第三位;基本能源消费也仅次于美国,居世界第二位。由此可见,中国既是一个能源生产大国,也是一个能源消费大国。但由于人口众多,我国的能源资源人均拥有量和消费量远远低于世界平均水平。同时,从能源结构来讲,我国“富煤缺油少气”,与世界的能源全局状况正好相反。[19]

8.2.1 我国能源生产、消费和增长状况

1.我国能源生产的状况

2007 年,我国一次能源生产总量为 23.7 亿吨标准煤,比上年增长 7%。其中,原煤 25.36亿吨,增长 6.9%;原油 1.87 亿吨,增长 1.1%;天然气 693.1 亿立方米,增长 18.4%;

发电量 32 777.2 亿千瓦·时,增长 14.4%,其中:火电 27 218.3 亿千瓦·时,增长 14.9%;水电 4 828.8 亿千瓦·时,增长 10.8%;原煤、原油、天然气、水电/风电/核电占能源生产总量的比重分别为 76.6%、11.3%、3.9%和 8.2%。中国的煤炭资源最丰富,所以煤炭在一次能源生产总量中的比重最大。2007 年我国一次能源构成如图 8.14 所示。[20]

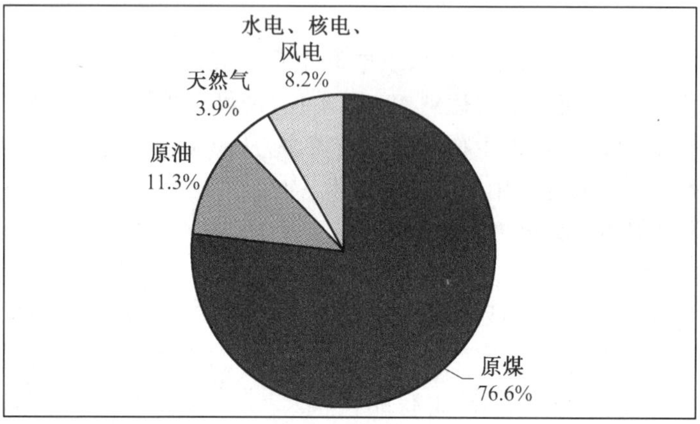

图 8.14　2007 年我国一次能源构成图

我国《能源发展“十一五”规划》制定的 2010 年一次能源生产结构如图 8.15 所示。

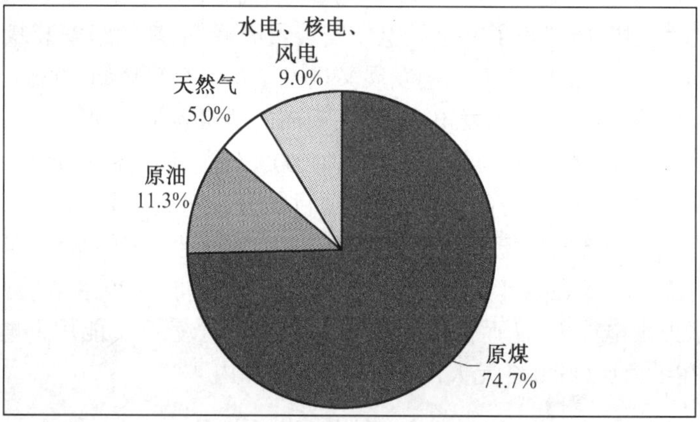

图 8.15　我国《能源发展“十一五”规划》制定的 2010 年一次能源生产结构图

能源发展“十一五”规划制定了我国能源生产总量与结构的发展目标:2010 年,一次能源生产目标为 24.46 亿吨标准煤,年均增长 3.5%。煤炭、石油、天然气、水电/核电/其他可再生能源分别占 74.7%、11.3%、5.0%、9.0%;与 2007 年相比,煤炭的比重降幅最大,应下降 1.9 个百分点,石油比重维持不变,天然气比重应提高 1.1 个百分点,水电、核电和其他可再生能源的比重应提高 0.8 个百分点。[21]

2. 我国能源生产和增长状况

我国近十年来能源生产和消费的增长情况如表 8.7 所示。

我国《能源发展“十一五”规划》制定了我国能源生产总量与结构的发展目标:2010 年,一次能源生产目标为 24.46 亿吨标准煤。但是,我国 2008 年的一次能源生产总量已达到 26 亿吨标准煤,比该目标超出 1.54 亿吨标准煤,提前、超额完成了国家“十一五”计划;2008 年,中国一次能源生产总量为 26 亿吨标准煤,比上年增长 5.2%。其中,原煤产量27.93 亿吨,比上年增长 4.1%;原油产量 1.9 亿吨,比上年增长 2.2%;天然气产量 760.8 亿立方米,比上年增长 9.9%;发电量 34 668.8 亿千瓦·时,比上年增长 5.6%;2008 年与 1999 年相比,能源生产总量从 12.59 亿吨标准煤,增加到 26 亿吨标准煤,十年增加了 1 倍多。我国近十年能源生产、增长相对 GDP 增长的情形如图 8.16 所示。

表 8.7　我国近十年能源生产和消费增长情况　　　　**单位:万吨标准煤**

年份	1999	2000	2001	2002	2003	2004	2005	2006	2007	2008
GDP 增速/%	7.60	8.40	8.30	9.10	10.00	10.10	10.40	11.60	13.00	9.00
能源生产总量	125 935	128 978	137 445	143 810	163 842	187 341	203 798	205 876	235 445	260 000
能源生产增速/%	1.40	2.40	6.60	4.60	13.90	14.30	9.90	7.40	6.50	5.20
能源消费总量	133 831	138 553	143 199	151 797	174 990	203 227	224 682	246 270	265 583	285 000
能源缺口	7 896	9 575	5 754	7 987	11 149	15 886	20 884	40 394	30 138	25 000
能源消费增速/%	-1.60	0.10	3.50	9.70	15.30	16.10	10.60	9.60	7.80	4.00

数据来源:国家统计局

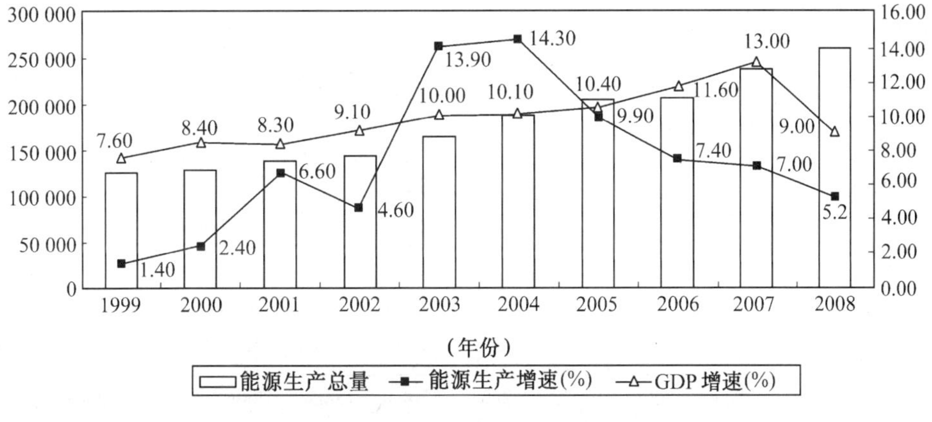

图 8.16　我国近十年能源生产、增长相对 GDP 增长的状况

从图 8.16 可以看出:从 1999 年到 2008 年,我国 GDP 增速稳步上涨,涨幅在 2007 年达到顶峰 13%,但是 2008 年有个较大的滑落,陡降到 9%,足以看到全球性的金融风暴对我国经济带来了较大的影响。我国能源生产增速从 1999 年的 1.4%、一直快速增长到 2004 年的顶峰:14.30%,然后开始连续下降,直到 2008 年的 5.2%;能源生产增幅在 2003 年到 2004 年间超过 GDP 增幅,但在 2005 年左右开始逐渐低于 GDP。

尽管如此,我国近十年能源的总供给仍然明显赶不上能源总消费的增长。在能源消费需求的强力拉动下,1999 年能源消费总量只有 13.38 亿吨标准煤,但是,到 2008 年已经迅速增长到 28.5 亿吨标准煤。能源缺口一直连续扩大,到 2006 年达到创纪录的 4.04 亿吨标准煤,然后迅速下降,到 2008 年只有 2.5 亿吨标准煤。我国近十年能源生产、消费和缺口的情况如图 8.17 所示。

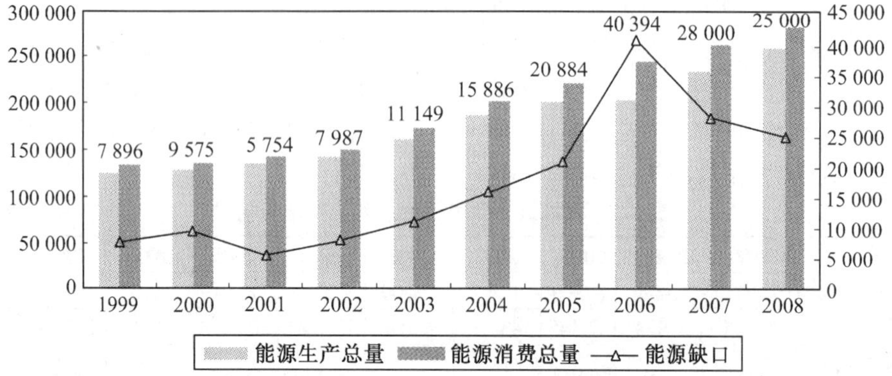

图 8.17　我国近十年能源生产、消费和缺口状况

3.我国能源消费和增长状况

我国近十年能源消费、增长相对 GDP 增长的情况如图 8.18 所示。从图中可以看出,我国能源消费增长速度由 1999 年的 – 1.60%,一直持续上涨到 2004 年的最高峰16.10%,然后逐渐下降到 2008 年的 4.0%;增长速度在 2002 到 2005 年之间明显超过 GDP 涨幅。从 2003 年到 2005 年的消费弹性系数分别达到 1.53、1.59 和 1.02,这说明在这三年期间能源消费增速明显超出能源生产增长。[22]

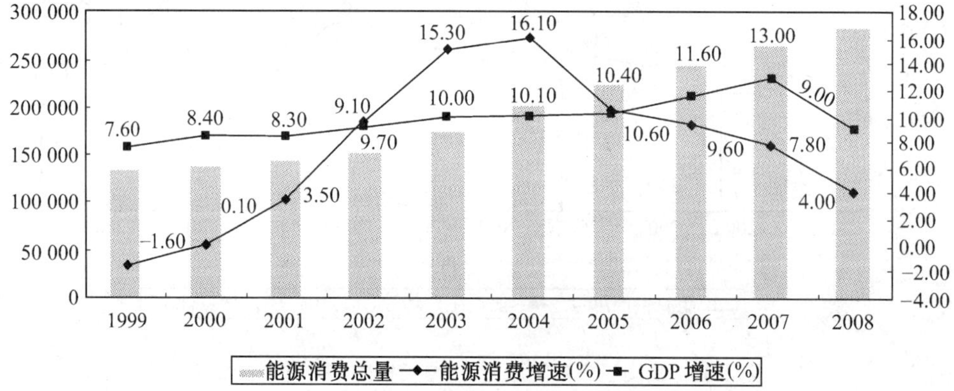

图 8.18　我国近十年能源消费、增长相对 GDP 增长的状况

8.2.2　我国能源产业的概况、面临的挑战及政策建议

1.我国能源产业的概况

2007 年,全国煤炭开采和洗选业共有企业 7 537 家,全部从业人员平均人数为 4 636 883人,实现工业总产值 920 182 525 千元,[23]其中,大型工业企业(符合国家统计局《统计上大中小型企业划分办法暂行》国统字【2003】17 号文件中有关大型工业企业标准,即同时达到主营业务收入 3 亿元及以上,资产总额 4 亿元及以上,从业人数 2 000 人及以上,下同)共有 159 家,工业总产值为 415 487 000 千元。[24]石油和天然气开采业共有企业 184 家,全部从业人员平均人数为 906 683 人,实现工业总产值 829 154 529 千元,其中的大

型工业企业共有34家，工业总产值为651 259 000千元；石油加工、炼焦及核燃料加工业共有企业2 149家，全部从业人员平均人数为806 364人，实现工业总产值1 785 088 258千元，其中，大型工业企业有68家，工业总产值1 008 165 000千元；电力、热力的生产和供应业共有企业5 565家，全部从业人员平均人数2 569 561人，实现的工业总产值为2 645 244 525千元，而其中的大型工业企业共有141家，实现的工业总产值为981 863 000元；燃气生产和供应业共有企业591家，全部从业人员平均人数为158 840人，实现的工业总产值为98 871 982千元，其中，大型工业企业共有9家，实现的工业总产值为7 605 000千元(入下表所示)。在全国除其他采矿业和废弃资源废旧材料回收加工业外的其他37个大类行业中，大型工业企业中实现利润最多的行业为石油和天然气开采业，达3136.0亿元，大型工业企业中从业人数最多的行业为煤炭开采和洗选业，有272.1万人。

2007年我国能源产业的企业概况如表8.8所示。

表8.8 2007年我国能源产业的企业概况

行业名称	企业单位数/个	全部从业人员平均人数/人	工业总产值(当年价格)/千元	大型工业企业单位数/个	大型工业企业工业总产值(当年价格)/千元
煤炭开采和洗选业	7 537	4 636 883	920 182 525	159	415 487 000
石油和天然气开采业	184	906 683	829 154 529	34	651 259 000
石油加工、炼焦及核燃料加工业	2 149	806 364	1 785 088 258	68	1 008 165 000
电力、热力的生产和供应业	5 565	2 569 561	2 645 244 525	141	981 863 000
燃气生产和供应业	591	158 840	98 871 982	9	7 605 000

2.我国能源产业发展面临的挑战

中国能源问题面临三大挑战，如不注意解决将会危及我们取得的成就并导致未来发展不可持续。

首先，“十五”期间，能源消费弹性系数大于1是我国能源面临的重大挑战。1980～2000年单位GDP能耗，与相同或相近的经济体如俄罗斯、印度等国家比较，我国的能源消费强度与之相当，甚至还要低。但近几年出现了能源消费强度上翘的情况，特别是“十五”期间能源消费弹性系数超过了1。如果要按这一趋势放任发展，能源消费将迅速攀升到难以满足的程度。

其次是能源安全和外部冲击。中国石油国内产量最多在2亿吨。到2020年，按最低方案预测，石油消耗总量将在4.5亿吨，石油对外依存度达60%。从总量看，中国已成为世界第二石油消费大国。国际市场不断高涨的油价对中国国民经济的影响大于发达国家，是他们的2.35倍。

最后是大规模不受节制的能源需求将导致不可接受的能源环境成本。现在环境污染的损失占GDP的比例在3%～7%之间。

3.发展我国能源产业的政策建议

针对中国能源的可持续发展，政策建议如下：①制定统一、一致、综合的能源体系，增强能源之间的协调性和综合性;②把提高能效和实现可持续发展作为国家发展战略的优先定位;③加强能源机构的建设,强烈建议建立能源部,还要进一步完善能源的监管机构,对于节能的机构也应该建立和加强;④发挥价格和市场配置资源的基础作用,并建立支持可持续发展的财税激励政策;⑤引进开发先进的能源技术和清洁煤炭技术;⑥拓展国际合作,降低利用国外资源的难度;⑦减少针对性措施对社会潜在的负面影响,比如调整价格、完善税收政策可能会对低收入群体产生负面的影响;⑧形成统一的国家政策目标,全社会要对能源可持续发展给予高度关注。[25]

8.2.3 我国新能源产业的发展规划和发展现状

1.我国新能源产业的中长期发展规划

2007 年 9 月 4 日,国家发展和改革委员会正式对外公布了《可再生能源中长期发展规划》(以下简称《规划》)。明确提出:到 2010 年,可再生能源在能源消费中的比重达到 10%,全国可再生能源年利用量达到 3 亿吨标准煤。其中,水电总装机容量达到 1.9 亿千瓦,风电总装机容量达到 1 000 万千瓦,生物质发电总装机容量达到 550 万千瓦,太阳能发电总容量达到 30 万千瓦。沼气年利用量达到 190 亿立方米,太阳能热水器总集热面积达到 1.5 亿平方米,增加非粮原料燃料乙醇年利用量 200 万吨,生物柴油年利用量达到 20 万吨。"十一五"期末可再生能源开发利用主要指标详见表 8.9。[26]

表 8.9 "十一五"(2006～2010 年)期末可再生能源开发利用主要指标

内　容	利用规模		年产能量		折标煤
	数量	单位	数量	单位	/(万吨/年)
一、发电	20 588	万千瓦	7 106	亿千瓦时	24 824
1.水电	19 000		6 650		23 275
大中型常规水电	12 000				
小水电	5 000				
抽水蓄能电站	2 000				
2.并网风电	1 000		210		735
3.小型离网风电	7.5	(30 万台)	0.8		3
4.光伏发电	30		5.4		19
5.生物质发电	550		240		792
农林生物质发电	400		160		528
沼气发电	100		50		165
垃圾发电	50		30		99
二、供气			190	亿立方米	1 365
1.户用沼气	4 000	万户	150		1 086
2.大型畜禽场沼气	4 700	处	10		50
3.工业有机废水沼气	1 600	处	30		229

续表 8.9

内　　容	利用规模		年产能量		折标煤/(万吨/年)
	数量	单位	数量	单位	
三、供热					3 130
1.太阳能热水器	15 000	万平方米			2 700
2.太阳灶	100	万台			30
3.地热能热利用			10 000	万吉焦	400
供暖	3 000	万平方米			
供热水	60	万户			
四、燃料					380
1.生物质成型燃料	100	万吨			50
2.生物燃料乙醇	300				300
3.生物柴油	20				30
总计					30 000

资料来源:《可再生能源中长期发展规划》

2.我国新能源产业的发展概况

我国新能源利用可以追溯到20世纪50年代末的沼气利用,但新能源产业在我国规模化的发展却是在近几年的事情。相对于发达国家,我国新能源产业化发展起步较晚,技术相对落后,总体产业化程度不高,但同时,我国具备丰富的天然资源优势和巨大的市场需求空间,在国家相关政策引导扶持下,新能源领域成为投资热点,技术利用水平正逐步提高,具有较大的发展空间。[27]

由于《可再生能源法》及配套政策的实施和中长期发展规划目标的明确,为可再生能源市场发出了明确的市场信号,增强了各类投资者投资可再生能源产业的信心,投资者对可再生能源产业的投入迅速增加。国内大型国有企业,包括国家电网公司、五大发电公司、三大石油集团、神华集团、长江电力以及一些省级的能源投公司纷纷进入可再生能源市场,上海电气、东方汽轮机和哈尔滨电气等大型装备集团也开始介入可再生能源制造业;国际主要的风机制造企业或企业集团也开始进入我国的可再生能源市场;我国的一些民营企业也开始大规模进入可再生能源市场;风险投资和民间资本开始介入可再生能源投资市场。目前,已经有20多家可再生能源公司分别在纽约、伦敦、中国香港、新加坡和国内等主要股票交易所上市,总市值超过了100亿美元。

由于政策和市场的双重拉动,可再生能源装备制造业发展迅速。目前,我国已有风电制造及相关零部件企业100多家,其中大型风机整机生产企业36家,国外独资企业4家,合资企业3家,国内企业29家。国产风机在国内的市场份额明显提高,国产设备比例已经超过40%;年生产能力超过100兆瓦的太阳能光伏电池制造企业超过10家;太阳能热水器制造企业已经发展到3 000多家。市场的扩大吸引了一大批国外大型装备制造集团的介入,美国通用电气、西班牙歌美飒、丹麦维斯塔斯、德国恩德和印度苏司兰等国外大型风电制造企业已经开始在国内设厂,我国可再生能源装备制造业开始形成。[28]

中国新能源产业规模不断扩大,发展速度加快。目前,利用比较广泛的新能源包括太阳能、风能和生物质能;从产业链结构上来看,我国新能源产业普遍存在产业链不完整或上下游产业链无法对接的问题,矛盾比较突出的是风电和光伏发电产业;相对于发达国家,我国新能源利用起步较晚,新能源利用技术平均水平偏低,目前,我国新能源利用的大部分核心技术和设备制造依赖进口,技术和设备国产化程度不高,而技术和设备部分一般占新能源投资的绝对比重,导致我国新能源利用成本高,同类产出产品竞争能力弱。[27]

按照产业发展生命周期,可将产业发展分为初创期、成长期、成熟期和衰退期。在产业初创期,市场需求相对狭小,到了成长期,市场需求进入快速增长阶段,而当产业的发展成熟后,市场需求增长逐步放缓,到衰退期,市场需求则明显缩小。从目前国内可再生能源发展形态看,太阳能热水器和水电产业处于成熟期,在国家政策刺激下,市场需求仍维持高速增长,生产厂家较多,市场竞争比较激烈。太阳能光伏处于起步阶段,生产企业集中且竞争态势不明显。风电处于快速成长期,进入该领域的企业不断增多,且多数是国内的能源巨头或投资集团。水电产业已经进入成熟期,前几年全国范围的“跑马圈水”热潮在国家审批政策从紧的情况下逐步趋于平静。各产业所处的生命周期阶段见图 8.19。[29]

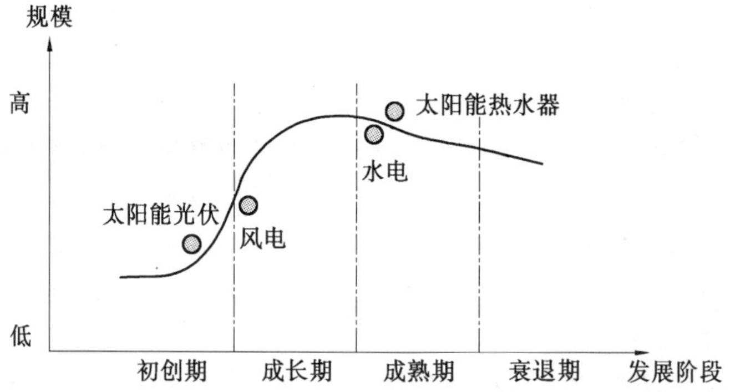

图 8.19　我国新能源细分产业生命周期图

从技术成熟度看,技术发展阶段分为研究和开发、示范、早期商业化和商业化几个阶段。可再生能源各细分产业所处的技术发展阶段与其所处的生命周期阶段密切相关。一般来说,产业发展越成熟,技术商业化程度越高。各产业技术发展阶段见表 8.10。技术自主研发能力是衡量产业本土化发展程度的重要指标。整体上看,目前我国可再生能源自主研发程度不高,进入该领域的企业一般要面临技术引进问题。由于技术对外的依赖度较高,因此国内可再生能源技术相对落后。

表 8.10　新能源技术发展阶段评价

技术类型	研究和开发	示范	早期商业化	商业化
小水电站				*
并网风电		*		
太阳能光伏发电系统		*		
太阳能电池			*	
太阳能热水器				*

注:表中 * 表示某项技术所处阶段。

3.我国新能源细分产业的发展现状

(1)小水电产业

据统计,截至2007年底,全国已建成小水电站48 934座,总装机容量为53 860兆瓦,约为改革开放前的12.5倍。这一装机规模相当于两个半三峡工程,并超过世界各国小水电装机的总和,占当年全国水电总装机的37.1%。

当前,在电力设备制造业中,企业产业链的两端都存在问题:一是在产业链上端存在信贷成本高、原材料涨价的问题,造成经营成本大幅增加;二是在产业链下端,出现了产能恶性膨胀、供大于求、恶性竞争、价格降低和电站规模越建越大的问题。但我国小水电设备制造业的发展却具有很多优势:一是设备技术水平优势明显,国外许多小水电运营公司指定采购由中国制造的水电设备,而且,水电项目也选择由中国公司去承建,多年来,由我国出口的水电设备在一些国家运行良好,也充分证明了我国水电设备具有高可靠性能。二是我国水电设备制造企业整体实力强。在国外,因为生产成本很高,大公司一般不愿意生产小水电设备,很多小水电设备仅靠几个人的小作坊生产,相比之下,我国水电设备制造企业的优势明显。

在水电设备制造行业内,我国发展势头强劲且拥有特色的企业比比皆是。如浙江金轮机电设备有限公司,以设备出口为主,电站和设备制造同步抓;而杭州杭发集团公司通过管理节支来增加效益;河南瑞发设备有限公司的规模化多种经营值得同行学习;浙江临海电机有限公司和临海机械有限公司的设备生产打破行业界限,实行跨行业发展;长沙华能自控集团有限公司通过改制,调动了员工的积极性,对产品也作了很好定位,信奉"简单的就是最可靠的"的宗旨,企业发展势头良好;昆明电机有限责任公司把自己定位为与中型电站相关;四川宜宾富源发电设备有限公司利用四川、重庆地区的技术力量和改制促进发展。[30]

(2)风电产业

风电产业链大致分为上游的风电设备制造产业和下游的风电建设运营产业两部分,其中风电制造产业可以细分为整机制造产业和零部件制造产业。我国风电产业链上下游不匹配,上游生产能力和研发水平在全球处于较低水平,我国兆瓦级以上的整机制造产业处于起步阶段,国内部分厂商通过与国外厂商联合开发、得到国外企业生产许可证等方式具备了兆瓦级机组设备生产能力,但技术和市场尚不成熟,还未能大规模应用,同时,我国风电设备关键零部件生产环节薄弱,比较突出的是叶片、齿轮箱、主轴轴承制造,还不能满足国内整机制造能力的需求;而下游的风电建设发展速度却位居世界前列,近年来风力发电发展迅速,国内大型发电集团、企业纷纷开发风电项目,风电设备需求持续高涨。上下游发展速度和规模明显不能衔接,我国风电产业产业化进程受到约束。[27]

尽管如此,风力发电仍然是我国发展最快的发电技术。2008年是连续第四年年度新增装机翻番,初步计算2008年,实现风电装机1 221万千瓦,跻身世界风电装机容量超千万千瓦的风电大国行列,超过印度,成为亚洲第一、世界第四的风电大国。[30]

中国在25个省份、直辖市、自治区具有风电装机,其中在云南、江西和重庆三个省市实现风电装机零的突破。累计装机容量排在前五位的省份依次为内蒙古、辽宁、河北、吉林和黑龙江。这五个省份的累计装机容量占中国累计装机容量的69.3%,也是中国目前风电装机超过百万千瓦的五个省份。

在新增装机容量中,内资企业占74.75%,外资企业占20.05%,合资企业占5.20%,排在前五位的企业依次为华锐风电、金风科技、东汽、维斯塔斯和歌美飒,2008年我国新增装机的企业构成如图8.20所示;在累计装机容量中,内资企业占63.51%,外资企业占33.76%,合资企业占3.23%,排在前五位的企业依次为金风科技、华锐风电、东汽、维斯塔斯和歌美飒,2008年我国累计装机的企业构成如图8.21所示。从上述数据可以看出,内资企业的市场份额在增长,外资企业的份额在下降。我国2008年新增装机和累计装机前五位公司列表如表8.11所示。

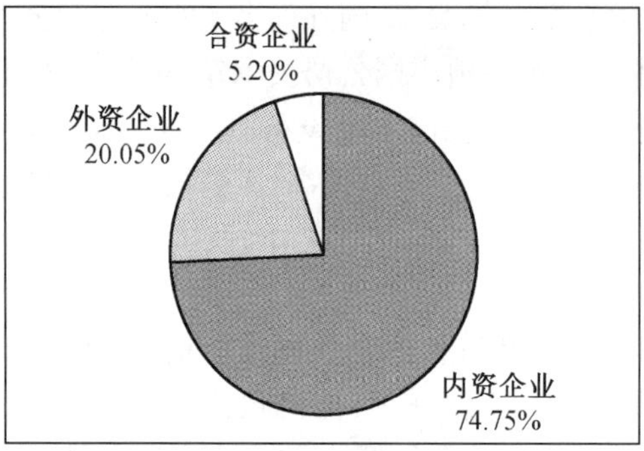

图8.20　2008年我国新增装机的企业构成

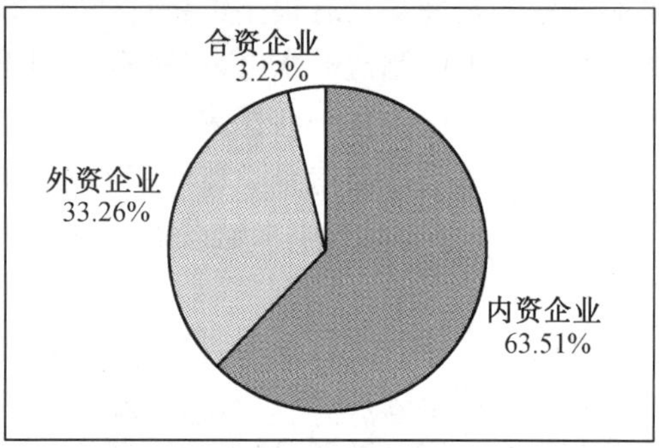

图8.21　2008年我国累计装机的企业构成

表8.11　我国2008年新增装机和累计装机前五位公司列表

名次	2008年新增装机前五位公司	2008累计装机前五位公司
1	华锐风电	金风科技
2	金风科技	华锐风电
3	东汽	东汽
4	维斯塔斯	维斯塔斯
5	歌美飒	歌美飒

从表8.11可以看出,虽然2008年华锐风电的装机量最多,超过了金风科技,但从累计装机的容量看,金风科技的累计装机容量依然排名第一,而华锐风电的累计装机容量排名第二,其他三家公司东汽、维斯塔斯和歌美飒在2008年的新增装机容量和累计装机容量排名均为第三、四、五位。

从2003年到2008年,中国风电装机容量快速增长。累计装机容量从2003年末的56.7万千瓦增加到了2008年末的1 324.22万千瓦,增加了22.3倍。当年新增装机容量从2003年的9.8万千瓦增加到了2008年的719.2万千瓦,增加了72.4倍。[32]

日益增长的风电市场正在鼓励中国国内的风机和零部件制造业的发展,同时,中国的风机制造业正日益成熟,零部件配套日渐完善。目前,不仅可以满足国内需求,同时也开始进入国际市场。2008年中国生产的叶片、齿轮箱和电机开始进入欧洲、日本和美国市场,整机也开始进入南美、亚洲和北美市场。浙江华仪出口到智利的790千瓦的风机已经并网发电,并获得了新的订单,保定惠德开始向北美市场出口风机,金风科技也开始在欧洲建厂。全球风能理事会估计,2015 年以后中国将成为世界主要的风电装备制造大国。[31]

(3)光伏产业

中国太阳能光伏产业取得了骄人成绩,涌现了无锡尚德、江西赛维等一大批优秀太阳能光伏企业。但中国整个太阳能光伏产业的发展却并不尽如人意,存在核心技术落后、产业链发展不平衡、产品附加值低等问题。

太阳能光伏产业链包括多晶硅原料生产、硅棒、硅锭生产、太阳能电池制造、组件封装、光伏产品生产和光伏发电系统等环节(如图 8.22 所示)。产业链中,太阳能电池是最重要的生产环节。目前,世界上太阳能光伏电池 90% 以上是以单晶硅或多晶硅为原材料生产的。

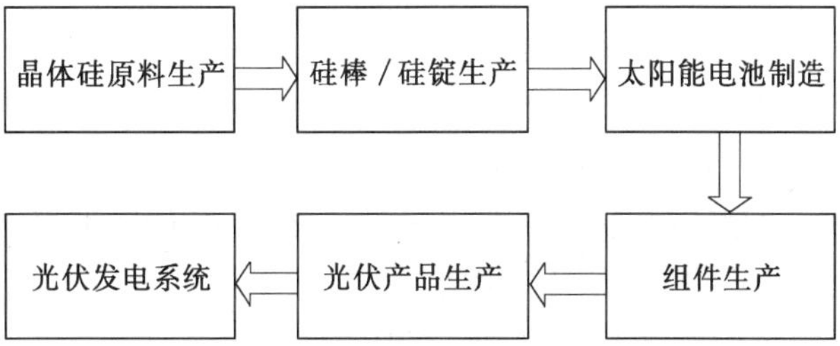

图 8.22 太阳能光伏产业链图

2006 ~ 2007 年,共有 10 家中国光伏企业陆续在海外上市,见表 8.12,其中 8 家在美国上市公司的市值已达到 200 亿美元。2007 年,我国已有 500 多家光伏企业和研发单位,但产业链各个生产环节差别较大,行业主要集中在产业链中下游。

表 8.12 中国光伏企业海外上市情况

企业简称	上市日期	股票代码
无锡尚德	2005 - 12 - 14	NYSE:STP
浙江昱辉	2006 - 8 - 8	AIM:SOLA
江苏 CSI	2006 - 11 - 9	NASDAQ:CSIQ
天合光能	2006 - 12 - 19	NYSE:TSL
江苏林洋	2006 - 12 - 20	NASDAQ:SOLF
河北晶澳	2007 - 2 - 7	NASDAQ:JASO
中电光伏	2007 - 5 - 17	NASDAQ:CSUN
江西赛维	2007 - 6 - 1	NYSE:LDK
天威英利	2007 - 6 - 8	NYSE:YGE
浚鑫科技	2007 - 7 - 6	AIM:JHL

目前,我国太阳能光伏产业链各个环节的发展现状如下:

多晶硅原材料生产技术落后,且产量供应不足,多依赖国外进口。

多晶硅制造业是光伏产业链的首端,是影响整个产业发展规模的重要环节,也是目前限制我国光伏产业发展的瓶颈。我国多晶硅生产技术主要基于改良的西门子法,由于工艺落后,能耗比高于世界先进水平。国内多晶硅原材料生产产量严重不足,如2006年全国需求量5 000吨,实际产量不足300吨,远不能满足国内需求。同时,多晶硅原材料生产是典型的规模化产业,产能超过1 000吨/年才能显示规模效益。但我国已投产的多晶硅企业产能不足,规模效益不明显。由于供需巨大缺口的出现,近期我国部分企业开始进入多晶硅生产,预计今后几年我国多晶硅过度依赖国外的局面会有所改观。

硅棒、硅锭制造技术成熟,但对原材料依存度高。

根据爱尔兰商业通讯2007年5月份的报道,中国现有硅锭生产企业58家(含单晶体硅和多晶体硅),硅片生产企业38家,国内主要生产企业技术比较成熟,但由于该产业对上游多晶硅的依赖,导致部分企业开工率不足。

太阳能电池生产增长强劲,产品主要用于出口。

自2003年起我国太阳能电池制造业以超常速度发展,年增长率达到100%~300%。2007年我国光伏电池年产量700兆瓦,仅次于日本和欧洲,位居全球第三。但目前产品也因价格高而95%以上只能出口。虽然国内太阳能电池生产取得巨大成绩,技术水平与国际相当,但仍停留在引进、消化、吸收层面,自主研发能力较弱,不利于产业长期发展。

组件制造进入门槛低,产品附加值低,竞争力弱。

在整个太阳能光伏电池产业链中,组件制造由于投资少、建设周期短、技术和资金门槛低、最接近市场等特点吸引了大批生产企业,是光伏产业链中发展最快的环节之一。据估计我国有180家以上的太阳能电池组件生产企业,而且主要厂家的产品都通过了UL等国际认证。由于中国光伏产业链末端光伏发电市场尚未启动,98%的国产光伏组件出口国外。行业易进入和上游多晶硅原料不足造成国内封装产能过剩,产品质量参差不齐,且产品附加值较低,组件企业利润微薄,竞争力弱。

光伏产品生产量大,但应用水平低。

光伏产品的生产属于劳动密集型行业,在国外市场需求拉动下,光伏产品生产集中在珠三角、福建、浙江等沿海城市,出口产品包括太阳能灯、太阳能计算器、太阳能电池和组件。中国成为世界上最大的光伏产品生产国。受产品价格和市场空间的限制,国内太阳能光伏产品应用化程度不高。

可以看出,我国太阳能光伏发电产业发展处于整个产业链中端,此部分附加值比较低,而附加值较高的太阳能光伏发电系统的应用却在国外,太阳能光伏发电产业链末端发展严重不足,成为我国太阳能产业成长的制约因素。另外,我国的太阳能系统集成技术虽然并不低于全球各国水平,但目前太阳能光伏发电每千瓦时发电成本约4元左右,上网电价约4~5元,是常规上网电价的8~10倍左右,尚不具备和常规发电竞争的能力。

整体来看,我国光伏产业近年来发展迅速,其中的太阳能电池生产发展速度惊人,引起世界瞩目。

太阳能热水器产业。

中国太阳能热水器利用居世界首位，热水器保有量一直以来都占据世界总保有量的一半以上，到2006年，中国太阳能热水器年生产能力已超过1 800万平方米，运行保有量达到9 000万平方米。全国有3 000多家太阳能热水器生产企业，年总产值近200亿元。[27]

中国太阳能热水器产业的发展始于20世纪80年代，当时的市场定位是农村或中小城镇的低收入家庭，其主导产品以技术简单、造价便宜的闷晒式太阳能热水器为主。进入90年代，随着技术进步和企业规模的扩大，技术和企业都逐步成熟，太阳能热水器逐步形成了真空管、平板和闷晒三种技术系列，实现了产品的系列化和规模化生产，这一时期的真空管太阳能热水器和平板太阳能热水器主要定位于中小城市的中高收入居民。90年代后期，住宅商品化的发展以及家庭对热水需求的大幅增长，为太阳能热水器的发展提供了市场空间，太阳能热水器的生产规模进一步扩大，形成了一些有一定知名度的产品和品牌。2002年以来，为了满足高端用户的需求和城市景观的要求，太阳能热水器产品的升级换代和与建筑结合成为新的热点和发展方向。一些大型企业与房地产开发商一起建设完成了一批太阳能热水器与建筑结合的项目，太阳能热水器与房地产项目同步设计、同步施工、同步验收的理念逐步被建筑行业所接受。一批太阳能热水器与建筑结合的试点项目，取得了良好的示范推广效果。

我国太阳热水器已实现了产业化，形成了原材料加工、产品开发制造、工程设计和营销服务的产业体系，有力地带动了玻璃、金属、保温材料和真空设备等相关行业的发展，成为一个产业规模迅速扩大的新兴产业。至2005年，全国有1 000多家有一定规模的太阳热水器生产企业，年总产值达150多亿元，出口创汇2 000万美元，全行业提供约30多万个就业机会，产生了显著的经济、环境和社会效益。

目前，太阳能热水器为全国3 500多万家庭提供着热水供应，已形成与电热水器和燃气热水器三足鼎立的局面。特别是在农村地区和中小城镇，太阳能热水器已经成为提高人民生活质量，全面建设小康的重要技术手段。

我国太阳能热水器产业有四个显著的特点。

第一，为少数实现商业化运作的可再生能源产业。我国太阳能热水器产业的最大特征是拥有自主知识产权，又实现了商业化运行。我国政府没有提供任何优惠政策和补助，不论是对生产企业还是对终端用户，与电热水器和燃气热水器相比，太阳能热水器不享有任何额外的优惠政策和补助。目前，包括欧洲、美国等发达国家在内的绝大多数国家的太阳能热水器产业仍依赖于政府的激励政策和支持，我国太阳能热水器产业能够实现商业化运作是我国的优势和骄傲，同时也容易成为政府部门关注支持少的理由。但是，由于我国的产品技术含量低，市场准入门槛低，产品的质量和性能参差不齐，与国外的先进水平相比，我国在产品的研发和质量控制方面尚有一定的差距，还需要政策的大力支持和鼓励。

第二，生产能力强、产量大，占全球总产量的70%。根据国际能源机构公布的数据，2004年我国太阳能热水器年生产量占全球年生产量(1 918万平方米)的70%，保有量占全球总保有量(14 059万平方米)的44%。我国是全球最大的太阳能热水器生产国，并拥有全球最大的太阳能热水器市场。

第三,应用普及率不高,发展潜力巨大。我国的太阳能热水器应用普及率并不高,发展潜力巨大。2005年,我国太阳能热水器的普及率为每万人33.3平方米太阳能集热器,仅位于第13名,远远落后于以色列(520平方米/千户)、希腊(191平方米/千户)和奥地利(188平方米/千户)。

第四,产品类型单一,应用领域有很大的拓展空间。我国太阳能热水器主要是真空管型,用于提供生活热水,其中为家庭供热水的单户系统约占90%以上,为学校、酒店、饭店、医院、工业等供热水的工程应用约占10%。从全球应用状况看,在户用热水供应、社区热水供应、供暖和游泳池加热等领域,太阳能热水系统都有广泛的应用。目前,我国的大型热水工程开始起步,太阳能供暖也进入试点示范阶段,应用领域的拓展空间大。[33]

生物质能产业。

我国生物质资源十分丰富。我国理论上的生物质资源量每年达650亿吨以上,折合33亿吨标准煤。目前,我国每年产生作物秸秆约6.8亿吨,随着我国农业发展,特别是粮食产量的增加,我国秸秆的数量还将有较大幅度的增加。我国每年产生的林木废弃物在2亿吨以上,每年产生的畜禽粪便约30亿吨,每年产生的城市垃圾约1.55亿吨,农林产品加工企业每年产生的有机废弃物种类和数量也十分可观。另外,我国还有约5 000万公顷的边际土地不适宜于生产粮食而适宜于种植能源植物。专家估计,仅目前我国可利用的生物质约有4亿吨标准煤。[34]

截至2006年底,国内生物质发电装机容量为220万千瓦,占全国发电装机容量的0.35%,约占全世界生物质发电总装机容量的4%左右。2006年我国乙醇总产量约350万吨,其中燃料乙醇产量达到130万吨,位居世界第三,以废弃油脂为原料生产的生物柴油达到6万吨,农村沼气产量突破1.7亿立方米。[27]

目前,我国生物质产业的技术如沼气技术、生物质液化、生物质颗粒燃料、生物质气化及发电等领域均取得了重大进步,但由于科研投入不足,新技术开发进展缓慢,近年来,我国在生产酒精、热解液化、直接燃烧、生物质液化等工业技术领域以及能源林方面开展了研究,但进展缓慢,没有突破性的进展。

我国生物质产业的产业链不完善,生物质原料的收储运模式不成熟,所需的农业机械缺乏;其次,生物质产业的相关标准和市场流通体系尚未建立或不健全;再者,过低的行业利润严重制约了生物质产业的发展,因为与传统发电相比,它的发电成本较高,盈利空间小,甚至无利润空间,经营艰难,没有竞争力,此外,社会对生物质产业的认知程度不够,生物质产业不是传统意义上的能源工业,它是跨学科、跨部门、跨行业的一种新兴产业,但目前社会对生物质发电的复杂性和特殊性还没有统一的认识;最后,有关扶持政策缺乏可操作性,市场秩序较混乱。总体来说,我国的生物质产业还处在发展初期,规模小,某些利用方式的技术不成熟,成本居高不下。[35]

8.2.4 我国新能源产业面临的主要问题和发展展望

1.我国新能源产业发展面临的主要问题

中国新能源产业需要尽快走上快车道,但目前仍受到市场发育不成熟、技术水平落后、政府对产业的政策和管理不到位等问题的严重制约,具体表现如下。

小水电——需要有效落实政策。

为了促进小水电产业发展,中国政府制定了“小水电电价要与大电网电价相近”、“小水电上网电量与下网电量按月互抵”等政策,但是目前在政策的有效落实上还存在着障碍。

上网电价与下网电价差距悬殊:目前在一些小水电自发自供区,小水电上国家电网的电价与下网电价有较大差距。例如,贵州省内下网目录电价已达到0.318元/千瓦时,而小水电上国家电网的平均电价只有0.12~0.15元/千瓦时。据专家对24个省(市、区)小水电平均上网电价与本省平均销售电价比较结果看,小水电平均上网电价比本省销售电价低很多,每千瓦时价格最多相差0.354元,全国有近一半省份的小水电平均上网电价比本省销售电价低0.10~0.15元/千瓦时以上。小水电的低电价,使本应属于小水电产业的经济收益转移到电网企业中去了,这种情况对小水电自供区的发展产生不利影响。

上网电量受限制:为发展小水电,中国政府规定对县及县以下小水电企业实行6%增值税政策。但从调查情况看,这项政策还没有完全落实。由于没有相应的配套措施,下游电网企业仍按17%增值税运作,如果小水电按6%增值税开票,电网企业将有11%的差额无法抵扣,致使这项政策在很多地方没有执行。

风电——需要摸索更佳的鼓励政策。

风电特许权项目运作中存在弊端:2003年国家发展和改革委员会组织实施了风电特许权招标示范项目,对于在风电开发中引入竞争机制,吸引外资、民营和国有企业等多种投资主体参与风电建设,实现多元化投资是一次在体制改革方面成功的尝试。从几年来的实践看,还应在特许权项目的招标、评标和建设中克服弊端,如承诺上网电价最低的投标商中标,会因企业的一时冲动抛出过低的上网电价而导致项目亏损,因此,应该改进特许权项目的评标原则,使风电投资者能够得到合理回报。又如,完成风电特许权项目的目标中应避免只注重新增装机容量而忽略风电实际上网电量的现象发生,使风电发展能名副其实地实现规划目标。

风电技术及产业化需增加投入:在技术及产业化方面,从总体上讲,中国现阶段电网对风电发展不存在瓶颈或限制问题,限制风电上网规模的技术问题都可以解决,但要增加投入,因此,需要明确由谁来承担投入的问题。另外,如何将丰富的风力资源落实为现实的风电项目也是一项技术性问题。中国对风电前期投入少,风电场建设资源评价尚属空白,给全国以及各省的风电发展规划带来障碍。

针对进口风电机组在中国占有很大的市场份额这一问题,政府提出了促进风电机组本地化的发展方向,但本地化的定义和内涵是什么,如何培养风电设备制造商,开发出具有自主知识产权的风电产品的思路尚待明确。

发展风电的经济政策有待进一步研究:在经济方面,风电场单位千瓦投资高,尽管成本在逐渐下降,目前新建风电场单位千瓦造价一般在8 000元左右,与煤电的5 000元相比,仍高出了60%。风电项目一次投资较大,短期内难以获得经济效益,因此融资条件差,金融机构投资信心不足。风电的税赋水平相对较高,虽然优惠的风电增值税减半征收(8.5%),但风电机组整机的进口关税为5%,进口环节增值税17%,两项合计的税率达

23%，仅此就将风电场造价提高了将近 1 000 元/千瓦。

光伏发电——需要应对产业和市场挑战。

技术障碍——上游环节薄弱：中国光伏产业生产链中各环节发展不协调、不平衡，不仅每个生产环节都需要从国外引进设备，而且还出现上游小、下游大，即生产链上游比下游薄弱的状态。上游环节中的太阳级硅材料、硅锭、硅片和器件是光伏产业生产链中的基础部分，基础环节薄弱，上游和下游生产能力不匹配，会影响整个产业的发展。

市场障碍——市场小而不稳定：中国现有光伏产业的市场小，而且不稳定。在缺乏政策支持的情况下，市场很难得到快速发展。尽管光伏发电在解决边远无电地区人民生活用电方面，今后几年中市场潜力比较大，估计在 3 000 兆峰瓦左右，但是还存在很多问题。例如光伏电站建成后的维护和管理问题：电站由国家投资建设，建成后应由谁接管并负责管理运行。其中最大的问题是，当电站收费不足以维持电站运行和维护时，谁来承担这部分差价，这个问题直接关系到光伏市场是否能够可持续发展和商业化运作。光伏并网发电、沙漠电站将成为中国未来最大的光伏发电市场，但这一市场的启动，在技术标准、电网准入、部件开发和生产等方面还存在诸多需要解决的问题。

生物燃料——需要降低成本和减少污染。

燃料乙醇生产——成本高，污染重：目前，中国燃料乙醇生产方面的主要障碍是生产成本高，环境污染重。除纤维素乙醇外，粮食类、糖类乙醇生产成本均高，尤其是粮食类乙醇的生产成本更高。主要是燃料乙醇生产的原料价格高，再加上大多数乙醇生产工艺和技术均较落后，尤其在工艺设备、综合利用、废渣水处理和企业管理等方面存在很大差距，使其市场售价高于现行汽油价格。而且由于生产过程中废物排放量大，因而构成对环境的潜在威胁。

燃料乙醇推广使用——政策支持尚未到位：目前，中国燃料乙醇在推广使用方面存在的障碍有：燃料乙醇生产者和投资商，因对于能否得到国家财政和税收方面优惠支持没有把握而处于观望状态；燃料乙醇销售者，因燃料乙醇价格高担心影响经济效益而不愿意接受；地方决策者通常持比较谨慎的态度，不愿在经济上给予支持；大多数专家持谨慎态度，认为利用燃料乙醇在改造基础设施上会有不少麻烦。总之，在相当长时期内燃料乙醇在价格上无竞争优势，需国家予以补贴。

生物质发电——需要加强研发和示范投入。

生物质发电在技术、经济和政策方面还存在一些制约因素。

自主技术开发能力差，投入不足：在技术方面，中国对生物质发电技术研究投入较少，相关设备企业的自主开发能力较差。目前中国生物质发电技术主要是针对中小型生物质气化发电技术，其他生物质发电技术（如直接燃烧和混烧技术）实际应用的经验积累很少，总的特点是成熟的生物质发电技术种类少，而整体的研究开发能力较差。

项目规模小，资金筹措难：在经济方面，中国生物质发电项目规模小，发电成本相对高，投资资金筹措困难。生物质发电项目相对其他发电项目来说都是小项目，大集团从资金分散和管理困难角度考虑不感兴趣，而中小企业完成这样规模的投资又相当困难。因此，如果没有相应的政策措施，生物质发电技术在短时间内大规模推广在资金上有很大的困难。

政策配套措施缺少:在政策方面,由于现有的政策主要是指导性的,缺少有效的配套措施,这就使生物质发电项目实施操作相当困难。由于生物质发电容量小,设计的项目较多,资源收集范围大,生物质发电技术要得以大规模使用,靠目前的政策是远远不够的。

2.我国新能源产业的发展展望

中国农村新能源开发利用,近期主要是为了解决农村基本电力供应和生活燃料短缺问题,提高农村居民用能的清洁化和优质化程度,满足建设社会主义新农村的需要。新能源发展坚持近期开发利用和长期技术储备相结合的发展策略,积极开发近期有一定市场竞争力、未来有巨大潜力的新能源技术。

新能源发电能力达到6 000万千瓦。

在未来5~10年中,中国新能源将有很好的发展前景。其中,新能源发电技术是近期和中远期关注的重点,到2010年,要力争建设5 000万千瓦小水电和600万千瓦生物质发电,建设几十个大型风电场,甚至建设百万千瓦级的大型风力发电基地,再加上约40万千瓦的光伏发电,使新能源总的发电能力达到6 000万千瓦,其发电量约占全国总发电量的7%左右,相当于替代化石能源6 000万吨标准煤。

新能源供热量相当于2 000万吨标准煤。

以太阳能热水器为代表的新能源热利用技术属成熟的商业化技术。到2010年,其年供气量要达到70亿立方米左右,使用优质新能源的农村居民将达到5 000多万户,供热量相当于替代化石能源2 000万吨标准煤。

生物质液体燃料替代石油200万吨。

生物质液体燃料技术,也是中国利用新能源资源的重要技术。到2010年,燃料乙醇和生物柴油要达到年替代约200万吨石油的生产能力。

在"十一五"发展基础上,今后10~20年,中国将继续推进风能发电、生物质发电、太阳能发电的商业化和产业化进程。到2020年,新能源发电装机容量预计达到1.21亿千瓦,约占全国总发电装机容量的10%~20%,其中,小水电8 000万千瓦、风力发电2 000万千瓦、生物质发电2 000万千瓦、太阳能发电达到100千瓦。同时,大力发展新能源供热、生物液体燃料等,争取到2020年新增新能源供应能力达到2亿吨标准煤。[36]

8.3 深圳能源消费形势及新能源产业的发展现状、瓶颈及对策

随着我市经济社会的持续快速发展,能源和资源的消耗也呈现出持续高速增长的态势,资源的短缺和能源的匮乏已经成为制约深圳发展的一大瓶颈。长期高能耗、高排放、高污染的经济发展模式使深圳面临土地、能源、人口和环境四个方面"难以为继"的局面。在从"速度深圳"向"效益深圳"蜕变的过程中,实现能源发展战略的蜕变是当务之急。在全球的煤炭、石油、天然气等面临日益枯竭的能源形势下,不断优化能源结构,积极开发和利用核能、太阳能、风能、电能、生物能、地热能以及海洋能等新能源,是实现深圳经济社会可持续发展能源战略的必然选择。

8.3.1 深圳当前能源形势严峻,可持续发展面临能源瓶颈制约

1.煤炭、石油、天然气等全靠外运

据能源专家预测,2010 年深圳的能源消耗量将达 1 791 万吨标准煤,年增长率为 7.99%。按这种增长方式,到 201 5 年深圳 GDP 达到 10 000 亿元时,深圳的能源消耗量将达到 2 500 多万吨标准煤。如此巨大的能源消耗,对深圳这样一个主要能源全靠外运且一次性能源严重不足的城市是根本无法承受的。不仅如此,不断频发的煤炭安全事故和煤炭行业严重的污染问题,外加国际原油市场油价波动对国内能源供应的影响,使得深圳的主要能源供给面临内忧外患的双重压力。积极开发本土化新能源,发展可再生能源,不断优化能源结构,有效降低能源对外依存度,是有效保证深圳能源安全、实现可持续发展的必然选择。

2.电力供应形势不容乐观

电力作为目前深圳重要的能源,供求形势十分紧张。目前,深圳电网有 17 座火力发电厂,本市发电量占全市用电量的 61%,其余缺口需要从省网和香港地区购买。2004 年,深圳市供电量约 380 亿千瓦,全市 GDP 为 3 422.8 亿元,每千瓦电约产生 9 元的产值。以此计算,当深圳 GDP 达到 10 000 亿时,全市用电量须达 1 100 多亿千瓦,相当于 2004 年用电量的 3 倍以上,供电缺口巨大。2005 年深圳电网夏季高峰期最高负荷突破了 790 万千瓦大关,电力缺口超过 100 万千瓦。深圳的电力供应已经从局部性、季节性缺电正在恶化为全年性、全面性缺电。现在深圳一天的用电量要超过 20 世纪 80 年代初两年的用电量,如此高的用电负荷使得一些电力设备频繁出现故障,拉闸限电措施又严重影响了市民的日常生活和企业正常生产。

3.传统石化能源环境问题日益突出

煤炭和石油等石化原料作为我国主要的能源供应源在长期内还将继续存在,但是大量的化石能源消耗及其所产生的环境问题日益显示出不可持续性。目前,全世界能源总消费的 80%来自化石燃料,而大气中 85%的硫、35%的悬浮颗粒物、75%的二氧化碳均来自化石燃料的燃烧。据《深圳市环境状况公报》显示,二氧化硫、氮氧化物、可吸入颗粒物以及酸雨频次等主要污染指标均呈现逐年上升趋势。2004 年,二氧化硫年日平均浓度为 0.024 毫克/立方米,比上年上升 0.004 毫克/立方米;氧化氮年日平均浓度为 0.072 毫克/立方米,比上年上升 0.015 毫克/立方米;可吸入颗粒物年日平均浓度为 0.076 毫克/立方米,比上年上升 0.006 毫克/立方米;降水 pH 值年平均为 4.49,比上年下降 0.44,降水酸性增强,酸雨发生频率为 78.9%,比上年上升 26.1 个百分点;降尘量年平均浓度为 7.70 吨/(平方千米·月),比上年上升 0.22 吨/(平方千米·月)。可见,积极发展和使用清洁能源,消解使用石化能源所产生的环境污染问题,加快推进深圳“绿色城市建设”工程,越来越成为一项十分紧迫的政治任务。

8.3.2 深圳发展清洁能源的可行性分析

1.深圳发展清洁能源有先天的资源优势

深圳拥有丰富的太阳能、海洋能、地热、风能等可再生能源资源,发展潜力巨大。一方

面,深圳市地处亚热带,气候冬暖夏热,全年日照时间近 3 000 小时,太阳辐射年总量为 5 900 兆焦/平方米,一年有 4/5 以上的白天具有采集太阳能的条件,太阳能资源充足,若对这类资源加以有效利用,收益将十分巨大。另一方面,深圳拥有 229.96 千米的海岸线,对发展风能、潮汐能、波浪能、海洋热能、海流能、海盐差能等极为有利,目前全球沿海区域已利用海洋能就达 10 亿千瓦以上,但深圳的使用情况基本为零。

2.深圳发展清洁能源有雄厚的技术和产业优势

深圳作为目前全国最具创新活力的经济中心,不仅拥有来自国内外优秀的人才和先进的技术,而且拥有巨大的风险资本和高度集群的产业,具备发展清洁能源的技术和产业优势。首先在太阳能方面,目前深圳已有 20 多家生产太阳能产品的企业,深圳太阳能应用产品的出口占全国的 40%,其中深圳的太阳能电池产值达 4 亿元,占全国同行业的1/4,太阳能产业集群度高,发展相关产业条件较好。其次,生物能发电目前在深圳已经取得了成功,城市垃圾焚烧发电及其产业化已形成了一定规模,南山、盐田两座垃圾电厂 2003 年底建成投产以来,装机容量分别达 1.2 万千瓦和 6 000 千瓦。同时,深圳在开发利用水电和天然气发电方面也取得了较大进展,目前深圳抽水蓄能发电站正在建设中,总投资 25 亿元的深圳市天然气利用工程已全面铺开,已投产的深圳东部电厂将以液化天然气作为清洁燃料进行发电。另外,深圳紧靠大亚湾核电站,发展核电也具备相当的技术和产业优势。若能充分利用上述已有的技术和产业方面的优势,加大政策扶持力度,未来深圳清洁能源发展将前途无量。

3.深圳发展清洁能源有政策法规保障

由于缺乏明确的法律保护,有些地方市民自发安装在屋顶的太阳能热水器遭遇到有关部门强行拆除的尴尬局面,这不仅打击了普通百姓自觉利用清洁能源的积极性,也严重影响到清洁能源的推广和发展。2006 年 1 月 1 日起施行的我国首部《可再生能源法》有效避免了类似尴尬的再度发生,为全面开发和利用包括新能源和可再生能源在内的清洁能源提供了法律保护。不仅如此,深圳作为经济特区,可以借助特区特有的行政立法优势,率先制定鼓励发展清洁能源的地方性行政法规,为深圳发展清洁能源提供土地、财税、金融、人才等方面的支持,发挥深圳独有的"敢闯敢试,敢为天下先"的改革创新精神,一定能够为深圳的可持续发展提供有力的清洁能源保障。[37]

8.3.3 深圳新能源产业的发展现状

目前深圳新能源的发展现状是:在垃圾发电、核电与太阳能光伏发电领域走在了全国的前列,在风能与潮汐能领域虽然处于空白状态,但孕育着广阔的市场发展前景。

1.深圳垃圾焚烧发电已成规模

在生物质能领域,深圳的城市垃圾焚烧发电产业已形成一定规模。我国在"十五"期间建设的垃圾焚烧发电厂有 54 家,深圳就占了 7 家:深圳盐田垃圾焚烧发电厂、深圳市南山垃圾焚烧发电厂、深圳龙岗平湖垃圾发电厂、深圳宝安老虎坑垃圾焚烧发电厂、深圳平湖垃圾焚烧热电厂、深圳宝安白鸽湖垃圾焚烧厂、深圳龙岗大工业区垃圾焚烧厂。目前,深圳建成和在建的垃圾发电厂总处理能力达到 3 250 吨/日,约占深圳日生活垃圾产量的 40%。深圳发展 30 年来,已经堆满了一个 400 万立方米的垃圾处理场。按深圳垃圾日产量达8 000多吨计算,按发热值计算,约相当于1 600吨标准煤,其余热可驱动15万千瓦的发电机,可以满足蛇口的用电负荷,所发电量约5亿千瓦时,接近全市全年用电量的2%,可满足20万人的生活和工作用电的需求。垃圾焚烧设施占地少,处理后残渣仅为原垃圾的1/10,而且余热可用来发电,所以深圳已经明确把垃圾焚烧发电作为深圳市垃圾处理的主要方式。

2.深圳大亚湾核电站成为全国三大核电基地之一

在核能发电领域,深圳也毫不逊色。深圳大亚湾核电站已成为全国三大核电基地之一。该站每年发电量近150亿千瓦时,七成电力供应香港地区,三成电力供应广东电网。通过核能发电,使得广东和香港两地每年减少燃煤消耗600万吨。

3.深圳太阳能"金矿"亟待开掘

深圳从事太阳能光电产品的研究起步较早。目前深圳从事太阳能研发、生产和销售的企业约60多家,其中光电企业就有50多家;这些企业初期主要采取来料加工的方式,进口太阳能电池组件,加工生产太阳能灯具再返销国外。通过这种方式,深圳迅速成为世界太阳能光电产品的主要产业聚集地,全世界约72%的太阳能光电小产品厂家集中在深圳及周边地区;深圳珈伟公司的产品全部外销到美国、加拿大、日本、德国等地;创益科技公司的产品出口比例占销售额的80%以上;先行电子70%的产品出口国外……统计数据表明,我市太阳能光电产品产值超过20亿元,出口金额为近2亿美元。深圳在太阳能研发上已有相当多的自主知识产权,在第94届巴黎国际发明展览会上,深圳创益科技参展的发明专利"内联式非晶硅太阳能电池及其制造方法"获得该展览会金奖。"低成本太阳能玻璃幕墙"被列为"十五"科技攻关项目,仅创益科技这些年取得的专利就达50多项。嘉普通公司开发的"集体型太阳能热水器"也取得了多项新型专利,并参与国家标准的修订。现在城市建筑的玻璃幕墙在阳光照射下,产生光污染,给生活带来不便,给行车安全带来隐患,如果使用中空太阳能玻璃幕墙,由于里面的材料是深色的,将大大吸掉阳光,这样,光污染问题也将得到解决。目前,太阳能光电产品已经相当丰富,太阳能庭院灯、草坪灯、景观灯、手电筒、交通指示牌、护栏灯……各式各样的太阳能产品中都可以看到"深圳造",但深圳产的太阳能产品在深圳街头却很少见到,被业界称为"墙内开花墙外香",目前深圳居民家庭太阳能的使用率应该不到3%,工厂、企业以及学校利用太阳能的比例不到1%。但这也说明,深圳太阳能利用具有非常巨大的发展潜力。

除此之外,深圳风能蕴藏量丰富,拥有230千米的连绵海岸线,沿海一带及岛屿风速大。风能的应用技术已经成熟,成本越来越低,深圳应该充分利用丰富的风力资源。据估计:如果深圳的风能利用可以达到电力的1%,就可解决龙岗的供电紧缺问题。

8.3.4 深圳新能源产业的发展瓶颈及对策

目前,我国缺乏垃圾燃烧处理行业规范的法规、标准和技术规范,地方各级政府主管部门未能根据国家有关法规标准制定切实可行的监管制度。

2004年底,深圳南山、盐田两座大型垃圾发电厂由于垃圾处理补贴费标准尚未明确等原因失去了主要的利润来源,在运营8个月后面临"断炊"的困难,而宝安垃圾发电厂的建设进度也受到影响。

事实上，国家对新能源产业“先取后予”的方针亟待调整。虽然新能源企业会得到政府的资金资助，但是与企业利税部分比起来，实际上就相当于几乎没有得到国家的资助。而且企业会因为科研经费少而遭遇技术突破困境，从而形成恶性循环。

在技术来源上，政府专门的研究机构较少，自主研发的高端技术少，从而导致技术水平落后，装备跟不上，许多项目和企业都依赖进口，人才培养也相对落后于产业生产。

而制约太阳能民用领域发展的就不仅仅是政策方面了。由于宣传、防伪等方面的不足，目前许多龙头企业的优质产品不能引领市场，甚至还经常被劣质品冲击。主要原因是我国缺乏相关的行业法规和质量标准，政府有关部门对新能源产品的市场监管缺位。

由于人们对新能源应用的了解有限，往往拒绝使用新能源产品。比如，人们通常会担心购买太阳能热水器后在阴天不管用，其实在类似广东日照时间长、辐射总量大的地方，即使在阴天，太阳能热水器也能吸热，而且使用太阳能热水器一年可省 1 000 多元的电费，两三年即可收回成本。

国内外的经验表明，如果没有政府的大力支持，新能源不可能迅速发展，深圳也不例外。

2005 年 3 月国家发展和改革委员会发布的《关于组织实施可再生能源和新能源高技术产业化专项的公告》有望给正在发展中的新能源产业带来新机遇。《公告》是《可再生能源法》颁布后的首部配套政策，对促进新能源产业的发展，尤其是引导社会资本投向新能源产业方面将起积极作用。《公告》也将促进广东太阳能产业向集成化、规模化发展。

然而，尽管发展前景广阔，但由于电价、关税、贷款、税收等地方性优惠政策与扶持措施不到位，导致深圳新能源行业发展迟迟不能迈出关键性的一步。

新能源产业具有一般产业与公益事业的两重性质：一方面，技术含量较高，投资巨大，周期太长，具有高风险性；另一方面，环保效益和社会效益是第一位的，如果这种项目由企业投资建设，那么靠项目自身的收益是难以回收初期投资的，需要政府的政策加以引导。

新能源产业发展前景广阔，希望地方政府尽快落实国家的有关鼓励政策，包括：确定项目投资及运行成本的评估测算程序、投资回报测算及支付原则，如发电上网电价的政策；落实项目投资的优惠政策，如贷款贴息和进口设备关税、营业税、增值税等的减免政策。[38]

1. 确定清洁能源的战略优先发展地位

“十一五”期间是我国经济社会发展一个非常重要的机遇期，也是我市经济社会发展一个关键的转型期。积极制定发展清洁能源的具体目标规划和政策措施，把发展清洁能源放到保障全市经济社会可持续发展的战略高度，优先发展清洁能源的能源战略，以发展清洁能源的“特别之为”立深圳可持续发展能源战略的“特区之位”。

2. 加大清洁能源的政策法规制定工作力度

国家《可再生能源法》已经开始实施。2007 年，《深圳市清洁生产审核实施细则》开始正式实施，通过具体的财政、税收、价格、融资、政府采购等优惠政策措施来引导和鼓励清洁能源的开发和利用。《深圳市清洁生产审核实施细则》的正式实施，意味着深圳市将更有力地推进清洁生产。按照《细则》，污染物排放超过国家和省级标准，或总量超过深圳市排放控制指标的污染严重企业，以及使用有毒有害原料进行生产或生产中排放有害物质的企业,将实施强制性清洁生产审核。自愿开展清洁生产的企业一旦通过验收,将获得诸多优惠和奖励。以发展太阳能和生物能为重点突破口,全面带动核能、风能、海洋能等清洁能源的发展。同时,还要进一步加大对环境污染的综合治理和惩治力度,引导合理的清洁能源消费。

3.积极制定与清洁能源相关的技术产品和产业标准

为了确保清洁能源相关技术产品和产业的持续健康发展,还必须着手制定相关的技术法规和标准。特别是涉及清洁能源并网发电、清洁能源产品认证等方面的技术法规和标准更应先行出台。深圳市在标准化领域拥有一大批优秀的专家和工程技术人员,当前迫切需要通过专门立项,积极发动和组织他们开展研究攻关。

4.广泛开展与清洁能源相关的教育和培训工作

推广和使用清洁能源要通过广泛深入地开展宣传和教育工作,定期开展清洁能源知识的培训和普及活动,不断加深普通市民对使用清洁能源重要性的认识,培养他们自觉使用清洁能源的良好习惯。

8.3.5 深圳部分节能产品/项目案例

第八届中国国际高新技术成果交易会(2006 年 10 月)首次设立“循环经济展馆”。作为该届高交会的亮点之一,循环经济展馆以“落实科学发展观、大力发展循环经济”为主题,重点展示节水、节能、资源综合利用、绿色建筑、环保、清洁生产灯领域的循环经济成果。以下是在该届高交会上展出的部分项目:[39]

◆ 全多关智能节能王排插(深圳市威士康科技有限公司)
◆ 先行太阳能地转、太阳能地埋灯系列产品(深圳先行电子有限公司)
◆ PEISE 红外相控电动扶梯智能控制系统(深圳相控科技有限公司)
◆ 低成本光伏幕墙玻璃及内联结构优化设计(深圳市创益科技发展有限公司)
◆ 冰蓄冷中央空调(深圳广电唯环境工程有限公司)
◆ “HJ”智能电控燃气系统(深圳市华江科技有限公司)
◆ 纳米燃油添加剂(深圳市华晟科技有限公司)
◆ 黄金 T5 标准型直管荧光灯(新装型)(深圳市黄金电气有限公司)
◆ 电子式节能插管(深圳市黄金电气有限公司)
◆ 反射隔热涂料系统(深圳市嘉达化工有限公司)
◆ 建筑保温(聚苯颗粒)、防水、装饰三合一系统(深圳市嘉达化工有限公司)
◆ 离网型风力发电机组(深圳金奇稀土电机有限公司)
◆ 全自动变频调速高效节能控制系统(深圳市优顺达电气有限公司)
◆ 电网净化控制系统(深圳市库马克新技术有限公司)
◆ 太阳电池组件和太阳能发电系统(深圳市能联电子有限公司)
◆ 大温差水蓄冷中央空调系统(深圳佩尔优科技有限公司)
◆ PES－中央空调自动清洗节能环保系统(深圳市鹏瑞能源技术有限公司)
◆ 太阳能微风互补发电机(深港产学研基地产业发展中心)

主要参考文献

[1] Energy Information Administration. International Energy Outlook 2008[DB/OL].(2008-06)[2008-04-30] http://www.eia.doe.gov/oiaf/ieo/index.html.

[2] Energy Information Administration. International Energy Annual 2006 E.1 World Primary Energy Consumption(Btu),1980-2006[DB/OL].(2008-12-19)[2009-04-15] http://www.eia.doe.gov/pub/international/iealf/tablee1.xls.

[3] Energy Information Administration. International Energy Annual 2006 F.1 World Primary Energy Production(Btu),1980-2006[DB/OL].(2008-12-19)[2009-04-15] http://www.eia.doe.gov/pub/international/iealf/tablef1.xls.

[4] 刘增洁.08年世界最大能源公司最新排名[EB/OL].(2008-11-11)[2009-03-31]http://219.143.73.108/zjtg/academic Papen/200812/t20081226_312652.htm.

[5] 韩晓平.关于“新能源”的定义[J].节能与环保,2007(6):22-23.

[6] 夏爽.新能源 新发展 新思路[N].科学时报,2008-1-14(B01).

[7] 2007年世界可再生能源发展评论[J].阳光能源,2008(02):71-71.

[8] Renewable & Alternative Fuels International Data[DB/OL].[2009-4-29] http://www.eia.doe.gov/fuelrenewable.html.

[9] Renewables Global Status Report 2006 Update[EB/OL].(2007-01-13)[2009-03-31] http://www.ren21.net/pdf/RE_GSR_2006_Update.pdf.

[10] Clean Energy Trends 2009[DB/OL].[2009-04-22] http://www.cleanedge.com/reports/reports-trends2009.php.

[11] 蒙华,刘荣慧.美国提出可再生能源发展技术指标[N].中国建材报,2008-05-27(002).

[12] 鲁光涛.德国发展新兴能源促进可持续发展[N].学习时报,2008-03-24(002).

[13] 钱伯章.法国制定可再生能源目标[N].中国化工报,2008-01-25(006).

[14] 马建国.可再生能源将占35%[N].中国煤炭报,2007-06-04(003).

[15] 国家电力监管委员会办公厅.丹麦可再生能源发展状况和有关法律政策[J].农林电气化,2008(3):50-50.

[16] 刘敏.瑞典清洁能源发展迅速[J].电器工业,2007(12):55-55.

[17] 周勇刚.日本打造可再生能源发展架构[N].中国煤炭报,2008-02-18(007).

[18] 牟雪江.看印度能源做法[J].中国石油企业,2008(Z1):33-35.

[19] 赵黛青,余颖琳,万英.我国能源的现状与发展[J].科学对社会的影响,2006(02):25-29.

[20] 中华人民共和国国家统计局.2007年国民经济和社会发展统计公报[DB/OL].(2008-02-28)[2009-04-06] http://www.stats.gov.cn/tjgb/ndtjgb/qgndtjgb/t20080228_402464933.htm.

[21] 国家发改局.能源发展“十一五”规划[DB/OL].(2007-04-10)[2009-04-06] http://www.ndrc.gov.cn/nyjt/nyzywx/P020070410417020191418.pdf.

[22] 中华人民共和国国家统计局. 中国统计年鉴 2008[DB/OL]. [2009-4-14] http://www.stats.gov.cn/tjsj/ndsj/2008/indexch.htm.
[23] 中宏产业数据库.
[24] 中国大型工业企业年鉴 2007.中国年鉴全文数据库
[25] 我国能源问题面临三大挑战[DB/OL].(2008-02-25)[2008-08-29] http://nyj.ndrc.gov.cn/dcyyj/t20080225_193251.htm.
[26] 中华人民共和国国家发展和改革委员会. 可再生能源中长期发展规划[DB/OL].(2007-8-31)[2009-4-6] http://nyj.ndrc.gov.cn/ggtz/W020070904615193635319.pdf.
[27] 王晓宁. 中国新能源发展现状与趋势[J]. 高科技与产业化,2008(01):60-62.
[28] 任东明. 我国可再生能源产业的发展现状与前景[J]. 中国科技投资,2008(04): 52-53.
[29] 王晓宁. 中国可再生能源产业进入风险分析[J]. 中国科技投资,2008,(11):42-44.
[30] 童建栋. 小水电设备制造业现状及发展趋势[J]. 电力设备,2008(09):110-111.
[31] 2008 年中国新增风电装机超 1 300 万千瓦[DB/OL]. (2009-01-07) [2009-12-24] http://www.huaxiawind.com.cn/detail.asp?infoid=8704.
[32] 李俊峰,马玲娟,唐文倩. 2008 年世界风电发展回顾与展望[J]. 中国科技投资,2009(3): 64-66.
[33] 胡润青. 蓬勃发展的太阳能热水器产业[J]. 建设科技,2006(23):58-60.
[34] 薛娇. 发展生物质能产业 促进社会可持续发展——访科技部农村科技司副司长贾敬敦[J]. 中国高校科技与产业化,2008(03):68-71.
[35] 王晓飞. 我国生物质产业现状及其发展趋势[J]. 电力设备,2008(07):119-120.
[36]《中国能源发展报告》编辑委员会. 中国能源发展报告 2007[M]. 北京:中国水利水电出版社,2007.
[37] 葛国耀. 大力发展清洁能源 实现经济社会可持续发展——推进深圳经济社会可持续发展的能源战略启示[J]. 广东科技,2008(8):122-126.
[38] 王丽娜,新能源产业:深圳往何处加油[J]. 深圳特区科技,2005(创业刊):3-31.
[39] 第八届高新技术成果交易会循环经济筹备办公室. 项目推介——深圳节能技术展区[J]. 第八届中国国际高新技术成果交易会循环经济专刊.

（孙 洵）

9 建筑节能产业综述

当今社会,可持续发展理论已经渗透到人类社会的各个方面,而如何既能促进人类社会的经济发展又能解决环境保护问题也已成为人们广为关注的问题之一。可持续发展要求社会经济的发展必须限制在地球资源与环境所能承载的能力之内。全球人口的增长及对生活空间的不断需求,使得我们赖以生存的地球生态环境也在加速发生着变化,能源的消耗、资源匮乏、环境危机等问题困扰着人类。20 世纪 70 年代爆发石油危机以后,人们更加认识到环境与能源问题已不再仅仅是某个国家或地区的问题,而是给全人类敲响了环境与能源危机的警钟。建筑活动是人类对自然资源、环境影响最大的活动之一,在建筑领域中,遵循可持续发展原则,将对人类实现永续发展发挥极其重要的作用。

我国人口数量巨大,快速的城镇化,导致资源消费过快、环境压力不断加大。伴随着建筑总量的不断攀升和居住舒适度的提升,建筑能耗呈急剧上扬趋势。目前中国建筑能耗(包括建造能耗、生活能耗、采暖空调等)约占全社会总能耗的 30%。如果要达到中等发达国家的居住水平,住宅建筑还将有巨大增长,若不采取有力措施,到 2020 年中国建筑能耗将是现在的 3 倍以上。目前中国的绿色建筑所占比例不足 1%,在全国推行节能降耗减排的背景下,大力发展绿色建筑、推进建筑节能迫在眉睫。

9.1 走进建筑节能

9.1.1 建筑节能意涵

建筑节能的研究与开发从 20 世纪 70 年代至今已经历了三个阶段。20 世纪 60 年代提出的建筑节能,是最浅层次的建筑节能概念,其本质内涵仅仅着重于通过能源节约以降低资金投入。20 世纪 80 年代中后期提出建筑节能已经将其升华至节约资源的高度,把建筑耗能同人类赖以生存的自然资源密切结合起来。20 世纪 90 年代重提建筑节能,则把建筑耗能与自然生态和人类社会的可持续发展结合起来,是最具积极意义的节能概念[1],此概念的要义在于,人类社会要发展,能源则是其发展的动力之源,也就是说人类社会必须以耗能作为其发展支撑平台,这种最具科学意义的建筑节能概念并非不要消耗能源,而是需要大大提高能源的利用效率,大幅度减少对环境的污染,减少温室气体的排放。所谓建筑节能,是指在建筑物的规划、设计、新建(改建、扩建)、改造和使用过程中,执行节能标准,采用节能型的技术、工艺、设备、材料和产品,提高保温隔热性能和采暖供热、空调制冷制热系统效率,加强建筑物用能系统的运行管理,利用可再生能源,在保证建筑物使用功能和室内热环境质量的前提下,减少供热、空调制冷制热、照明、热水供应的能耗,合理、有效地利用能源的活动,也就是在建筑的全寿命周期内,最大限度地节约资源、保护环境和减少污染。

9.1.2 走建筑节能之路,助益人类社会进步

1.建筑节能与社会经济可持续发展

能源是人类宝贵的财富,是国家经济的生命线。目前世界各国建筑能耗占总能耗的比例为30%~40%左右,建筑节能是能源实施可持续发展战略的关键环节之一。由于建筑业对国民经济的显著影响,即使建筑能耗水平有少量改善,也会对经济繁荣和环境改善起到重要的作用。由此可见,建筑节能是人类可持续发展计划中重要的组成部分。建筑业是国民经济中的一个支柱产业,特别是在我国人口多、底子薄,仅以满足城乡居民的居住条件而论,就是世界上住房面积最多的国家,若将公共设施与生产等房屋包含在内,其建筑占地面积和建筑面积更是世界上任何一个国家所不及的。而目前我国的现状是:人均常规能源资源少,建筑能源利用率低,建筑耗能所占比例将继续增加,如果高耗能建筑不断大量兴建,建筑用能继续急剧增长,势必会限制国家经济的发展。为了国民经济持续、快速、健康的发展,就必须搞好建筑节能。[2]

2.建筑节能与大气污染

近几十年来,世界上越来越关心燃烧矿物燃料所产生的污染问题,各发达国家的节能政策,也以减少燃料燃烧的排放物为明确目标。建筑消耗了世界上1/6的净水供应、1/4的木材、2/5的材料与能量,同时建筑结构也在较大的范围内影响了水域、空气质量以及社会群体的结构。各类建筑的采暖、空调、照明等设施消耗了全球1/3的化石能源。世界各国房屋在能源使用中所排放的二氧化碳约占全球二氧化碳排放总量的1/3,其中住宅大体占2/3,公共建筑占1/3[3]。可见建筑能耗对于温室效应的影响之巨大。我国排放的二氧化碳已占世界第二位,建筑用能的二氧化碳排放量占到全国用能排放量的1/4,随着建筑物的大量建造,情况可能还会进一步恶化。

3.建筑节能与建筑热环境

随着现代化建设的发展和人民生活水平的提高,舒适的建筑热环境日益成为人们生活的需要,在发达国家,适宜的室温已成为一种基本需要,他们通过越来越有效地利用能源来满足这种需要。我国冬冷夏热的问题相当突出,冬天需要采暖,夏天需要空调,这都需要能源,而我国的能源供应十分紧缺,其中对优质能源的需求量增长更快,也就是说,只有在节约能源与加速能源开发的条件下改善热环境,这种改善才有可能,否则只是无米之炊,因此,建筑节能是一种社会需要,也是一种必然。

4.建筑节能与建筑业

建筑业是传统行业,如何在激烈的国际竞争环境下推动我国建筑业不断发展是建筑业面临的重要课题。就目前来看,可持续发展是世界性的议题,也是各行各业发展的新方向,建造与环境相协调的建筑物将有广阔的市场前景。例如,随着国家对建筑节能要求的日益提高,墙体、门窗、屋顶、地面以及采暖、空调、照明等建筑的基本组成部分都发生了巨大的变化,许多新的高效保温材料、密封材料、节能设备、保温管道、自动调控元器件大量涌入建筑市场,涌现出很多生产建筑节能产品的企业,也促进了各设计施工和物业管理部门调整其技术结构和产业结构。市场需求的巨大潜力将促使节能成为建筑业谋求新发展的突破点。

综上所述，建筑能耗将直接影响社会经济的发展、大气的污染程度、建筑热环境的舒适质量和整个建筑业的发展。所以，建设部将建筑节能列为全国建筑领域一项艰巨而紧迫的战略性任务，制定相关的政策、法规，限制能耗水平，鼓励相关的科技开发，加强管理与监督，加强合作与协调，以推进建筑节能技术的不断深入和完善。

9.2 国外建筑节能述评

1.英国

英国政府积极推动公共建筑节能，政府规定2008年中央政府机关建筑物能耗要在1990年的基础上降低20%，卫生保健部门2010年能耗要在2000年的基础上降低15%。英国政府还规定，2008年6月起，每幢公共建筑的节能情况将划分等级并颁发证书，并要求将博物馆、展览馆和政府办公大楼等大型建筑的能耗情况张榜公布，以动员社会力量加强监督，促进全国实现节能减排的目标。在此基础上，英国政府将拨款1千万英镑改造英国境内中小学校，以减少其二氧化碳的排放量。另外政府还积极促进个人家庭住宅建筑节能。英国政府规定在新建筑设计时，必须综合考虑光照和风力等各方面的节能问题，开工前必须有获得当地政府批准的建筑能耗分析报告，否则将被拒绝施工建造[4]。

英国在节能建筑中采取的技术措施主要有三个方面：一是采用构造措施，提高墙体、屋面及门窗的保温性能；二是利用太阳能；三是改进供热系统。目前英国推广的被动式太阳房，不需外界机械作用，以建筑吸热保温材料为媒介，利用冷热空气的自然交换，达到对太阳能的利用。在被动式太阳能住宅中，太阳能供给的能源占总耗能量的30%。

为推动可持续发展战略的实施，在大力推行建筑节能标准的同时，英国政府还采取诸多措施，引导民众参与节能工作。自2001年起，英国政府每年划拨5 000万英镑的“能源效率基金”，鼓励企业和家庭购买节能设备。对采用环保技术建造或装修房屋的居民，政府则给予减免印花税的优惠。新建房屋或原有房屋通过改造后，采用太阳能、风能等可再生能源发电者，可享受政府补助，金额最多可达改造费的一半，所发电力若自用有余，政府以优惠价收购。英国建筑研究部门于2004年9月1日宣布英国政府实施百万“绿色住宅”建筑计划，主要通过税收优惠政策鼓励居民在今后10年内建设100万栋“绿色住宅”[5]。该计划鼓励居民采用环保技术建造或装修房屋，建设有益于环保的新型住宅。这种新型住宅将采用太阳能电池板、洗澡水循环处理装置和无污染涂料等。凡采用这些方法建造的绿色住宅将享受减免印花税等优惠政策，新建传统住宅则不享受这些优惠政策。2006年3月，英国政府为鼓励住宅节能，又规定凡通过英国天然气公司安装保暖墙的家庭，可以申请100英镑退税[6]。

2.法国

法国的第一部建筑节能规范是在1974年出台的，并且分别在1977年、1982年、1988年、2000年、2005年先后得到修订，其要求也在不断提高。2005年的规范也正是在气候问题日趋紧迫的背景下对2000年各指标的进一步完善和提高。和以前的几部规范相比，这部规范对房屋的空调、通风、照明等能耗进行了更加详细的说明和规定，尤其是对房屋的夏季热舒适提出了新的要求。2005年规范的目标是将建筑的热工性能提高15%，并通过各种技术手段尽量减少房屋夏季空调的使用，以进一步减少温室气体的排放。法国政府在2004年制定的《气候变化对策实施纲领》中明确了建筑节能规范每五年更新一次，并在2020年以前实现建筑能耗比2000年降低40%的目标。

为了推进建筑节能，法国政府还采取了一系列措施，比如，在推动节能进程中，政府利用其税收体系，对不同的能源效率目标运用不同的税收工具，最大限度地调动节能积极性。另外，政府还对示范工程、审计和方案设计、科研以及较大的住宅节能改造项目等给予直接补贴，对于住宅节能项目，银行提供优惠贷款。2006年开始，法国政府对能源供应公司实施节能证书制度，强制规定了其必须直接或间接地对住宅或其他建筑采取节能措施。凡直接对住宅施行了节能措施的，可以获得政府颁发的节能证书。每个能源公司必须获得并持有规定数量的节能证书，否则要么花钱购买证书，要么承担较高的罚款金额。对于某些没有能力完成规定数额节能任务的能源公司，花钱购买节能证书比较划算，实际上是对节能进行资金支持；对于有能力采取节能措施的能源公司，可以尽可能多地拥有节能证书，超过规定部分的可以出售，不仅得以补偿节能成本，甚至还可盈利[7]。

3.德国

在欧洲国家中，德国节能的研究与应用处于领先地位。主要研究方向有建筑材料的制造能耗、建筑物围护结构各部位热工指标的制定和二氧化碳浓度排放量的指标，取得了良好的成效。德国政府促进节能的手段主要有三个方面：

(1)健全和严格执行法律法规。德国1977年执行第一个节能规范，1983年执行第二个节能规范，2002年发布新的节能法规，进而形成了从单一节能向系统综合节能的转变。这项新的建筑保温节能技术规范的核心思想，是从控制单项建筑围护结构的最低保温隔热指标，转化为对建筑物真正能量消耗量的控制，从而达到严格有效的能耗控制。实际操作中，一是实行建筑能耗定量化及建筑能耗证书系统；二是新建住宅必须提供采暖所需能耗量和住宅能耗核心值。新建建筑必须出具节能范围所需的建筑热损失计算，证明建筑每年所需的能量；分项列出所需电能、燃油、燃气、燃煤数量，制成建筑能耗计算表。

(2)财政的资助。如国家复兴银行给予节能建筑贴息贷款。

(3)运用市场机制，提高全民节能意识和节能的实效性。其中，开展建筑节能证书认定工作和欧洲能源管理师培训就是两项重要举措[8]。在政府的推动下，天然气和太阳能等清洁能源、可再生能源，近年来在住宅供暖市场上得到越来越普遍的应用。为了减少住宅以及所有建筑物的能源消耗量，德国政府和社会采取的措施多种多样：颁布新的节能法规，强化住宅节能技术的基础研究，建立针对明确目标群组的宣传信息和咨询系统，通过宣传咨询使业主、开发商接受采用新型的节能技术，深入研究计算机模拟技术和建筑物使用能耗计算方法，加强太阳能取暖、太阳能发电等技术的研究，国家银行系统通过提供低息贷款，来资助节能技术的应用，利用税收政策推动建筑节能。德国每年投入大量资金用于住宅改造，改造内容包括增加建筑外保温设施，更换高效门窗，替换高能耗的采暖设施，通过这些维护更新方法，使德国的旧房每平方米住宅面积减少二氧化碳排放量达到40千克/年，这样的成果得到了各界的肯定，实行旧房改造以来，德国共投入近百亿欧元低息贷款用于此项工作。

4.美国

从节能建筑的内容看,美国推动建筑节能从两方面入手,一是建筑物本身的热工性能,即通过提高建筑围护结构的保温隔热性能、门窗的密闭性能和充分利用通风、太阳能、自然采光等措施来降低采暖和空调的能耗;二是提高建筑物内的能耗系统及设备的能源效率,包括采暖、空调系统、照明灯具、热水器、家用电器及办公设备等。美国在开发新能源、使用无污染能源的技术方面,处于世界领先地位。目前,美国将光能转化成电能,给家庭、学校、公共建筑等部门提供有效的能源,其应用非常普及。收集的方法,一种是采用蓄电池进行储存能源,另一种是直接将光电池板所收集的光能转化成电能,用来照明、供应热水、空调和给汽车充电等。美国国会先后通过了《太阳能供暖降温房屋的建筑条例》和《节约能源房屋建筑法规》等鼓励新能源利用的法律文件,在经济上也采取有效措施,不仅在太阳能利用研究方面投入大量经费,而且由国会通过一项对太阳能系统买主减税的优惠办法。因此,美国太阳能建筑的发展极为迅速,无论是对太阳能建筑的研究、设计优化,还是材料和房屋部件结构的产品应用,都已形成了完整的建筑产业化体系。

5.日本

日本经过在节能方面多年的苦心经营,成为世界上能源利用效率最高的国家之一,其建筑节能政策也值得世界各国研究。日本对建筑节能问题的理念,宏观与深入相结合,主张建设循环环保节约型建筑。其中循环指对各种能源的循环回收和再利用;环保指极大限度地利用自然资源,如对太阳能、风能等的利用和建筑的自然采光、通风等;节约指建筑在日常使用过程中,各种设备的运用应采用节能型的,如节能灯、节约型坐便器等,就连随手关灯也在他们的企业规定中有所体现。节约能源、延长建筑的使用寿命已深入日本建筑的设计和日常使用中。这种理念对建筑节能的收效是颇丰的。至于对全玻璃幕墙建筑的具体处理,则大多借助设计技巧达到节能标准。如采用双层玻璃幕墙,通过设置阀门,让夏季的热空气在两层幕墙间由底部上升到屋顶排放出去。此外,通过在建筑外墙安装阳光反射板,把阳光反射到屋内天花板,以增加室内的采光,减少使用灯光,这样也能达到建筑节能的目的。日本政府早在 1979 年就颁布了《关于能源合理化使用的法律》,并于 1992 年和 1999 年先后修订过两次。日本在建筑节能方面,80 年代取得了很显著的效果,在保持同样生活水平情况下,以每户为计算单位的生活能耗量日本仅为英国、法国、瑞典的 50%和美国的 30%左右。在建筑节能的配套体制方面,日本政府推行优惠政策的金融制度,鼓励采用节能措施。已实行的金融优惠制度有:住宅采用隔热构造的补贴贷款制度,采用太阳能热水器、节能型供水设备和供暖设备等的补贴贷款制度,以及办公楼、饭店等建筑采用热泵设备的长期低息融资制度等。

6.新加坡

新加坡推行绿色建筑标志认证计划。2007 年 4 月起,所有新建公共建筑,建筑面积在5 000平方米以上的,必须进行强制认证。自 2008 年起,所有新建建筑,凡建筑面积在 25 000 平方米以上的,必须进行强制认证。2010 年前,既有公共建筑,建筑面积在 25 000 平方米以上的,必须进行强制认证。新加坡 2006 年建筑垃圾产生量约为 60 万吨,98%的建筑垃圾都得到了处理,50% ~ 60%的建筑垃圾实现了循环利用。建筑垃圾除了制作“绿色建材”外,其循环利用的做法还有:推行建筑垃圾源头减量战略,注重从源头上减少建筑垃圾。通过建立垃圾处理收费制度,增加建筑垃圾排放成本,促使承包商加强建筑垃圾的循环利用。新加坡还推行能源合同管理模式,即节能服务公司以合同能源管理机制为客户实施节能项目,为客户提供节能潜力分析、节能项目可行性分析、项目设计、项目融资、设备选购、施工、节能量检测、人员培训等项目的全过程服务,向客户保证实现合同中所承诺的节能量和节能效益。为了鼓励工业与建筑业主开展能源合同管理,进行更多能耗研究,以促进节能减耗,新加坡国家环境局于 2005 年 4 月开始实施"能源效率提升援助计划",政府提供 1 000 万新元的援助金,赞助节能服务公司高达 50%的咨询服务费用[9]。

9.3 国内建筑节能述评

9.3.1 国家法规标准为建筑节能保驾护航

推进建筑节能,建立完善的法律法规和标准规范体系是必备的条件。中国建筑节能经过 20 多年发展,特别是近十年的较快速发展,已逐步建立起中央和地方两级,包括法律、法规、规范性文件三个层次的法规体系,为进一步促进我国建筑节能发展提供了基本的法制基础和法律环境。1997 年全国八届人大常委会通过了《中华人民共和国节约能源法》,第一次通过立法的形式对节能管理、合理利用能源、鼓励开发和利用新能源、推进节能技术进步等做出了相应的规定。《能源法》的颁布对于推进全社会节约能源,提高能源利用效率起到了重要的作用,也对建筑节能工作起到了一定的规范和引导作用。2007 年 10 月 28 日,十届全国人大常委会第三十次会议修订通过了《中华人民共和国节约能源法》,修订后的《中华人民共和国节约能源法》第一次从国家法律的效力层面对建筑节能作了专门规定,对节能实施中的问题提出了解决办法。在这部法律中,"合理使用与节约能源"一章里用一个小节对建筑节能做了专项规定,涉及的相关法条达 7 条之多。修订后的《中华人民共和国节约能源法》将自 2008 年 4 月 1 日起施行,它将对新的历史时期规范和指导建筑节能工作发挥重要的作用,具有长远的历史意义[10]。2005 年全国人大又通过了《可再生能源法》,促进了建筑中可再生能源的推广利用,从而有利于节约常规能源,提高能源效率。为贯彻《节约能源法》和推动建筑节能 50%设计标准的实施,2000 年建设部颁布了《民用建筑节能管理规定》,并在 2005 年进行了修订。2006 年建设部起草了《建筑节能条例》。《建筑节能条例》的颁布将使我国建筑节能法规体系更加完善,更具操作性,强制性和约束力更大。

除了上述条文式的法律法规外,国务院和建设部还制定了一系列的规范性文件,主要涵盖建筑节能宏观政策、标准实施、墙体材料革新、技术推广、建筑节能示范工程管理、供热体制改革等。由于其内容更具体,规定更详细,操作性更强,对法规起到了补充和解释的作用。例如《民用建筑节能设计标准》、《夏热冬冷地区居住建筑节能设计标准》和《夏热冬暖地区居住建筑节能设计标准》以及建设部于 2004 年颁布的《建筑照明设计标准》和 2005 年颁布的《公共建筑节能标准》,而《民用建筑热工设计规范》和《采暖通风与空气调节设计规范》则为民用建筑节能设计标准提供了计算的依据、公式和参数。另外,《公共建筑节能设计标准》已于 2007 年 7 月 1 日起正式实施。这是我国批准发布的第一部公共建筑节能设计的综合性国家标准,适用于新建、扩建和改建的公共建筑的节能设计。在保证相同的室内热环境舒适参数条件下，与20世纪80年代初设计建成的公共建筑相比，全年供暖、通风、空调和照明的总能耗可减少50%。该《标准》的发布实施，标志着我国建筑节能工作在民用建筑领域全面铺开，是建筑行业大力发展节能省地型住宅和公共建筑，制定并强制推行更加严格的节能节材节水标准的一项重大举措，对缓解我国能源短缺与社会经济发展的矛盾必将发挥重要作用。[11]

9.3.2　我国建筑能耗知多少

我国正处于工业化和城镇化快速发展阶段，工业的增长、居民消费结构的升级，特别是我国城镇化进程的快速发展对能源、经济资源的需求也更加迫切。目前我国的城镇化率为40%左右。从40%到75%或到80%之间，城镇化发展将一直保持较高的速度。这也就意味着每年约有1 200万~1 500万人口从农村转移到城市，从现在开始一直到城镇化高峰将转移5亿人口。这不仅是生产力不断提高的过程，也是人均资源能源消耗量成倍增长的过程。这对我国的资源环境的承受能力无疑是一种巨大的挑战。我国各资源总量和人均资源严重不足，如图9.1所示为我国各种资源人均量占世界平均值的比重。[12]

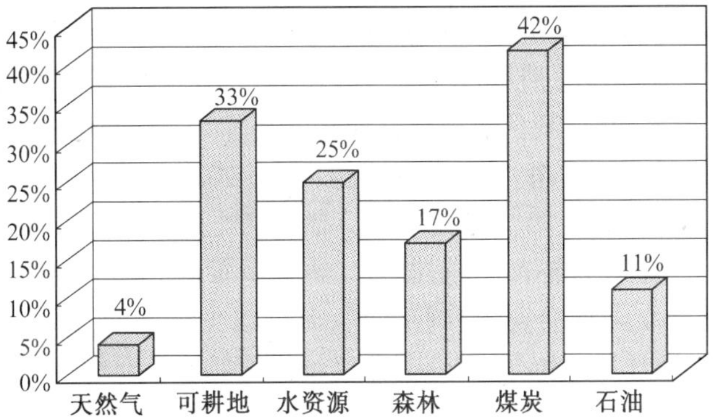

图9.1　我国各种资源人均量占世界平均值比重

（数据来源：国家发展和改革委员会、国家统计局、国家信息中心相关统计资料）

据欧洲建筑师协会测算，建筑在整个过程中的能耗占用了50%的全部能源。如建筑用的水泥，从石灰石矿的开采，到石灰石烧制成水泥，再到制成商品混凝土或成品建材，再应用于建筑施工，这一过程需要消耗大量的能源。建筑建成之后，建筑的使用运行和建筑最后的废弃处理，都需要耗能。除此之外，建筑消耗了50%的水资源、40%的原材料，并造成了50%的水污染和80%的农地减少。同时，50%的空气污染、42%的温室气体效应、48%的固体废物和50%的氟氯化物均来自于建筑[13]。无论是能源、物质消耗，还是污染的产生，建筑都是问题的关键所在。目前，我国正处于建筑业发展的鼎盛时期。“十五”期间，我国每年新建的建筑高达16亿~20亿平方米，是世界上最大的建筑市场。还有现有的441亿平方米存量建筑，绝大部分属于高耗能建筑。据预测，到2020年，我国还将新增建筑面积约300亿平方米，世界银行预测，到2015年，全世界新建筑的一半将出现在我国。如图9.2所示是我国近十年房屋建筑面积的变化趋势。

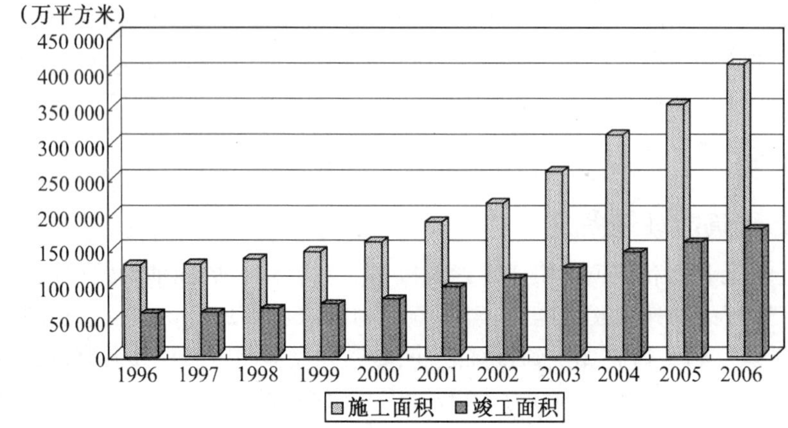

图 9.2　中国房屋建面积变化趋势

(资料来源:中国统计年鉴 2007)

由图 9.2 可以看出,近十年我国房屋建筑面积呈持续增长的趋势,与房屋建筑面积不断增长趋势相同的是,中国建筑能耗总量也正呈逐年上升趋势(如图 9.3 所示),由图 9.3 可以看出,建筑能耗在能源总消费量中所占的比例从 20 世纪 70 年代末的 10%已上升到近年的接近 30%,与此同时,我国单位建筑面积能耗却是发达国家的 2~3 倍以上,对资源消耗总量惊人,实际利用效率很低。有专家指出,到 2020 年以后我国建筑能耗将占总能耗的30%~40%,成为全社会第一能耗大户。有专家计算出:如果从现在开始对新建建筑全面强制实施建筑节能设计标准,并对既有建筑有步骤地推行节能改造,到 2020 年,中国建筑能耗可减少 3.5 亿吨标准煤,空调高峰负荷可减少约 8 千万千瓦·时(大约接近 4.5 个三峡电站的满负荷出力,相应可减少电力建设投资约 6 千亿元人民币),由此造成的能

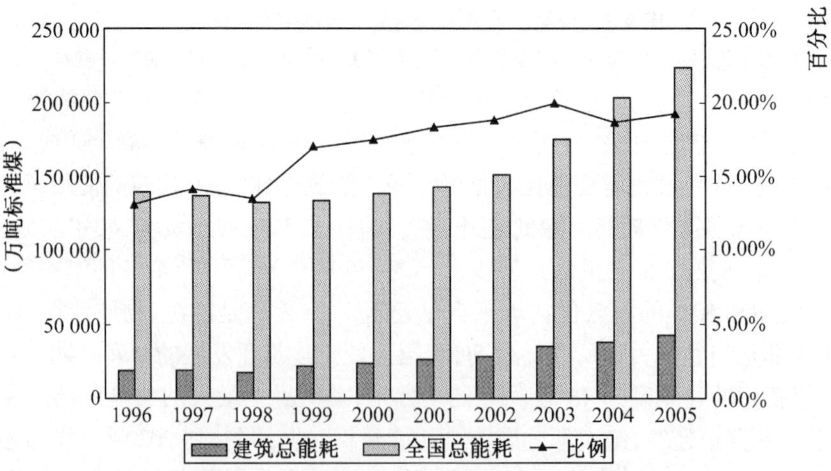

图 9.3　全国建筑能耗占全国总能耗的比例图

资料来源:《**2007** 中国建筑节能年度发展研究报告》

源紧张状况必将大为缓解[14]。

9.3.3 中国建筑节能——谁阻碍了你前行

自 1986 年我国推行建筑节能以来，有关部门和地方做了大量工作，也收到一定成效，但整体进展并不理想，我国的建筑节能水平与发达国家的差距也在拉大。其中的原因值得认真去探讨。

(1)制度失灵，体系缺失

大力推进建筑节能，是建设节约型社会的一项战略性工作，同时也是一项复杂的系统工程。建筑节能工作不可能只依靠行业内或自发进行，而要通过国家的政策和法律法规，协调各方关系，依法强制推行。虽然我国出台了一些建筑节能方面的法律法规和规范标准，对建筑节能起了一定作用，但一些地方并没有按这些标准执行。法规滞后、执行不严格导致我国建筑节能的整体水平与发达国家相比，差距不仅没有缩小反而有所扩大。[15]

(2)经济激励缺失

虽然建设部已先后颁布实施针对三个气候区的节能 50% 的设计标准，初步形成了比较完善的民用建筑节能标准体系，但工业建筑的节能标准尚未出台，公共建筑的节能标准也才刚刚颁布。而关于建筑节能、节地、节水、节材和环境保护的综合性的标准体系，更是还没有建立，我国现行的建筑节能标准，与发达国家仍存在着相当的差距。[16]

(3)监管缺位

建筑节能管理涉及建筑工程项目立项、设计审查、开工许可、施工监理、竣工验收、房屋销售许可核准等多个监管环节，大多数地区比较重视施工图节能设计审查环节，而忽视对其他环节的监管。由于没人监管、开发商不愿意用节能材料等原因，不节能建筑畅通无阻地进入市场，导致我国新建节能建筑的进展不尽如人意。因此，必须把节能工作列入各级政府的工作目标，利用法律、行政、经济等多种手段进行强有力的引导和干预。

(4)宣传与意识缺位

目前，我国大多数地方对建筑节能未予以高度重视，没有进行广泛有力的宣传，因此，人民群众还没有认识到建筑节能的重要性，还不了解建筑节能会带来多方面的巨大效益。开发商要实现利润最大化，只得将成本转化到消费者身上，消费者对节能建筑青睐不够，开发商的主动性也不够，难以形成良性循环。大部分人买房最关注的是价格、配套、地段、户型等因素，而鲜有人主动考虑建筑的节能，另外就是众多消费者对节能建筑的信任度还不够。[17]

(5)城市能源结构失衡

目前我国还是以煤为主要燃料，城市能源结构不合理，天然气等优质能源和太阳能、地热、风能等清洁可再生能源在建筑中利用率还很低。我国单位建筑面积能耗远高于发达国家，对社会造成了沉重的能源负担和严重的环境污染，这已成为制约我国可持续发展的突出问题。

(6)节能技术及服务体系不健全

在我国的建筑节能市场，缺乏成熟、完善、经济、适用的节能技术以及质量合格、数量足够的节能产品，节能检测及评估的市场还不够完善。多数现有技术还比较低级，节能率不高,又多是常规的建筑节能产品,高科技的节能建筑材料开发应用范围较窄,有的造价成本增加,却需要多年收回成本,市场难以接受等,这些都影响了建筑节能的进程。

(7)现行供热收费制度不合理

我国现行的供热收费制度是按建筑面积计算采暖费,采暖费用由国家和单位负担,用能多少与用户利益无关,用户也没有节约采暖用能的积极性。同时供热采暖系统一直采用垂直单管串联方式,用户无法自行调控供暖量,造成能源的浪费[18]。目前我国虽然已经明确了实行分户计量收费的改革方向,但由于供热计量设施的安装和改造需要大量的初始投资,而供热企业又无力承担改造费用,因此,这在一定程度上影响了这一改革的全面施行。

9.3.4 建筑节能发展良方

针对上述建筑节能工作中存在的问题,建议采取以下对策及措施进行解决,使我国的建筑节能事业得到全面、健康的发展。

(1)完善建筑节能法规体系,加强对建筑节能的监管,加大建筑节能政策法规的执行力度。各地建设行政主管部门应负责本行政区域内民用建筑节能的监督管理工作,严格按照有关建筑节能的法规和规定,对新建及改建建筑的审批、设计、施工、工程质量监督、竣工验收和物业管理,并在建设工程的招标、投标、评标过程中明确增加节能的审查和评价内容,不符合节能标准的商品房,不准进入市场。建立以政府监督考核为主,与企事业单位自我考核相结合的建筑节能检查监测体系,保证节能标准得到有效执行。[19]

(3)政府采取一定的行政及经济措施,促进建筑节能的发展。建筑节能是一项利国利民的大事,但国家及地方缺乏对建筑节能的实质性经济鼓励政策,建筑节能缺乏必要的资金支持。如单纯依靠用户、建设方自发的行为无法实现建筑节能目标。发达国家对建筑节能实施多种优惠政策。如德国、丹麦、波兰等国对旧建筑的节能改造提供补助,促进了建筑节能的快速发展。日本实行金融优惠制度,鼓励建筑采用节能措施。采用强制与经济鼓励相结合的办法,调动开发商建造节能建筑的积极性。通过中央及地方财政支持和市场运作相结合的办法推进节能改造,逐年提高原有建筑的能效水平[20]。

(4)以技术创新引领建筑节能,加快经济实用的节能材料的研发,针对各地不同的自然条件,利用就地取材的原料研制新型节能材料,大力推广高效、经济的建筑节能新技术,运用市场机制,引导用户和消费者购买节能型产品,培育和规范建筑节能市场,努力降低节能建筑的造价。

(5)提高全民节能意识,有关政府部门与相关媒体应加大对节能建筑的宣传力度,提高公众对节能建筑的认知程度。由于政府与媒体对节能建筑的宣传工作力度不够,大多数消费者对于节能建筑的认知程度不高,还没有把建筑节能作为购房的选择标准之一。另外,建立相关从业人员在建筑节能方面的培训体系,对主管政府官员及建筑设计、审查、施工、监理、运行管理等从业人员进行相关知识培训,提高他们的政策水平和专业技术水平,培养熟悉建筑节能政策、技术标准的管理和工程技术人员,为建筑节能工作提供能力保障。[21]

(6)推进建筑垃圾资源化利用,建筑垃圾综合利用,实现经济效益、生态效益和社会效益的同步推进、协调发展,是今后的发展方向。粗略估算,到2020年,我国至少新产生建筑固体废弃物30亿吨,其中50%转化为生态建筑板材,将创造价值6 000亿元,经济效益和社会效益可观。

9.4 建筑节能从何着手

9.4.1 围护结构节能——建筑节能的实现关键

围护结构的节能技术是通过改善建筑围护结构的热工性能,使室内温度尽可能接近舒适温度,以减少通过采暖制冷设备来达到合理舒适室温的负荷,从而达到节能目的。围护结构节能技术应注意保温和隔热两方面,主要包括外墙的保温隔热、门窗的节能和屋顶的节能等技术措施。[22,23]

(1)外墙保温隔热

我国建筑墙体一般采用导热系数大的单一材料,如空心砌块墙体、加气混凝土墙体等。一般为高效保温材料的20倍以上。由于建筑节能的需要,已经逐渐被新型的复合墙体所取代。复合墙体主要是通过在墙体主体结构基础上增加复合的绝热保温材料来改善整个墙体的热工性能。如外墙保温及饰面系统、建筑保温绝热板系统。其优点在于既不会使墙体过重,又能承重,保温效果又好,目前在发达国家的新建筑中被广泛应用。

(2)门窗的节能

对住宅建筑而言,门窗的面积占建筑外围护结构面积的30%左右,而门窗的能耗约占建筑外围护结构热损失的50%,因此,门窗的节能对实现建筑节能非常重要。门窗节能主要从减少渗透量、减少传热量和减少太阳辐射能三个方面进行。目前国内外普遍采用节能玻璃(中空玻璃、热反射玻璃);节能型窗框(塑性窗框、隔热铝型框);通过采用遮阳设施(外遮阳、内遮阳)及高遮蔽系数的镶嵌材料来减少太阳辐射量。[24]

(3)屋顶的节能

屋顶的保温、隔热是围护结构节能的重点之一,该技术是通过改善屋面层的热工性能阻止热量的传递来实现的,在寒冷的地区屋顶设保温层,以阻止室内热量散失;在炎热的地区屋顶设置隔热降温层以阻止太阳的辐射热传至室内。屋顶隔热降温的方法有架空通风、绿化屋面等。但目前最受推崇的是利用智能技术、生态技术来实现建筑节能,如太阳能集热屋顶和可控制的通风屋顶。[25]

9.4.2 空调系统节能控制——建筑节能的重要一环

空调系统是一个大能耗系统,对于一些大型建筑,如果用一些先进的节能控制方法,就能使能源在最大化利用的同时得到节约。目前,变风量空调技术的发展和应用得到了业内的广泛关注,该技术也越来越成熟,成为空调节能的关键技术之一。

9.4.3 照明系统节能控制——建筑节能的重要突破口

建筑物的照明系统也是一个巨大的能耗系统,在实际的运行中存在着大量浪费能源的现象。提高照明系统的节能控制方式,加强系统的管理能动性和灵活性是达到节能目的的唯一途径。目前主要有以下几种照明节能控制方式:照度控制、定时控制、移动侦测控制。以上几种控制方式可以单独运行,也可以组合工作,可以保证长时间处于节能控制状态。

9.4.4 新能源和可再生能源的开发与利用——建筑节能的良好补药

在节约能源、保护环境方面,新能源的利用起到至关重要的作用。新能源通常指非常规的可再生能源,包括太阳能、地热能、风能、生物质能等。对新能源的开发与利用必须借助于先进的技术手段,以达到更有效地利用这些能源的目标。

9.5 建筑节能——相关产业发展的助推器

我国发展建筑节能迫在眉睫,建筑节能的发展需要对新建建筑全面执行建筑节能标准,同时也要对既有高耗能的建筑实施节能改造,按照中国建筑节能"十一五"规划目标,到2010年全国建筑节能的目标为实现节约标准煤1.01亿吨,减少二氧化碳气体排放4亿多吨;建设节能建筑的总面积累计要超过21.46亿平方米,其中,新建建筑达到15.92亿平方米,既有建筑改造达到5.54亿平方米(数据来源:建设部政策司调研数据)。这些建筑对节能材料和技术的市场容量可达数万亿元。到2020年,在全国范围内实施节能率为65%的建筑节能标准,大中城市基本完成既有建筑的节能改造,小城市完成既有建筑改造面积的50%,农村建筑广泛开展节能改造,建成太阳能和其他可再生能源建筑1.8亿平方米,中国既有的近400亿平方米的建筑和每年16亿~20亿平方米的新建建筑的节能改造,为建筑节能技术的推广应用带来广阔的市场需求。

9.5.1 聚氨酯行业发展综述

建筑节能政策给聚氨酯产业带来了机遇。近年来我国聚氨酯工业获得了长足发展,在冰箱、集装箱、皮革、制鞋和纺织等领域已获得广泛应用。欧美等发达国家的建筑保温材料中约有49%为聚氨酯材料,但在我国这一比例尚不足10%。到2010年,我国城镇建筑达到节能50%的设计标准,到2020年,新建建筑至少要实现节能65%,在整个节能规划中,围护保温要承担大约70%的节能任务,而这其中,墙体则又占了2/3。聚氨酯外墙保温有着独特的优势,按照中国的建筑市场,每年新增建筑面积约为16亿~20亿平方米。另外还有400亿平方米左右的高耗能建筑物亟需加保温层,这是一个巨大的市场。

建筑行业对聚氨酯硬泡——MDI的需求量约占世界总需求量的50%,过去五年,我国MDI消耗量平均增长率为23.4%。未来五年,全球MDI市场预计年增长速度为7%~8%,亚洲预计将以两位数的速度增长。国内节能经济与环保经济的发展必将推动MDI市场的进一步扩大,中国MDI市场有望超过美国成为全球第一大MDI消费国。到2011年,全球MDI需求量将超过480万吨,MDI仍将是聚氨酯行业中的重头戏。2006年,随着国内MDI新装置的投产,中国MDI供应商市场地位已经发生了明显变化,直接使万华、拜耳、巴斯夫和亨斯迈四家公司与其他供应商的市场份额差距进一步拉大。2006年烟台万华出口能力得到明显提高,由于产量的限制,产品处于供不应求状态。在2007年产量再度放大的情况下,万华在国内外市场具备了更大的拓展余地,其国内市场领军地位也在

2007年进一步巩固。巴斯夫、拜耳和亨斯迈公司目前的MDI市场战略均明确定位于亚洲，尤其是中国市场[26]。如图9.4所示为近几年全球MDI产需状况，表9.1为我国MDI生产企业情况，图9.5为我国MDI的生产与消费状况。

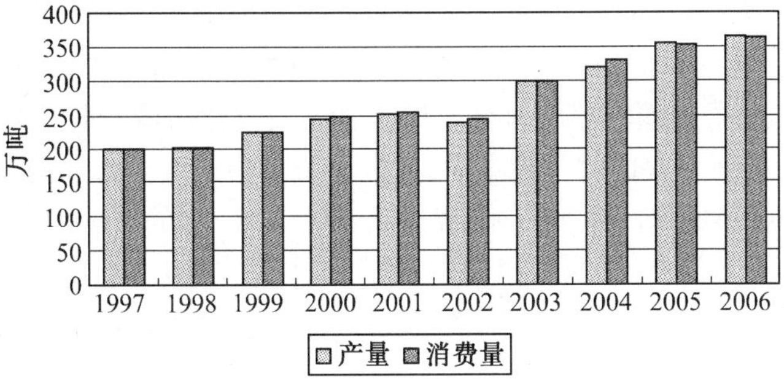

图9.4 全球MDI产需状况

资料来源：中国化工报

表9.1 2007年中国MDI生产企业情况 单位：万吨/年

生产企业	产能	纯MDI	聚合MDI
烟台万华集团(烟台)	12	5.4	6.6
烟台万华集团(大榭岛)	16	5.6	10.4
上海联恒	24	7.2	16.8
合　计	52	18.2	33.8

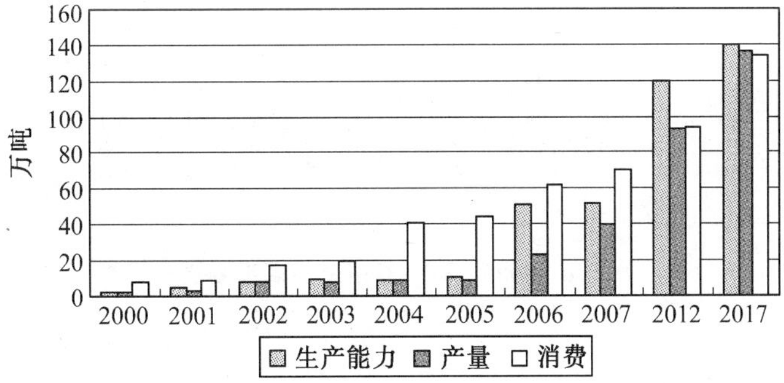

图9.5 我国MDI生产与消费情况

资料来源：中国化工报

9.5.2 中空玻璃行业发展综述

中空玻璃是我国节能玻璃系列中的主流产品之一，建筑门窗的节能在世界范围已进入中空玻璃时代。欧洲各国的中空玻璃使用普及率已达到50%。目前，欧洲已有1 600家中空玻璃制造企业，日均产量65万平方米，每年可生产中空玻璃约2.29亿平方米，列世界中空玻璃生产、销售、应用之首。日本中空玻璃的生产应用已有30多年的历史,中空玻璃普及率已达40%以上,日本政府还在加大力度,力图使中空玻璃的普及率达到50%。韩国建筑门窗的中空玻璃普及率已接近90%的水平。同样,美国是中空玻璃生产大国,也是消费大国之一,当今美国中空玻璃应用普及率已高达83%。可以说,中空玻璃的生产技术已经相当成熟,实际使用十分广泛,节能效果特别明显。但是我国中空玻璃的应用率却不尽如人意。我国目前新建建筑的中空玻璃使用率不到10%,既有建筑的中空玻璃使用率不足1%。而我国随着政府对环境保护、节能、改善居民居住条件等问题越来越重视,在一定程度上提高了人们的节能意识,促进了我国中空玻璃行业的发展。我国中空玻璃的生产量从1997年的350万平方米,急速上升至2002年的2 300万平方米,2003年达到3 000万平方米以上[27]。国家提出的建筑节能目标是到2010年,全国新增建筑的1/3达到节能50%的目标,到2020年,全国新增建筑全部达到节能65%的目标。按2010年的目标计算,2009~2011年将新增节能建筑面积约25亿平方米,涉及节能玻璃面积约4亿平方米,平均每年节能玻璃的市场需求量约1.3亿平方米。另外,据建设部针对国内节能市场所做的预算,未来10年内,国家用于节能补贴和常规消耗,及购买节能产品的支出高达5万亿元人民币,即使5%用建筑节能玻璃和门窗也达到2 500亿元人民币,未来中空玻璃行业的市场空间巨大(如图9.6所示)。针对中国节能玻璃行业日益扩大的市场,法国圣戈班、芬兰泰姆-巴伐朗尼、日本旭硝子等国际厂商纷纷进入我国,国际大型玻璃公司在中国的发展,虽然进一步加剧了我国节能玻璃行业的竞争,但对整个玻璃行业的节能技术推广应用及建筑节能的发展将起到促进作用[28]。

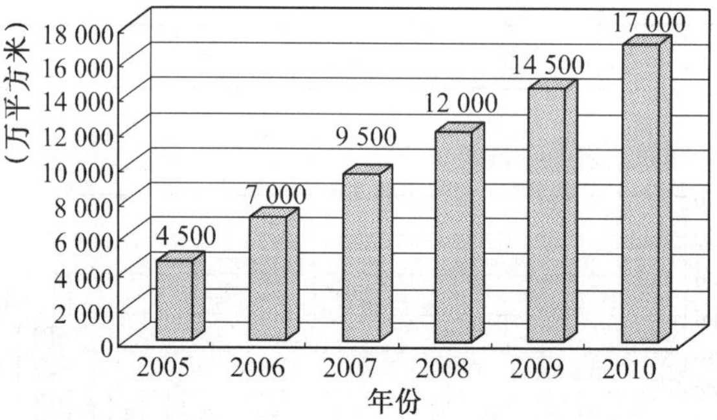

图9.6　2005~2010年中空玻璃市场需求

数据来源:中国建材信息总网

9.5.3　太阳能行业发展综述

据有关部门的最新统计显示,到2006年底,中国太阳能热水器年产能已超过2 000万平方米,占世界总产量的50%以上;中国太阳能热水器运行保有量达9 000万平方米,占世界太阳能热水器应用面积的60%左右。中国已成为世界上最大的太阳能热水器生产国和使用国。如表9.2所示为1998~2007年我国太阳能热水器年生产量与保有量,年增长率相当可观。我国虽是太阳能热水器生产大国,但不是生产强国。我国的主流产品为整体直插式太阳能热水器,与国际上的主流产品二次循环、承压系统相比,我国的主流产品结构简单,洗浴方便性和舒适度有限。因此,如何引导太阳能热水器企业加强产品研发的力度,加速产品更新换代的步伐,已成为促进太阳能热水器行业发展的当务之急。另外,我国虽是太阳能热水器的全球第一大市场,但人均普及率并不高,开发潜力巨大。我国人均太阳能热水器拥有量(38 平方米/千人)仅为全球普及率最高的塞浦路斯(897 平方米/千人)的 1/24,是以色列(745 平方米/千人)的 1/20,是奥地利(341 平方米/千人)的 1/9[29]。根据我国的规划,我国 2020 年太阳能热水器的普及率仅相当于奥地利 2000 年的水平。2007 年,在国家出台的《可再生能源中长期发展规划》中,太阳能等可再生能源被列为 2010 年和 2020 年可再生能源发展重点领域,到 2010 年和 2020 年太阳能热水器的应用保有量将达到15 000万平方米和 30 000 万平方米,其能源替代量为 2 250 万吨标准煤和 4 500万吨标准煤,或相当于 700 亿千瓦·时和 1 400 亿千瓦·时电[30]。目前,国内多个省市已经纷纷推进太阳能与建筑一体化,如在江苏、广东、海南、山东、甘肃、深圳、浙江等地区都明确要求 12 层以下建筑要全面推广和配置太阳能热水系统,这为太阳能应用提供了巨大的空间,太阳能产业发展也将迎来新的契机。

表 9.2 1998~2007 年太阳能热水器年生产量和保有量

年　份	总产量		比上年增长 /%	保有量		比上年增长 /%
	/万平方米	兆瓦热		/万平方米	兆瓦热	
1998	350	2 450	—	1 500	10 500	—
1999	500	3 500	43	2 000	14 000	33
2000	640	4 480	28	2 600	18 200	30
2001	820	5 740	28	3 200	22 400	23
2002	1 000	7 000	22	4 000	28 000	25
2003	1 200	8 400	20	5 000	35 000	25
2004	1 350	9 450	12.5	6 200	43 400	24
2005	1 500	10 500	11.1	7 500	52 500	21
2006	1 800	12 600	20	9 000	63 000	20
2007	2 300	16 100	30	10 800	75 600	19.4~20

资料来源:www.lcjm.gov.cn

另据不完全统计,至 2005 年,我国发电量在千瓦级以上的太阳能发电站已有 1 100 座左右,最大的能够发电 150 千瓦,百瓦级的小型太阳能发电站有数十个,各种家用太阳能发电系统约有 10 万套左右。目前,太阳能光伏发电共计为 6.5 万千瓦,解决了 700 多个乡镇,约 300 万偏远地区人口基本用电问题,太阳能发电是我国重点发展的项目之一。我国计划到 2020 年,将太阳能发电量增加 30 倍,从目前的 6.5 万千瓦发展到 200 万千瓦。目前全世界许多国家都在大力开发太阳能能源,随着技术的不断提高,太阳能发电将进入更多的领域,在能源供应中所占的份额也会越来越大。表 9.3 为 2006 年中国太阳能热利用行业 20 强品牌企业。

表 9.3　2006 年中国太阳能热利用行业 20 强品牌企业

序号	品牌	企业名称	序号	品牌	企业名称
1	皇明	皇明太阳能集团有限公司	11	力诺	山东力诺新材料有限公司
2	力诺瑞特	山东力诺瑞特新能源有限公司	12	五星	广东五星太阳能有限公司
3	清华阳光	北京清华阳光能源开发有限责任公司	13	美大	浙江美大太阳能工业有限公司
4	华扬	江苏省华扬太阳能有限公司	14	辉煌	江苏淮阴辉煌太阳能有限公司
5	太阳雨	江苏太阳雨太阳能有限公司	15	四季沐歌	北京四季沐歌太阳能技术有限公司
6	桑乐	山东桑乐太阳能有限公司	16	元升	江苏元升太阳能有限公司
7	亿家能	山东亿家能太阳能有限公司	17	美菱	合肥美菱太阳能科技有限责任公司
8	桑夏	江苏桑夏太阳能产业有限公司	18	日利达	扬州日利达有限公司
9	天普	北京天普太阳能工业有限公司	19	荣事达	合肥荣事达太阳能科技有限公司
10	桑普	北京市太阳能研究所有限公司	20	嘉普通	深圳市嘉普通太阳能有限公司

资料来源:《建筑节能》

9.5.4　节能灯具行业发展综述

推广使用节能灯,是建筑节能的重要内容。家用小功率的高效节能灯具,其发光效率比普通白炽灯高 4 倍以上,使用寿命长 5 ~ 10 倍,节电效率达 70% ~ 80%。由于能源紧张,欧美发达国家非常注重推广使用节能灯。美国、法国、荷兰、英国、意大利、日本等国从 20 世纪 90 年代起,纷纷制定出相关的扶持政策,用于推广节能灯等节能照明产品。仅美国环保局从 1991 年开始实施绿色照明计划以来,就投资了 10 多亿美元用于推广高效照明产品。每年欧美国家从我国购买节能灯达 7 亿只。据资料显示,截至 2005 年底,我国已拥有节能灯生产企业 600 多家,节能灯年产高达 12 亿只,几乎生产了全世界 90% 的节能灯,可以说是当之无愧的世界节能灯生产基地,如表 9.4 所示为 2005 年中国十大节能灯出口企业。我国节能灯产量居世界第一,但主要用于出口。作为我国对欧盟节能灯出口第一大省,2006 年浙江省 70% 的节能灯出口到欧美市场。2007 年,浙江对欧盟节能灯出口有了更大幅的增长,1 ~ 2 月份,浙江出口欧盟的节能灯的总量达到 1 683 万只,同比分别增长了 86.7% 和 87.5%。欧盟取消白炽灯改用节能灯,无疑意味着欧盟对节能灯的市场需求将进一步扩大,同时也会带动更多的国家和地区推广和使用节能灯。有消息说,澳大利亚、美国也将分别在 2010 年、2020 年禁止白炽灯使用,目前,我国照明用电量占社会总用电量的 12%,全国白炽灯使用量高达 30 亿只,而节能灯使用量仅 3.5 亿只,仅占美国的 1/3[31]。随着国家对建筑节能的不断向前推进,节能灯市场的前景和商机十分看好。

表 9.4 2005 年中国十大节能灯出口企业

排名	中国十大节能灯出口企业	2005 年出口量/美元
1	利胜电光源(厦门)有限公司	83 608 718
2	浙江阳光集团股份有限公司	63 672 954
3	厦门通士达照明有限公司	57 328 544
4	欧司朗佛山照明有限公司	52 048 703
5	飞利浦亚明照明有限公司	33 819 588
6	浙江阳光照明有限公司	27 157 245
7	厦门海莱照明有限公司	26 183 024
8	福建省苍乐电子企业有限公司	17 932 673
9	北京松下照明光源有限公司	15 028 444
10	深圳市中电照明有限公司	12 722 590

资料来源:《中国建筑金属结构》

9.5.5 塑料门窗行业发展综述

塑料门窗是国家重点推广的节能化学建材,近年来房地产行业的持续升温,基础设施建设投入力度的不断加大,也为塑料门窗行业提供了巨大的需求市场。中国是全球门窗的最大市场,我国每年约有 20 亿平方米的房屋建筑工程,相当于欧洲和美国的总和。通常在房屋总建筑面积中,门与窗的建设面积约占 25%~30%,也就是说,我国每年约有 5 亿多平方米的门窗建设任务,是整个欧洲每年门窗建设面积的 4 倍以上。按目前塑料门窗所占市场份额计算,大约每年约有 1.75 亿平方米塑料门窗的建设任务。按照国家"十一五"规划,未来五年内,我国建筑节能要达到 1.01 亿吨标准煤,节能建筑总面积将超过 20 亿平方米,其中新建筑 16 亿平方米、改造现有建筑 5.6 亿平方米。这为节能环保型塑料建材发展提供了巨大空间。尽管中国塑料门窗的产量很大,但与其他国家相比,市场占有率还不高,产值也比较低,并且耗能量较大。据统计,目前欧洲塑料门窗的市场平均占有率为 40%,美国塑料门窗市场占有率已达 45%,德国已达 54%。而在建筑能耗方面,我国门窗能耗是发达国家的 1.5~2.2 倍,门窗空气泄漏率为发达国家的 3~6 倍。虽然在 2007 年我国的塑料门窗行业在新产品、新技术研发方面有了可喜的进步,如大连实德集团公司的抗高风压、高水密性的门窗可以满足东南沿海地区台风条件下的使用要求,福建亚太公司开发了一系列节能遮阳中空玻璃门窗等。但在发展质量方面,产品质量仍不是十分乐观,如表 9.5 所示为我国塑料门窗委员会定点生产与经营企业及定点产品。[32]

表 9.5　2007 年塑料门窗委员会定点生产与经营企业及定点产品

序号	企业名称	定点产品
1	大连实德集团有限公司	塑料门窗异型材
2	芜湖海螺型材科技股份有限公司	塑料门窗异型材
3	维卡塑料(上海)有限公司	塑料门窗异型材
4	北新建材北新建塑有限公司	塑料门窗异型材
5	沈阳久利化学建材股份有限公司	塑料门窗异型材
6	浙江华之杰塑料建材有限公司	塑料门窗异型材
7	哈尔滨中大化学建材有限公司	塑料门窗异型材
8	新疆屯河型材有限公司	塑料门窗异型材
9	大庆奥维型材有限公司	塑料门窗异型材
10	山西惠丰塑料型材有限公司	塑料门窗异型材
11	福建亚太建材有限公司	塑料门窗异型材
12	江苏江南创佳型材有限公司	塑料门窗异型材
13	浙江中财型材有限公司	塑料门窗异型材
14	济南华亚机械有限公司	塑料门窗组装设备
15	济南天辰德佳机器有限公司	塑料门窗组装设备
16	山东国强五金制品集团有限公司	塑料门窗五金附件
17	温州瑞信德建筑五金有限公司	塑料门窗五金附件
18	北京长城牡丹模具制造有限公司	塑料门窗异型材挤出模具
19	洛阳市建园模具制造有限公司	塑料门窗异型材挤出模具
20	承德市金建检测仪器有限公司	塑料门窗异型材检测设备
21	北京建塑协科技发展有限公司	定点经营企业

资料来源:《中国建筑金属结构》

9.5.6 中国建筑节能行业百强企业(2007 年度)

表 9.6 2007 年度中国建筑节能百强企业

墙体材料 50 强企业			
1	北京敬业达新型建筑材料有限公司	2	上海汇丽墙体材料有限公司
3	堡密特建筑材料(上海)有限公司	4	北京振利高新技术有限公司
5	江苏爱富希新型建材有限公司	6	上海申得欧有限公司
7	北京特瑞克墙材料科技有限公司	8	上海迪诺瓦有限公司
9	西安天洋节能建材有限公司	10	上海爱迪技术发展有限公司
11	苏州市建筑科学研究院有限公司	12	青岛华欧四海新型建筑材料有限公司
13	山东省协和墙材实业有限公司	14	上海伊通有限公司
15	南京倍立达实业有限公司	16	上海建筑材料集团新材料有限公司
17	北京金隅集团有限公司	18	哈尔滨天硕建材工业有限公司
19	宁波麦克特节能建筑材料有限公司	20	江苏绿源新材料有限公司
21	索利特新型建筑材料有限公司	22	上海迪宝建筑节能材料有限公司
23	吉林东佳建筑节能材料有限公司	24	张家港三益建筑节能材料有限公司
25	北京市森林新型建筑材料有限公司	26	浙江东阳市新型建筑材料工业总公司
27	泰州市兰翔实业有限公司	28	上海上耐节能材料工程有限公司
29	上海建硕节能材料有限公司	30	上海建武节能保温材料有限公司
31	佛山天智节能材料有限公司	32	重庆欧林保温材料有限公司
33	长春科龙节能墙体开发有限公司	34	上海恩熙保温材料科技有限公司
35	上海重威墙体保温材料有限公司	36	上海希诺建筑材料有限公司
37	上海康马建材有限公司	38	苏州陶华建筑节能材料有限公司
39	上海汇丽建材股份有限公司	40	济南同镒节能材料有限公司
41	上海富春控股集团公司	42	西安市长安新型保温材料厂
43	烟台光明保温材料有限公司	44	上海强成轻质保温材料有限公司
45	爱舍(上海)新型建材有限公司	46	南京臣功节能材料有限公司
47	北京秦天科技(集团)发展有限公司	48	天津市欧文斯建材有限公司
49	上海永丽节能墙体材料有限公司	50	成都齐能保温材料工程有限公司
中国建筑节能设备 20 强企业			
1	欧朗光国际照明(香港)有限公司	2	青岛海尔空调器有限公司
3	珠海格力电器股份有限公司	4	广东美的商用空调设备有限公司
5	皇明太阳能集团有限公司	6	北京京海换热设备制造有限责任公司

续表 9.6

7	珠海市东华金舟节能设备有限公司	8	江苏太阳神节能科技有限公司
9	大连葆光节能空调设备厂	10	山东中大空调集团有限公司
11	深圳达实智能股份有限公司	12	芜湖市华瑞诚业电伴热科技有限公司
13	佛山市顺德碧涞节能设备有限公司	14	深圳市能之源节能技术有限公司
15	玉溪市佳利太阳能设备有限公司	16	山东力诺瑞特新能源有限公司
17	云南天达光伏科技股份有限公司	18	珠海迈斯特电气科技有限公司
19	上海九佛照明电器有限公司	20	保定蓝波节能灯具有限公司
中国建筑节能技术 10 强企业			
1	北京金房暖通节能技术有限公司	2	浙江恒和节能科技工程有限公司
3	武汉德丽宝建筑节能技术有限公司	4	天津巴洛克建筑节能工程有限公司
5	北京晟龙世纪科技发展有限责任公司	6	潍坊天安建筑节能开发有限公司
7	上海韬尔节能工程有限公司	8	广州保瓦电子科技有限公司
9	山东万众节能工程技术有限公司	10	保利基节能科技(嘉兴)有限公司
中国建筑节能化学建材 10 强企业			
1	烟台万华聚氨酯股份有限公司	2	国民淀粉化学(上海)有限公司
3	青岛瑞诺化工有限公司	4	亨斯迈聚氨酯(中国)有限公司
5	广州拜尔精细化工有限公司	6	上海康居化学建材有限公司
7	湖北华斯瓦德聚氨酯有限公司	8	上海科立高分子材料有限公司
9	绍兴市恒丰聚氨酯实业有限公司	10	大连凡美化学建材有限公司
中国建筑节能门窗 10 强企业			
1	上海开捷门窗有限公司	2	深圳三鑫特种玻璃技术股份有限公司
3	保定德玛斯新型建筑材料有限公司	4	霍曼(北京)门业有限公司
5	大连舒心科技建材有限公司	6	瑞典阔福门业(昆山)有限公司
7	北京新立基真空玻璃技术有限公司	8	重庆瑞宝建筑节能材料公司
9	大连吉田建材有限公司	10	武汉特凌节能门窗有限公司

资料来源:《建筑节能》

9.6 深圳建筑节能述评

9.6.1 深圳建筑能耗知多少

深圳市建筑能耗的主要特点可以归纳为:从能源品种构成角度看,深圳市的建筑能耗以电力消耗为主;从部门构成角度看,深圳市的建筑能耗以公共建筑能耗为主;从用能方式看,建筑物的空调系统是最主要的用电设备。

(1)建筑能耗占社会总能耗比例大

截至目前,深圳既有建筑面积约1.9亿平方米,而近几年每年新建房屋面积为1 800万平方米,其中高能耗房屋建筑约1 600多万平方米,据专家推算,深圳市房屋建筑物空调最高用电负荷约为150万~200万千瓦,占深圳市社会最高用电负荷的26%~35%;建筑总用电负荷占全市总负荷的43%以上,并且还有不断增大的趋势。[33]

(2)既有建筑单位面积能耗高

深圳市既有民用建筑大部分建筑围护结构隔热性能差,建筑外窗绝大多数采用单层透明玻璃、铝合金窗框,建筑物单位面积能耗比较高。

9.6.2 建筑节能——深圳做了什么

2008年12月25日至26日,住房和城乡建设部建设领域节能减排监督检查组对深圳市建筑节能工作进行了检查,认为深圳市建筑节能工作在六个方面走在全国前列,一是在立法及体制机制建设方面,初步形成了比较健全的政策法规体系。二是在技术标准体系建设方面,初步形成了覆盖设计标准实施细则、施工质量验收规程、技术规程、构造图集、评价标准等类型的技术标准体系。三是在新建建筑节能监管工作方面,率先建立了新建建筑节能全过程、全方位监管的闭合式管理体系。四是在国家机关办公建筑和大型公共建筑节能监管体系建设及节能改造工作方面。五是在可再生能源建筑规模化应用工作方面。六是在低能耗和绿色建筑推广工作方面[34]。深圳市建筑节能工作取得的主要成就如下:

(1)出台建筑节能相关政策、法规

2002年4月深圳市颁布了《深圳市节能贴息项目暂行实施办法》,目的在于通过政府补贴的形式,激励企业采用节能技术,进行节能改造。

2003年4月15日,深圳市经贸局正式实施首个《能源发展规划大纲》,确立今后十年,深圳将以确保能源供需平衡为中心实施节能优先战略。

2003年11月27日,深圳市颁布了"关于印发《深圳市推进墙体材料改革与建筑节能工作方案》的通知",全面完成"禁止使用实心粘土砖",推进墙体材料改革工作。

2004年深圳市相关管理部门先后发布了《建筑节能监督暂行办法》、《关于贯彻执行建设部建筑节能有关文件通知》、《关于印发贯彻省建设厅关于建设领域资源节约今明两年重点工作实施意见的通知》等系列规范性文件,贯彻执行建设部有关文件,将建筑节能有关法规、技术标准纳入工程施工许可、质量监督、竣工验收过程监管。

2006年3月14日通过了《深圳经济特区循环经济促进条例》(以下简称《条例》),并于2006年7月1日起施行,《条例》要求要节约能源,提高资源利用效率。

2006年6月12日,深圳市颁布《关于加强建筑节能监督工作的通知》(以下简称《通知》),《通知》要求建筑节能工作要严格按照国家建筑节能相关文件和国家标准、行业标准、地方标准及相关强制性条文,在图纸会审、施工阶段及竣工验收阶段进行监督。并声明本通知发布之日起施行,原《建筑节能监督暂行办法》废止。

2006年7月1日,深圳市颁布了《深圳市建筑节能"十一五"专项规划暨2020年远景目标》。对"十一五"期间深圳市节能工作目标及节能工作方向作了详细的说明。

2007年11月1日起正式实施《深圳经济特区建筑节能条例》,这是我国第一部建筑节能方面的专门法规。该条例要求建筑项目在设计时就按照有关法规、强制性标准和技术规范进行,否则不能开工建设。[35]

(2)制定建筑节能相关标准

2001年,深圳市建设局组织编制了我国夏热冬暖地区首部地方节能标准《深圳市居住建筑节能设计规范》,并于2003年10月1日起施行。该规范根据深圳市特有气候特征,对建筑的室内热环境设计、建筑节能设计的指标、建筑热工节能设计、空调通风以及其他建筑设备的节能设计作了详细规定。该规范是深圳市建筑节能设计的基础规范,大大促进了深圳市节能工作的开展。

为解决新型墙体材料应用的技术问题,深圳市建设局2005年发布实施《非承重砌块墙体设计规范》、《非承重砌体及饰面工程施工验收规范》、《预拌砂浆生产与应用技术规程》和《干粉砂浆生产与应用技术规程》等相关技术标准。

为规范中央空调系统运行维护管理,深圳市建设局于2005年7月28日颁布实施《深圳市中央空调系统节能运行维护管理暂行规定》。

为解决建筑节能设计的技术问题,完善相关配套技术标准,深圳市建设局2006年起发布实施《深圳市居住建筑节能设计标准实施细则》、《深圳市屋面及外墙隔热构造图集》、《深圳市外墙隔热构造图集》。2007年组织编制《深圳市建筑外遮阳设施标准图集》、《深圳市公共建筑节能设计标准实施细则》、《深圳市建筑节能工程施工验收规范》、《深圳市太阳能建筑应用技术规范》等地方标准。另外,深圳市建设局还将组织编写《建筑节能工程施工质量验收规范》及《深圳建筑垃圾综合利用管理规定》。上述标准编制完成后,深圳市的建筑节能标准体系将更加完善。[35]

(3)设立建筑节能发展专项资金

从2009年起,既有建筑节能改造纳入政府年度投资计划,市财政今年将拿出首批资金3 000万元,为建筑节能发展专项资金的设立提供绿色通道。[36]

(4)开展示范试点和国际合作

①积极开展国际合作。目前,深圳市已被建设部和联合国开发署选定为“中国终端能源效率项目(UNDP)”试点城市及中国建设部和美国能源基金会“推动夏热冬暖地区居住建筑节能试点示范城市”。

②推进示范工程建设。这几年,深圳市以工程示范为抓手,着力开展建筑节能和绿色建筑试点工作,如招商地产的泰格公寓已列入建设部2005年科技综合示范项目,并获得美国绿色建筑评估标准LEEDTM银级认证;被建设部列入“建筑节能科技项目计划”的“横岗振业城一期”项目也竣工投入使用;万科城第四期已被中国建设部和发展与改革委员会列为2006年度全国绿色建筑示范项目。

(5)推广使用建筑节能产品和技术

①积极开展技术研究工作。深圳市组织了有关单位建立深圳市居住建筑能耗和气象参数库;开展建筑围护结构热工性能检测,建立“深圳市建筑围护结构热工性能参数库”;开展建筑节能科研;进行建筑门窗外窗遮阳技术、玻璃幕墙复合遮阳技术、太阳能与建筑一体化应用技术、冷热电三联供技术和轻轨屏蔽门系统技术等的研究。

②推广建筑节能材料和产品：据统计，从1992年到2005年12月，全市新型墙材的使用量占墙体面积比例由3%上升到92%，加气砼、塑钢门窗等新材料在我市工程中被广泛使用，Low-E中空玻璃、太阳能热水系统、变频空调、变频水泵、空调系统自控装置等已有部分应用。

③推广利用可再生能源：深圳市已积极申报国家十大节能示范工程中建筑节能的“可再生能源（太阳能）建筑规模化应用城市级示范”，并在建设部专家评审中，顺利通过了预审。深圳从事太阳能相关产品研发、生产和销售的企业60多家，年产值超过20亿元。其中，太阳能光电产品年产值约20亿元，出口金额近2亿美元，深圳已成为世界太阳能光电产品的主要产业聚集地。此外，经过多年发展，深圳节能建材的生产和研发力量都较雄厚，不少产品的质量和技术水平处于国内领先水平，市场占有率不断提高。

(6)广泛开展宣传和培训

深圳市编制了建筑节能标准和技术宣传、培训教材，如《建筑节能技术》《解读深圳市居住建筑节能设计规范》等，广泛开展对建设单位、设计单位、施工单位、监理单位及有关管理技术人员的培训工作；在每年的“节能宣传周”期间，举办建筑节能技术讲座，并通过报纸、电台等媒体宣传建筑节能工作。

(7)成立深圳市建筑节能重点实验室

成立深圳市建筑节能重点实验室，由中国工程院江亿院士担任首席专家。这标志着深圳乃至南方地区有了一个建筑节能领域的公共技术平台，这也是我国以“建筑节能”来冠名的首个市级重点实验室。

(8)新建建筑节能达标率达100%

2004年，深圳新建建筑节能达标率不到10%，截至2009年，全市新建建筑节能达标率已提高到100%，比全国平均水平高出29个百分点，是全国唯一达标率达到100%的城市。[36]

主要参考文献

[1] 杜高潮，郑华．知识经济与建筑节能技术[J]．西安建筑科技大学学报，2002，22(2)：29-32．
[2] 王明虎 论建筑节能的含义和意义[J]．黑龙江科技信息，2007(10)：271．
[3] 王志刚．建筑节能及新能源应用研究[D]．西安：西安建筑科技大学，2005．
[4] 隋艳娥．居住建筑节能研究[D]．西安：西安建筑科技大学，2005．
[5] 崔新明，廖春波．国内外建筑节能的比较与经验[J]．建设科技，2006(9)：94-95．
[6] 王涛．英国：采取多项措施促进建筑节能[N]．经济日报，2007-08-27．
[7] 李菁，马彦琳，梁晓群．法国的住宅节能政策[J]．中国房地产，2007(11)：78-80．
[8] 孙克放，王新，朱青．政策让节能成为业主的主动需求——德国建筑节能证书的推广与欧洲能源管理师培训的启示[J]．中国科技投资，2007(7)：32-33．
[9] 新加坡力推建筑节能[J]．辽宁建材，2007(11)：14-16．
[10]《中华人民共和国节约能源法》知识问答[OL]．[2007-12-01] http://220.163.116.34/KmaicOut/website/ShowDocument.aspx? id=11764．

[11] 张国强,谢冬明,周晋,徐峰.建筑节能概述[J].大众用电,2007(1): 40-42.
[12] 仇保兴.推行绿色建筑加快资源节约型社会建设[N].中国建设报,2005-09-13(1).
[13] (英)布赖恩 爱德华兹. 可持续性建筑[M].周玉鹏,等,译.中国建筑工业出版社,2003.
[14] 闫铮.从差距与问题中看中国的建筑节能[J]. 城市开发,2007(11):44-45.
[15] 毛义华,蔡临申.我国建筑节能的现状及其对策分析[J]. 技术经济与管理研究,2007(1):58-59.
[16] 陈家祥.影响建筑节能发展的因素及解决途径[J].中华建设,2007(3):74-75.
[17] 储守中,武敬.推进我国建筑节能的对策思路[J].决策与信息,2006(259):66-67.
[18] 张旭.建筑节能发展缓慢的原因及其对策[J].徐州建筑职业技术学院学报,2005,5(1):55-57.
[19] 孙高峰.论促进我国建筑节能发展的政策体系[J]. 资源与产业,2007,9(3):106-108.
[20] 周宏春.对建筑节能问题的思考和建议[J].重庆工学院学报,2007(4):1-5.
[21] 许志中,刘玉山.我国建筑节能亟待解决的几个问题与建议[J].河南建材,2007(2):62-63.
[22] 许志中,曹双梅,郭红.我国建筑节能技术的研究开发与发展前景探讨[J].工业建筑,2004,34(4):73.
[23] 吴成东.建筑节能技术及其发展[J].智能建筑与城市信息,2005(10):83-87.
[24] 杨西伟等.现阶段我国主要建筑节能技术及存在的问题[J]. 建设科技,2007(14):20-27.
[25] 曾祥才,朱冬生.浅谈建筑节能技术[J]. 建筑节能,2007,35(191):15-19.
[26] 余黎明.MDI 主要供应商市场各领风骚[N].中国化工报,2007-12-25(5).
[27] 张红.2008 中国节能玻璃将迈向新时代[N].中国建材报,2007-12-28(3).
[28] 中经网数据公司.中国玻璃行业分析报告[R].2007.
[29] 罗振涛,霍志臣.中国 2006 年太阳能热利用产业发展报告[J].建筑节能,2007(8):53-56.
[30] 中国行业研究网.2007 年太阳能行业现状及未来发展分析[OL]. [2007-12-14] http://www.chinairn.com/doc/70270/242433.html.
[31] 雷学军.大力推广节能灯逐步禁用白炽灯[J]. 建设科技,2007(12):86.
[32] 敖娟. 2006 年我国塑料门窗行业成绩骄人[N].中国建材报,2007-04-23(4).
[33] 深圳市建筑节能"十一五"专项规划暨 2020 年远景目标[OL]. [2007-12-25]http://pol.wall21.cn/show.asp? aid = 1301&id = 8409.
[34] 深圳:建筑节能排头兵[J]. 城市住宅, 2009(02):30-31.
[35] 刘志伟.深圳市建筑节能管理[D].天津:天津大学,2008.
[36] 深圳市建筑节能工作走在全国前列[J]. 广东建材,2009(5):1.

(闫伟东)

10 可再生资源的回收和利用产业综述

10.1 可再生资源的概念和分类

10.1.1 可再生资源的概念

2007年3月27日，商务部、发展改革委、公安部、建设部、工商总局、环保总局六部委联合发布了《再生资源回收管理办法》。该办法将“可再生资源”定义为：在社会生产和生活消费过程中产生的，已经失去原有全部或部分使用价值，经过回收、加工处理，能够使其重新获得使用价值的各种废弃物。因此，这里的“废”并不是绝对的，它只是失去了原有的使用价值，但从循环经济的视角来看，它们蕴含着宝贵的资源和能量，仍然可以开发出新的使用价值。

10.1.2 可再生资源的分类

对可再生资源进行科学的分类，对正确理解和使用规范术语，以确定回收利用的形式与方法，提高回收企业的经营管理水平、生产加工利用的技术经济水平和工业原料平衡中的废料利用率，都有十分重要的意义。从来源上讲，再生资源有：①生活垃圾，目前世界各国都在研究生活垃圾资源化技术，许多这些方面的成果已经进入大规模的应用阶段，因此可以说生活垃圾已不再是无用之物，而是可以再生利用的资源；②工业生产中产生的废液、废水、废气，这些所谓“工业三废”都是对环境造成污染的重要因素，很多企业及其科研机构也在研究对自己所产生的废物进行回收利用，以达到减少排废量和节约原料的目的；③采矿时产生的矿渣、尾矿；④废置不用的各种旧生活用具和旧生产设备，以及流通领域中无法销售的库存货物；⑤工业制造中产生的各种边角废料；⑥各个种类的商品包装物；⑦建筑垃圾，等等。

10.2 再生资源的回收和利用的意义

1.再生资源的回收和利用是实现可持续发展的保障

可持续发展是我们当前经济建设必须遵循的原则，而发展循环经济、建立循环型社会是实现可持续发展的重要方式。循环经济范式强调由资源、生命系统和生态系统构成的自然资本是人类社会最大的资本储备，提高资源利用率是解决环境和资源问题的关键。资源循环利用是实现循环经济最重要的手段之一，在实践层面，循环经济的再循环原则要求资源产品完成使用功能后重新变成再生资源循环利用，提高全社会的资源利用效率，因此，再生资源回收和利用是实施可持续发展战略的重要途径。

2.再生资源的回收和利用可以有效缓解资源短缺的矛盾

我国的基本国情是人口众多，资源不足，生态系统脆弱，多年来传统经济发展之路，能源、资源消耗大，效益低，生态环境破坏严重，人口、资源、环境等矛盾突出，工业化和城镇化发展更加剧了资源短缺的矛盾。再生资源的回收和利用，可以有效地缓解我国资源短缺、减轻环境污染、保障国家的经济安全。据测算，每回收利用1万吨废旧物资，可节约自然资源4.12万吨，节约能源1.4万吨标准煤，减少6万～10万吨垃圾处理量；每利用1万吨废钢铁，可出钢8 500吨，节约成品铁矿石2万吨，节能0.4万吨标准煤，少产生1.2万吨矿渣；每利用1万吨废纸，可生产纸浆8 000吨，节约木材3万立方米，节约能源1万吨标准煤，节水100万立方米，少排放污水90多万立方米，节电600万千瓦·时。因此，大力发展再生资源回收和利用可以有效缓解我国日益严重的资源短缺的矛盾。[1,2]

3.可再生资源的回收和利用是建立环境友好型资源节约型社会的需要

资源节约型社会是指在生产、流通、消费等领域，通过采取法律、经济和行政等综合性措施，提高资源利用效率，以最少的资源消耗获得最大的经济和社会收益，保障经济社会可持续发展。而要提高资源利用效率，以最少的资源消耗获得最大的经济和社会收益，推进可再生资源的回收和利用必不可少。至于环境友好型社会，其核心内涵是人类的生产与消费活动与自然生态系统协调可持续发展。而人与自然要和谐发展，就必须让资源得到循环利用，避免因开采和浪费新资源而造成生态和谐的破坏。另外，工业废物和城市生活垃圾造成的污染是目前我国所面临的三大环境问题之一。加强废旧物资的回收利用，无疑会直接降低废弃物排放量、减轻污染。因此可以说，再生资源的回收和利用在节约并充分利用资源的同时，还能起到保护环境的作用。

4.发展再生资源产业可以增加就业岗位

再生资源产业是劳动密集型产业，因此，大力发展再生资源产业既可以发挥比较优势，又可以缓解就业压力。调查显示，每增加1万吨进口废旧物资，就可以增加就业1 000人。目前，在我国长三角、珠三角地区已经有上千万家拆解企业，形成了“进口废旧产品→再生成新产品出口→进口废旧产品”产业链和加工区，不仅促进了当地经济的快速发展，而且解决了几千万人的就业问题。[2]

10.3 海外再生资源回收利用现状

10.3.1 部分法律、法规、办法

自从20世纪90年代可持续发展战略实施以来，世界各地尤其是西方发达国家正在把建立以再生资源循环利用为基础的循环型社会看做是实施可持续发展战略的重要途径和实现方式。其采取的主要措施就是通过法律手段推进再生资源的回收及循环利用工作，将再生资源的回收利用纳入规范化、制度化、程序化的管理轨道上来。表10.1是海外部分国家和地区的再生资源回收和利用的部分法律、法规、办法。

表 10.1　海外部分国家和地区的再生资源回收和利用的部分法律、法规、办法一览表

海外	法律、法规、办法名称
德国	《废物处理法》
	《废弃物限制及废弃物处理法》
	《包装条例》
	《限制废车条例》
	《循环经济与废物管理法》
	《饮料包装押金规定》
	《废旧汽车处理规定》
	《废旧电池处理规定》
	《废木料处理办法》
日本	《关于促进利用再生资源的法律》(2000 年 6 月修订为《促进资源有效利用法》)
	《促进资源有效利用法》
	《废弃物处理清洁法》
	《家电回收利用法》
	《建筑工程资材再资源化法》
	《食品循环资源再生利用促进法》
	《化学物质排出管理促进法》
	《容器包装再生利用法》
	《汽车再生利用法》
瑞士	《环保法》
	《水资源保护法》
	《垃圾技术规定》
	《有关特殊垃圾运输的规定》
	《有关提前收取玻璃饮料包装处理费用标准的规定》
	《有关饮料包装的规定》
	《有关提前收取电池和蓄电池处理费用标准的规定》
	《有关电器及电子产品回收处理的规定》
	《有关土地占用负担的规定》
	《有关水资源保护的规定》
	《有关动物副产品处理的规定》
	《有关保护水资源不受有害液体污染的规定》
	《有关空气保洁的规定》
	《有关材料使用的规定》
	《医疗废物的处理指南》
	《关于水泥厂废物的处理指南》
	《关于电器和电子产品退回、回收和处理的指南》
	《有关清理被占用土地的规定》
	《有关从前被占用土地的处理规定》
挪威	《废旧电子和电器产品(EE 产品)回收法令》
	《废旧汽车回收法令》
	《废旧饮料包装回收法令》
	《废旧汽车轮胎回收法令》
	《废旧电池回收法令》
美国	《资源保护及回收法》
	《非常基金修正案及授权法》
	《污染预防法》
中国台湾	《废弃物清理法》
	《资源回收再利用法》
	《"行政院"环境保护署再生资源再生利用管理办法》
	《再生资源限制或禁止输入输出管理办法》
	《再生资源回收再利用绩效优良奖励办法》
	《经济部再生资源再生利用管理办法》
	《农业再生资源再生利用管理办法》
	《科学工业园区再生资源再生利用管理办法》
	《交通部再生资源再生利用管理办法》
	《"行政院"卫生署再生资源再生利用管理办法》
	《营建事业再生资源再生利用管理办法》

资料来源:[3,4,5]

10.3.2 海外再生资源回收利用现状

1.德国

在发展循环经济方面德国位于世界前列,德国的循环经济起源于“垃圾经济”,当前的做法是使废物经济管理贯穿于整个经济循环当中,其政策重心首先是资源保护,其次是尽可能有效地处理废物。另外,德国可再生资源回收和利用方面施行产品责任制,按照《循环经济与废物管理法》的规定,谁开发、生产、加工和经营的产品,谁就要承担满足循环经济目的的产品责任,产品生产者应最大可能地在生产过程中避免产生废物,保证有利于环境的利用,确保在利用中产生的废物得到处置。在再生资源的回收和利用方面,德国另一个特色的系统就是双向回收网络系统和“绿点”标志体系。该系统是 1990 年 9 月 28 日,德国在工业联合总会、工商业协会支持下,由 95 家公司成立的一个专门组织对包装废弃物进行回收利用的非政府组织(DSD)。DSD 接受企业的委托,由生产者支付一定的费用,对贴有“绿点”标志的包装进行分类、清洗、回收,然后送至相关的资源再利用厂家循环使用,能直接回收利用的包装废弃物则送至制造商。随着新技术的应用,包装废物分类、处理及循环再造效率迅速提高,DSD 股东数已由当初的 95 家扩大至 1993 年的 600 余家。目前,DSD 通过与各地废物处理机构合作,已建成了一个全面的废弃物收集体系。其运作流程如图 10.1 所示。如果某企业不使用“绿点”商标,那它就是没有参与此系统,那么他必须自己回收再利用,完成规定的限额并拿出证明。如果某企业在产品包装上使用了“绿点”商标而没有为此支付费用,该行为违反商标法并将受到惩罚[4,6]。为了提高包装品回收率,德国环境保护部制定了押金制度,顾客在购买所有用塑料瓶和易拉罐包装的矿泉水、啤酒、可乐、汽水等饮料时,均须支付相应的押金。押金制度不仅提高了包装品的回收率,更让消费者改变了使用一次性饮料包装的消费习惯,转向使用更有利于环保的可多次利用的包装品,于节能降耗和环境保护大有裨益。

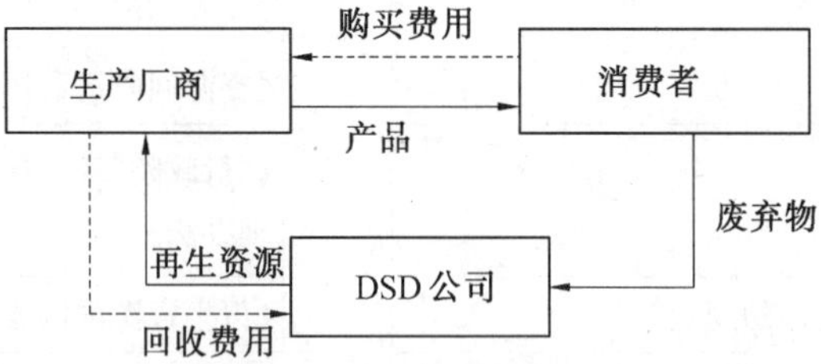

图 10.1 DSD 公司运作流程

德国是全球再生资源利用率最高的国家,德国的居民生活垃圾和企业生产垃圾的利用率分别达到 57%和 58%,有些垃圾的回收率甚至更高,如建筑垃圾为 86%,包装垃圾约 80%,旧电池为 82%,旧纸张约 80%,废铁回收为 93%,年再生铝占铝总产量的 53%。再生资源的回收利用不仅节约了资源,而且由于生产流程的减少,使生产过程的能耗和污染排放大大降低,达到节能和环保双赢的目的。

2.日本

“大量生产、大量消费、大量废弃”的传统社会经济模式使日本生产和消费产生的废弃物处理问题成为日本当前面临的主要国内环境问题之一。将废弃物再资源化、走循环经济道路成为日本的必然选择，日本于 2000 年 6 月发布《循环型社会形成促进基本法》，自 2001 年 1 月全面施行[7]。随着政府各项资源回收相关法令的制定，各企业单位也配合采取相关措施，凡是将废弃物直接在厂内变为再生资源，可以达成零排放，都是各企业研发的重点，例如，著名的丰田公司，原本工厂产生的废弃物每年高达 9 800 多吨，经利用循环技术后，铁屑回炉变为有用金属，瓦砾粉碎加工成地砖，污泥成为花园肥料，真正的废弃物只剩 900 多吨。此外，各单位也积极参与社会废弃物的回收。日本政府呼吁所有国人从自我做起，自觉参与，分类存放垃圾，这样垃圾也就成了资源，比如瓶子可重复使用，废纸可变成纸浆，残羹也可作为肥料和发电燃料等。80%的日本国民已付诸实际行动，废弃物分类也越来越细，更多的再生资源得到了有效的利用。为方便机关社区推动回收工作，指定在饮料用罐、瓶、纸容器及小型电池等产品上应标示回收相关标志，如图 10.2 所示。

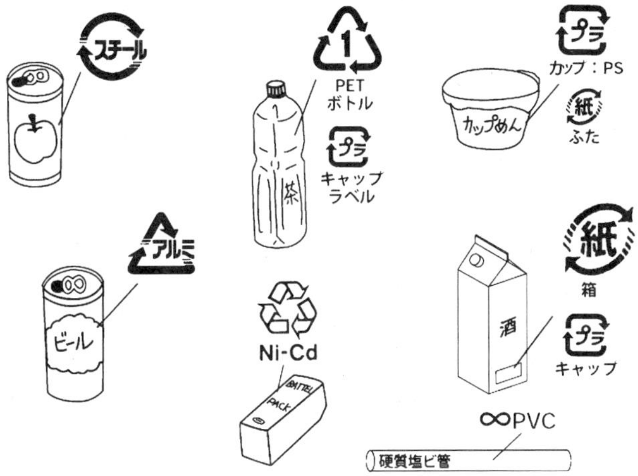

图 10.2 日本部分再生资源的回收标志

（资料来源：日本资源有效利用促进法）

日本已经成为再生资源产业发展较快的国家之一，日本的空调回收率已达到 60%以上，洗衣机、电冰箱等家电回收率也达到 50%以上。日本在回收处理废旧电池方面也一直走在世界前列，日本的铅酸电池，可做到 100%回收；废塑料、废橡胶的回收率已达 90%；生活废弃物的回收率达 25%～30%；2003 年再生铝产量占铝总产量的 99.5%；再生精铅的产量占总产量的 61.8%；再生精铜产量占总产量的 12.8%；再生精锌的产量总产量的 14.5%。

10.4 我国再生资源回收和利用现状

10.4.1 国内有关再生资源回收和利用的政策法规

我国在再生资源回收和利用方面，除了 2007 年 9 月发布的《中华人民共和国循环经济法(草案)》第四章“再利用和资源化”外，还没有一部专门用来调整再生资源回收利用的法律。1989 年《环境保护法》第 25 条从循环经济的角度提出了资源高效利用及废弃物的综合处理问题。1995年颁布的《固体废物污染环境防治法》涉及了实行减少固体废物的产生量和危害性、充分合理利用固体废物和无害化处置固体废物，提出国家鼓励单位和个人购买、使用再生产品和可重复利用产品，对固体废物污染防治及综合利用的奖励机制，产品和包装物的设计、制造，应当遵守国家有关清洁生产的规定。2002年出台的《清洁生产促进法》第9条也只是原则性地规定要发展循环经济，促进企业之间在资源和废物综合利用等领域进行合作，实现资源的高效利用和循环利用。[8,9]

此外，在再生资源回收和利用方面还有一些相关的法规或政策。比如由国务院批转原国家经委的《关于开展资源综合利用若干问题的暂行规定》，明确了国家对资源综合利用实行鼓励和扶持政策，并制定了相应的《资源综合利用目录》以及1998年的《资源综合利用认定管理办法》。1996年8月国务院批转国家经贸委等部门《关于进一步开展资源综合利用的意见的通知》。在资源综合利用领域中，也有相关的税收优惠的政策，如《关于印发固定资产投资方向调节税“资源综合利用、仓储设施”税目税率注释的通知》《关于企业所得税若干优惠政策的通知》《继续对部分资源综合利用产品等实行增值税优惠政策的通知》《关于继续对废旧物资回收经营企业等实行增值税优惠政策的通知》《财政部、国家税务总局关于部分资源综合利用及其他产品增值税政策问题的通知》《财政部、国家税务总局关于部分资源综合利用产品增值税政策的补充通知》。在颁行有关综合性资源综合利用规章或文件的同时，国家又根据不同种类资源综合利用的要求，出台了有关单项资源综合利用规章、政策或文件，如：1994年《粉煤灰综合利用管理办法的通知》、1998年《煤矸石综合利用管理办法》、1999年《煤矸石综合利用技术政策要点》、2000年《资源综合利用电厂（机组）认定管理办法》、2004年《废旧家电及电子产品回收处理管理条例》（草案）[10]。2007年3月27日，商务部、发展改革委、公安部、建设部、工商总局、环保总局六部委联合发布了《再生资源回收管理办法》，这也是规范管理再生资源回收行业的第一部全国性规章。

上述有关资源综合利用法规、规章或文件对规范资源综合利用行为、提高我国资源综合利用效率、改善和保护环境以及促进社会经济的发展起到了重要的作用。但是，正如我国资源综合利用水平仍然很低一样，我国资源综合利用的法律法规也仍有许多值得完善的地方。我国还没有形成一部统一的资源综合利用法律，缺乏规格较高的资源综合利用法律或行政法规，必然在相当程度上影响资源综合利用立法及其实施的严肃性、稳定性和强制性。

10.4.2 我国再生资源回收和利用存在的问题

从总体上看，随着社会主义市场经济体系的日臻完善，我国再生资源产业发展初具规模，再生资源产业发展取得显著的经济效益和社会效益。据有关研究，“十五”期间，我国回收的再生资源总量约4亿吨，年均回收量约8 000万吨，年均增长率在12%以上。2006年，我国废金属、废塑料、废纸等主要再生资源的回收总量达10 275.5万吨，总值2 420.98亿元，占当年GDP的1.15%。再生资源的回收和利用也减少了能源消耗和废物排放，有助于实现“十一五”节能降耗减排目标（如表10.2所示）。

表 10.2　2006 年利用再生资源产生的节能减排量

类别	节能量/万吨标准煤	降耗量		减排量		
		数量	单位	废水/万吨	固废/万吨	二氧化硫/万吨
废钢铁	2 687.2	16 795	万吨矿石	60 462	20 154	141.08
再生铜	879.1	11 920	万吨矿石	10 430	7 450	20.86
再生铝	1 779.4	1 323.7	万吨矿石	2 170	6 510	13.02
再生铅	53.04	1 404	万吨矿石	780	3 900	2.34
再生锌	142.81	2 172	万吨矿石	1 086	534	6 52
废塑料	293.6	2 936	万吨石油	73 400	2 936	
废旧轮胎	75.17	563.79	万吨石油	5 637.9	338.27	4.32
废纸	5 060.52	12 651.3	立方米木材	337 368	6 325.65	843
拆船	12.6			324 45	158.76	0.63
报废汽车	149.4			7 133.4	5 236.2	5 40
电冰箱	114.51			1 179.36	701.57	2 52
电视机	53.96			638.11	331.57	1.17
空调器	116.20			1 067.9	763.82	2 49
洗衣机	36.50			640.58	229.91	1.08
电脑	66 49			765.55	383.08	1.35
合计	11 484.19			503 083	55 598.73	239.71

资料来源:2006 年中国再生资源行业年度报告

取得成绩的同时,也要看到行业发展的不足。[11]

1.法制建设不完善,缺乏统一的管理

我国系统开展资源综合利用多年来,国家制定了一系列鼓励开展资源综合利用的政策和措施,正如上文所提到的至今还没有一部专门用来调整资源回收和利用方面的国家法律,资源综合利用管理还没有纳入法制化管理的轨道,在一定程度上影响了资源综合利用的发展。[12]我国再生资源回收与综合加工企业分属不同的部门,缺乏统一的管理,没能按照产业发展的需要建立起专业化和综合性的市场体系。

2.缺少行业标准

由于我国还没有指定废旧物资分类行业标准及技术规范,没有各类再生资源企业生产技术标准,由于回收方式仍是以个体为主的粗放式作业,仅按照种类进行简单分类,缺乏回收分类标准,把不同等级、合格与不合格的混杂在一起,增加了后续资源化加工、再利用的难度和成本。资源化加工标准和产品标准也同样缺失,甚至用废料加工成的有害产品也流入市场,使资源未得到合理、高效的利用。[13]

3.产业总体规模相对较小,产业布局分散

目前,我国再生资源利用产业的总体规模和企业平均规模较小。另外规模以下企业的资产和产量规模更小,企业规模效益难以发挥。同时产业空间布局也比较分散,目前我国大部分地区的再生资源加工企业尚未采取产业园区或工业生态园的空间发展模式，产业布局分散，因而很难发挥产业的集聚效应。

4.回收率低，二次污染严重

目前，发达国家的废钢铁回收率达60%～70%，而我国现在仍低于45%的世界平均水平；发达国家废铜的回收率在60%以上，而我国仅为30%；发达国家废纸回收率达60%～70%，而我国仅为15%，由此可见我国再生资源流失的严重性。回收人员只注重经济效益而忽视社会效益，"利大抢收，利小少收，无利不收"的现象普遍存在，资源化加工也仅是低水平简单作业，致使未回收部分或加工过程中清除的污物被随意丢弃到周围环境中，既浪费了资源，又污染了环境。[1,14]

5.技术水平与科技投入水平低

再生资源行业是利润低、社会效益和环境效益高的行业，目前，这个行业基本是以个体经营和小企业为主，经营分散，资源集中规模化程度低，大部分经营者没有能力引进或采用新技术、新设备，回收利用的技术水平低，产品的技术含量和附加值也很低。同时由于科技投入低，从而使一些已经确定的重大科研项目难以开展，甚至一些研发成功的成果也因缺乏配套资金而难以推广应用，导致一些综合利用价值高的再生资源的综合利用水平低。

6.社会对再生资源回收利用的意义认识不足

社会认同度低，至今仍然把再生资源回收利用当做"拾破烂"来对待，严重忽视它的资源意义和环保意义，社会经济活动中，或排斥，或鄙视，资金投入少，社会地位低，种种偏见阻碍了这个行业的发展。[14]

10.4.3 我国再生资源回收和利用的建议及对策

1.完善再生资源产业有关的法律法规标准

发达国家产业发展的经验证明，制定和完善有利于产业的发展法规政策，为产业发展创造良好的外部环境，是产业发展的重要保障。借鉴国际经验，抓紧研究制定再生资源产业相关的法律及配套办法和标准，要通过法律法规的制定明确资源再生过程的各个环节应遵循的规范和标准，以及相关方面各自应做的工作、承担的责任和义务，从而将资源再生产业发展逐步纳入法制化、规范化轨道。[15]

2.积极推动再生资源回收利用体系建设

把建立我国再生资源回收利用体系纳入各城市的统一规划和发展战略中。积极倡导建立社区再生资源回收分类制度以及配套措施，引导各地建立以社区回收网点为基础的点多面广和服务功能齐全的回收网络，形成回收和集中加工预处理为主体、为工业生产提供合格再生原料的再生资源回收体系。在资源回收体系建设方面，我们可以借鉴德国经验，在一些主要领域分别组建由生产厂家、商业企业、运输企业以及行业协会等部门组成的全国和区域范围的中介组织，建立起类似德国"绿点"标识的行动计划，与绿色消费相呼应。[16]

3.给再生资源回收利用行业以政策扶持

发达国家政府奖励再生资源产业的政策有些值得借鉴。比如日本的资源回收奖，旨在鼓励市民回收有用物质的积极性。我们也要加大对资源再生产业的政策支持力度，在相关技术、产业、税收、信贷、资金补助，外贸政策以及市场准入等方面给予倾斜，扶持再生资源产业发展。对再生资源利用的项目或产品，政府也通过自己的优先采购行为来予以鼓励。[17]

4.加强对再生资源回收利用技术的研究

通过政府引导，运用市场机制，调动各方面的积极性，加大科技开发投入，引进先进技术，消化吸收，进行系统集成创新，开发符合我国国情的高技术含量的深加工技术和环保高效的加工设备。加快建立产业发展技术体系，加快科研成果的创新和转化应用。[15,18]

5.加大对再生资源回收利用重要性的宣传力度

目前在中国，再生资源正在形成一个大的产业，而要发展我国的再生资源产业，需要政府的扶持政策，需要企业自身努力，也需要全国人民树立起循环经济的意识。因此，要广泛开展再生资源回收利用的宣传教育，将再生资源回收利用的知识列入中、小学教育课本，在大中专院校设立再生资源专业教程，培养专业技术人才，通过举办各种形式的宣传教育活动，提高全社会节约资源、保护环境的意识，使全社会都来理解、支持和自觉参与再生资源回收利用事业。[17]

6.调整产业空间布局，构建有效的组织模式

从事再生资源产业回收利用活动的多是中小企业或个体经营者，他们资金少，技术含量低，大多以手工操作为主，缺乏环境治理能力。采用产业园的形式，集中大量的再生资源加工利用企业，便于集中治理污染，充分利用园区内不同类型的企业之间的互补性，积极开展节能降耗技术改造，发挥园区集贸易流通、回收加工、综合利用、处理处置一体化、公共设施、科技开发、信息服务配套共享等优势，进行集约化生产，取得规模效益。[19]

10.5　再生资源回收和利用产业分析

10.5.1　城市垃圾的回收利用状况

我国《固体废物污染环境防治法》将城市生活垃圾定义为“在城市日常生活中或者为城市日常生活提供服务的活动中产生的固体废物，以及法律、行政法规规定的视为城市生活垃圾的固体废物”。城市生活垃圾主要包括居民生活垃圾、集市贸易与商业垃圾、公共场所垃圾、街道清扫垃圾及企事业单位垃圾。

由于大量城市生活垃圾的产生，不但需要投入大量的人力、物力从事垃圾的清扫、转运和处理，而且在垃圾转运、处理过程中也带来了一系列的生态环境问题：占用土地，污染水体，传播疾病，影响景观。随着我国经济的高速发展，城市生活垃圾产量与日俱增，估计到2010年全国城市生活垃圾年产生量将达到2亿吨，由此带来的环境污染问题日益严重，破坏了城市生态环境系统的平衡，已成为制约城市社会经济发展的主要原因之一。

如图10.3所示为1979～2007年中国城市生活垃圾的清运量变化，可以明显地看出城市生活垃圾产生量的增长趋势，2007年全国城市生活垃圾清运量达到了1.521亿吨（不包括港澳台地区），与1979年的2 508万吨相比约提高了5倍。从城市生活垃圾清运量的年增长率水平来看，1979～2007年年平均增长率超过了7%。由此说明，我国城市生活垃圾的产生量较大,持续增长速度快。

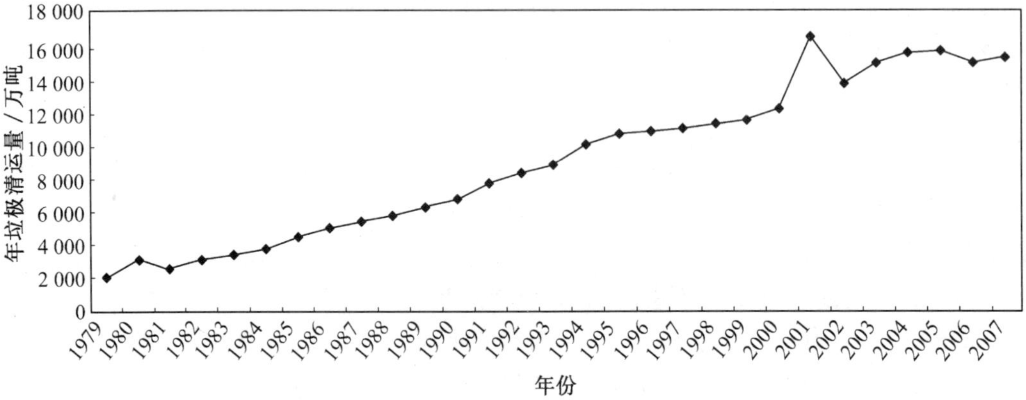

图 10.3　1979～2007 年中国城市生活垃圾的清运量变化图

(资料来源:2008 年中国统计年鉴)

目前国内外广泛采用的城市生活垃圾处理方式主要有卫生填埋、高温堆肥和焚烧等,这三种垃圾主要处理方式的比例,因地理环境、垃圾成分、经济发展水平等因素不同而有所区别,很难有统一的模式。但最终都是以无害化、资源化、减量化为处理目标。从应用技术看,国外主要是填埋、焚烧、堆肥、综合利用等方式,机械化程度较高。

就我国城市生活垃圾的处理水平而言,2007 年全国 661 个设市城市中建有各类生活垃圾处理场 460 座,集中处理量为 9 437.7 万吨,集中处理率为 62%(如表 10.3 所示)。其中:生活垃圾填埋场 366 座,处理量为 7 632.7 万吨;生活垃圾堆肥厂 17 座,处理量为 250 万吨;生活垃圾焚烧厂 66 座,处理量为 1 435.1 万吨。填埋、堆肥和焚烧的处理能力所占比例分别为 80.9%、2.6%和 16.5%。由此可见,我国城市生活垃圾处理能力还严重不足,主要处理手段仍然以填埋为主,堆肥与焚烧的比例较低,很多有价值的成分没有得到有效利用(如图 10.4 所示)。全国城市每年因垃圾造成的损失近 300 亿元(运输费、处理费等),而如果将其综合利用却能创造 2 500 亿元以上的效益。[20]

表 10.3　中国城市生活垃圾处理资料统计

项目年份	处理厂(场)个数	集中处理量/万吨	集中处理率/%
1995	932	6 014	56.36
2000	660	7 255	61.39
2001	741	7 840	58.20
2002	651	7 404	54.24
2003	574	7 545	50.78
2004	559	8 088.7	52.10
2005	479	8 051.1	51.70
2006	419	7 872.6	52.20
2007	460	9 437.7	62.00

资料来源:2008 年中国统计年鉴

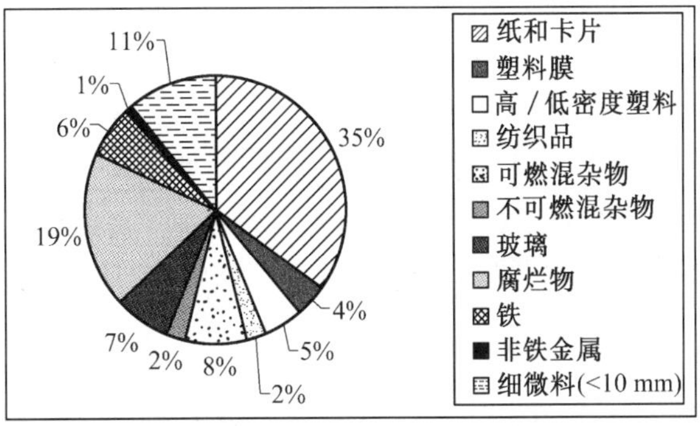

图 10.4　城市固体废弃物组成

资料来源:[21]

近十几年来,发达国家大力推行垃圾的回收和综合利用,以实现城市垃圾减量化和资源化的目的。他们通过制定符合本国国情的有关法律、规章和各种标准,减少垃圾产生量,尽可能对垃圾进行回收利用,减少垃圾的最终处理及处置量,同时尽可能延长填埋场使用时间和减少二次污染。为了达到垃圾资源化利用的目的,许多发达国家推行垃圾分类收集、分类运输的办法,这样既加强了废物资的回收和利用,又为有效地处理垃圾创造了条件。德国的垃圾分类回收已经实行了多年,居民们早已习惯将家里的垃圾顺手分放,待积攒到一定数量后,再分别投入分类垃圾桶。德国每年产生垃圾 6 000 多万吨,其中 3 500万吨被回收利用,1 100 万吨被焚烧,另外 1 500 万吨填埋,国家的生态系统已基本进入了良性循环。早在 2002 年,日本东京的生活垃圾无害化处理率已达到 99.7%,经过各种中间处理和回收利用,最终被填埋的生活垃圾处理量仅占总排出量的 18%,垃圾的资源化率达到 23%,100%的地区已实行了垃圾细分类收集。国外城市垃圾资源化已进入综合利用阶段,其资源化利用率平均已在 60%以上,而我国尚不到 5%。可见城市垃圾资源化利用具有极大的潜力和广阔的发展前景。

10.5.2　纸制品的回收利用状况

废弃纸品主要是指废纸张、废纸板和废纸模制品等纸质类废弃物,这类废弃物若加以合理利用,既能清洁环境,又能节约资源。目前我国废弃纸品回收利用的状况却非常不尽如人意:一方面是大量废纸品被无端遗弃或盲目烧毁,而另一方面却是某些部门大量从国外进口废纸品。

中国纸业正经历一个需求量高速增长的时期,据专家预测:到 2010 年中国纸和纸板产量将达到 7 500 万吨,消费量 8 000 万吨,由于我国木材原料紧缺,纸浆价格较高,我国造纸业越来越多的利用废纸原料。废纸浆占造纸原料的比重由 2001 年的 44%提高至 2005 年的 54%(如表 10.4 所示)。我国废纸用量从 2001 年的 1 637 万吨,上升到 2005 年 3 512万吨,废纸用量翻了一番还多,如表 10.5 所示为我国 2003~2007 年废纸进口情况统计表。2005 年,我国进口废纸高达 1 703 万吨,2005 年全球废纸出口贸易总量为 2 550 万吨,中国进口就占了 68%。我国进口废纸量的增幅不断提高,而国际市场上可提供废纸量的增幅相对在减少,从而刺激了国际市场上废纸的价格不断攀升,由表 10.5 中可以看出2007年我国进口废纸价格平均上涨约27.9%,如图10.5和图10.6所示,分别为我国2007年纸品进口结构图、2007年我国废纸进口主要来源地统计图。由图中可以看出国际废纸的主要供应地为美国、欧盟。

表10.4　2001~2005年期间中国废纸回收利用统计表

年度	纸和纸板产量/万吨	纸和纸板消费量/万吨	废纸回收量/万吨	废纸回收率/%	废纸浆用量/万吨	废纸浆利用率/%	废纸进口量/万吨
2001	3 200	3 683	995	27.0	1 310	44.0	624
2002	3 780	4 415	1 331	30.2	1 620	47.0	687
2003	4 300	4 806	1 470	30.6	1 920	49.1	938
2004	4 950	5 439	1 651	30.4	2 305	51.7	1 230
2005	5 600	5 930	1 809	31.5	2 810	54.0	1 703

注:废纸浆利用率=废纸浆用量/纸浆总用量;废纸回收率=国内废纸回收量/纸和纸板消费量

表10.5　2003~2007年我国废纸进口情况统计表

年度	进口量/万吨	进口量同比/%	进口均价/(美元/吨)	进口均价同比/%
2003	938.2	36.5	131.2	23.2
2004	1 230.1	31.1	140.3	6.9
2005	1 703.6	38.5	144.2	2.8
2006	1 962.3	15.2	140.0	-2.9
2007	2 256.2	15.0	179.2	27.9

资料来源:[22]

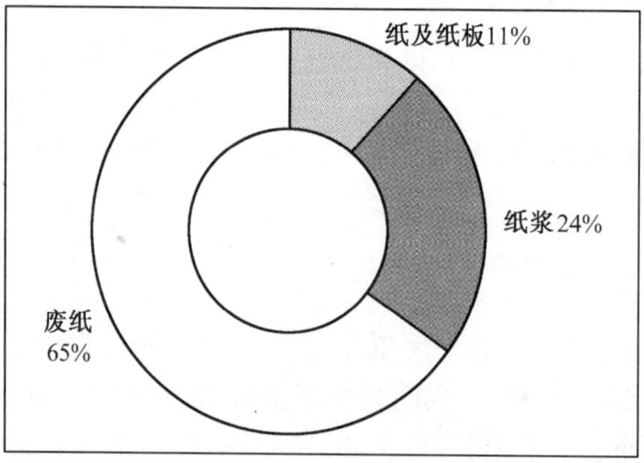

图10.5　2007我国纸品进口结构图

资料来源:[22]

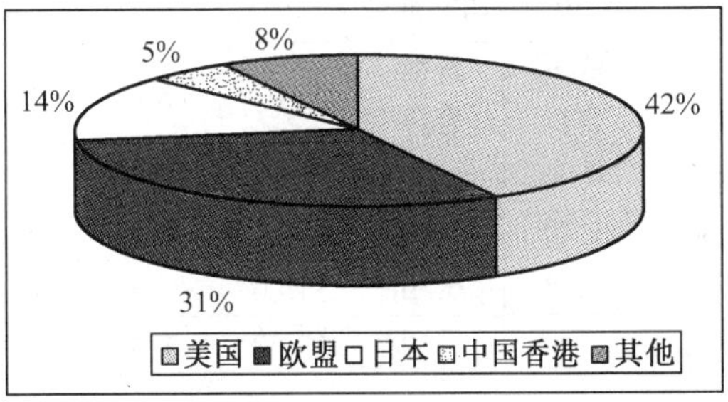

图 10.6 2007 年我国废纸进口主要来源地统计图

资料来源:[22]

中国的造纸业要减少对进口原料的依赖,最根本的措施就是加速培植造纸用材林,提高国产木浆的产量以及增加国内废纸的回收量。据测算,造纸厂每回收 1 吨废纸,相当于节省木材 3 立方米,节水 100 立方米,节煤 1.2 吨,节电 600 千瓦·时。世界上废纸回收率最高的依次为中国香港、德国、韩国、日本、中国台湾,其中中国香港和德国废纸回收率分别高达 88.2%和 71%。废纸利用率最高是墨西哥、中国台湾和韩国[23]。而我国的废纸回收率仅为 31%左右,利用率虽已达 52%,但是仍大量需要进口。造成我国废纸回收率低的原因之一就是我国缺乏相关的标准,国外一些先进国家均制定了废纸回收分类相关标准,如美国有 51 种,日本有 25 种,使得他们的废纸分选精,质量好,利用率高,分类挑选后的废纸,大大降低了造纸厂使用废纸作为原料的成本。经科技部批准,由中国制浆造纸研究院承担的我国废纸分类标准及相关标准正在制定中。

由于经济发展带来的强劲需求,我国造纸业快速发展,据专家预测,2020 年我国纸张需求将成倍增长,高达近 1 亿吨,由于木材稀缺问题难以在短期内解决,废纸原料紧缺还将在很长时间内继续存在。在此情况下,国内废纸资源价值上升,一旦扶持政策、行业标准、技术等问题得到解决,国内废纸再生利用产业势必成为一个新兴的投资热点。

10.5.3 废旧家电的回收利用状况

《废旧家电及电子产品回收处理管理条例》(征求意见稿)第 2 条将废旧家电定义为:废旧家电包括废旧电视机、电冰箱、洗衣机、空调器、计算机,以及国家发展和改革委员会会同有关部门根据实际情况,适时发布的废旧家电目录内的产品。废旧家电包括废家电和旧家电。废家电是指丧失使用功能或在经济合理条件下经过维修仍达不到旧家电安全标准和性能标准的家电;旧家电指经过测试达到旧家电安全标准和性能标准,可作为二手商品继续销售、使用的家电。

废旧家电产品,它们不同于一般的城市垃圾,如果不经过科学的拆解和回收处理,只是将这些垃圾进行焚烧或填埋等简单处置,不仅会污染土壤、地下水和大气环境,还将直接或间接地危害人体健康。但是,这些废旧的家电产品又不是一般意义上的“废物”,其中含有大量可回收的有色金属、黑色金属、塑料、玻璃以及一些仍有使用价值的零部件等,只要它们得到有效的处理和合理的再生利用,就可以变废为宝,所以有人说“电子垃圾是放错了地方的资源”。如表 10.6 所示为四种典型家电的材料构成比。

表 10.6　四种典型家电的材料构成比　　单位:%

材料	铁、铁合金	铜、铜合金	铝、铝合金	其他合金	塑料	玻璃	气体	印刷电路板	其他
电视机	9.70	1.50	0.30	1.40	16.10	62.40	0.00	8.10	0.50
电冰箱	49.00	3.40	1.10	1.10	43.30	0.00	1.10	0.30	0.70
洗衣机	55.70	2.90	1.40	0.50	34.70	0.00	0.00	1.50	3.30
空调器	45.90	18.50	8.60	1.50	17.50	0.00	2.00	3.10	2.90

资料来源:[24]

由表 10.6 可见,废旧家电中含有的大量可以利用的资源,如果这些资源可以得到有效的回收利用,就可以节省大量的原生资源。我国是家电生产和消费大国,我国家用电器每年的保有量和生产量巨大,如表 10.7 所示为我国近几年几种常用家电的产量。随着电子技术的飞速发展,越来越多的技术尖端、性能更好的、功能更全的电子产品得到利用;电子产品的新应用领域也在不断扩展,几乎涉及人们生活的各个方面,这同时也导致废旧电子产品数量的极大增加。文献[25]预测了我国 2006～2015 年家用电器年废弃量,详见表 10.8。从表 10.8 中看出,在 2006～2015 年,家用电器整体呈现上升趋势。另外,除了自产数量庞大的废旧家电之外,我国还面临着"洋垃圾"的入侵。有关资料显示,目前世界上 30%～40%的电子垃圾聚集亚洲,而其中的 70%～80%流入了中国。[26]

表 10.7　2003～2006 年几种常见家用电器产量　　单位:万台

产品名称	2003 年	2004 年	2005 年	2006 年	2007 年
电冰箱	2 242.56	3 007.59	2 987.06	3 530.89	4 397.13
洗衣机	1 964.46	2 533.41	3 035.52	3 560.5	4 005.10
房间空调器	4 820.86	6 390.33	6 764.57	6 849.42	8 014.28
彩色电视机	6 541.4	7 431.83	8 283.22	8 375.4	8 478.01
移动电话机	18 231	23 752	30 354	48 014	54 857.86
电子计算机	3 216.7	5 974.9	8 084.89	9 336.44	12 073.38

数据来源:中国统计年鉴(2008 年)

表 10.8　中国家用电器和计算机年废弃量预测值　　单位:万台

年份	彩色电视机	家用冰箱	家用洗衣机	室内空调	个人计算机
2006	2 041.25	578.01	1 048.14	676.43	1 376.40
2007	2 324.63	727.45	903.76	771.19	3 079.10
2008	3 088.52	869.56	1 022.98	923.68	3 177.35
2009	3 728.75	924.22	1 187.42	1 089.14	4 782.64
2010	5 833.94	966.81	1 158.85	1 235.02	7 190.08
2011	3 251.85	973.45	1 280.54	3 668.45	10 796.10
2012	3 917.88	1 086.99	2 530.44	2 524.40	16 190.7
2013	4 041.73	2 094.18	1 374.37	3 875.04	24 251.3
2014	4 251.48	1 242.00	1 673.12	2 992.61	90 491.88
2015	4 449.13	1 714.78	1 519.46	3 250.11	80 904.88

数据来源:[25]

面对如此庞大的废旧家电,国外一些发达国家都先后制定了相关的法律法规来约束或指导废旧家电产品的回收再利用。如表10.9所示。

表10.9　国外废旧家电及电子产品的回收治理政策

时间	国家或地区	政　　策
1994-3	奥地利	提出电子电器废弃物法草案
1998	欧盟	《废旧电子产品回收法》草案
1998	比利时	制定了白色和褐色家电的法规
1998	日本通产省	公布了《家用电器回收利用法》
1999-7	荷兰	起草了《电子电器产品废弃物法》
2000-4	美国	实施电子产品全程化服务活动项目
2001-1	瑞典	生效关于电子电器产品废弃物法令
2001-4	日本	颁布《家电再利用法》
2003-10	日本通产省	实施《主动收回和循环利用个人计算机的政法规定》
2003-2	欧盟	颁布《报废电子电器设备指令》和 《关于在电子电器设备中禁止使用某些有害物质指令》
2004-4	日本通产省	实施《家用电器回收利用法》
2004-8	欧盟	实施《废弃电子电器设备指令》和 《关于在电子电器设备中限制使用某些有害物质的指令》
2006-7	欧盟	禁止在新电子产品中使用包括铅、汞、镉等在内的有害物质

资料来源:[27]

就日本而言,自《家用电器回收法》正式实施后的第二年,废旧家电产品回收数量就突破了1 000万台,2006年已经达到1 161万台,而实施六年后,废旧家电的回收总数高达6 300万台。2006年日本家电产品的再商品化率也达到了相当高的程度,其中,空调的再商品化率达86%,电视为77%,冰箱(冷柜)为71%,洗衣机为79%,分别比规定高出20个百分点以上(图10.7),日本废旧家电再商品化处理的总质量也由2001年的31.9万吨增长到2006年的44.7万吨,人均再商品化质量由2001年的2.5千克增长到2006年的3.5千克(图10.8)[28]。2007年,日本环境省与经济产业省对《家用电器回收法》要求厂商必须遵守的回收再商品化率进行了修订,其中洗衣机从50%上调至65%、空调回收率从60%上调至70%、冰箱回收率从50%上调至60%。新方案争取从2009年开始实施[29]。美国加州参议院2003年下半年批准了一项法案,要求高科技公司关注回收过时的计算机和相关的设备,制造公司从2005年开始安排回收上一年销售量机器的50%,这个比例2007年提高到70%,2010年将达到90%。欧盟的《废弃电子电气设备指令》和《关于在电气电子设备中禁止使用某些有害物质指令》,要求在2005年8月13日后投放市场的产品,其废弃后的收集、处理、回收和环保处置等相关费用将由生产商或进口商承担。为了让电子垃圾处理起来更加方便,欧盟要求各市政管理机构必须在同一种类垃圾收集处摆放6个集装箱,用于大型电器、冰箱、荧光灯管、计算机、各种显示器和小电器。所有收集来的废旧电器必须根据其种类将70%~80%的材料实现再利用。[30]

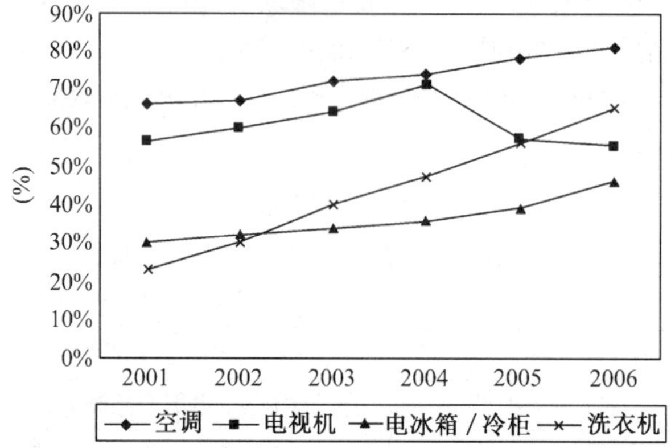

图 10.7　2001～2006 日本废旧家电再商品化率

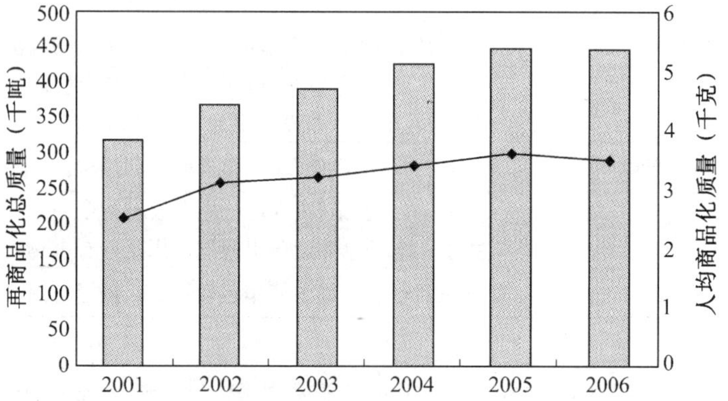

图 10.8　2001～2006 年日本废旧家电再商品化处理的总质量和人均质量

资料来源：[28]

目前，我国废旧家电的主要去向有以下三种：一是重新流入市场。我国废旧家电中的很大一部分被私人或商家回收后经过重新包装，再次进入流通领域，经旧货市场出售或是直接低价出售。二是一种“低级”再资源化，不仅资源再利用的比率很低，而且造成了严重的环境污染。三是填埋或焚烧，这种处理方式不仅占用土地，更重要的是对环境的破坏是灾难性的。目前，我国还没有一部针对废旧家电管理的专项法律法规。因此无论对家电生产企业、销售商、消费者或回收者都缺乏具有约束力的管理。至今尚未建立规范的废旧家电回收处理体系，我国的电子废弃物回收处理还处于无序状态，很不规范。因此，我国应加快立法建设，借鉴国际上的经验，构建我国的废旧家电回收利用体系。

10.5.4　废旧轮胎的回收利用状况

所谓废旧轮胎，是指被替换或淘汰下来已失去作为轮胎使用价值的轮胎，以及工厂产生的报废轮胎。废旧轮胎具有很强的抗热、热生物、抗机械性，并很难降解，几十年都不会自然消失掉。长期露天堆放，不仅占用大量土地，而且极易滋生蚊虫传播疾病，而且容易引发火灾，被人们称为“黑色污染”。随着全球汽车保有量的迅猛发展，废旧轮胎引发的环境污染与资源浪费问题日渐凸显。据世界环境卫生组织统计，世界废旧轮胎积存量已达30亿条，并以每年约10亿条令人惊诧的数字增长。废旧轮胎作为可资源化的高分子材料的循环再生利用，已引起世界各国的关注。[31]

我国是世界橡胶消费和橡胶进口第一大国，70%以上的天然橡胶依赖进口，从2002年起已连续五年成为世界橡胶耗费第一大国。据有关方面2006年统计，我国橡胶消耗量达550万吨，占世界橡胶消耗量的23.3%，我国的天然胶生产有限，年供给量40万～60万吨，与需求相差甚远[32]。而轮胎生产占据了我国橡胶消耗的约60%，是橡胶消耗的大头，2006年生产轮胎3亿条，超过美国，居世界第一。同时，我国也是世界废旧轮胎产生量第二大国，据初步测算，我国2006年废旧轮胎的产生量约1.6亿条(表10.10、表10.11)。废轮胎是一种再生资源，废旧轮胎处理得好，是掘不尽的一座金矿，尤其在当前中国橡胶资源紧缺的情况下，废旧橡胶制品的再生利用更具有积极的意义。因此，废轮胎的无害化、资源化再利用方法也一直是世界各国积极研究的一个重要课题，目前主要的三种方法是：利用废轮胎生产橡胶粉、再生胶和热能利用，热能利用包括热裂解法和水泥窑炉直接燃烧法。三种方法的优缺点以及主要使用国家对比如表10.12所示。

表10.10　美、中轮胎产量比较　　单位：亿条

国家	2000年	2001年	2002年	2003年	2004年	2005年	2006年
美国	2.76	2.46	2.46	2.37	2.67	2.87	2.9
中国	1.21	1.33	1.60	2.01	2.39	3.18	4.33

数据来源：[33]

表10.11　美、中两国废轮胎产业量比较　　单位：亿条

国家	2000年	2001年	2002年	2003年	2004年	2005年	2006年
美国	2.76	2.81	2.87	2.90	3.00	3.10	3.15
中国	0.32	0.50	0.65	0.85	1.12	1.40	1.60

数据来源：[33]

表10.12　废轮胎橡胶资源利用方式对比表

利用方法对比指标	橡胶粉	再生胶	热能利用	
			热裂解	水泥窑炉
资源化利用率	最高	较高	低	最低
环境友好程度	最高	最低	较低	较低
单位环保投资	最低	最高	较高	较高
单位能源消耗	较低	最高	低	最低
单位投资成本	较高	较低	最高	最低
单位生产成本	高	较高	低	最低
产品使用范围	广泛	较窄	窄	最窄
主要使用国家和地区	美、白、南非、加拿大、欧盟各国、中国台湾等	中国内地	中国内地、日本、澳大利亚、中国台湾	美国、日本、中国台湾

资料来源：[32]

与发达国家相比,我国废旧轮胎回收利用率很低。美国废旧轮胎回收率已达 77%,欧洲达到 80%,芬兰于 1996 年出台了关于废旧轮胎回收利用的法规,还辅以技术开发和市场培育的指导,目前芬兰已有 140 多个回收点,废旧轮胎的回收利用率已达 100%,而我国还不到 10%。2004 年我国废旧轮胎产量为 1.12 亿条,轮胎翻新量约 800 万条,2005 年美国轮胎翻新量约为 2 800 万条,新轮胎与翻新轮胎比例为 9:1,每年因此节省用油 40 亿加仑。同年我国轮胎产量为 3.18 亿条,轮胎翻新量仅为 1 100 万条,新轮胎与翻新轮胎比例约为 29:1。[34]

在管理上,发达国家相继成立了废旧轮胎回收利用管理机构,如美国的"废胎管理委员会",加拿大的"废胎回用管理协会"、"废胎管理局",欧盟的工作组及中国台湾的"废轮胎处理基金会"等;并建立了完整的法律政策体系,有力地支持了废旧轮胎的资源综合利用产业的发展,如美国的《资源与回收法》、《轮胎回收利用法》,法国的《废弃物及资源回收法》,德国的《循环经济与废弃物管理法》,韩国的《资源节约与再生使用促进法》,日本的《促进循环型社会基本法》以及中国台湾的《资源回收再利用法》、《废轮胎回收清除处理费》等。发达国家对废旧轮胎实行无偿利用,还有补贴,并实行免税政策,同时开发先进的技术,建立完善的废旧轮胎回收系统,规范废旧轮胎的回收,提高回收效率,最终建立一个废轮胎回收、加工、利用的循环网络[35]。而中国内地迄今为止还没有一部废轮胎回收管理利用的法规,一部《废旧轮胎回收利用管理条例》起草修改了若干年,仍未出台,另外,中国内地还未建立起健全的轮胎回收体系,废旧轮胎加工技术水平也比较低。

10.5.5 废旧汽车的回收利用状况

废旧汽车是指汽车在达到一定使用年限或者车辆在一段时间后失去了使用价值或消费者认为它已经不能满足需求。虽然汽车作为工具的使用价值已经消失了,但是废旧汽车如果不能得到很好的回收,就会出现大量的废旧汽车被随处丢弃、拼装车黑市流通、车辆中的某些物质对环境污染严重。而且汽车中富含大量的资源,如金属、可重复利用材料等,如果得不到很好利用就会造成很大的资源浪费(表 10.13),所以废旧汽车回收产业越来越受到各界的重视。

表 10.13 废旧乘用汽车中可回收物质构成

构成物质	占废旧汽车总质量大致比例/%
轻钢结构及钢铁	69
有色金属	6
玻璃	4
塑料制品、橡胶制品(如轮胎)、发泡制品	14
其他物质	7

资料来源:[36]

据介绍,目前全世界每年的汽车产量接近 6 600 万辆,每年有 4 000 多万辆汽车报废,西欧、美国和日本年报废汽车总量约 2 500 万辆。根据有关部门统计,截至 2007 年,我国汽车保有量已达到5 696万辆中近300万辆报废,据预测,到2010年,我国汽车保有量可能突破8 000万辆,每年报废量将超过400万辆[37]。报废汽车数量的增加,将带来交通安全、能源、环境保护、资源利用等诸多问题。汽车报废后的环保处理及报废汽车的材料循环利用问题越来越突出和紧迫。开展汽车材料回收利用的研究,做好节能环保工作,力求社会和经济的可持续发展,是当今世界汽车工业所面临和亟待解决的问题[38]。主要发达国家都先后制定了相关的法律、法规、技术标准等(如表10.14所示),对废旧汽车的拆解、回收利用等行为进行了规范,并创造出了巨大的社会效益和经济效益。

表10.14 几个典型的国家报废汽车回收利用的相关法律法规

国家	发布/实施时间	相关法律法规
德国	1972	《废弃物处理法》
	1996	《循环经济与废弃物管理法》
	2002-6-21	《报废汽车法规》
英国	2003	《报废汽车法规》
	2005-3-3	《2005报废汽车(生产者责任)法规》
法国	2003-8-1	《关于车辆构造及报废汽车处置的法令》
荷兰	2002-5-24	《报废汽车管理法令》
西班牙	2002-12-20	《关于报废汽车处理的皇家法令1383/2002》
日本	2004	《车辆注销登记法》
	2005	《汽车回收法》
韩国	1982	《汽车管理法》
	1992	《资源节约再生利用法》

资料来源:本文整理

一些发达国家的报废汽车回收利用,从立法到拆解方式已经形成了完整的体系,汽车回收业已成为产生重大经济效益和社会效益的现代化产业。在日本,约有汽车质量的75%得到再利用,2005年开始施行的《汽车回收法》扩大了汽车生产厂家回收废旧汽车的责任,按照谁使用、谁负责的原则,消费者在购买新车时就要交纳汽车回收处理费,用于补贴回收废旧汽车,汽车制造企业在设计制造汽车时要尽可能多地采用可以回收再利用的材质和结构。日本《汽车回收利用法》规定,汽车用户要交纳回收利用费,包括五项费用:ASR(汽车粉碎残渣)费、安全气囊费、氟利昂处理费、资金管理费和信息管理费。汽车回收再利用促进中心受国家委托征收回收再利用费,并对其进行严格管理和运用,直到报废汽车得以回收利用为止。在确认汽车生产企业、进口商的粉碎残渣、氟利昂、安全气囊回收工作完成后,才向汽车制造厂、进口商支付回收再利用费。在汽车回收、拆解、粉碎的整个过程中实行电子清单制度,当处理单位接收到报废汽车后,向信息管理中心发送接收信息,在进行相关处理并转交到下一个处理单位后,向信息管理中心发送转移信息,由此,信息管理中心可以对报废汽车的数量以及回收利用的实施情况进行实时跟踪。日本的汽车回收利用管理体系如图10.9所示[39]。

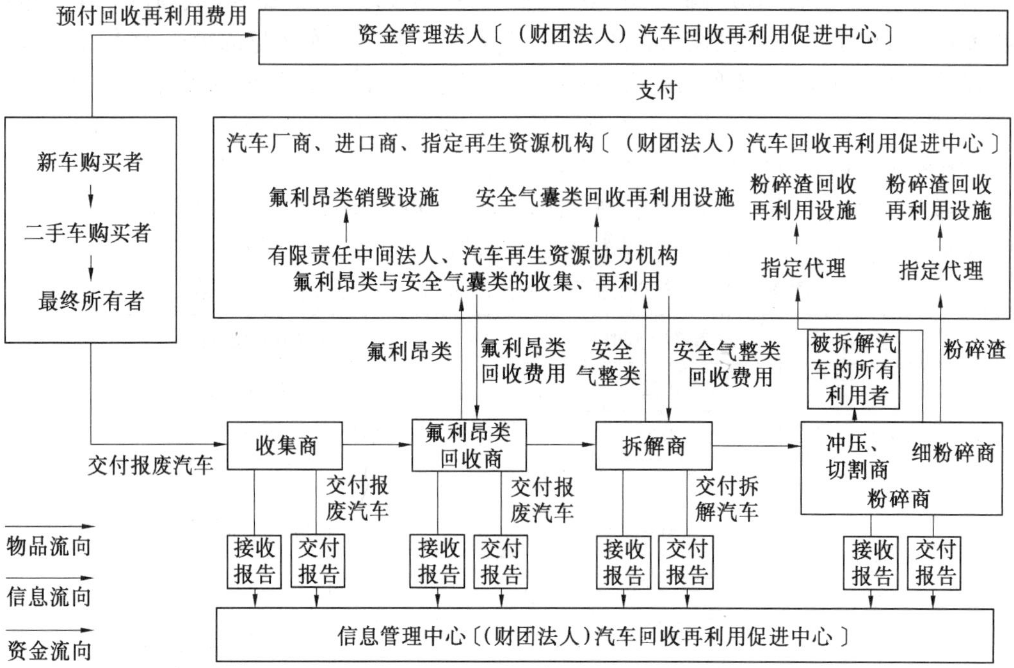

图 10.9　日本的汽车回收利用管理体系

资料来源：日本汽车工业协会中国网站

德国每年生产的新车接近 500 万辆，同时也有近 150 万辆旧车报废。德国自 2002 年 7 月 1 日起实施《旧车回收法》。该法规定：汽车制造商或进口商，有免费回收旧车的义务，并须将车体以环保的方式回收、再利用。并且自 2006 年起，汽车材料、零件的回收必须达到 85%的再利用率，以及 80%的回收率，2015 年起则分别提高到 95%和 85%。美国是目前全球最有效的废旧汽车回收国，几乎占每辆汽车质量 75%的部件都已被重新利用起来。全美大约有 12 000 家汽车零部件回收商，能够将有重新利用价值的发动机、电机和其他零件拆卸翻新，重新出售；至于金属车体，则由粉碎机碾成金属碎片后再运往钢厂铸造新车体。目前，废旧汽车回收在美国已成为一项年获利达数十亿美元的新行业。目前国外废旧汽车回收利用管理规范，制度严密，综合利用水平也比较高。[36]

目前国内废旧汽车回收利用现状却不容乐观，报废汽车回收之后能循环的物质主要局限于废钢铁和部分有色金属，而其他材料回收利用得非常少。橡胶、塑料、玻璃等材料往往被当做垃圾处理，报废汽车的总体利用率还很低，报废汽车的拆解处理技术、方法非常落后、简单，不仅浪费材料，还造成严重的二次污染。2006 年 2 月 6 日，国家发展和改革委、科学技术部和国家环保总局联合颁布了《汽车产品回收利用技术政策》，旨在推动我国汽车产品的设计、制造和报废、回收、再利用等项工作。《汽车产品回收利用技术政策》中从汽车设计、生产、维修、报废回收等各阶段提出了有利于汽车产品回收利用的要求，并在 2010 年之前陆续颁布实施（如图 10.10 所示）。

图 10.10 技术政策规定的时间表

资料来源：[38]

10.5.6 建筑垃圾的回收利用状况

建筑垃圾是指建设、施工单位或个人对各类建筑物、构筑物等进行建设、拆迁、修缮及居民装饰房屋过程中所产生的余泥、余渣、泥浆及其他废弃物。按照来源分类，建筑垃圾可分为土地开挖、道路开挖、旧建筑物拆除、建筑施工和建材生产垃圾五类，主要由渣土、碎石块、废砂浆、砖瓦碎块、混凝土块、沥青块、废塑料、废金属、废竹木等组成[40]。

建筑垃圾具有数量大、组成成分种类多、性质复杂等特点，建筑垃圾对环境的危害主要表现在以下几个方面：侵占土地、污染水体、污染大气、污染土壤、影响市容和环境卫生。建筑垃圾的主要成分有：土、渣土、废钢筋、废铁丝和各种废钢配件、金属管线废料、废竹木、木屑、刨花，以及各种装饰材料的包装箱、包装袋，散落的砂浆和混凝土，碎砖和碎混凝土块，搬运过程中散落的黄沙、石子和块石等，这些材料约占建筑施工垃圾总量的 80%。不同结构形式的建筑工地，垃圾组成比例略有不同，建筑垃圾典型组分构成与比例如表 10.15所示。可以看出，建筑垃圾的成分中混凝土和碎砖所占比重较大，废钢材的绝对数量也不少，对于数量巨大的建筑垃圾，若能进行集中回收，加工再生，综合利用，既有利于变废为宝，节约资源，又有利于保护生态环境。目前，建筑垃圾再生利用的途径大致有两种，一是可将建筑垃圾中的砖、石、混凝土等废料经粉碎后，变成细骨料、砌筑砂浆、内墙和顶棚抹灰、打混凝土垫层等，二是向深度研发，利用城市建筑垃圾制取烧结砖和再生混凝土。建筑垃圾的利用可谓是一举数得，在获得经济效益的同时，还消灭了大量垃圾，减少污染及土地占用[41]。

目前日本全国建筑废弃物资源再利用率已经超过 90%，其中废弃物混凝土利用率更高。美国每年产生建筑垃圾 3.25 亿吨，占城市垃圾总量的 40%，经过分拣、加工进行转化，再生利用的约占 70%，其余 30%的建筑垃圾“填埋”（利用）在需要的地方。从广义上说，美国的建筑垃圾 100%得到综合利用。新加坡 2006 年建筑垃圾产生量约为 60 万吨，日均产生量约为 1 600 吨，98%的建筑垃圾都得到了处理，50% ~ 60%的建筑垃圾实现了循环利用[42]。中国香港地区建筑废料的回收率为 80%；中国台湾为 50%[43]。纵观欧洲，近十年来，建筑垃圾的一般回收率高达 80%（甚至更高）。许多国家和地方政府都把建筑垃圾的回收作为新建筑项目能够获得批准的前提条件。英国政府在垃圾处理总战略讨论稿中,甚至定下了2020年建筑垃圾为零的目标。如表10.16所示为1987~1998年德国建筑垃圾的再生利用率。

表10.15 建筑垃圾典型组分构成与比例　　单位:%

组　分	比　例		
	砖混结构	框架结构	剪力墙结构
碎　砖	30~50	15~30	10~20
砂　浆	8~15	10~20	10~20
混凝土	8~15	15~30	15~35
包装材料	5~15	5~20	10~20
屋面材料	2~5	2~5	2~5
钢　材	1~5	2~10	2~10
木　材	1~5	1~5	1~5
其　他	10~20	10~20	10~20

表10.16 德国建筑垃圾的再生利用率　　单位:%

垃圾类别	1987年	1989年	1991年	1993年	1998年
碎旧建筑材料	20	17	39	62	—
建筑工地垃圾	0	0	0	27	72
道路开挖	69	55	83	87	100

资料来源:[44]

我国每年城市产出的建筑垃圾为24亿吨左右,已占到城市垃圾总量的40%,并有逐年增加的趋势,如表10.17所示。建筑活动消耗了人类所使用自然资源总量的40%、能源总量的40%。我国建筑废料的回收利用率较低。我国建筑垃圾的处理大体分为两类,一是未经任何处理的建筑垃圾进行直接填埋,约占98%;二是进行轻度分拣出废金属、废混凝土,约占2%。由于建筑垃圾基本上未经任何处理,便被施工单位运往郊外或乡村,采用露天堆放或填埋的方式进行处理,围城现象严重,不仅耗用大量土地及垃圾清运费,而且造成严重的环境污染[42]。究其原因,主要是我国建筑垃圾处理的相关政策法规不健全、处理技术缺乏、资金保障不够等。

表10.17 1995~2005年我国建筑施工面积及建筑垃圾量

年份	1997	1998	1999	2001	2002	2003	2004	2005	2006	2007
每年建筑施工面积/亿立方米	13.8	1.7	16	18.8	21.5	25.9	31.1	35.3	41.02	47.32
每年建筑垃圾量/亿吨	2.21	2.35	2.56	3.01	3.44	4.14	4.67	5.58	—	—

资料来源:中国国家统计局

10.6　可再生资源回收利用体系的构建研究

再生资源是循环经济的重要组成部分。发展再生资源回收利用行业是建立节约型城市不可或缺的重要内容,做好再生资源回收利用工作,不仅可以节约资源,减少浪费,促进城市经济的发展,而且是创造优美环境、建设宜居城市的必要条件。

当前,我国再生资源回收体系建设已经取得了一定的成就,但同时我国再生资源回收行业也存在一些问题:再生资源回收渠道单一、市场管理混乱;资源回收率低,不易回收利用的再生资源丢弃现象严重;废旧物资回收利用企业普遍经营规模小、工艺技术落后;再生资源回收利用技术开发投入严重不足。再生资源行业之所以效率低下,是因为我国再生资源行业虽已经形成一定规模,但仍缺乏一个高效的再生资源回收利用体系。

再生资源回收体系建设主要有两种形式,一种是在如日本、德国等发达国家,主要是在"生产者责任制"的基础之上建立"大家电联盟",由联盟企业提供资金,建立基金会,在基金会的基础上建立专门的管理机构,通过有处理能力的回收企业进行相应物资的回收处理和再利用[45]。而另一种形式,就是我国目前的再生资源回收现状,目前,我国绝大多数的再生资源回收是由走街串巷的低价收购,再经过手工作坊的简单拆卸,进行二次使用或直接进入二手市场。

文献[46]认为,在循环经济思想主导下,再生资源回收利用体系由相互关联的三大系统组成,即社会化的再生资源回收系统,社会化的再生资源拆解及加工系统,社会化的综合利用和废物无害化处置系统。三个环节之间通过规范管理和市场经济条件下的企业运作,有机相联成一个具有循环经济特征的产业化回收利用体系,在这个体系中,回收是基础,加工是手段,综合利用和无害化处理是目的,三个环节缺一不可。从而形成再生资源通畅、有序的物流平台;规模化的回收品种分类标准的制定和综合利用的技术创新平台;再生资源行业协会规范管理平台;具有再生资源的市场交易网络特征的信息平台。推动再生资源行业从松散的粗放型向集约型、规模型、产业效益型方向转化。

文献[47]认为,要建立现代化的再生资源回收利用体系,应建立一套符合市场经济要求和行业特点、易于操作的管理体系和国家标准;建立从业企业和个人的市场准入制度;发挥循环经济产业政策的作用,促进再生资源的有效回收、利用和环境保护;培育一支熟练掌握具备现代再生资源回收利用理念、精通专业知识和业务技能的专业队伍;树立既可创造经济效益,又能造福社会、倡导绿色环保型生活方式的全新行业形象,实现社会效益、环境效益和经济效益的有机统一。建立再生资源回收体系,推进其产业化发展,应遵循以下原则:政府作为主体引导原则,市场化运作原则,鼓励多种经济成分参与再生资源产业原则,生产者责任制原则,循序渐进、试点先行的原则[45,48]。

再生资源回收利用体系建设是一项涉及方方面面的系统工程,带有社会公益性质,按照发展循环经济和建设节约型社会的要求,制定实施方案、完善管理机制、加强网络建设、加快龙头企业发展、加强宣传培训,促进再生资源行业健康、有序发展。

主要参考文献

[1] 陈仁新.资源回收业的开放竞争与规范管理研究[D].上海:上海大学,2001.

[2] 周攀峰.我国再生资源循环利用法律制度的构建[D]. 上海:上海大学,2006.
[3] 刘影翔.瑞士的再生资源回收体系[OL]. [2008-09-13]http://www.chinairn.com.
[4] 金通,张国平.发展资源回收利用产业的国际经验与启示[J]. 特区经济,2005(11):252-253.
[5] 经济部工业局.我国资源回收再利用之环保商机分析报告[R].2006.
[6] 驻德国经商参处.德国开展再生资源回收利用的做法及经验[OL]. [2008-08-12]http://www.drcnet.com.cn/DRCNET.Channel.Web/.
[7] 郭学益,宋瑜,徐刚.日本再生资源的产业化及对我国的借鉴[J]. 中国资源综合利用,2006,24(12):35-40.
[8] 中华人民共和国循环经济法(草案)[OL].http://www.cesd-sass.org/rules/ShowArticle.asp? ArticleID=198.
[9] 乌兰.再生资源产业化的法律规制[D].西北民族大学,2007.
[10] 循环经济立法研究项目组.循环经济立法研究最终报告[R].2007.
[11] 周宏春.我国再生资源产业发展现状与存在问题[J]. 再生资源与循环经济,2008(5):5-8.
[12] 李敬伟,胡艳华,胡日查.我国可再生资源开发利用的现状、存在的问题及对策建议[J]. 内蒙古环境科学,2008,20(1):53-56.
[13] 冯慧娟,张继承.中国资源再生产业发展与思考[J]. 环境保护,2007,380(9):66-68.
[14] 管爱国.建立现代再生资源回收利用体系促进我国社会经济可持续发展[J].再生资源研究,2006(2):1-4.
[15] 宋林飞.发展再生资源产业的世界潮流与对策建议[J].现代经济探讨,2008(2):5-9.
[16] 董莉,晁全新.纵论再生资源利用[J].经营与管理,2005(12):48-49.
[17] 刘强.再生资源回收利用——人类可持续发展的生命线[J].环境经济杂志,2005(22):20-22.
[18] 王爱兰.中外再生资源产业发展比较与中国的推进策略[J].资源科学,2006,28(5):108-113.
[19] 冯慧娟,鲁明中.再生资源产业发展的思考环境与可持续发展[J].2008(1):49-51.
[20] 中商情报网.2008~2010年中国废旧物资回收加工行业研究预测报告[R].2008.
[21] 智库在线.2007年中国垃圾发电行业研究咨询报告[R].2007.
[22] 2007年中国纸及纸制品年度进出口报告[OL].[2008-08-15] http://www.haiguan.info/UserFiles/File/fenxibaogao/zzp.pdf.
[23] 关阳.世界各国废纸回收率发展现状[N]. 中国包装报,2004-12-16(4).
[24] 罗宇,陈亮,廖利,王松林.我国废弃电子电器产品的回收体系研究[J]. 再生资源研究,2006(1):31-34.
[25] 邱胜鹏.国内电子废弃物的处理现状[J].能源与环境,2006(1):61-63.
[26] 梁平,于军,邵冬海,南春秋.废旧电子产品的污染及其回收利用: 中国环境保护优秀论文集[C].北京:中国环境科学学会,2005.
[27] 张颖,陈莎,张敦信.废旧家电及电子产品污染现状及回收治理对策的探讨[G]. 中

国环境科学学会,中国环境保护优秀论文集(2005).北京：中国环境科学出版社,2005,1636-1639.
[28] 林陨.日本废旧家电回收处理成效显著[J].电器,2008(6):70-71.
[29] 日本环境及经产省计划上调家电回收率[OL].[2008-08-20]http://www.sdsme.gov.cn/data/news/2008/06/18/20456.html.
[30] 国内外电子废弃物回收现状[OL].[2008-07-25]http://www.dlkp.gov.cn/main/Article2/Print.Asp? ID=410.
[31] 李如林.我国废旧轮胎回收利用行业的现状及发展对策[J].中国资源综合利用,2003(3):306.
[32] 刘长.中国轮胎资源循环利用行业发展及政策导向[J].橡塑技术与装备,2008,34(3):5-15.
[33] 陈玲.废旧轮胎的循环利用——中美的差距[OL].http://202.113.28.107.
[34] 史天舒.我国废旧轮胎回收利用率极低[N].经济参考报,2006-7-21(6).
[35] 徐响,漆新华,庄源益.废旧轮胎综合利用现状简介[J].天津化工,2006,20(6):1-3.
[36] 葛菁,徐宏宇.废旧汽车回收拆卸与再制造——可持续发展战略下的机会与挑战[J].图书馆杂志,2005,24(B06):49-56.
[37] 杜悦英.助力节能环保汽车零部件再制造呼之欲出[N].中国经济时报,2008-5-14(9).
[38] 吴涛,陈丽萍.国内外报废汽车回收技术和管理现状及对策[J].汽车工艺与材料,2007(5):12-15.
[39] 王学平.日本报废汽车回收利用介绍[OL].[2008-06-23] http://www.catarc.org.cn/bzh/pdf/rhs.pdf.
[40] 柯钢.智能材料结构在建筑工程中的应用[J].建筑技术开发,2005,32(3):75,130.
[41] 孙全.建筑垃圾也是一种资源[N].沈阳日报,2007-6-4(9).
[42] 李平.综合利用建筑垃圾大力发展循环经济[N].深圳特区报,2007-12-24(A08).
[43] 仲伟权.我国建筑垃圾处理和利用的现状及对策与思考[OL].www.bxsdl.com.
[44] FARID DEBIEB, SAIDKENAI. The use of eoarse and fine Crushed brieks as Aggregate in Conerete[J].Construction and Building Materials, 2007(26):132-140.
[45] 杜欢政.再生资源回收体系建设应坚持四原则[N].嘉兴日报,2007-10-14(3).
[46] 章和杰,张琦.构建浙江省再生资源回收利用体系的路径探索[J].中国资源综合利用,2007,125(1):30-32.
[47] 李志芳.再生资源回收利用网络体系建设对城市环境和资源循环利用的作用[J].再生资源与循环经济,2008,1(1):11-13.
[48] 赖阳.再生资源回收体系产业化的思考[J].市场营销导刊,2007(5):14-18.

(闫伟东)

文献分析编

11 从期刊文献计量看循环经济研究

文献计量分析是指通过对文献增长规律的研究,较为客观地分析某一技术的现状与发展趋势。本章从水污染、大气污染、新能源三个领域出发,对 Web of Science 数据库(科学引文索引,是世界上重要的多学科学术文献文摘索引数据库)收录的期刊论文从数量、国别、研究机构等方面进行了分析,并得出如下结论:

由期刊论文发表情况来看,水污染与大气污染的论文数量几乎同步增长,1991 年之后进入新的成长期。在新能源领域,水电、太阳能、风能、海洋能、生物质能的研究从 1985 年至今一直呈快速增长的总体趋势,地热利用的研究还处于萌芽阶段。

水污染、大气污染和新能源领域期刊论文数量居于前五位的国家见表 11.1。

表 11.1 循环经济领域论文分析

领　域	期刊论文数量居前五位的国家
水污染	美国、中国、德国、法国、英国
大气污染	美国、德国、英国、中国、加拿大
水电	美国、加拿大、巴西、中国、法国
太阳能	美国、日本、印度、德国、中国
风能	美国、英国、德国、加拿大、丹麦
海洋能	美国、英国、德国、法国、加拿大
生物质能	美国、德国、英国、加拿大、荷兰
地热能	美国、土耳其、日本、意大利、墨西哥

11.1 期刊的影响因子

影响因子(impact factor)是一个国际上通行的期刊评价指标,即某期刊前两年发表的论文在统计当年的被引用总次数除以该期刊在前两年内发表的论文总数。该指标是相对统计值,可克服大小期刊由于载文量不同所带来的偏差。一般来说,影响因子越大,其学术影响力也越大。Web of Knowledge 的 Journal Citation Reports(期刊引用报告,简称 JCR)是重要的期刊评价工具,JCR 通过对世界上 8 000 多种期刊引用数据的定量统计分析,帮助用户了解出版物的影响力。

JCR 中收录了 160 种环境科学类期刊。对这 160 种期刊进行国别分析发现,美国、英国、荷兰、德国被收录的期刊数量占据了绝大部分,加拿大、日本、意大利、澳大利亚等国有少量期刊被收录,中国被收录的期刊有两种:《Biomedical and Environmental Sciences》和《JENVIRON SCI - CHINA》,影响因子 0.557 和 0.48。JCR 环境科学类别影响因子前十位期刊及期刊数量前四位国家如表 11.2 及表 11.3 所示。

表 11.2　JCR 环境科学类别影响因子前十位期刊

排名	期刊名称	总引次数	2 年影响因子	5 年影响因子
1	Environmental Health Perspectives	16 326	5.636	5.514
2	Global Change Biology	6 796	4.786	5.749
3	CRIT REV ENV SCI TEC	896	4.615	5.250
4	Environmental Science & Technology	51 326	4.363	4.930
5	Global Biogeochemical Cycles	6 453	4.335	4.820
6	FRONT ECOL ENVIRON	1 122	4.269	5.277
7	ANNU REV ENV RESOUR	348	4.036	5.948
8	Conservation biology	12 533	3.934	5.489
9	Global Environmental Change	998	3.915	3.727
10	ENVIRON SCI POLLUT R	1 202	3.894	2.974

表 11.3　JCR 环境科学类别期刊数量前四位国家

排　名	国　家	期刊种数
1	美国	63
2	英国	42
3	荷兰	25
4	德国	11

11.2　美国:学术领域的"航母"——水污染领域的研究论文分析

以 TS = (water pollut *)为检索式在 SCI 中检索到 34 396 篇相关文献。从年分布的曲线可以看出,1990 以前和 1991 年以后水污染领域文献数量增长相对比较稳定,在 1989 年至 1991 年之间文献发表量激增,1990 年的文献发表量是 1989 年的 2.3 倍,1991 年的文献发表量是 1990 年的 5.78 倍。其余时间段文献的增长保持一个较为稳定的速率。因此,从世界范围来看,水污染领域的研究自 1990 年之后一直是研究领域的热点(图 11.1)。

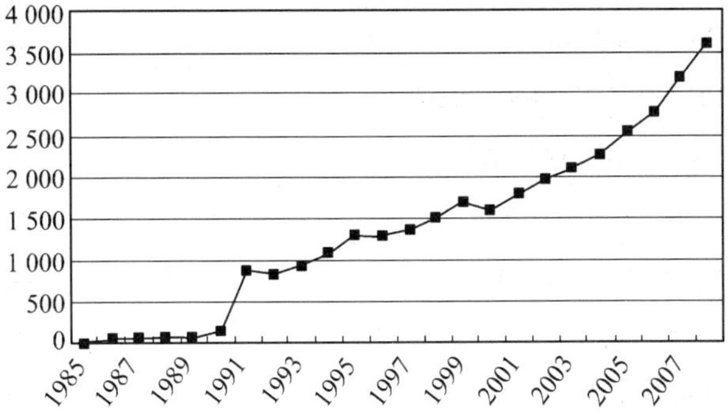

图 11.1　全球水污染领域研究论文数量的年分布

1985～2008 年水污染领域文献发表数量的国家和区域分布显示,位于水污染领域研究前十位的国家分别是美国、中国、德国、法国、英国、西班牙、加拿大、意大利、印度和日本。其中八个国家属于经济发达国家,中国和印度作为两个发展中国家分别排在第二位和第九位,如图 11.2 所示。

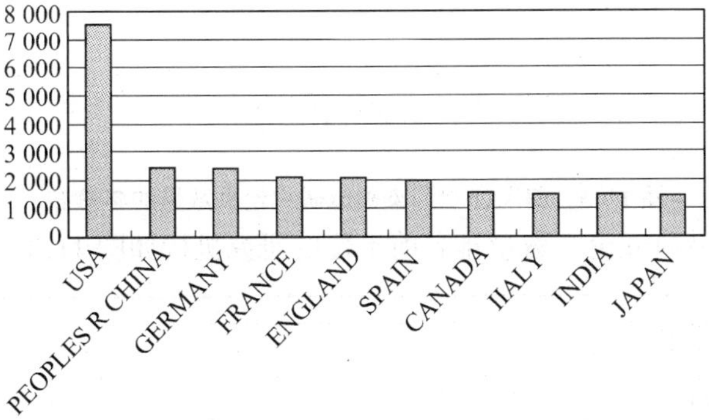

图 11.2　全球在水污染领域研究论文数量的国别分布

根据对检索结果的分析,水污染领域研究论文主要分布在环境科学、水资源和环境工程三个学科领域。

1985 年至 2008 年间美国在水污染领域发表的论文数量的年分布曲线显示,1990 年至 1991 年在该领域的研究激增,与全球的总体发表文献数量年分布曲线吻合,其中排在前十位的期刊如表 11.4 所示。

表 11.4　发表水污染领域论文数量排名前十位的期刊

期刊名称	发表在该期刊上相关论文数
WATER SCIENCE AND TECHNOLOGY	1 584
CHEMOSPHERE	916
ENVIRONMENTAL SCIENCE & TECHNOLOGY	906
WATER RESEARCH	804
SCIENCE OF THE TOTAL ENVIRONMENT	779
WATER AIR AND SOIL POLLUTION	560
ENVIRONMENTAL POLLUTION	505
MARINE POLLUTION BULLETIN	442
ENVIRONMENTAL MONITORING AND ASSESSMENT	441
HYDROBIOLOGIA	414

美国在水污染领域研究论文数量的年分布如图 11.3 所示。

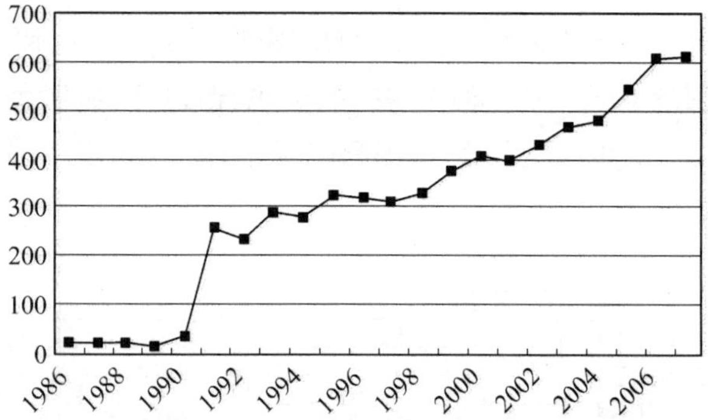

图 11.3　美国在水污染领域研究论文数量的年分布

美国水污染领域研究论文数量排名前十位的研究机构如图 11.4 所示。

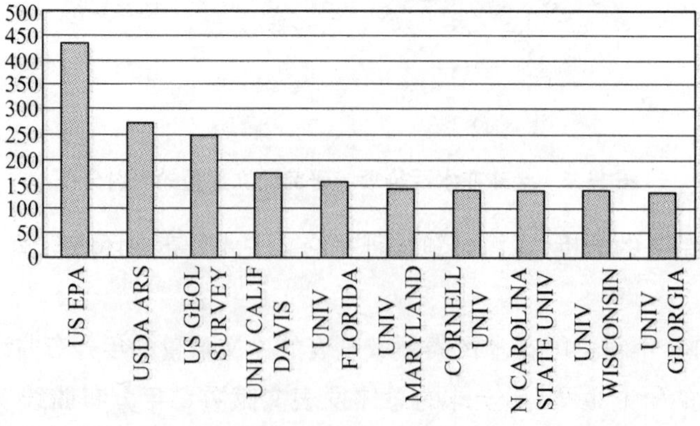

图 11.4　美国水污染领域研究论文数量排名前十位的研究机构

1985年至2008年中国水污染领域文献发表数量年分布显示,我国进行水污染领域的研究起步还是比较早的,但成为热点研究领域是在2000年以后,近年来文献发表数量呈稳步上升的趋势(图11.5)。文献发表数量排在前十位的机构分别为中国科学院、浙江大学、北京大学、清华大学、南京大学、北京师范大学、香港理工大学、香港科技大学、香港大学和香港城市大学(图11.6)。值得一提的是,中国科学院在水污染领域发表的论文数量是全球所有的研究机构中最多的。

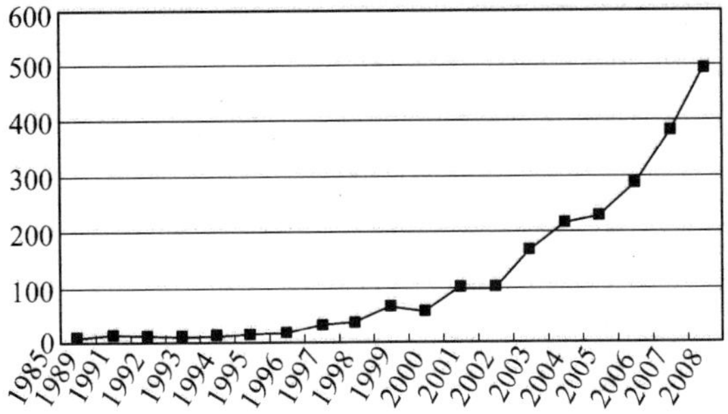

图 11.5 中国水污染领域研究论文数量的年分布

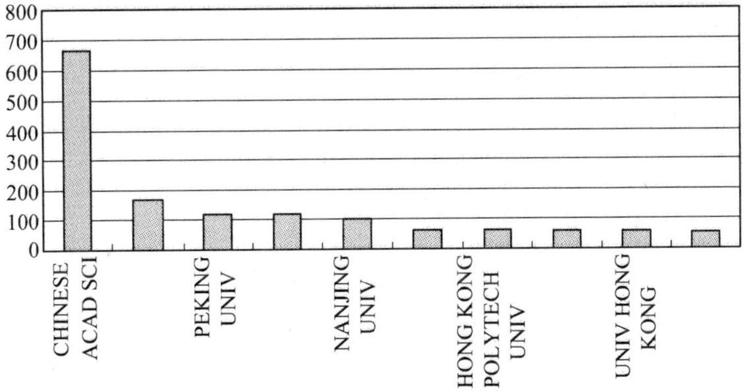

图 11.6 中国水污染领域研究论文数量排名前十位的机构

11.3 中国:持续在关注——大气污染领域的研究论文分析

以TS=(air pollut*)为检索式在SCI中检索,发现SCI收录的1985年至今的相关文献34 456篇。大气污染领域研究论文数量的年分布曲线显示,同水污染研究一样,有关大气污染相关研究论文数量一直呈增长态势,1990年至1991年有一个激增,这两个领域研究论文数量基本保持同步增长。

由大气污染领域SCI收录论文的国别分布可以看出,美国在该领域的研究依然占绝对优势,中国排在第四位,是唯一的一个发展中国家,其他依次为德国、英国、加拿大、意大利、法国、日本、西班牙和瑞典,全部为经济发达国家。

大气污染领域的研究论文主要集中在环境科学、气象与大气科学、公共环境与职业健康、环境工程、毒物学五个学科。在大气污染领域发表文献数量排名前十位的期刊见表11.5。

表 11.5 在大气污染领域发表文献数量排名前十位的期刊

刊　　名	发表大气污染领域相关文献数量
ATMOSPHERIC ENVIRONMENT	2 821
EPIDEMIOLOGY	1 103
JOURNAL OF GEOPHYSICAL RESEARCH – ATMOSPHERES	1 021
ENVIRONMENTAL SCIENCE & TECHNOLOGY	934
SCIENCE OF THE TOTAL ENVIRONMENT	807
ENVIRONMENTAL HEALTH PERSPECTIVES	787
JOURNAL OF THE AIR & WASTE MANAGEMENT ASSOCIATION	680
ENVIRONMENTAL POLLUTION	632
WATER AIR AND SOIL POLLUTION	550
CHEMOSPHERE	474

1985 年至 2008 年水污染与大气污染领域论文数量对比分析如图 11.7 所示。

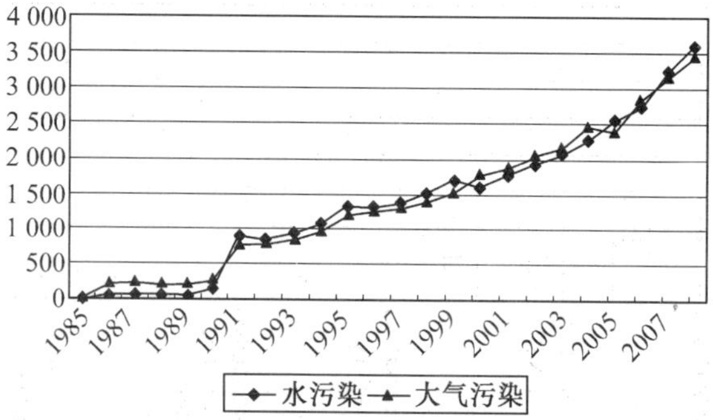

图 11.7　1985 年至 2008 年水污染与大气污染领域论文数量对比分析

大气污染领域研究论文的国别分布如图 11.8 所示。

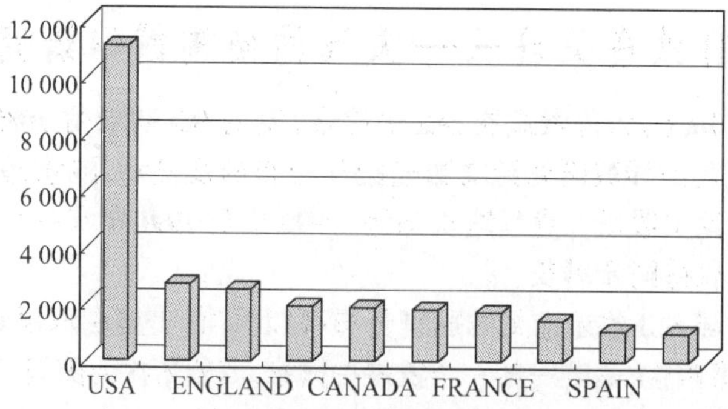

图 11.8　大气污染领域研究论文的国别分布

美国大气污染领域研究论文发表数量排名前十位的机构如图 11.9 所示。

中国在大气污染领域研究论文的年分布如图 11.10 所示。

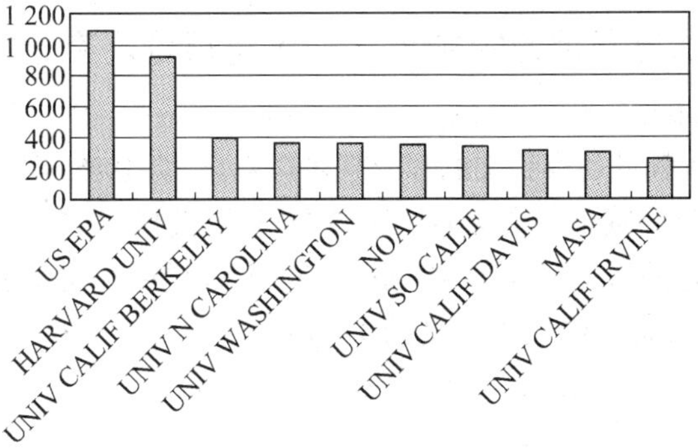

图 11.9 美国大气污染领域研究论文发表数量排名前十位的机构

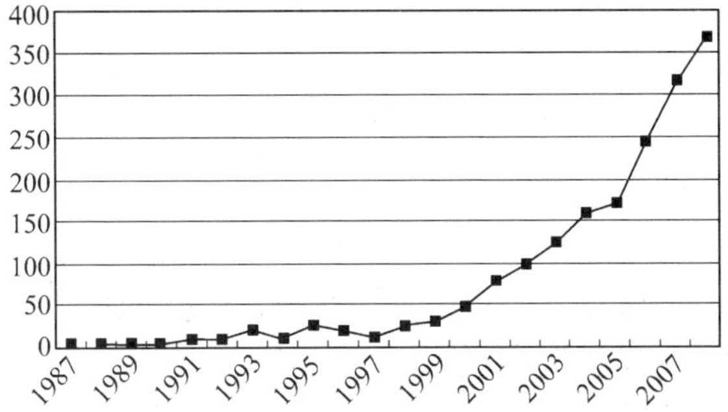

图 11.10 中国在大气污染领域研究论文的年分布

中国在大气污染领域发表的研究论文数量排名前十位的机构见表 11.6。

表 11.6 中国在大气污染领域发表的研究论文数量排名前十位的机构

机构名称	文献数量
CHINESE ACAD SCI	380
HONG KONG POLYTECH UNIV	219
PEKING UNIV	191
TSING HUA UNIV	85
UNIV HONG KONG	76
HONG KONG UNIV SCI & TECHNOL	69
FUDAN UNIV	68
CHINESE UNIV HONG KONG	53
CHINESE ACAD METEOROL SCI	46
CITY UNIV HONG KONG	46

11.4 新能源领域文献分析

在新能源领域我们主要关注水电、太阳能、风能、海洋能、生物质能以及地热六个方面。从研究论文来看,研究的热点主要是海洋能和生物质能的利用。

11.4.1 加拿大:水电利用的领先者——水电领域研究论文分析

以 Topic =(hydroelectric * or hydropower or "water power")为检索式在 SCI 中检索到相关论文 3 126 篇。由该领域研究论文的年分布可以看出,自 1985 年以来,该领域的研究一直处于温和上升趋势。该领域研究论文的国家分布显示,美国、加拿大和巴西位于前三位,中国排在第四位。在全球的研究机构中,中国科学院以 44 篇的论文发表数量排在第二位。

全球在新能源领域研究论文数量见图 11.11。

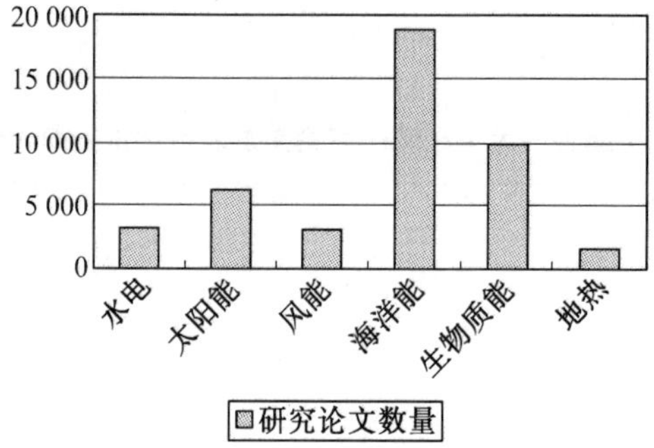

图 11.11　全球在新能源领域研究论文数量

全球在水电领域研究论文数量的年分布见图 11.12。

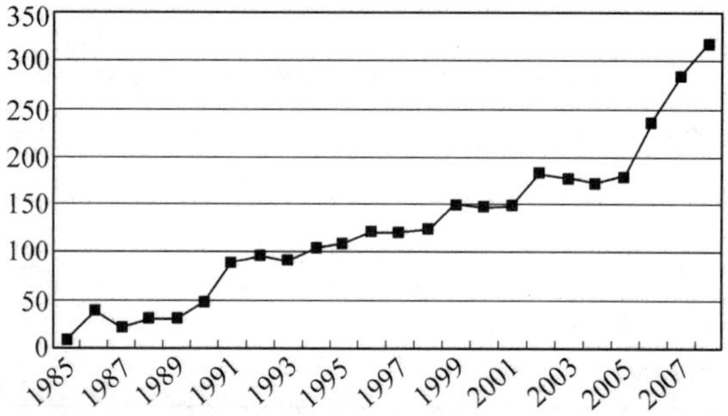

图 11.12　全球在水电领域研究论文数量的年分布

全球在水电领域发表研究论文数量前十位的国别分布见图 11.13。

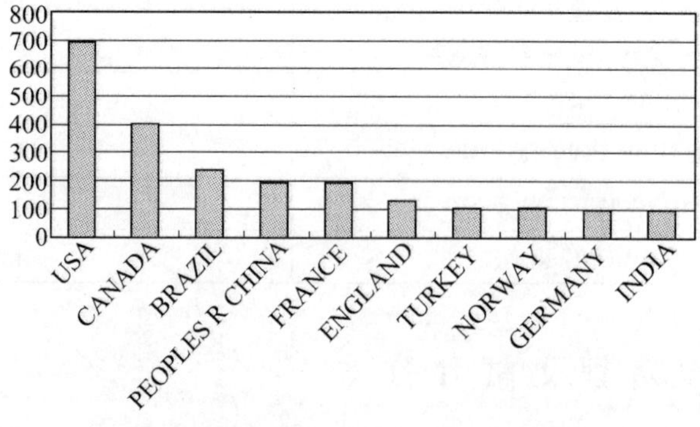

图 11.13　全球在水电领域研究论文数量的国别分布

水电领域发表论文数量排名前十位的研究机构见表 11.7。

表 11.7　水电领域发表论文数量排名前十位的研究机构

研究机构	论文数量
UNIV MANITOBA	45
CHINESE ACAD SCI	44
UNIV QUEBEC	38
FISHERIES & OCEANS CANADA	37
US GEOL SURVEY	37
HYDRO QUEBEC	36
UNIV SAO PAULO	30
UNIV WASHINGTON	27
UNIV ALBERTA	26
INDIAN INST TECHNOL	25

发表水电相关论文数量排名前十位的期刊见表 11.8。

表 11.8　发表水电相关论文数量排名前十位的期刊

期刊名称	论文数量
ENERGY POLICY	100
JOURNAL OF WATER RESOURCES PLANNING AND MANAGEMENT – ASCE	72
HYDROBIOLOGIA	66
IEEE TRANSACTIONS ON POWER SYSTEMS	56
RENEWABLE ENERGY	56
HOUILLE BLANCHE – REVUE INTERNATIONALE DE L EAU	55
REGULATED RIVERS – RESEARCH & MANAGEMENT	55
RIVER RESEARCH AND APPLICATIONS	53
IEEE TRANSACTIONS ON ENERGY CONVERSION	43
CANADIAN JOURNAL OF CIVIL ENGINEERING	38

11.4.2　印度在崛起——太阳能领域研究论文分析

以 Topic = (“solar power” or “solar energy”)为检索式在 SCI 中检索到 6 300 篇相关文献。研究论文数量的年分布曲线显示，太阳能领域的研究起步于 20 世纪 80 年代中期，1990 年到 1991 年有一个快速增长，到 2002 年又是一个新的快速增长期(图 11.14)。研究论文数量的国别分布图显示，美国在该领域的研究仍处于绝对优势，其次是日本、印度、德国、中国、西班牙、法国、英国、瑞士和土耳其(图 11.15)。从文献数量来看，研究机构排名前三位的是 INDIAN INST TECHNOL、PAUL SCHERRER INST 和 NASA(表 11.9)。RENEWABLE ENERGY、SOLAR ENERGY、ENERGY CONVERSION AND MANAGEMENT 三种期刊发表该领域的研究论文最多(表 11.10)。

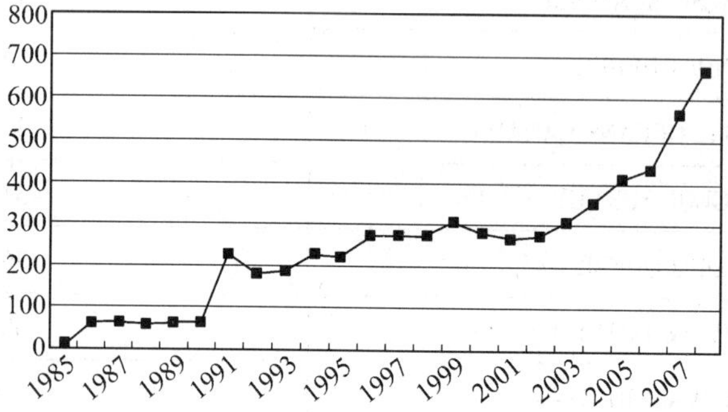

图 11.14 全球在太阳能领域研究论文数量的年分布

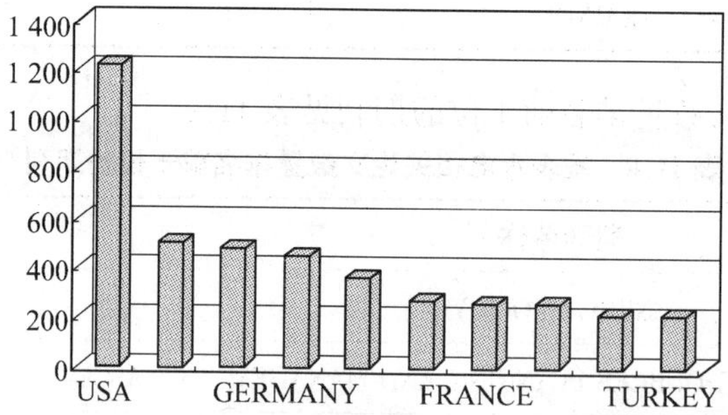

图 11.15 太阳能领域研究论文数量的国家分布

表 11.9 全球在太阳能领域发表论文数量排名前十位的机构

机构名称	论文数量
INDIAN INST TECHNOL	130
PAUL SCHERRER INST	103
NASA	61
WEIZMANN INST SCI	58
CHINESE ACAD SCI	55
CNRS	54
OSAKA UNIV	54
NATL RENEWABLE ENERGY LAB	53
SHANGHAI JIAO TONG UNIV	53
CIEMAT	52

表 11.10 发表太阳能相关论文数量排名前十位的期刊

期刊名称	论文数量
RENEWABLE ENERGY	435
SOLAR ENERGY	431
ENERGY CONVERSION AND MANAGEMENT	286
SOLAR ENERGY MATERIALS AND SOLAR CELLS	191
DESALINATION	167
JOURNAL OF SOLAR ENERGY ENGINEERING – TRANSACTIONS OF THE ASME	160
INTERNATIONAL JOURNAL OF HYDROGEN ENERGY	124
INTERNATIONAL JOURNAL OF ENERGY RESEARCH	108
ENERGY	98
APPLIED THERMAL ENGINEERING	84

11.4.3 风能领域研究论文分析

以 Topic = (“wind power” or “wind energy”)为检索式在 SCI 中检索到相关研究论文 3 008篇。论文数量的年分布曲线显示风能的研究在 20 世纪 80 年代属于起步阶段,2000 年之后发展速度加快,处于快速上升阶段,如图 11.16 所示。论文数量国别分布图显示,美国仍是该领域研究实力最强的国家,其次是英国、德国、加拿大、丹麦、土耳其、西班牙、希腊、日本,中国在该领域排在第十位,如图 11.17 所示。在期刊方面,RENEWABLE ENERGY、IEEE TRANSACTIONS ON ENERGY CONVERSION、ENERGY POLICY 三种期刊发表该领域的研究论文最多,见表 11.12。从文献数量看,研究机构排名前三位的是 RISO NATL LAB、NATL TECH UNIV ATHENS 和 UNIV AALBORG,见表 11.11。

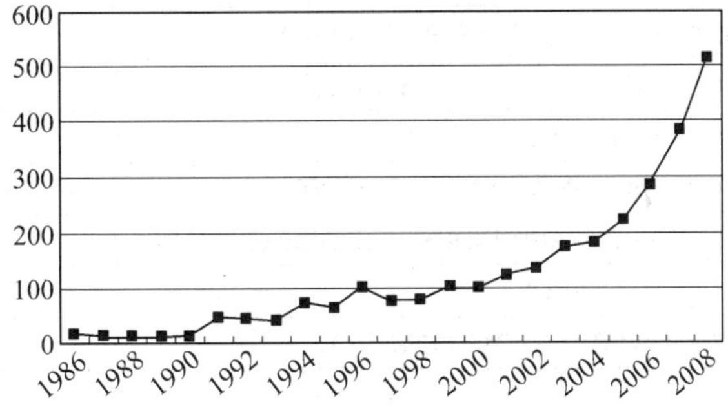

图 11.16 全球在风能领域发表研究论文数量的年分布

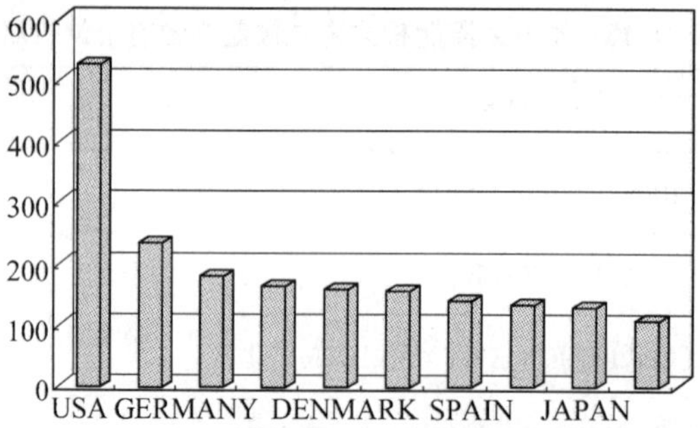

图 11.17 在风能领域研究论文数量的国家分布

表 11.11 在风能领域发表研究论文数量排名前十位的机构

研究机构	文献数量
RISO NATL LAB	52
NATL TECH UNIV ATHENS	48
UNIV AALBORG	44
INDIAN INST TECHNOL	41
NATL RENEWABLE ENERGY LAB	30
NASA	27
TECH UNIV DENMARK	27
DELFT UNIV TECHNOL	26
KING FAHD UNIV PETR & MINERALS	26
ISTANBUL TECH UNIV	23

表 11.12 在风能领域发表期刊数量排名前十位的期刊

期刊名称	论文数量
RENEWABLE ENERGY	393
IEEE TRANSACTIONS ON ENERGY CONVERSION	187
ENERGY POLICY	159
RENEWABLE & SUSTAINABLE ENERGY REVIEWS	97
IEEE TRANSACTIONS ON POWER SYSTEMS	90
WIND ENERGY	89
ENERGY CONVERSION AND MANAGEMENT	82
JOURNAL OF WIND ENGINEERING AND INDUSTRIAL AERODYNAMICS	76
ENERGY	61
ELECTRIC POWER SYSTEMS RESEARCH	48

11.4.4 海洋能领域研究论文分析

以 Topic = "ocean * or sea or tide" and "power or energy"为检索式在 SCI 中检索到18 820

篇相关文献。从研究论文数量的年分布曲线来看,自 1990 年起,对海洋能利用的研究呈稳步上升趋势,如图 11.18 所示。从研究论文的数量来看,美国占绝对优势,其发表的文献数量是排在第二位的英国的 4 倍,德国、法国、加拿大、日本、澳大利亚、意大利、中国和俄罗斯依次进入前十名,如图 11.19 所示。论文数量位于前三名的研究机构分别是 UNIV CALIF SAN DIEGO、UNIV WASHINGTON 和 NASA,见表 11.13。JOURNAL OF GEOPHYSICAL RESEARCH - OCEANS、JOURNAL OF PHYSICAL OCEANOGRAPHY 和 JOURNAL OF CLIMATE 是发表该领域研究论文数量排名前三位的期刊,见表 11.14。

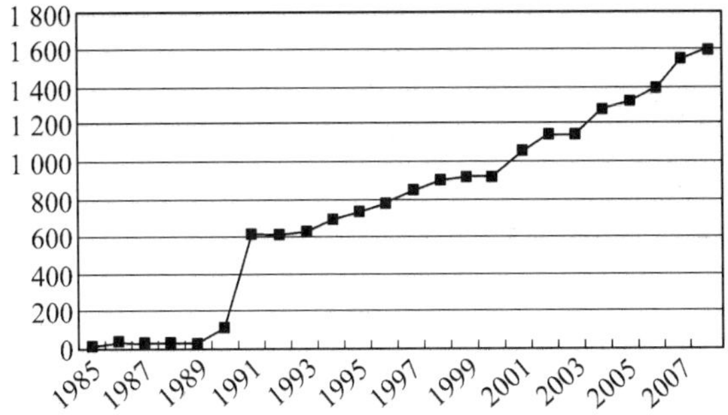

图 11.18　全球在海洋能领域研究论文数量的年分布

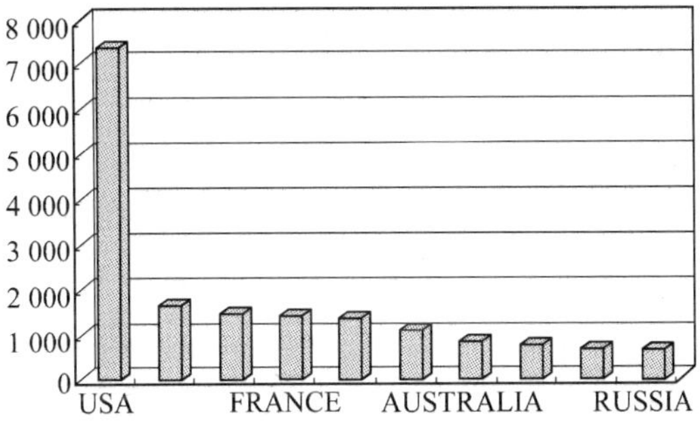

图 11.19　在海洋能领域研究论文数量的国别分布

表 11.13　在海洋能领域发表研究论文数量排名前十位的机构

研究机构	文献数量
UNIV CALIF SAN DIEGO	486
UNIV WASHINGTON	449
NASA	419
WOODS HOLE OCEANOG INST	406
RUSSIAN ACAD SCI	375
NOAA	373
USN	320
MIT	272
UNIV COLORADO	238
OREGON STATE UNIV	224

表 11.14　在海洋能领域发表论文数量排名前十位的期刊

期刊名称	论文数量
JOURNAL OF GEOPHYSICAL RESEARCH – OCEANS	861
JOURNAL OF PHYSICAL OCEANOGRAPHY	733
JOURNAL OF CLIMATE	384
MARINE ECOLOGY – PROGRESS SERIES	379
GEOPHYSICAL RESEARCH LETTERS	367
JOURNAL OF GEOPHYSICAL RESEARCH – ATMOSPHERES	354
JOURNAL OF THE ACOUSTICAL SOCIETY OF AMERICA	244
CONTINENTAL SHELF RESEARCH	199
JOURNAL OF THE ATMOSPHERIC SCIENCES	189
MARINE GEOLOGY	180

11.4.5　瑞典:生物能在发展——生物能领域研究论文分析

以 Topic = "biomass" and "power or energy"为检索式在 SCI 中检索到相关文献 9 756 篇。从研究论文数量的年分布曲线来看,自 1990 年之后,该领域的研究热度逐步升温,2005 年后论文数量的增长速度更是加快(图 11.20)。与其他领域一样,美国仍高居发表论文数量的榜首,德国、英国、加拿大和荷兰位居其后,中国、瑞典、印度、法国和西班牙排在六到十位(图 11.21)。从研究机构来看,CHINESE ACAD SCI、SWEDISH UNIV AGR SCI、USDA ARS 排在论文数量排行榜的前三位,见表 11.15。BIOMASS & BIOENERGY 、BIORESOURCE TECHNOLOGY 和 ENERGY POLICY 是发表该领域论文数量前三位的期刊,见表 11.16。

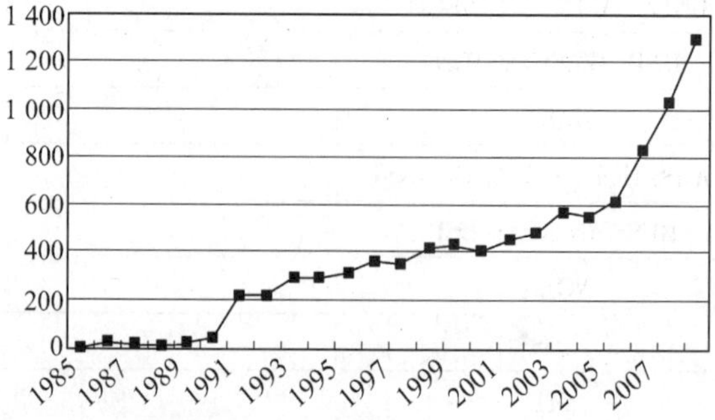

图 11.20　全球在生物能领域研究论文数量的年分布

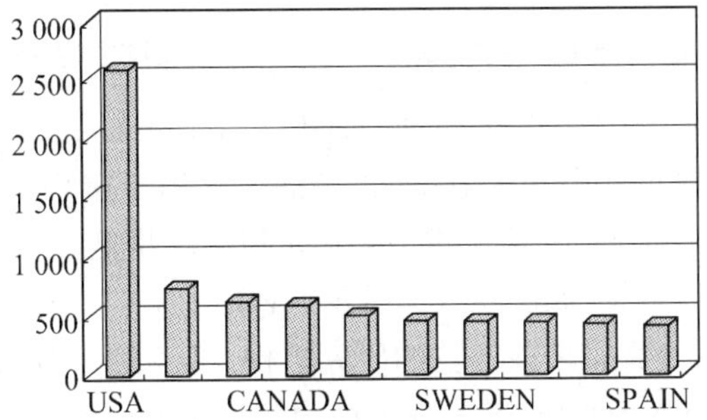

图 11.21 在生物质能领域研究论文数量的国别分布

表 11.15 在生物质能领域发表研究论文排名前十位的机构

研究机构	文献数量
CHINESE ACAD SCI	111
SWEDISH UNIV AGR SCI	95
USDA ARS	95
NATL RENEWABLE ENERGY LAB	86
OAK RIDGE NATL LAB	82
TECH UNIV DENMARK	82
RUSSIAN ACAD SCI	80
UNIV UTRECHT	78
DELFT UNIV TECHNOL	76
UNIV CALIF BERKELEY	73

表 11.16 在生物质能领域发表论文数量排名前十位的期刊

期刊名称	论文数量
BIOMASS & BIOENERGY	642
BIORESOURCE TECHNOLOGY	203
ENERGY POLICY	195
INTERNATIONAL JOURNAL OF HYDROGEN ENERGY	180
RENEWABLE ENERGY	166
ENERGY & FUELS	154
BIOTECHNOLOGY AND BIOENGINEERING	149
MARINE ECOLOGY - PROGRESS SERIES	147
ENERGY CONVERSION AND MANAGEMENT	127
FUEL	126

11.4.6 日本:研究蕴藏地下的宝藏——地热领域研究论文分析

以 Topic =“geothermal or ‘earth thermal’” and “power or energy”在 SCI 中检索到相关文献 1 457 篇。从论文数量的年分布来看,该领域的研究属于震荡上升趋势,如图 11.22 所示。从国家层面上看,美国、土耳其、日本、意大利和墨西哥走在前面,加拿大、德国、新西兰、法国和英国排在六到十位,如图 11.23 所示。EGE UNIV、INST INVEST ELECT 和 UNIV ICELAND 是发表该领域论文排名前三位的研究机构,见表 11.17,GEOTHERMICS、RENEWABLE ENERGY 和 ENERGY SOURCES 是发表该领域论文前三位的期刊,见表 11.18。

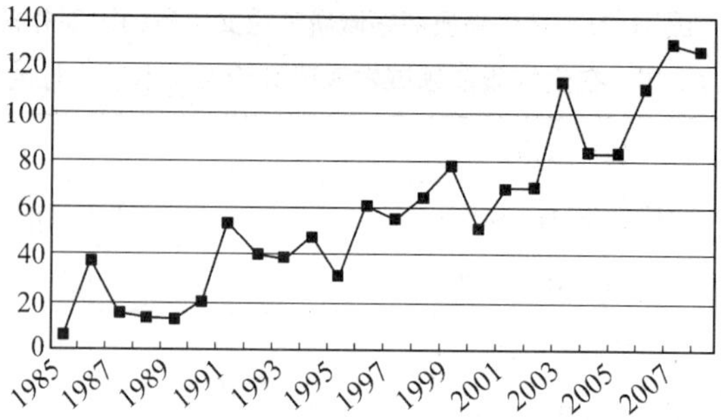

图 11.22　在地热研究领域发表论文数量的年分布

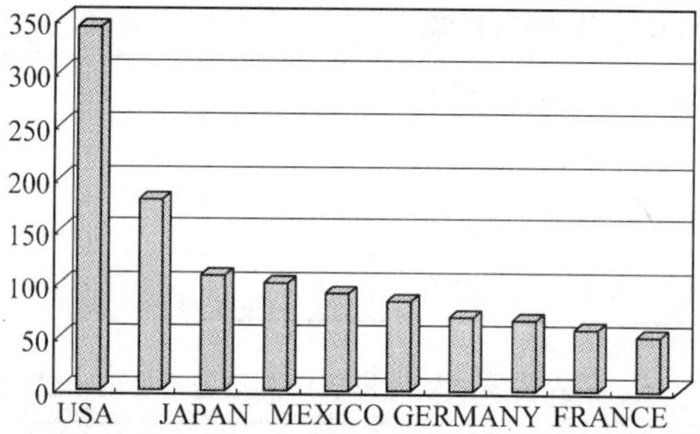

图 11.23　在地热研究领域发表论文数量的国别分布

表 11.17　在地热研究领域论文数量排名前十位的机构

研究机构	文献数量
EGE UNIV	61
INST INVEST ELECT	46
UNIV ICELAND	26
CNR	22
RUSSIAN ACAD SCI	22
US GEOL SURVEY	22
UNIV AUCKLAND	20
UNIV SIENA	19
KARADENIZ TECH UNIV	18
TOHOKU UNIV	16

表 11.18 在地热研究领域发表论文数量排名前十位的期刊

期刊名称	论文数量
GEOTHERMICS	170
RENEWABLE ENERGY	58
ENERGY SOURCES	50
JOURNAL OF VOLCANOLOGY AND GEOTHERMAL RESEARCH	39
ENERGY CONVERSION AND MANAGEMENT	36
HEAT RECOVERY SYSTEMS & CHP	34
ENERGY	33
JOURNAL OF GEOPHYSICAL RESEARCH - SOLID EARTH	32
DESALINATION	29
RENEWABLE & SUSTAINABLE ENERGY REVIEWS	27

11.5 部分顶尖研究机构

美国环境保护局(United States Environmental Protection Agency,EPA)在美国的环境科学、研究、教育和评估方面具有领导地位,其功能是制定和执行环境法规、为环境研究提供经济援助(如研究基金和奖学金等)、从事环境研究和加强环境教育。EPA 网址:http://www.epa.gov。

加州大学戴维斯分校(University of California Davis,UC Davis)是加州大学的十所分校之一,在美国公立大学中排行第 11 名,是世界农业与环境科学研究和教育中心,其农业与环境科学相关的学科包括植物科学、动物科学、兽医科学以及农业经济和管理科学都在全美大学排名前十位。在 SCI 发表论文统计中,UC Davis 在水污染研究领域在美高校中排名中名列第一,UC Davis 网址:http://www.ucdavis.edu。

中国科学院(Chinese Academy of Science,简称中科院)于 1949 年 11 月在北京成立,是国家科学技术方面最高学术机构和全国自然科学与高新技术综合研究发展中心。中科院网址:http://www.cas.cn。

香港理工大学(The Hong Kong Polytechnic University)前身为香港理工学院,是香港学生人数最多的教资会资助大学,致力于应用研究,大气及市区空气污染研究是理工大学术强项领域之一。香港理工大学网址:http://www.polyu.edu.hk。

北京大学(Peking University,简称北大)创办于 1898 年,初名京师大学堂,是中国第一所国立综合性大学,是中国培养高素质、创造性人才的摇篮、科学研究的前沿和知识创新的重要基地。北大网址:http://www.pku.edu.cn。

清华大学(Tsinghua University)的前身是清华学堂,成立于 1911 年,是中国著名高等学府,坐落于北京西北郊风景秀丽的清华园,是中国高层次人才培养和科学技术研究的重要基地之一。清华大学网址:http://www.tsinghua.edu.cn。

加拿大曼尼托巴大学(University of Manitoba)位于曼尼托巴省省会温尼伯格市,是加拿大著名的综合性公立大学,以卓越的教学质量和先进完备的校园设施而闻名。曼尼托巴大学网址:http://umanitoba.ca。

加拿大渔业及海洋部(Fisheries and Oceans Canada,FOC)是加拿大联邦政府部门之一,负责发展及执行海洋及内陆水域的经济、生态和科技等相关政策与方案,保护和永续利用渔业资源,提供安全、有效和无害环境的海洋服务。在水电领域,其在SCI发表的论文数量在众多研究机构中排名第四位。FOC网址:http://www.dfo-mpo.gc.ca。

印度理工学院(Indian Institute of Technology,IIT)是印度最顶尖的工程教育与研究机构,创建于1951年,是印度国家所属的一所大学体系,目前共有七所分校。IIT网址:http://www.iitd.ac.in。

瑞士保罗谢勒研究所(Paul Scherrer Institute,PSI)是瑞士科学和技术的多学科研究中心,在固态物理、材料科学、基本粒子物理、生命科学、核与非核能研究及与能源有关的生态学的研究中非常活跃,是瑞士最大的国家研究所。其研究的重点是基础研究和应用研究,特别是与可持续发展有关的领域和对教育和培训具有重要意义、但超出大学单个系能力的领域。在太阳能领域,PSI在SCI发表的论文数量在所有研究机构中排名第二位。PSI网址:http://www.psi.ch。

RISO(RisΦDTU National Laboratory for Sustainable Energy)是丹麦科技大学(DTU)的一所可再生能源国家实验室,研究主要涉及能源供应、能源消耗以及清洁能源技术等方面。RISO网址:http://www.risoe.dk。

雅典国家技术大学(National Technical University of Athens)创办于1836年,是希腊最古老、最负盛名的高等教育机构。雅典国家技术大学网址:http://www.ntua.gr。

美国可再生能源实验室(NREL)是美国可再生能源和能源效率的研究与发展的主要实验室,目标是寻找可再生替代能源。NREL网址:http://www.nrel.gov。

加州大学圣地亚哥分校(University of California San Diego,UCSD)是美国一所知名度很高的综合性公立大学,师资非常雄厚,共有16名UCSD教职员获得诺贝尔奖,其中8名仍然在UCSD从事教学工作,学术地位驰名全美。UCSD网址:http://www.ucsd.edu。

伍兹霍尔海洋研究所(Woods Hole Oceanographic Institution,WHOI)位于马萨诸塞州伍兹霍尔,是美国大西洋海岸的综合性海洋科学研究机构。该所设有海洋生物学、海洋化学、海洋地质学和地球物理学、物理海洋学以及海洋工程五个研究室,研究课题广泛,涉及海洋基础学科、海洋工程、海洋生物研究、海洋政策和管理,海洋及其资源的利用、权益和归属等方面的课程。在海洋能领域,WHOI在SCI发表的论文数量在所有研究机构中排名第四位。WHOI网址:http://www.whoi.edu。

瑞典农业科技大学(the Swedish University of Agricultural Sciences,SLU)的研究主要是基因和分子生物多样性、动物健康、可持续林业和粮食供应等。SLU网址:http://www.slu.se。

美国农业部农业研究局(United States Department of Agriculture Agricultural Research Service,ARS)是美国农业部首席科学研究机构,研究确保高品质、安全的食品和其他农产品包括评估营养需要、保持竞争力的农业经济、提高自然资源基础和环境等。ARS网址:http://www.ars.usda.gov。

美国橡树岭国家实验室(Oak Ridge National Laboratory,ORNL)是美国能源部所属最大的科学和能源研究实验室,是世界领先的研究能源的机构,研究包括基础能源科学、能源效率、环境科学与技术、核物理和生物科学。ORNL 网址:http://www.ornl.gov。

墨西哥机电研究所(Instituto de Investigaciones Electricas,IIE)是公营企业,研究创新、技术开发和应用科学,开发新技术适用于电力和石油行业。IIE 网址:http://www.iie.org.mx。

冰岛大学(University of Iceland)位于冰岛首都雷克雅未克,是全球科学界闻名的研究机构,在可再生能源和环境研究方面,有着重大的国际影响力。冰岛大学网址:http://www2.hi.is。

(赵国英　刘燕东)

12 基于 CPCI - S 的会议文献分析

通过 ISI Web of Knowledge 平台的 CPCI - S 数据库检索分析全球相关领域的会议论文发表情况,列出权威机构、会议和出版物,并对会议论文量最多的国家和我国在相关领域会议论文的发表情况进行分析(本章数据年限为 1998 ~ 2008 年)。

12.1 水污染领域的会议论文分析

以"TOPIC = water pollut * "为检索式在 CPCI - S 数据库中检索到 5 483 篇相关文献。从年分布的曲线可以看出 2001 年以前水污染领域会议文献数量较少,2001 年开始文献发表量激增,从世界范围来看,水污染领域的会议文献量自 2001 年之后呈直线上升趋势,至 2003 年后趋于平稳,如图 12.1 所示。

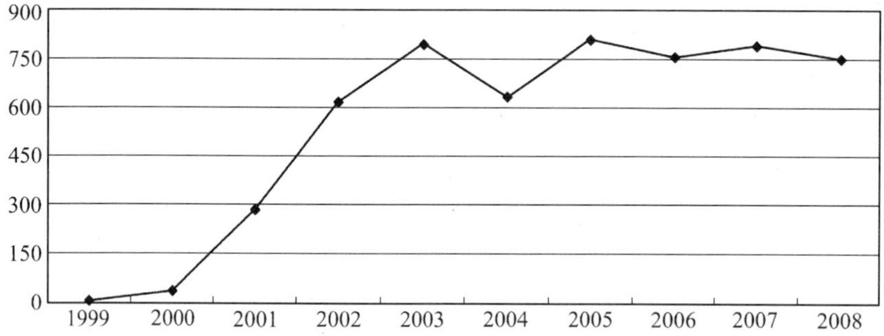

图 12.1 全球水污染领域会议论文数量年分布

1998 ~ 2008 年水污染领域会议文献发表数量的国家和区域分布显示,位于水污染领域研究前十位的国家分别是中国、美国、德国、英国、意大利、法国、日本、西班牙、希腊和波兰。其中九个国家属于经济发达国家,中国作为唯一的发展中国家排在第一位,如图12.2 所示。根据对检索结果的分析,水污染领域研究论文主要分布在环境科学、水资源和环境

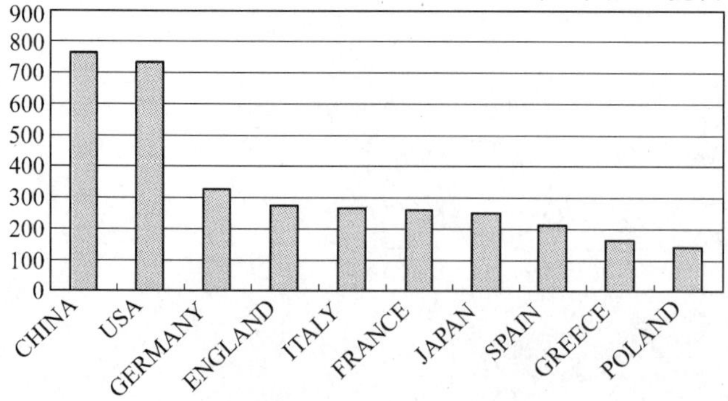

图 12.2 全球水污染领域会议论文数量国别分布

工程学三个学科领域。

全球水污染领域发表会议论文数量排名前列的部分会议如表 12.1 所示。

表 12.1 全球水污染领域会议论文数量排名前列的会议

Field: Conference Title	Record Count	Percentage
9TH INTERNATIONAL CONFERENCE ON ENVIRONMENTAL SCIENCE AND TECHNOLOGY	93	1.70%
INTERNATIONAL CONFERENCE ON INFORMATIONAL TECHNOLOGY AND ENVIRONMENTAL SYSTEM SCIENCE	44	0.80%
INTERNATIONAL SYMPOSIUM ON ENVIRONMENTAL SCIENCE AND TECHNOLOGY	37	0.67%
1ST INTERNATIONAL YELLOW RIVER FORUM	35	0.64%
2ND INTERNATIONAL YELLOW RIVER FORUM	33	0.60%

全球水污染领域发表会议论文数量排名前列的部分文献如表 12.2 所示。

表 12.2 全球水污染领域发表会议论文数量排名前列的文献

Field: Source Title	Record Count	Percentage
WATER SCIENCE AND TECHNOLOGY	433	7.90%
DESALINATION	185	3.37%
NATO SCIENCE FOR PEACE AND SECURITY SERIES C – ENVIRONMENTAL SECURITY	159	2.90%
PROCEEDINGS OF THE SOCIETY OF PHOTO – OPTICAL INSTRUMENTATION ENGINEERS (SPIE)	129	2.35%
WIT TRANSACTIONS ON ECOLOGY AND THE ENVIRONMENT	122	2.23%

全球水污染领域发表会议论文数量排名前列的部分机构如表 12.3 所示。

表 12.3 全球水污染领域发表会议论文数量排名前列的机构

Field: Author	Record Count	Percentage
CHINESE ACAD SCI	79	1.44%
ISTANBUL TECH UNIV	36	0.66%
CSIC	33	0.60%
CNR	32	0.58%
HARBIN INST TECHNOL	30	0.55%
RUSSIAN ACAD SCI	30	0.55%

1998～2008 年间中国作为在水污染领域的会议论文产量略高于美国而居于第一位，其在水污染领域发表的会议论文数量的年分布曲线显示如图 12.3 所示，中国在水污染领域的会议文献量从 2000 年开始起步，之后一直处于上升态势，2002、2006 年分别有两次激增。

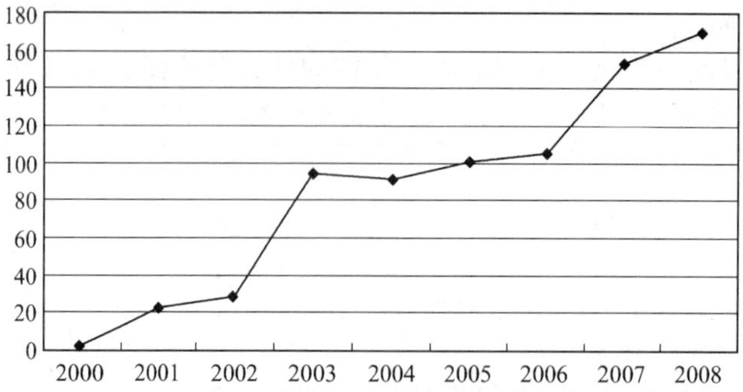

图 12.3 美国水污染领域会议论文数量年分布

12.2 大气污染领域的会议论文分析

以“TOPIC = air pollut * ”为检索式在 CPCI - S 数据库中检索到 5 659 篇相关文献。从全球大气污染会议论文年分布曲线可以看出，2001 年以前大气污染领域会议文献数量较少，2001 年开始文献发表量迅猛激增，直至 2004 年开始趋于平稳，如图 12.4 所示。

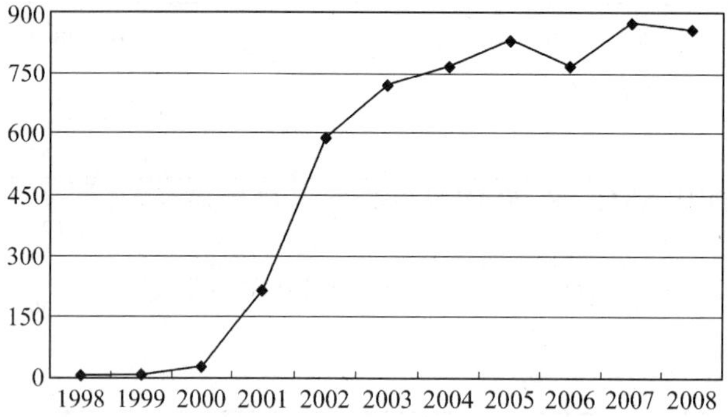

图 12.4 全球大气污染领域会议论文数量年分布

全球大气污染领域会议文献发表数量的国家和区域分布图显示，位于该领域研究前十位的国家分别是美国、中国、意大利、德国、英国、法国、希腊、日本、加拿大和西班牙。其中九个国家属于经济发达国家，美国在该领域有着绝对的优势，中国作为唯一的发展中国家排在第二位，如图 12.5 所示。根据对检索结果的分析，大气污染领域研究论文主要分布在环境科学、公共环境与职业健康和环境工程学三个学科领域。

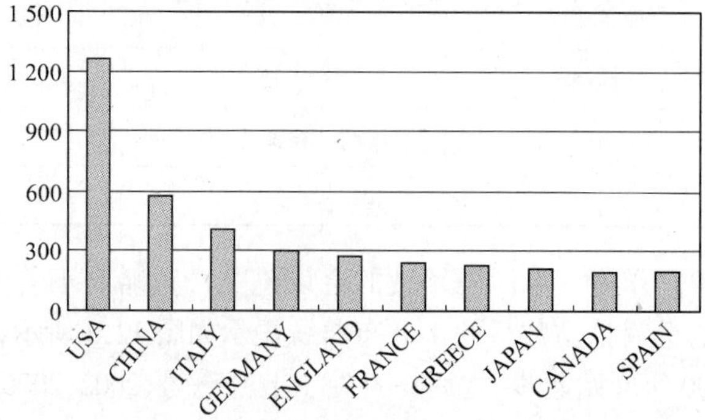

图 12.5 全球大气污染领域会议论文数量国别分布

全球大气污染领域发表会议论文数量排名前列的部分会议如表 12.4 所示。

表 12.4 全球大气污染领域发表会议论文数量排名前列的会议

Field：Conference Title	Record Count	Percentage
10TH INTERNATIONAL CONFERENCE ON INDOOR AIR QUALITY AND CLIMATE（INDOOR AIR 2005）	215	3.80％
ISEE/ISEA 2006 CONFERENCE	168	2.97％
20TH ANNUAL CONFERENCE OF THE INTERNATIONAL－SOCIETY－FOR－ENVIRONMENTAL－EPIDEMIOLOGY	142	2.51％
16TH CONFERENCE OF THE INTERNATIONAL－SOCIETY－FOR－ENVIRONMENTAL－EPIDEMIOLOGY	114	2.01％
19TH ANNUAL CONFERENCE OF THE INTERNATIONAL－SOCIETY－FOR－ENVIRONMENTAL－EPIDEMIOLOGY	104	1.84％

全球大气污染领域发表会议论文数量排名前列的部分文献如表 12.5 所示。

表 12.5 全球大气污染领域发表会议论文数量排名前列的文献

Field：Source Title	Record Count	Percentage
EPIDEMIOLOGY	633	11.19％
WIT TRANSACTIONS ON ECOLOGY AND THE ENVIRONMENT	206	3.64％
INDOOR AIR 2005：PROCEEDINGS OF THE 10TH INTERNATIONAL CONFERENCE ON INDOOR AIR QUALITY AND CLIMATE，VOLS 1－5	192	3.39％
PROCEEDINGS OF THE SOCIETY OF PHOTO－OPTICAL INSTRUMENTATION ENGINEERS（SPIE）	179	3.16％
ATMOSPHERIC ENVIRONMENT	119	2.10％

全球大气污染领域发表会议论文数量排名前列的部分机构如表 12.6 所示。

表 12.6 全球大气污染领域发表会议论文数量排名前列的机构

Field：Author	Record Count	Percentage
US EPA	92	1.63％
HARVARD UNIV	86	1.52％
CNR	64	1.13％
CHINESE ACAD SCI	49	0.87％
ARISTOTLE UNIV THESSALONIKI	47	0.83％

美国在大气污染领域发表的会议论文数量的年分布曲线显示，2001 起美国在该领域的会议文献激增，在 2005 年略有回落后在 2006 年开始趋于平稳，与世界范围内该领域会议文献量的变化情况基本一致，如图 12.6 所示。

2000～2008 年中国大气污染领域文献发表数量年分布显示，自 2000 年以来，我国针对水污染领域的会议文献量呈迅速上升的趋势，从 2006 年开始处于震荡状态，如图 12.7 所示。

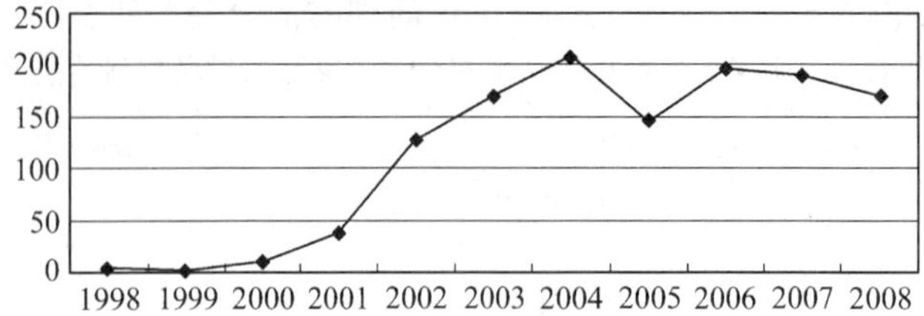

图 12.6 美国大气污染领域会议论文数量年分布

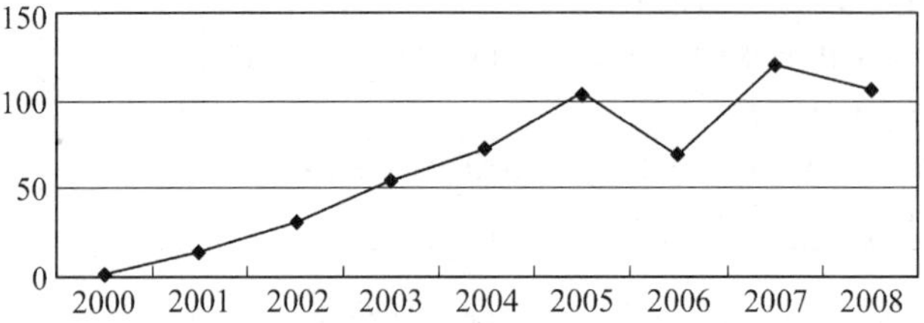

图 12.7 中国大气污染领域会议论文数量年分布

12.3 清洁生产领域的会议论文分析

以"TOPIC = (clean * or clear *) same production"为检索式在 CPCI - S 数据库中检索到 958 篇相关文献。从年分布的曲线可以看到 2001 年以前清洁生产领域会议文献数量较少,2001 年开始文献发表量迅速增加,并从 2003 年开始略有回落后趋于平稳,如图 12.8 所示。

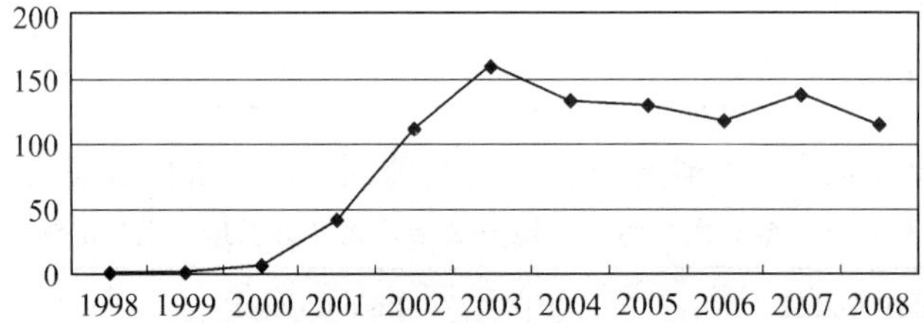

图 12.8 全球清洁生产领域会议论文数量年分布

1998 ~ 2008 年清洁生产领域会议文献发表数量的国家和区域分布如图 12.9 所示,位于清洁生产领域研究前十位的国家分别是美国、德国、中国、日本、法国、英国、意大利、荷兰、澳大利亚和加拿大。其中九个国家属于经济发达国家,中国作为唯一的发展中国家排

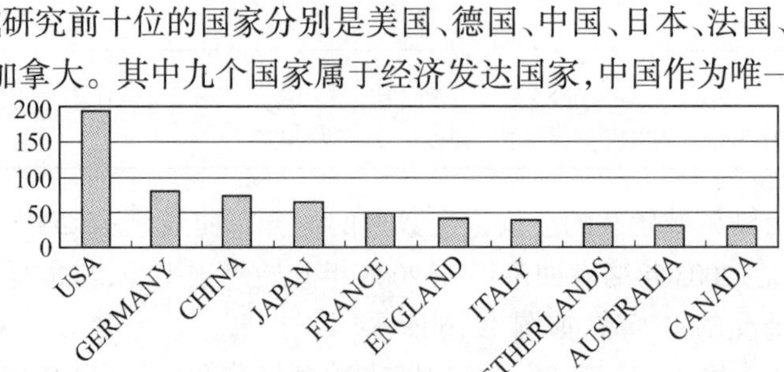

图 12.9 全球清洁生产领域会议论文数量国别分布

在第三位。根据对检索结果的分析，清洁生产领域会议论文主要分布在环境科学、环境工程学和电子电气工程三个学科领域。

全球清洁生产领域发表会议论文数量排名前列的部分会议如表 12.7 所示。

表 12.7 全球清洁生产领域发表会议论文数量排名前列的会议

Field：Conference Title	Record Count	Percentage
34TH R3 NORDIC CONTAMINATION CONTROL SYMPOSIUM	7	0.73%
6TH INTERNATIONAL HIGH－LEVEL SEMINAR ON CLEANER PRODUCTION	7	0.73%
SOHN INTERNATIONAL SYMPOSIUM ON ADVANCED PROCESSING OF METALS AND MATERIALS	7	0.73%
6TH INTERNATIONAL CONFERENCE ON GREENHOUSE GAS CONTROL TECHNOLOGIES	6	0.63%
INTERNATIONAL CONFERENCE ON MANAGEMENT SCIENCE AND ENGINEERING	6	0.63%

全球清洁生产领域发表会议论文数量排名前列的部分文献如表 12.8 所示。

表 12.8 全球清洁生产领域发表会议论文数量排名前列的文献

Field：Source Title	Record Count	Percentage
PROCEEDINGS OF THE SOCIETY OF PHOTO－OPTICAL INSTRUMENTATION ENGINEERS（SPIE）	45	4.70%
ACTA HORTICULTURAE	31	3.24%
AIP CONFERENCE PROCEEDINGS	22	2.30%
JOURNAL OF CLEANER PRODUCTION	18	1.88%
WATER SCIENCE AND TECHNOLOGY	14	1.46%

全球清洁生产领域发表会议论文数量排名前列的部分机构如表 12.9 所示。

表 12.9 全球清洁生产领域发表会议论文数量排名前列的机构

Field：Author	Record Count	Percentage
KYOTO UNIV	7	0.73%
INST FRANCAIS PETR	6	0.63%
UNIV BRITISH COLUMBIA	6	0.63%
UNIV TURIN	6	0.63%
NORTHWESTERN UNIV	5	0.52%
RUSSIAN ACAD SCI	5	0.52%

2001～2008 年间美国在清洁生产领域发表的会议论文数量的年分布曲线如图 12.10 所示，2001～2002 年间，美国国内在清洁生产领域的会议文献量有比较快的增长，之后则保持比较平稳的态势，2006 年开始逐年减少。

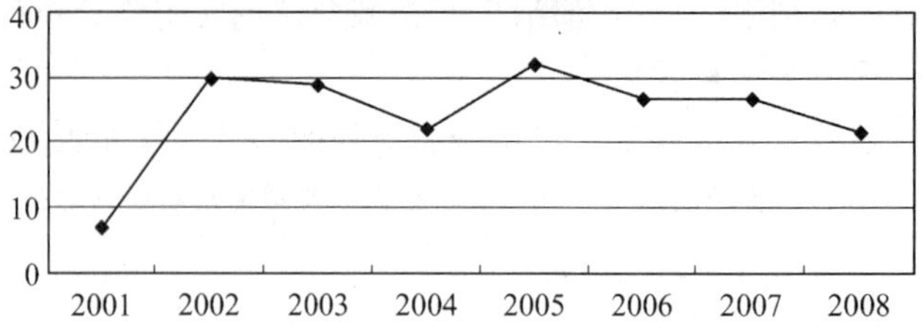

图 12.10　美国清洁生产领域会议论文数量年分布

2002～2008 年中国清洁生产领域会议文献发表数量年分布显示，自 2002 年以来，我国针对该领域的会议文献量一直处于非常少的状况，总体呈缓慢上升的趋势，如图 12.11 所示。

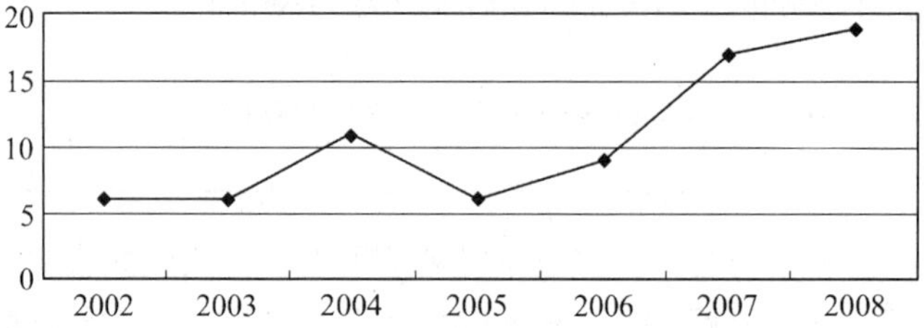

图 12.11　中国清洁生产领域会议论文数量年分布

12.4　新能源领域的会议论文分析

在新能源领域，学者主要关注水电、太阳能、风能、海洋能、生物质能以及地热六个方面。从研究论文来看，研究的热点主要是海洋能和生物质能的利用；从相关专利来看，太阳能和风能的研究是产业技术的热点。

1.水电研究领域

以“TOPIC = hydroelectric * or hydropower or ‘water power’”为检索式在 CPCI – S 数据库中检索到相关论文 1 226 篇。由全球水电领域研究论文的年分布可以看出，自 1999 年以来，该领域的会议文献量总体处于上升趋势，如图 12.12 所示。

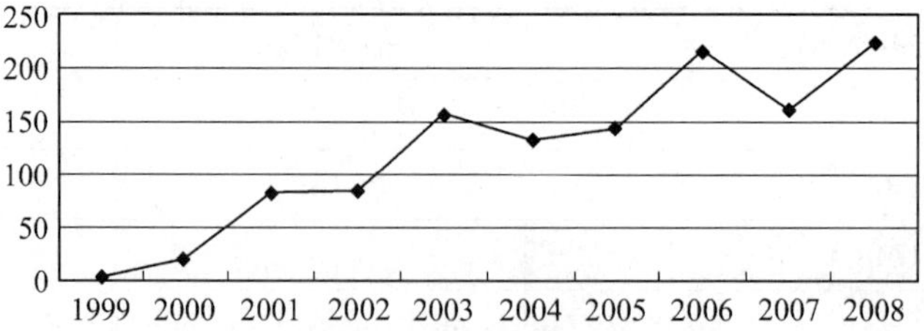

图 12.12　全球水电领域会议论文数量年分布

全球水电领域会议文献发表数量的国家和区域分布如图 12.13 所示，在水电领域研究发表会议文献量前十位的国家分别是中国、美国、巴西、加拿大、挪威、日本、法国、德国、瑞士和葡萄牙。其中九个国家属于经济发达国家，中国作为唯一的发展中国家排在第一位。根据对检索结果的分析，水电领域会议论文主要分布在电子电气工程、水资源、土木工程、能源与燃料等多个学科。

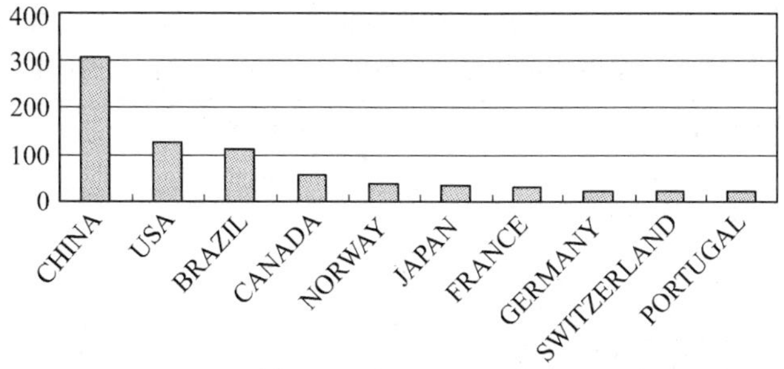

图 12.13 全球水电领域会议论文数量国别分布

全球水电领域发表会议论文数量排名前列的部分会议如表 12.10 所示。

表 12.10 全球水电领域发表会议论文数量排名前列的会议

Field：Conference Title	Record Count	Percentage
INTERNATIONAL SYMPOSIUM ON DAMS IN THE SOCIETIES OF THE 21ST CENTURY	57	4.65%
IEEE－POWER－ENGINEERING－SOCIETY GENERAL MEETING	31	2.53%
4TH INTERNATIONAL SYMPOSIUM ON ROLLER COMPACTED CONCRETE DAMS	28	2.28%
9TH INTERNATIONAL SYMPOSIUM ON RIVER SEDIMENTATION	23	1.88%
29TH ANNUAL CONGRESS OF THE INTERNATIONAL－ASSOCIATION－OF－HYDRAULIC－ENGINEERING－AND－RESEARCH（IAHR）	21	1.71%

全球水电领域发表会议论文数量排名前列的部分文献如表 12.11 所示。

表 12.11 全球水电领域发表会议论文数量排名前列的文献

Field：Source Title	Record Count	Percentage
PROCEEDINGS AND MONOGRAPHS IN ENGINEERING，WATER AND EARTH SCIENCES	88	7.18%
DAMS AND RESERVOIRS，SOCIETIES AND ENVIRONMENT IN THE 21ST CENTURY，VOLS 1 AND 2	57	4.65%
IAHS PUBLICATION	36	2.94%
ROLLER COMPACTED CONCRETE DAMS	28	2.28%
AMERICAN FISHERIES SOCIETY SYMPOSIUM	26	2.12%
IEEE POWER ENGINEERING SOCIETY GENERAL MEETING	26	2.12%

全球水电领域发表会议论文数量排名前列的部分机构如表 12.12 所示。

表 12.12 全球水电领域发表会议论文数量排名前列的机构

Field: Author	Record Count	Percentage
WUHAN UNIV	32	2.61%
HUAZHONG UNIV SCI & TECHNOL	27	2.20%
HOHAI UNIV	22	1.79%
CHINESE ACAD SCI	17	1.39%
NORWEGIAN UNIV SCI & TECHNOL	15	1.22%

中国水电领域文献发表数量年分布如图 12.14 所示，自 2001 年以来，我国针对水电领域的会议文献量总体呈上升趋势，2005 年以前增长较为缓慢，之后增长加快。

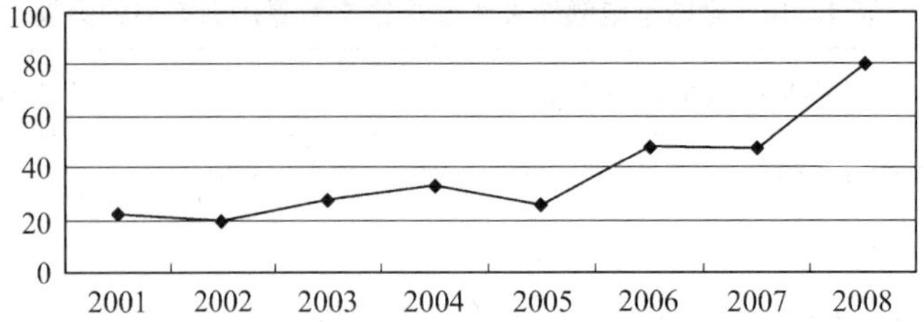

图 12.14 中国水电领域会议论文数量年分布

2. 太阳能研究领域

以"TOPIC = 'solar power' or 'solar energy'"为检索式在 CPCI – S 数据库中检索到1 864 篇相关文献。研究论文数量的年分布曲线如图 12.15 所示，太阳能领域的会议文献量在 19 世纪较少，进入 20 世纪以后有了比较快速的增长。

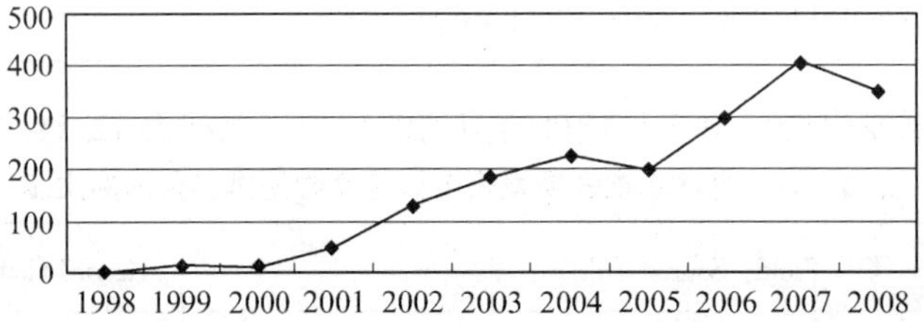

图 12.15 全球太阳能领域会议论文数量年分布

太阳能领域会议文献发表数量的国别分布如图 12.16 所示，在该领域研究发表会议文献量前十位的国家分别是美国、中国、日本、德国、西班牙、意大利、瑞士、澳大利亚、马来

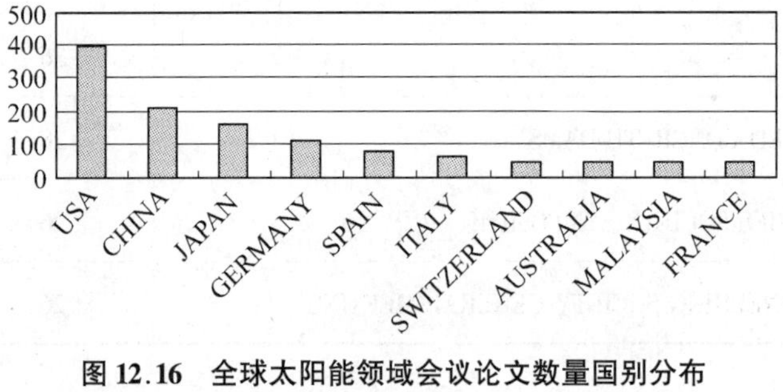

图 12.16 全球太阳能领域会议论文数量国别分布

西亚和法国。其中八个属于发达国家,美国在该领域的研究仍遥遥领先,中国和马来西亚作为发展中国家分别位列第二和第九。根据对检索结果的分析,太阳能领域会议论文主要分布在能源与燃料、电子电气工程、机械工程和建筑工程技术等学科。

全球太阳能领域发表会议论文数量排名前列的部分会议如表 12.13 所示。

表 12.13 全球太阳能领域发表会议论文数量排名前列的会议

Field: Conference Title	Record Count	Percentage
SOLAR WORLD CONGRESS OF THE INTERNATIONAL - SOLAR - ENERGY - SOCIETY	111	5.95%
INTERNATIONAL SOLAR ENERGY CONFERENCE	71	3.81%
4TH INTERNATIONAL CONFERENCE ON SOLAR POWER FROM SPACE (SPS 04)/5TH INTERNATIONAL CONFERENCE ON WIRELESS POWER TRANSMISSION (WPT 5)	29	1.56%
ASME ENERGY SUSTAINABILITY CONFERENCE	28	1.50%
4TH WORLD CONFERENCE ON PHOTOVOLTAIC ENERGY CONVERSION	25	1.34%

全球太阳能领域发表会议论文数量排名前列的部分文献如表 12.14 所示。

表 12.14 全球太阳能领域发表会议论文数量排名前列的文献

Field: Source Title	Record Count	Percentage
PROCEEDINGS OF THE SOCIETY OF PHOTO - OPTICAL INSTRUMENTATION ENGINEERS (SPIE)	131	7.03%
PROCEEDINGS OF ISES SOLAR WORLD CONGRESS 2007: SOLAR ENERGY AND HUMAN SETTLEMENT, VOLS I - V	111	5.95%
AIP CONFERENCE PROCEEDINGS	66	3.54%
DESALINATION	54	2.90%
SOLAR ENERGY	39	2.09%

全球太阳能领域发表会议论文数量排名前列的部分机构如表 12.15 所示。

表 12.15 全球太阳能领域发表会议论文数量排名前列的机构

Field: Author	Record Count	Percentage
NASA	28	1.50%
NATL RENEWABLE ENERGY LAB	19	1.02%
SHANGHAI JIAO TONG UNIV	19	1.02%
CIEMAT	17	0.91%
TOKYO INST TECHNOL	15	0.80%
TSING HUA UNIV	15	0.80%
CNRS	14	0.75%
ETH	14	0.75%
RUSSIAN ACAD SCI	14	0.75%

1998～2008 年间美国在太阳能研究领域发表的会议论文数量的年分布曲线如图 12.17所示，美国该领域的会议文献量从 2001 年起一直有比较快的增长，2008 年比上一年有较大幅度下滑，与世界范围内该领域的会议文献量年变化曲线基本一致。

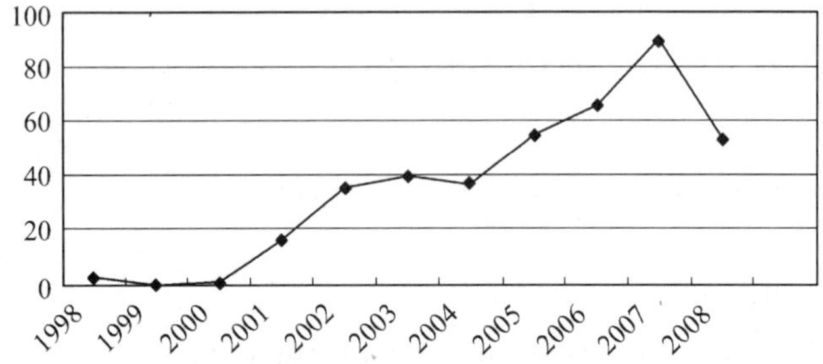

图 12.17　美国太阳能领域会议论文数量年分布

我国在太阳能研究领域发表的会议论文数量自 2000 年以来一直是增长缓慢，直至 2007 年开始有迅猛的增长，如图 12.18 所示。

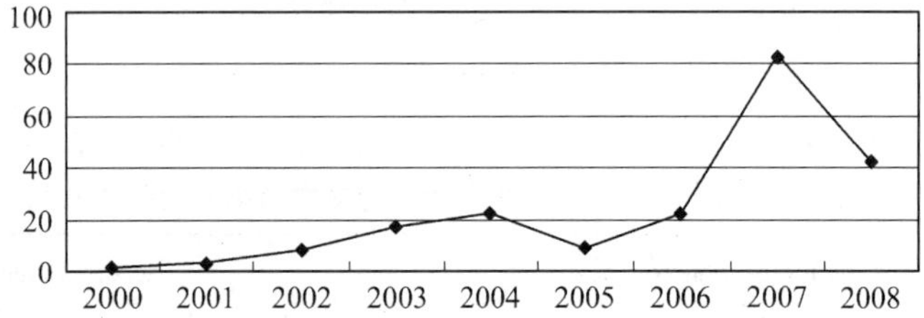

图 12.18　我国太阳能领域会议论文数量年分布

3.风能研究领域

以"TOPIC＝'wind power' or 'wind energy'"为检索式在 CPCI－S 数据库中检索到相关会议论文 2 206 篇。年分布曲线如图 12.19 所示，风能领域的会议论文从 2000 年开始发展比较快，到 2006 年开始处于迅速上升阶段。

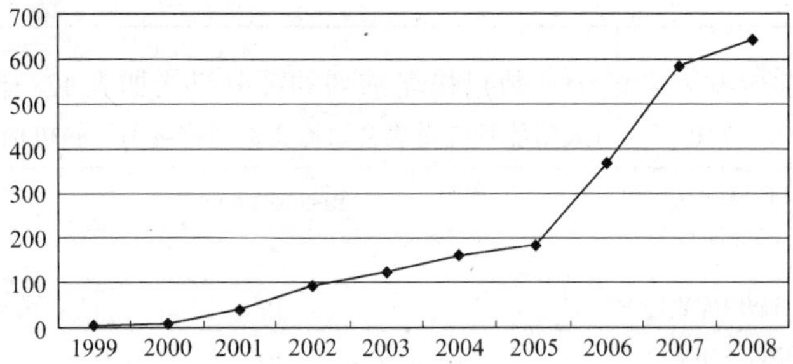

图 12.19　全球风能领域会议论文数量年分布

全球风能领域会议论文数量国别分布如图 12.20 所示，中国在该领域内的会议文献量略高于第二位的美国，其后为日本、德国、加拿大、印度、丹麦、西班牙、英国、法国。根据检索结果分析，风能领域相关会议论文主要分布于电子电气工程和能源与燃料两个领域。

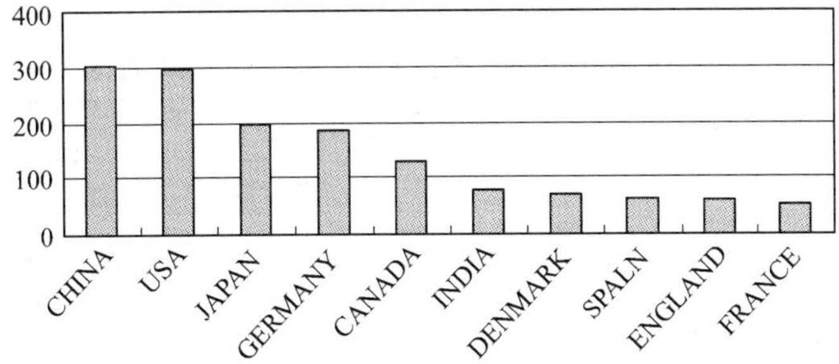

图 12.20　全球风能领域会议论文数量国别分布

全球风能领域发表会议论文数量排名前列的部分会议如表 12.16 所示。

表 12.16　全球风能领域发表会议论文数量排名前列的会议

Field：Conference Title	Record Count	Percentage
IEEE－POWER－ENGINEERING－SOCIETY GENERAL MEETING	117	5.30%
GENERAL MEETING OF THE POWER－ENGINEERING－SOCIETY	102	4.62%
11TH INTERNATIONAL CONFERENCE ON ELECTRICAL MACHINES AND SYSTEMS	54	2.45%
GENERAL MEETING OF THE POWER－ENGINEERING－SOCIETY	45	2.04%
2007 EUROPEAN CONFERENCE ON POWER ELECTRONICS AND APPLICATIONSDEREGULATION，RESTRUCTURING AND POWER TECHNOLOGIES	36	1.63%

全球风能领域发表会议论文数量排名前列的部分文献如表 12.17 所示。

表 12.17　全球风能领域发表会议论文量排名前列的文献

Field：Source Title	Record Count	Percentage
IEEE POWER ENGINEERING SOCIETY GENERAL MEETING	127	5.76%
2008 IEEE POWER & ENERGY SOCIETY GENERAL MEETING，VOLS 1－11	102	4.62%
IEEE POWER ELECTRONICS SPECIALISTS CONFERENCE RECORDS	68	3.08%
2007 IEEE POWER ENGINEERING SOCIETY GENERAL MEETING，VOLS 1－10	60	2.72%
ICEMS 2008：PROCEEDINGS OF THE 11TH INTERNATIONAL CONFERENCE ON ELECTRICAL MACHINES AND SYSTEMS，VOLS 1－8	54	2.45%

全球风能领域发表会议论文数量排名前列的部分机构如表 12.18 所示。

表 12.18　风能领域发表会议论文量排名前列的机构

Field: Author	Record Count	Percentage
UNIV AALBORG	36	1.63%
UNIV RYUKYUS	31	1.41%
MCGILL UNIV	27	1.22%
DELFT UNIV TECHNOL	25	1.13%
N CHINA ELECT POWER UNIV	25	1.13%
INDIAN INST TECHNOL	22	1.00%

我国和美国关于风能领域的会议论文数量增长趋势相似,2001~2005 年间较为缓慢,2006 年开始有较为迅速的增长,与世界范围内该领域会议论文数量变化曲线基本相似,如图 12.21 所示。

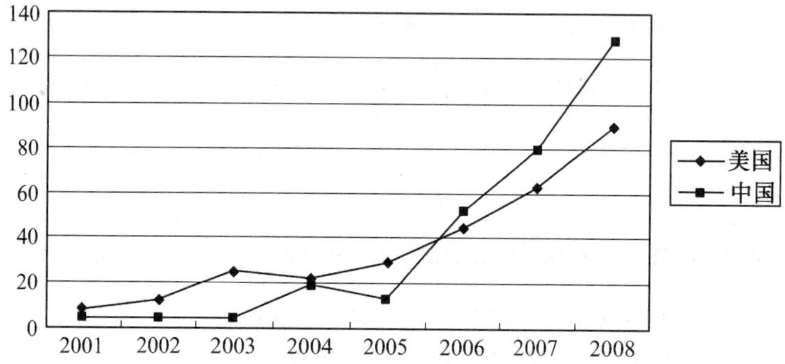

图 12.21　中美两国风能领域会议论文数量年分布

4.海洋能研究领域

以“TOPIC = ocean * energy or marine energy or sea energy”为检索式在 CPCI – S 数据库中检索到 2 302 篇相关文献。从会议论文数量的年分布曲线如图 12.22 所示,2000 年以前该领域的会议文献相对较少,2000 年后该领域会议文献量迅速增长,2005 年开始增长相对平稳。

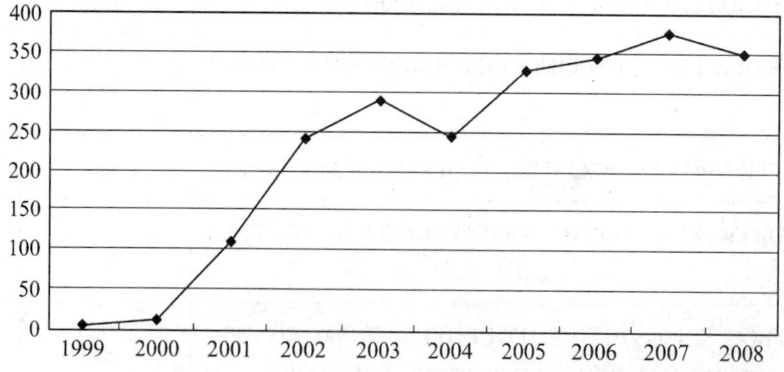

图 12.22　全球海洋能领域会议论文数量年分布

全球海洋能领域会议论文国别分布如图 12.23 所示，美国在该领域的会议文献量占绝对优势，超过总文献量的 1/4。日本、德国、中国、法国、意大利、英国、加拿大、俄罗斯和西班牙位列其后。该领域的会议论文主要分布在海洋工程学、海洋学、机械工程和地球科学等学科。

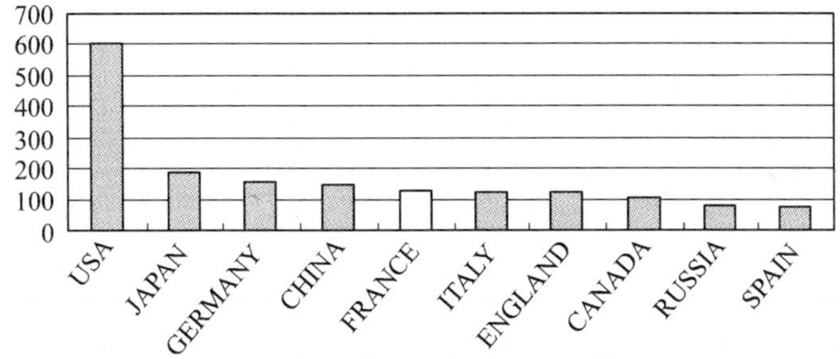

图 12.23　全球海洋能领域会议论文数量国别分布

全球海洋能领域发表会议论文数量排名前列的部分会议如表 12.19 所示。

表 12.19　全球海洋能领域发表会议论文数量排名前列的会议

Field: Conference Title	Record Count	Percentage
12TH INTERNATIONAL OFFSHORE AND POLAR ENGINEERING CONFERENCE (ISOPE－2002)	26	1.13%
27TH INTERNATIONAL CONFERENCE ON OFFSHORE MECHANICS AND ARCTIC ENGINEERING	26	1.13%
16TH INTERNATIONAL OFFSHORE AND POLAR ENGINEERING CONFERENCE (ISOPE 2006)	25	1.09%
26TH INTERNATIONAL CONFERENCE ON OFFSHORE MECHANICS AND ARCTIC ENGINEERING	25	1.09%
14TH INTERNATIONAL OFFSHORE AND POLAR ENGINEERING CONFERENCE (ISOPE 2004)	22	0.96%
17TH INTERNATIONAL OFFSHORE AND POLAR ENGINEERING CONFERENCE	22	0.96%

全球海洋能领域发表会议论文数量排名前列的部分文献如表 12.20 所示。

表 12.20　全球海洋能领域发表会议论文数量排名前列的文献

Field: Source Title	Record Count	Percentage
PROCEEDINGS OF THE SOCIETY OF PHOTO－OPTICAL INSTRUMENTATION ENGINEERS (SPIE)	105	4.56%
OCEANS－IEEE	65	2.82%
DESALINATION	47	2.04%
IEEE INTERNATIONAL SYMPOSIUM ON GEOSCIENCE AND REMOTE SENSING (IGARSS)	41	1.78%
AIP CONFERENCE PROCEEDINGS	37	1.61%

全球海洋能领域发表会议论文数量排名前列的部分机构如表 12.21 所示。

表 12.21 全球海洋能领域发表会议论文数量排名前列的机构

Field: Author	Record Count	Percentage
RUSSIAN ACAD SCI	24	1.04%
USN	24	1.04%
SAGA UNIV	23	1.00%
UNIV TOKYO	23	1.00%
CHINESE ACAD SCI	22	0.96%
MIT	20	0.87%
NASA	19	0.83%

从 2000 年开始,美国关于海洋能领域的会议文献量即开始迅速增加,到 2002 年即趋于平稳,2004 年略有回落后又恢复到之前的状况,与全球该领域会议文献量变化曲线近似。我国在该领域的会议文献量同比情况下与美国相差很大,自 2000 年以来一直保持缓慢增长趋势,参见图 12.24。

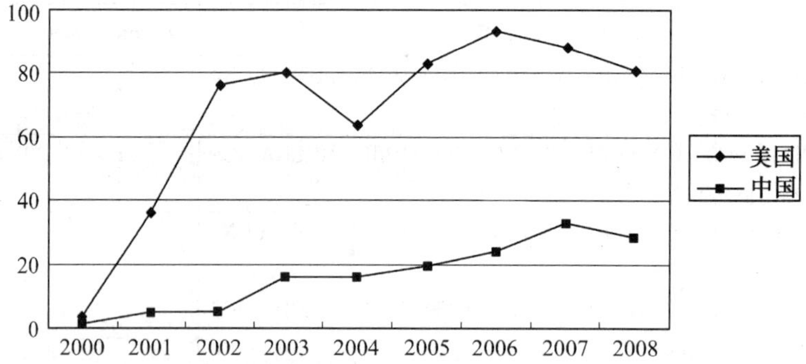

图 12.24 中美两国海洋能领域会议论文数量年分布

5.生物质能研究领域

以"TOPIC = biomass energy or biomass power"为检索式在 CPCI - S 数据库中检索到相关文献 1 370 篇。从研究论文数量的年分布曲线如图 12.25 所示,自 2000 年之后,该领域的会议文献量迅速增加,2004 年略有回落后 2005 年开始较慢增长。

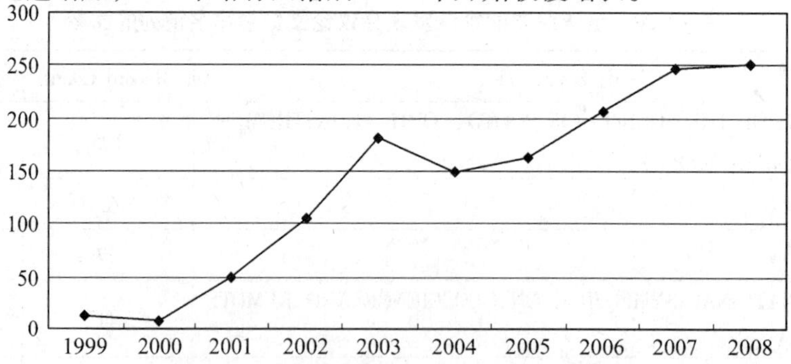

图 12.25 全球生物质能领域会议论文数量年分布

由图 12.26 可以看出，美国仍高居该领域会议论文发表数量的榜首，且远远领先于其他国家，位列其后的前十位国家分别为德国、中国、日本、意大利、荷兰、英国、加拿大、瑞典和西班牙。该领域会议文献主要集中在能源与燃料和环境工程两个学科。

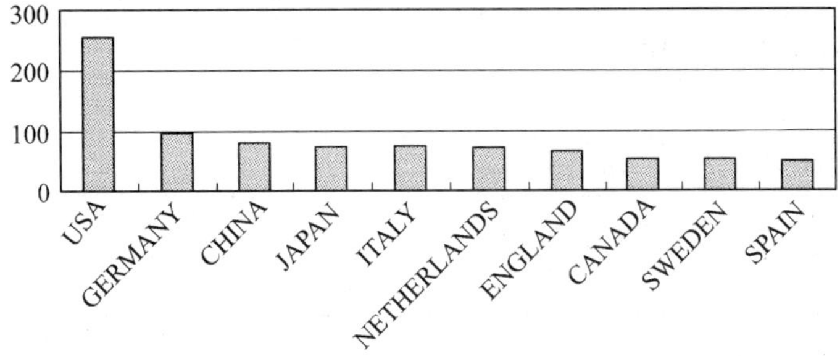

图 12.26 全球生物质能领域会议论文数量国别分布

全球生物质能领域发表会议论文数量排名前列的部分会议如表 12.22 所示。

表 12.22 全球生物质能领域发表会议论文量排名前列的会议

Field: Conference Title	Record Count	Percentage
6TH INTERNATIONAL CONFERENCE ON GREENHOUSE GAS CONTROL TECHNOLOGIES	28	2.04%
51ST ASME TURBO EXPO 2006	19	1.39%
SOLAR WORLD CONGRESS OF THE INTERNATIONAL－SOLAR－ENERGY－SOCIETY	18	1.31%
19TH INTERNATIONAL CONFERENCE ON EFFICIENCY, COST, OPTIMIZATION, SIMULATION AND ENVIRONMENTAL IMPACT OF ENERGY SYSTEMS (ECOS 2006)	15	1.09%
18TH INTERNATIONAL CONFERENCE ON EFFICIENCY, COST, OPTIMIZATION, SIMULATION AND ENVIRONMENTAL IMPACT OF ENERGY SYSTEMS (ECOS 2005)	12	0.88%
5TH INTERNATIONAL CONFERENCE ON GREENSHOUSE GAS CONTROL TECHNOLOGIES	12	0.88%

全球生物质能领域发表会议论文数量排名前列的部分文献如表 12.23 所示。

表 12.23 全球生物质能领域发表会议论文数量排名前列的文献

Field: Source Title	Record Count	Percentage
BIOMASS & BIOENERGY	39	2.85%
INTERNATIONAL JOURNAL OF HYDROGEN ENERGY	33	2.41%
APPLIED BIOCHEMISTRY AND BIOTECHNOLOGY	28	2.04%
WATER SCIENCE AND TECHNOLOGY	27	1.97%
ENERGY	26	1.90%
GREENHOUSE GAS CONTROL TECHNOLOGIES, VOLS I AND II, PROCEEDINGS	26	1.90%

全球生物质能领域发表会议论文数量排名前列的部分机构如表 12.24 所示。

表 12.24 全球生物质能领域发表会议论文数量排名前列的机构

Field: Author	Record Count	Percentage
NATL RENEWABLE ENERGY LAB	15	1.09%
ROYAL INST TECHNOL	14	1.02%
DELFT UNIV TECHNOL	13	0.95%
UNIV FLORIDA	13	0.95%
UNIV PERUGIA	13	0.95%

从 2000 年开始,美国关于生物质能领域的会议文献量即开始增加,且在 2002 年到 2004 年间迅猛增长,之后两年略有回落后保持相对平稳的趋势。我国在该领域的会议文献量同比情况下与美国相差很大,自 2000 年以来总体处于缓慢增长趋势,且文献量一直处于非常少的状态,每年同比情况下仅有全球总量的 1/10 不到,与美国的差距也很大,参见图 12.27。

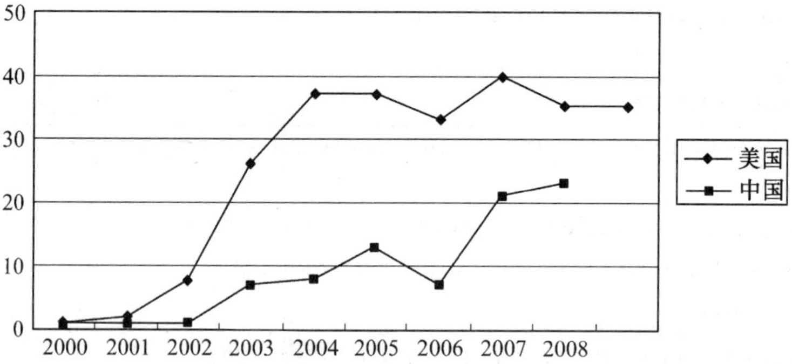

图 12.27 中美两国生物质能领域会议论文数量年分布

6.地热研究领域

以"TOPIC = geothermal power or geothermal energy"在 CPCI – S 数据库中检索到相关文献 330 篇。论文数量的年分布如图 12.28 所示,该领域的会议文献量从 1999 年缓慢增长到

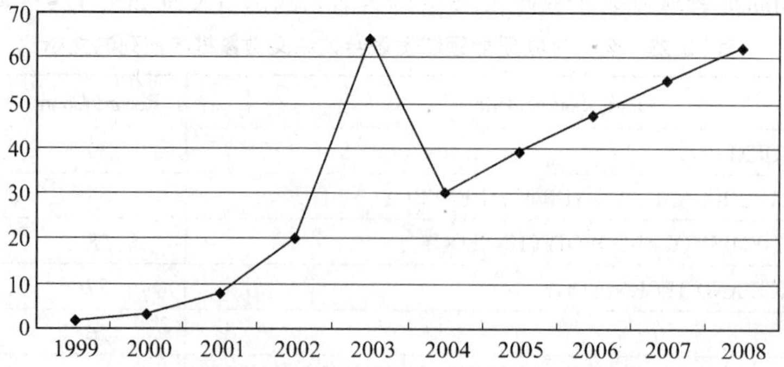

图 12.28 全球地热领域会议论文数量年分布

2002 年后,2003 年有一次激增,2004 年相对 2003 年大幅减少(总体仍处于上升趋势)后开始直线增加。

地热研究领域会议论文发表量国别分布如图 12.29 所示,美国依然以较大优势占据该领域首位,波兰和日本跟随其后,其他前十位的国家则处于相似水平。该领域会议文献主要分布于能源与燃料、地球科学和环境科学等学科。

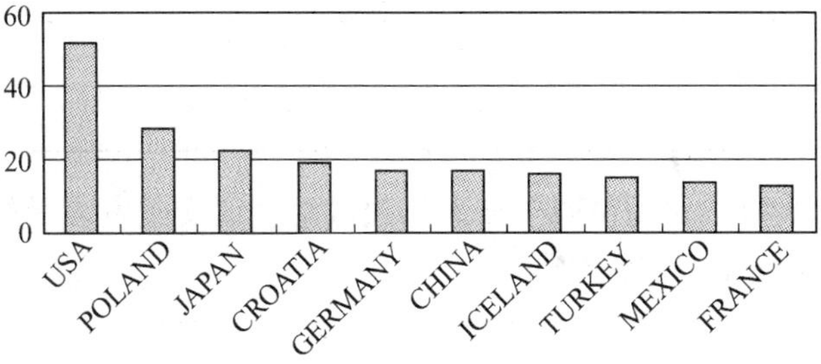

图 12.30 全球地热领域会议论文数量国别分布

全球地热能领域发表会议论文数量排名前列的部分会议如表 12.25 所示。

表 12.25 全球地热领域会议论文数量排名前列的会议

Field: Conference Title	Record Count	Percentage
EUROPEAN GEOTHERMAL CONFERENCE (EGC 2003)	30	9.09%
9TH INTERNATIONAL ENERGY CONFERENCE (ENERGEX 2002)	9	2.73%
21ST SCIENTIFIC CONFERENCE ON ENERGY AND THE ENVIRONMENT	8	2.42%
GENERAL MEETING OF THE IEEE - POWER - AND - ENERGY - SOCIETY	7	2.12%
20TH INTERNATIONAL CONGRESS ON ENERGY AND THE ENVIRONMENT	7	2.12%
SOLAR WORLD CONGRESS OF THE INTERNATIONAL - SOLAR - ENERGY - SOCIETY	6	1.82%

全球地热能领域发表会议论文数量排名前列的部分文献如表 12.26 所示。

表 12.26 全球地热领域发表会议论文数量排名前列的文献

Field: Source Title	Record Count	Percentage
GEOTHERMICS	33	10.00%
DESALINATION	16	4.85%
APPLIED ENERGY	9	2.73%
2008 IEEE POWER & ENERGY SOCIETY GENERAL MEETING, VOLS 1 - 11	7	2.12%
ASHRAE TRANSACTIONS	7	2.12%

全球地热能领域发表会议论文数量排名前列的部分机构如表 12.27 所示。

表 12.27　全球地热领域发表会议论文数量排名前列的机构

Field: Author	Record Count	Percentage
TECH UNIV SZCZECIN	11	3.33%
EGE UNIV	7	2.12%
UNIV ICELAND	7	2.12%
GEOWATT AG	6	1.82%

由图 12.30 可以看出,作为位列全球地热领域总会议文献发表量榜首的美国每年在该领域发表的会议论文量也非常有限。

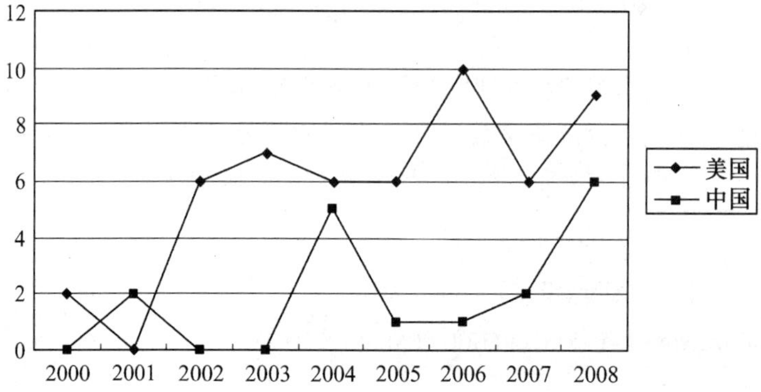

图 12.30　中美两国地热领域会议论文数量年分布

（宋成方）

13 专利文献的分析

在信息化时代，信息资源已经成为社会中最重要的战略资源。专利文献是专利保护制度的产物。专利文献已经渗透到科技、经济和社会生活的各个领域，是人们从事科研、技术开发及知识产权保护等活动必不可少的重要信息资源，也是商业社会中首选的重要的竞争情报资源。

本章从水污染、大气污染、新能源三个领域出发，对 Derwent Innovations Index(DII)数据库收录的发明专利从数量、国别、研究机构、专利权人等方面进行了分析，并得出如下结论：水污染方面的基础专利超过 10 万件，大气污染方面的基础专利 5 426 件，水电相关专利 3 882 件，太阳能相关专利 22 936 件，风能利用相关专利 10 497 件，海洋能相关专利 2 693件，生物质能 349 件，地热利用方面的专利仅 20 件。从专利文献角度来看，水污染处理技术接近成熟期，地热技术仍属于萌芽期，其他技术仍属于起步期，产业界对太阳能和风能利用的技术更为关注。从国家层面来看，除海洋能外，日本在其他领域的专利数量都是名列前茅的。

13.1 专利文献与专利分析方法

13.1.1 专利文献的基本概念

世界知识产权组织(WIPO)1988 年编写的《知识产权法教程》中将专利文献定义为：专利文献是包含已经申请并被确认为发现、发明、实用新型和工业品外观设计的研究、设计、开发和试验成果的有关资料或已经出版或未出版的文件(或其摘要)的总称。[1]

专利文献按一般理解主要是指各国专利局及国际性专利组织在审批专利过程中产生的官方文件及其出版物的总称，包括各种类型的发明、实用新型和外观设计的说明书、专利公报、专利文摘、索引及其有关的分类资料。专利说明书一般包括五个部分：扉页(著录项目页)、说明书正文、权利要求书、附图、检索报告。

专利文献数量巨大，集中了 90%以上的科研成果。专利文献的出版量占世界总图书期刊出版量的 1/4。但是，专利保护的地域性和“早期公开、延迟审查”的专利审批制度，造成了专利文献的大量重复出版。因此，《保护工业产权巴黎公约》规定：在联盟内某国的专利申请在一定时间内向本联盟内其他国家申请专利时，专利申请人有权享有第一次申请的申请日期，这称为优先权。而具有共同优先权的在不同国家或国际专利组织多次申请、多次公布或批准的内容相同或基本相同的一组专利文献称为专利族。专利族内的成员简称为同族专利。

13.1.2 专利信息分析

文献计量分析是指我们通过对文献增长规律的研究,较为客观地分析某一技术的现状与发展趋势。专利信息分析是指在专利文献中采集专利信息,通过科学的方法对专利信息进行加工、整理和分析,最终形成专利情报的科学劳动。早在20世纪60年代,国际经济合作与发展组织就开始探究生产率要素与专利质量的内在联系。美国专利商标局自1971年开始出版的《技术评估与预测》(Technology Assessment and Forecast),成为企业专利战略的重要参考依据。目前应用的专利分析方法主要有:专利指标分析、专利定量分析、专利定性分析、专利拟定量分析、专利图表分析等。

在专利指标分析中专利数量指标是最为基础的指标。它包括原产国专利指标、技术组合指标、公司联盟、发明人、专利族指标、技术活动规模、商业潜力指标、国际市场指标等。其中原产国专利指标包括常住居民的专利申请数量、非常住居民的专利申请数量、国家或企业在外国的专利申请数量。

13.2 水污染领域的专利文献分析

水污染领域的专利在DII中有对应的derwent专利分类代码D15,包括化学或生物方法进行污水处理的相关技术和设备。DII收录了自1963年以来的全球40多个专利机构的1 300万条基本专利,2 000万项专利,其中derwent分类代码为D15的专利超过10万件。

从1996~2008年该领域相关发明专利的数量年分布来看,在全球范围1996~2003年发明专利的数量稳中有升,2003~2007年后有一个小幅的调整,但2008年又快速上升,2008年全球该领域的专利数量达到13 967件(参见图13.1)。

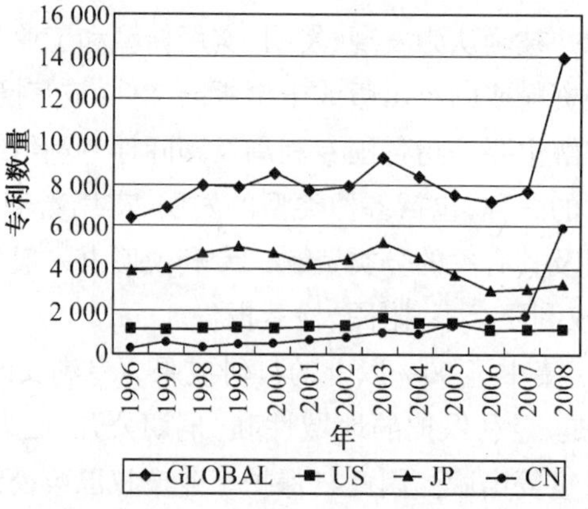

图13.1 水污染领域基本专利数量的年分布

从专利大国在该领域的专利数量来看,日本在该领域的专利数量占绝对优势,但日本和美国在2003年之后专利数量有明显下降趋势，相反中国在该领域专利自1996年起一直逐步上升，到2005年在数量上已经超过了美国，到2008年在该领域的年申请专利数量已经超过日本。

水污染领域的专利主要分布在化学、水资源、工程、仪器设备和聚合物科学五个学科领域。从DII检索的结果来看，全球范围内专利数量处于前十位的机构全部是日本公司(参见图13.2)，中国水污染领域专利数量排名前列的机构分别为浙江大学、南京大学、清华大学、同济大学和中科院生态环境资源中心，中国石化公司作为其中唯一的企业排名第六。因此可以看出，中国产业界对水污染领域产品的研究还处于刚刚起步阶段(参见图13.3)。

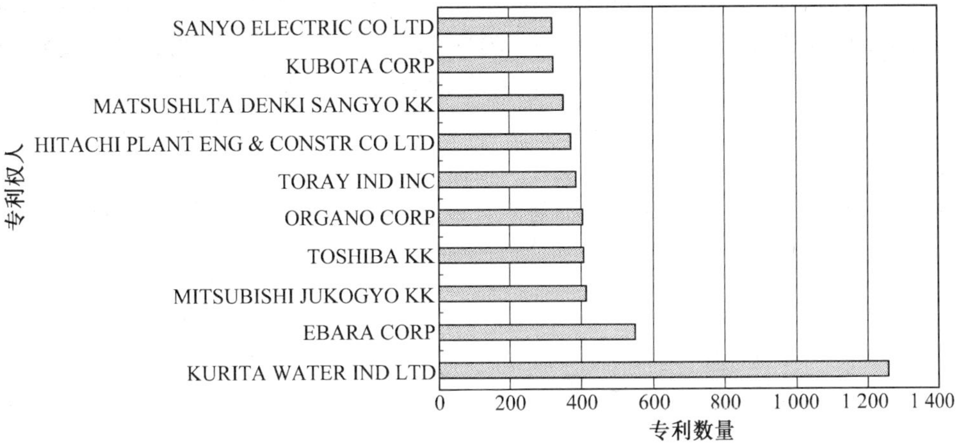

图13.2　1963～2008年水污染领域专利数量全球排名前十位的专利权人

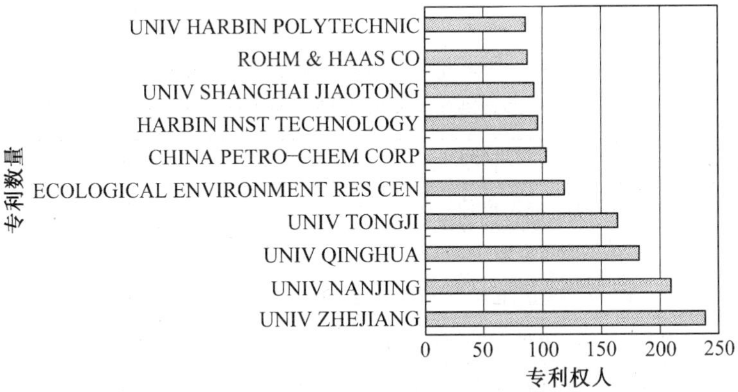

图13.3　1963～2008年水污染领域中国专利数量排名前十位的专利权人

13.3　大气污染领域的专利文献分析

以air pollution为检索词在Derwent Manual Code中检索到以下相关分类，如表13.1所示。

表 13.1 与大气污染相关的 derwent 手工代码

CODE Status	TITLE
H05 – L01 Current	Refinery engineering – air pollution control
H06 – C01 Current	Gaseous and liquid fuels – air pollution control
H06 – C01A Current	Gaseous and liquid fuels – catalytic air pollution control
S03 – E14N Current	Investigation methods for air quality

截至 2009 年 4 月 20 日，以 Derwent Manual Code = (H05 – L01 OR H06 – C01 OR H06 – C01A OR S03 – E14N)为检索式在 DII 检索到相关专利 5 426 项。这些专利主要涉及工程、化学、能源与燃料以及仪器设备和聚合物科学五个领域。专利数量的年分布曲线(参见图 13.4)显示，该领域的技术还处于起步期，2000 ~ 2005 年持续上升之后稍有回落，2008 年又开始上升。从专利权人来看，专利数量排名前十位中有六位都是日本公司，另外有 3 家美国公司和 1 家德国公司(参见表 13.2)。中国专利在该领域的实力较弱，拥有 3 项以上该领域中国专利的专利权人全部是外国公司(参见表 13.3)。但是，从被引用专利情况来看，被引用数量最多的 10 项专利都不是来自以上的专利数量最多的 10 家公司(参见表 13.4)。

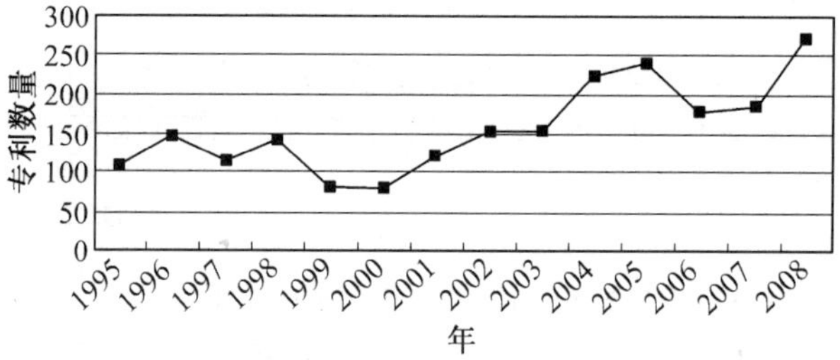

图 13.4 1995 ~ 2008 年大气污染领域相关专利数量的年分布

表 13.2 大气污染领域相关专利数量全球排名前十位的专利权人

专利权人	专利数量
MATSUSHITA ELEC IND CO LTD	141
NISSAN MOTOR CO LTD	93
MITSUBISHI HEAVY IND CO LTD	70
TOYOTA JIDOSHA KK	67
BABCOCK – HITACHI KK	64
MITSUBISHI JUKOGYO KK	60
UNIVERSAL OIL PROD CO	53
BOSCH GMBH ROBERT	49
EXXON RES & ENG CO	41
GRACE & CO W R	41

表 13.3 在大气污染领域拥有 3 项以上中国专利的专利权人

MITSUBISHI HEAVY IND CO LTD	4
MITSUBISHI JUKOGYO KK	4
ALSTOM TECHNOLOGY LTD	3
BOC GROUP PLC	3
CHUGOKU ELECTRIC POWER	3
DOW CHEM CO	3
GRAVILLE S R	3
JOHNSON MATTHEY PLC	3

表 13.4 在大气污染领域被引用数量最多的 10 项专利

PN US4381641 – A

TI Sub – stoichiometric combustion of low heating valve gases – by catalytic combustion after adjustment of arsine content

AU MADGAVKAR A M; SWIFT H E

AE GULF RES & DEV CO(GULF)

AB A method of recovering energy from a gas stream of average heating value 15 – 200 Btu/scf, having as combustible component one or more 1 – 7C hydrocarbons and/or CO and up to 50 mole% hydrogen, comprises analysing the gas stream for the presence of arsine, adjusting the arsine content to 0.1 – 50 ppm, mixing the stream with air at an av. air equivalence ratio of 0.2 – 0.95 is contact with an oxidation catalyst at high enough temp. for combustion. The presence of a small amount of arsine in the gas stream, Which is typically a waste stream, permits substoichiometric combustion with minimal CO content in the combusted gas stream. The process is suitable for recovering energy from gas streams resulting from the in situ combustion of petroleum reservoirs, for sands, oil shale formations or coal or for synthesis gas.

ER

PN JP84047712 – B2; DE2441633 – A; SE7410619 – A; FR2245485 – A; JP50055603 – A; US3916057 – A; GB1476183 – A; IT1019170 – B; CA1033508 – A; DE2441633 – C; JP84047712 – B

TI Expandable, flexible, shock – absorbent strip – esp. for packing catalyst carriers in exhaust systems on motor – car engines

AE MINNESOTA MIN & MFG CO(MINN)

AB The material contains, all wt. %, 30 – 85 mica capable of exfoliation pref. vermiculite, 0 – 60 pref. 5 – 60 inorganic fibres and 70 – 10 inorganic binder, pref. hectorite, bentonite, asbestos and/or synthetic, fluorine contg. tetrahedral mica(tetrasilicic mica). Pref. fibres are asbestos, soft glass fibres and/or alumino – silicate. This material is intended to absorb thermal and mechanical stresses, is esp. for packing catalyst carriers in exhaust systems on motor car engines thus protecting brittle ceramic catalyst carriers with a different coefft. of thermal expansion to the metal container.

ER

PN US4366668 – A

TI Incomplete combustion of low value gas stream – by mixing with air and passing over oxidn. catalyst

AU MADGAVKAR A M; VOGEL R E; SWIFT H E

AE GULF RES & DEV CO(GULF)

AB Energy is recovered from a gas stream(A)of average heating value 15 – 200(30 – 150)Btu per scf by mixing with air at average air equivalence ratio 0.2 – 0.95(0.35 – 0.85)and passing over an oxidn. catalyst, in one or more zones, at a temp. high enough to initiate and maintain combustion. The incompletely burnt gases are then discharged. The combustible component of(A)comprises(mole basis)0.5 – 80(5 – 50)% methane, 10 – 75(15 – 50)% CO; 0 – 50(10 – 30)% H2 and 0 – 50(0 – 25)% 2 – 6C aliphatic hydrocarbons.(A)may contain up to 0.5 wt.% H2S and the pref. catalyst is 0.005 – 10(0.17 – 7)wt.% Pt on a support. The feed gas can be preheated(by exchange with combustion gases).

The combustion gases can be passed to a turbine(esp. at at least 75 psig.)to recover mechanical energy. Under these substoichiometric combustion conditions other combustible gases are burnt before methane(Which is not a serious pollutant so can be vented directly)and the heat generated is independent of fluctuations in feed gas compsn. This prevents damage by thermal cycling in the turbines.

ER

PN EP277765 – A1; EP277765 – A; US4854123 – A; EP277765 – B; DE3869150 – G; CA1298957 – C; JP2675321 – B2; JP63302120 – A

TI Removing nitrogen oxide(s)from diesel engine exhaust gas – by catalytically reducing with ammonia

AU KOBAYASHI M; KINOSHITA F; MITSUI K; INOUE A

AE NIPPON SHOKUBAI KAGAKU KOGYO CO LTD(JAPC); NIPPON SHOKUBAI KAGAKU KOGYO(JAPC)

AB Engine has a tachometer to measure drive shaft revolutions and an engine torque sensor. An arithmetic unit is programmed to calculate the nitrogen oxides discharged from the engine as a function of measured torque and revolutions. Output from the unit is fed to an NH3 flow controller, Which injects NH3 into the exhaust before feeding to a convertor, packed with a honeycomb catalyst to decompose nitrogen oxides(NOx).

Pref. temp. in convertor(7)is 150 – 650 deg. C, and space velocity of gas therein is 2000 – 100,000 hr'. Pref. catalyst is 60 – 99.5 wt.% titanium oxide or a binary complex oxide of titanium, a silicon etc. plus 0.5 – 40 wt.% of an oxide of V, W, Mo, etc.

USE/ADVANTAGE – Exhaust treated is e.g. from trucks, buses, generators, etc. NOx removal is efficient over long time periods even When concns. in exhaust gas vary. Leakage of NH3 gas from removal site is abated.

ER

PN US4208386 – A

TI Reducing the nitrogen oxide(s)concn. of combustion effluents – by treating with urea at high temps. in the presence of oxygen

AU ARAND J K; MUZIO L J; SOTTER J G

AE ELEC POWER RES INST(ELPP)

AB NOx are reduced in combustion effluents contg. 0.1 – 10 wt.% O_2 by contacting the effluent with urea in amts. of 0.1 – 10(pref. 0.5 – 2)moles per mole NOx at 1600 – 2000 degrees F, opt. in the presence of an ancillary material, esp. methanol, with the proviso that When the ancillary material is used the contacting temp. is 1300 – 2000 degrees F.

Used with any combustion device, e.g. boilers, furnaces, engines, etc. The urea reductant is a solid, inert, non-corrosive material Which is easily stored and handled.

ER

PN DE2255087 – A; US3770389 – A; GB1368673 – A; CA962074 – A

TI Catalytic exhaust gas converter – with electrical resistor as catalyst carrier

AE FORD WERKE AG(FORD)

AB A catalytic converter for automobile exhaust gases consists of windings of corrugated stainless steel strip, coated with a ceramic insulator(gamma – Al2O3), around a central rod. A conductive tube surrounds this and the space between the tube and the converter wall is filled with a catalyst, Which is also distributed over the surface of the corrugations. After initial electric heating, the exothermic reaction is sufficient to keep the catalyst at working temp.

ER

PN DE2458888 – C; DE2458888 – C3; DE2458888 – A1; JP82036012 – B2; DE2458888 – A; FR2254367 – A; SE7415457 – A; JP51021568 – A; JP51021569 – A; JP51023472 – A; JP50089264 – A; JP50089289 – A; JP50089290 – A; JP50089291 – A; JP77006953 – B; JP77006954 – B; JP77022839 – B; JP77035342 – B; JP50128681 – A; JP50128680 – A; GB1495396 – A; US4085193 – A; CA1033543 – A; IT1027634 – B; DE2458888 – B; JP82036012 – B; JP82054171 – B; JP82054173 – B; JP83044404 – B; JP87043736 – B

TI Catalysts for reduction of nitrogen oxides – contg. titanium and other metals as oxides, giving increased activity and stability

AE MITSUBISHI PETROCHEMICAL CO LTD(MITP); HITACHI LTD(HITA); BABCOCK – HITACHI KK(HITG)

AB Catalysts for reduction of oxides of nitrogen, contg. as main constituent an intimate mixt. of(A)Ti and(B)at least one of the metals Mo, W, Fe, V, Ni, Co, Cu, Cr and/or U, in the form of oxides are useful for treatment of waste gases from i.c. engines, power stations and nitric acid plants. Catalysts are cheap, with increased activity even at relatively low temps. and extended life. They are effective over a wide temp. range in presence of ammonia, Which reduced the consumption of reducing gas, and are not deactivated by S cpds.

ER

PN DE2216705 – B2; DE2265334 – C2; FR2163297 – A; US3827237 – A; GB1411894 – A; DE2265334 – A; DE2216705 – B; DE2265334 – C

TI Detoxification of exhaust gases – from internal combustion engines

AE BOSCH GMBH ROBERT(BOSC)

AB Method for suppressing toxic components of exhaust gases from an internal combustion engine, in Which the exhaust gas system comprises in series a first reactor for oxidising hydrocarbons and CO and a second reactor for reducing oxides of nitrogen, by(a)controlling the temp. of these reactors with the help of a first control circuit incorporating a temp. detector as the measuring device, by addition of supplementary air, and(b)controlling the mass ratio of air to fuel(coefficient of air, L)with the aid of a second control circuit incorporating an oxygen measuring device, by means of a mixture metering assembly.

ER

PN BE814752 – A; SE7406105 – A; FR2228535 – A; US3928961 – A; CA1003651 – A; IT1046249 – B;

IT1047037 – B

TI Adiabatic combustion of carbonaceous fuels – e.g. used I.C. engine and gas turbines

AE ENGELHARD MINERALS & CHEM CORP(ENGH)

AB Catalytically promoted thermal combustion of a carbonaceous fuel, is carried out by(a)forming an intimate mixt. of fuel and air and bringing at least part of this into contact with a solid oxidn. catalyst and(b)burning at least a fraction of the fuel under substantially adiabatic conditions so as to form an effluent of high thermal energy, the combustion being such that the air/fuel mixt. has an adiabatic flame temp. such that on contact with the catalyst, the operating temp. of this is above the instantaneous auto – ignition of the air/fuel mixt. but below a temp. Which would lead to significant formation of oxides of N. Pref. either a residual fraction of the fuel or a partially burnt effluent from(b)is burnt thermally.

ER

PN DE2116097 – B2; US3745768 – A; GB1386429 – A; NL7801027 – A; DE2116097 – B; NL169211 – B

TI Engine air – fuel control – in response to exhaust gas analysis

AE BOSCH GMBH ROBERT(BOSC)

AB Air – fuel ratio of an engine is controlled in response to the partial press. of O_2 in the exhaust gases as measured by an analyser having an oxygen ion conductive solid electrolyte, an electric signal from the analyser being fed to a control circuit via a low pass filter. The ratio may also be controlled in response to CO and temp. and the system may operate to minimise CO and combined hydrocarbons in the exhaust gases, leaving nitrogen cpds to be neutralised in a catalytic convertor.

ER

13.4 新能源领域的专利文献分析

在新能源领域，本章主要关注水电、太阳能、风能、海洋能、生物质能以及地热六个方面。从研究论文来看，研究的热点主要是海洋能和生物质能的利用；从相关专利来看，太阳能和风能的研究是产业技术的热点(参见图13.5)。

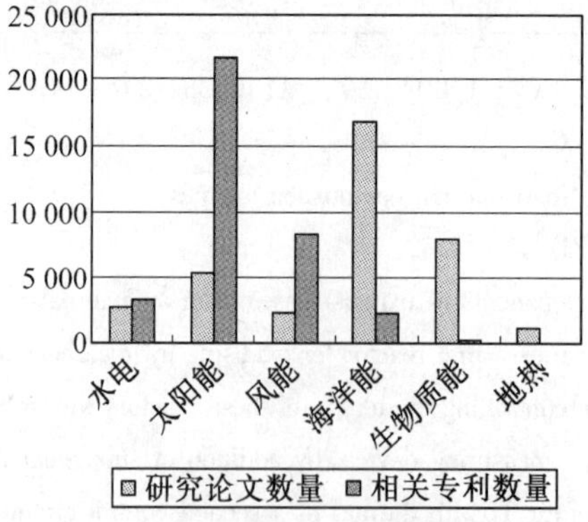

图13.5 全球在新能源领域研究论文数量与相关专利数量

13.4.1 水电领域

以“MC=(X11-B*)”为检索式在DII中检索到3 882项相关专利。从1995~2007年的专利数量年分布图可以看出,2000~2003年专利数量增长速度加快,到2003年达到顶点,之后有小幅回落后开始攀升(参见图13.6)。从国家层面来看,日本专利占绝对优势(参见图13.7)。该领域专利数量排名前十位的专利权人全部是日本公司(参见表13.5)。但被引数量最多的专利并不来自这些公司(参见表13.6)。

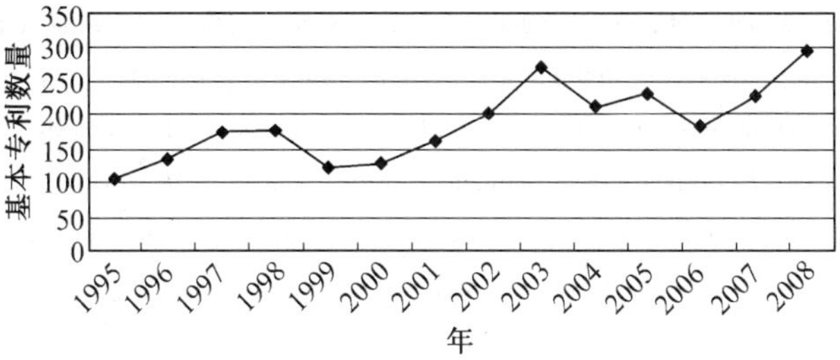

图13.6 1995~2008年全球在水电领域专利数量的年分布

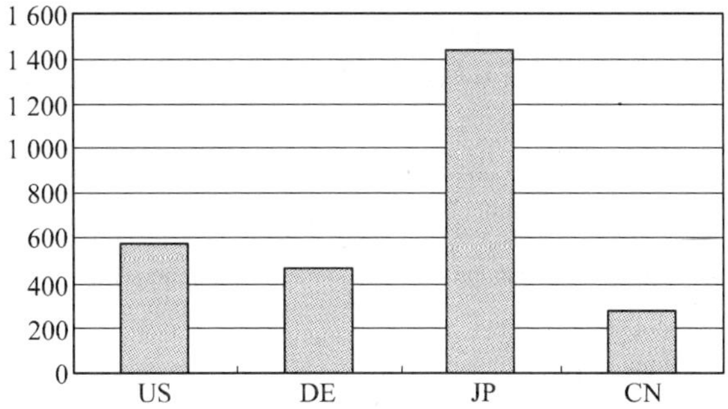

图13.7 美国、德国、日本和中国在水电方面的专利数量

表13.5 水电领域专利数量排名前十位的专利权人

专利权人	专利数量
TOSHIBA KK	265
HITACHI LTD	174
TOSHIBA ENG KK	72
KANSAI DENRYOKU KK	66
MITSUBISHI JUKOGYO KK	63
FUJI ELECTRIC CO LTD	57
MITSUBISHI ELECTRIC CORP	54
TOKYO ELECTRIC POWER CO INC	42
MEIDENSHA CORP	30
KUBOTA CORP	26

表 13.6 在水电领域被引用数量最多的 10 项专利

PN EP818077 – A; WO9630992 – A; WO9630992 – A1; AU9652583 – A; ZA9602539 – A; EP818077 – A1; US5747909 – A; US5753989 – A; TW330353 – A; JP2000517150 – W; CN1185868 – A; CN1065684 – C

TI Hybrid alternator for motor vehicle – has rotor contg. permanent magnet poles and wound electromagnetic poles operating in combination, and temp. monitoring voltage regulator

AU SYVERSON C D; CURTISS W P; FRANCIS W P

AE ECOAIR CORP(ECOA – Non – standard)

AB The alternator comprises a stator(702) and a rotor(710) mounted for rotation within the stator and sepd. from it by an air gap. The rotor has a rotor core defining a number of magnetic poles(716), adjacent ones of the magnetic poles having alternating north and south magnetic fields. The magnetic poles comprise permanent magnet poles (716a, 716b) and electromagnetic poles, each permanent magnet pole being defined by a permanent magnet(718). The permanent magnet poles comprise two sets of diametrically positioned permanent magnet poles.

The alternator further includes a temp. monitoring voltage regulator for controlling the bi – directional current flow through a winding of the alternator. The voltage regulator adjusts the output voltage of the alternator according to the temp. of the alternator to limit power output When the alternator temp. approaches a predetermined max. operating temp. The voltage regulator includes a voltage monitoring circuit, a temp. sensor, a switching circuit and a control circuit.

ADVANTAGE – Produces full rated output voltage and current When the vehicle is operating at idle speed.

ER

PN US4720640 – A

TI Flow fluid powered electrical generator – has armature mounted on peripheral ring of impeller – rotor with inductive coupler provided for removing electrical power

AU ANDERSON B M S; ZIEGLER R H

AE TURBOSTAR INC(TURB – Non – standard)

AB The fluid powered electrical generator has an impellor – rotor rotatively mounted on a central support structure. A toroidal outer support structure surrounds the impellor – rotor with the impeller – rotor including a number of circumferentially spaced – apart fluid dynamic blades. The outward ends of the blades are connected together by a rotor ring Which is coaxial w.r.t the outer support structure.

The central support structure is supported within the outer support structure by stanchions or the like so as to permit a fluid stream to flow therebetween past the fluid dynamic blades. A peripheral electrical generator having a rotor element secured to the rotor ring and a stator element secured to the outer support structure produces electrical energy as the impellor – rotor is driven by the fluid stream.

ADVANTAGE – Improved efficiency and mechanical stability.

ER

PN US4994684 – A

TI Doubly fed generating variable speed generation control system – converts resource energy into electrical power output for supply to polyphase power grid operating at system frequency

AU LAUW H K; ALEXANDER G C

AE UNIV OREGON STATE(UYOR – Non – standard)

AB The variable speed generation system includes a turbine for converting a resource energy input from the resource into mechanical energy at a rotor speed. An energy converter produces excitation power. A doubly fed generator is coupled to the turbine and has a rotor with excitation rotor windings and a device for applying the excitation power from the energy converter to the rotor windings.

The rotor is driven by the mechanical energy from the turbine and a stator with stator windings supplies the electrical power output to the power grid. A controller vanes the rotor speed in response to the power output and resource energy input to increase the ratio of the electrical output power to the resource energy input received from the resource.

ADVANTAGE – High efficiency. @(31pp Dwg. No. 1/14)@

ER

PN US5845230 – A

TI Remote monitoring system for rotating machinery – has signal conditioner Which converts analog output of vibrational transducer into digital data and transmits it to hub receiver through satellite link

AU LAMBERSON R E

AE SKF CONDITION MONITORING(SKFC – Non – standard)

AB The system has several vibration transducers(12)connected to several rotating machines that are to be monitored. The vibration transducer outputs an analog signal based on the vibration of the machine. A signal conditioner(14) converts the analog output of vibrational transducer into digital vibration data.

The digital data is transmitted to a satellite(16)by a dish antenna(18)Which comprises a standard aperture terminal. A hub receiver(20)receives the digital data from the satellite and transmits it to a control room(30)through a communication link(22). The digital data is analysed at the control room and appropriate process are performed suitably.

USE – For monitoring function of pumps, turbines.

ADVANTAGE – Ensures efficient utilization of manufacturing facility. Eliminates incidence of machine malfunction. Eliminates need for personnel to be locally present. Minimises amount of communication equipment that is to be managed by facility managers thereby enabling them to concentrate on bearing fault analyses and machine maintenance.

ER

PN DE3005375 – C2; DE3005375 – A1; EP33847 – A2; EP33847 – A; DE3005375 – A; BR8100809 – A; NO8100376 – A; FI8100396 – A; DE3037147 – A; ZA8100871 – A; JP57088852 – A; US4367890 – A; CA1142588 – A; CS8100280 – A; EP33847 – B; DE3005375 – C; DE3037147 – C

TI Water turbine – generator set – has stator winding overhang inclined at 90 degrees and cage winding for rotor

AU SPIRK F

AE SIEMENS AG(SIEI)

AB The set consists of a water turbine(21)coupled to a generator(23)supplying a network with constant frequency. The axial turbine has non – adjustable blades(22)(propeller turbine). The stator winding(31)of the generator is connected to the network via a frequency – controlled converter(43). The speed of the set can be adjusted smoothly to accord with the power to be delivered.

If the generator is an asynchronous type, the stator is best located on the inside and provided with a water – tight sheath(37)and flanged to the turbine tube(39). The water – tight sheath may be made of plastics reinforced with glass fibres. The overhang(32) of the stator winding is bent over at 90 degrees. The rotor(24) of the generator has a cage winding(25). The generator produces a frequency of less than 20 Hz When its converter is supplying a network with 50 or 60 Hz.

ER

PN EP739087 – A; EP800616 – A; WO9716627 – A; EP739087 – A2; CA2170686 – A; CA2174569 – A; JP9019193 – A; JP9023651 – A; WO9716627 – A1; FR2741116 – A1; EP739087 – A3; EP800616 – A1; BR9607151 – A; US5742515 – A; FR2755547 – A1; CN1166867 – A; EP739087 – B1; DE69622912 – E; EP800616 – B1; ES2233979 – T3; CN1144936 – C; CA2174569 – C; FR2755319 – A1

TI Asynchronous conversion method esp. for variable speed hydroelectric turbine. – using water head sensor and electrical output demand for hydro – turbine unit to enable controller to regulate asynchronous rotary converter.

AU RUNKLE M A; ARDLEY G H; MCLAREN D G; LARSEN E V; WEEBER K; LUNKLE M A; WEBER K

AE GENERAL ELECTRIC CO(GENE)

AB A hydroelectric power generation system(20) feeds electrical utility system(72). A controller(42) obtains signal from water head transducer(25) and requested electrical output power from hydro – turbine(70) to regulate the speed of an asynchronous rotary converter(50) coupled to the hydro – turbine unit, and to control its gate position. The controller may access an updated memory or may include a real – time automatic governor Which uses the utilisation system frequency to control the converter output.

ADVANTAGE – Facilitates the practical application of a variable speed hydro – turbine to deliver controlled power levels to a utilisation system via a rotary asynchronous converter.

ER

PN WO8304425 – A1; EP111480 – A1; US4352025 – A; WO8304425 – A; EP111480 – A; CA1178165 – A

TI Electric power generator for building – is installed in waste water conduit system with by = pass conduit contg. valve

AE TROYEN H D(TROY – Individual)

AB The hydroelectric generator is located in the basement of a high – rise building and connected in series in the clean waste – water line of the building, to produce electrical power in response to the flow of the waste water from the building. An automatically controlled valve in a bypass line serves to direct excess water flow around the hydroelectric generator unit and maintain the flow through the generator unit at a predetermined maximum level.

An automatic switch – over device disconnects the generator output terminals from the electrical output terminals of the unit When the voltage and/or frequency of the generator output is unsatisfactory, e.g., too low.

ER

PN EP243937 – A; CN8703153 – A; US4816696 – A; EP243937 – B; DE3770332 – G; KR9207070 – B1; JP8254175 – A

TI Variable – speed pumped – storage power generating system – has guide – vane opening function generator calculating vane opening on basis of output command signal

AU SAKAYORI A; KUWABARA T; BANDO A; ONO Y; HAYASHI S; YOKOYAMA I; OGIWARA K

AE HITACHI LTD(HITA); KANSAI DENRYOKU KK(KANT)

AB The generating system comprises a circuit(10) for controlling the firing angle of the frequency converter according to an error signal between an output command signal for the output power required for the generator and a power signal indicative of an actual output power of the generator/motor. The output signal commanding the output power reuqired for the power generator is applied from a central load – dispatching office generally controlling the electric power system and includes an automatic frequency control signal of the power system.

An output correction signal is added to the output coammand signal, the output of the adder then being compared with an output power detection signal.

ADVANTAGE – Fully exhibits automatic frequency control during pumping operation.

ER

PN US4868408 – A

TI Portable water – powered electric generator – has opposite open inlet and outlet ends defining longitudinal water path to turn dynamo propeller

AU HESH F

AE HESH F(HESH – Individual)

AB The portable water – powered electric generator unit has a tubular form with opposite open inlet and outlet ends defining a longitudinal flow path for the moving stream water. The tubular form defines a converging venturi terminating at a throat between the inlet and outlet ends. An electric dynamo, having a sealed housing and external driving propeller is supported in the flow path downstream of the throat, with the propeller at the throat. The inlet end is between 2 – 5 times larger in area than the venturi throat, to speed up the water passing through the propeller. The tubular form and housing together define a diverging venturi downstream from the throat, decelerating the water with minimal losses before exiting from the open outlet end. The open outlet end is 1.1 – 1.5 times larger in area than the open inlet end. The slightly faster surrounding stream water blending with the exiting water at the open outlet end may tend to accelerate the exiting water slightly for added efficiencies. A buoyancy chamber, with remotely operated valve and gas pressure is on the portable electric generator unit to regulate its overall buoyancy, for adjusting its operative depth of use in the stream.

USE – Electricity generator Which is effective even When moored in relatively slow – moving water.

ER

PN EP220492 – A; JP62071497 – A; JP62071498 – A; US4694189 – A; CA1273695 – A; EP220492 – B; DE3677887 – G; JP8019298 – A

TI Control system for variable speed hydraulic turbine generator – has generator output and water head signals forming basis for calculating turbine command speed initiating guide valve opening – closing

AU HARAGUCHI E; NAKAGAWA C; BANDO A; KUWAHARA T; NOHARA H; ONO K

AE HITACHI LTD(HITA); KANSAI DENRYOKU KK(KANT)

AB A rotational speed command calculator(15) is responsive to a generator output command(Po) and a signal relative to water head(H), both supplied externally, to generate an optimum rotation speed command(Na). This signal (Na) is compared in a rotation speed controller(16) with a signal of actual speed(N) from the detector(6), to produce a guide valve opening or closing command(Ya) to the guide valve driver(10) operating the guide valve(11) Which regulates the amount of water supplied to the turbine(2) thereby controlling the speed of the induction generator(1) coupled to it.

The AC power line system(4) has a secondary excitation controller(3) connected to the secondary side(1b) of the induction generator(1). The primary side of the induction generator is connected directly to the AC power line system.

ADVANTAGE – Improved stability of AC power line system.

ER

13.4.2 太阳能领域

以“MC＝（X15－A＊）”为检索式在 DII 中检索到相关记录 22 936 条，专利数量的年分布如图 13.8 所示，2001～2003 年间，该领域专利申请的数量激增。2003 年之后有一个回落，2007 年开始小幅攀升后 2008 年又回落。在该领域，日本专利仍占绝对优势。CANNON 和 SHARP 位居榜首(参见图 13.9 和表 13.7)。

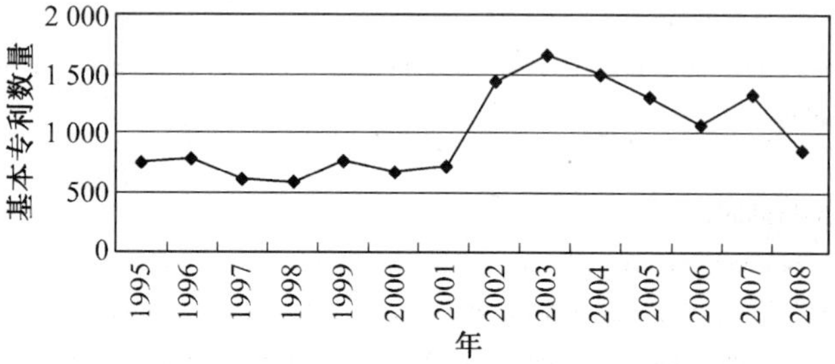

图 13.8 1995～2008 全球在太阳能领域专利数量的年分布

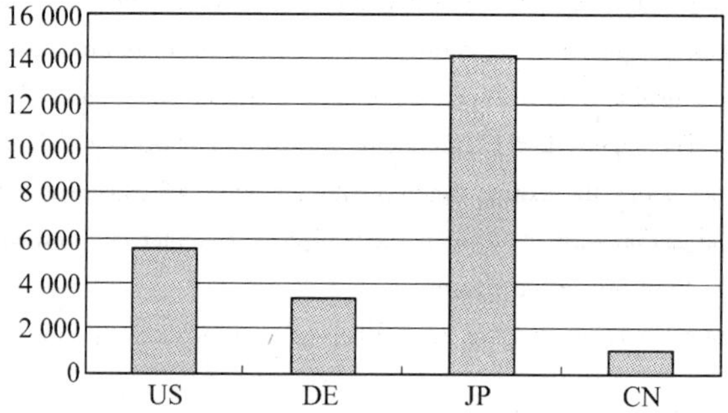

图 13.9 美国、德国、日本和中国在水电方面的专利数量

表 13.7 在太阳能领域专利数量排名前十位的专利权人

专利权人	专利数量
CANON KK	1 111
SHARP KK	987
SANYO ELECTRIC CO	979
KYOCERA CORP	587
MATSUSHITA ELEC IND CO LTD	573
MITSUBISHI DENKI KK	517
FUJI ELECTRIC CO LTD	464
KANEKA CORP	377
HITACHI LTD	283
MITSUBISHI JUKOGYO KK	239

表 13.8 在太阳能利用领域被引用数量最多的 10 项专利

PN WO9309128 – A; EP620822 – A; EP1067134 – A; WO9309128 – A1; AU9331364 – A; EP620822 – A1; JP7502992 – W; AU667497 – B; US5532129 – A; EP620822 – A4; US5565322 – A; US6162603 – A; EP1067134 – A2; EP620822 – B1; DE69231853 – E; ES2159282 – T3; US6416953 – B1; US2003054361 – A1; JP3509859 – B2; EP1067134 – B1; DE69233391 – E; CA2123133 – C; US6911310 – B2; US2007042386 – A1; US5787032 – A

TI New chromophore – contg. poly:nucleotide cpds. having chromophore donor and acceptor gps. arranged for energy transfer and detection in assays

AU HELLER M J; TU E

AE NANOTRONICS INC(NANO – Non – standard); ENTERPRISE PARTNERS II LP(PART – Non – standard); NANOGEN INC(NANO – Non – standard); NANOGEN(NANO – Non – standard)

AB Polynucleotide(PN)has at least 2 donor chromophores operatively linked to the PN by linker arms, Where the chromophores are positioned by the linkage along the length of the PN at a donor – donor transfer distance. Donor chromophores may be e.g. 4,4' – diisothiocyanatodihydro – stilbene – 2,2' – disulphonic acid, 4 – acetamido – 4' – isothiocyanato – stilbene – 2,2' – disulphonic acid, 4,4' – diisothiocyanatostilbene – 2,2' – disulphonic acid, succinimidyl pyrene butyrate, acridine isothiocyanate, 4 – dimethylaminophenylazopohenyl – 4' – isothiocyanate, Lucifer Yellow vinyl sulphone, fluorescein isothiocyanate, Reactive Red 4, Rhodamine X isothiocyanate, Sulphorhodamine 101, Malachite Green isothiocyanate or IR1446. The PN may also contain at least one fluorescing acceptor chromophore, e.g. pyrene, Lucifer Yellow acridine, riboflavin, fluorescein, rhodamine, Sulphorhodamine 101 or IR144.

USE/ADVANTAGE – Multiple chromophore donor gps. Which are located beyond the normal Forster distance (5nm) can be arranged to absorb and transfer photonic energy to a terminal acceptor gp., thereby acting as a light antenna or photonic conductor. System can provide an efficient extended energy transfer process. Programmability and functional electronic/photonic properties of the molecular components enable connections, amplification mechanisms and antenna arrays to be made within the nucleic acid structures. The combination of properties leads to the creation of photonic devices, photovoltaic devices, biosensors and homogeneous and heterogeneous nucleic acid diagnostic assay systems

ER

PN WO9831055 – A; EP1017113 – A; US6172382 – B2; WO9831055 – A1; AU9853420 – A; JP10335757 – A; JP11177175 – A; CN1249853 – A; EP1017113 – A1; TW374267 – A; US6172382 – B1; KR2000069995 – A; AU738480 – B; JP2003017746 – A; JP2003101154 – A; JP2003101160 – A; JP3478090 – B2; US2004004223 – A1; US6677619 – B1; KR398514 – B; KR398516 – B; KR399005 – B; KR2004000511 – A; KR2004004452 – A; KR2004004715 – A; KR2004014562 – A; KR2004062684 – A; US6849864 – B2; US2005121679 – A1; US2005127394 – A1; CA2529996 – A1; CA2276335 – C; KR2005085953 – A; KR2005085954 – A; KR491482 – B; KR2006019637 – A; JP3835384 – B2; CN1832213 – A; CN1832214 – A; CN1832215 – A; KR545999 – B1; KR527349 – B; KR530317 – B; KR625835 – B1; KR538313 – B; JP2007067454 – A; US7211822 – B2; KR2006107586 – A; CN1297016 – C; KR644933 – B1; CN1964093 – A; CN1964094 – A; KR660152 – B1; KR688240 – B1; JP2009027201 – A; AU200197369 – A; AU200197370 – A; AU765732 – B; AU766260 – B

TI Nitride semiconductor device e.g. LED, laser diode or SLD – has active layer, nitride semiconductor layers, of different compositions and of p – and n – types, as super – lattice

AU NAGAHAMA S; SENOH M; NAKAMURA S

AE NICHIA KAGAKU KOGYO(NICH – Non – standard); NICHIA KAGAKU KOGYO KK(NICH – Non – standard); NICHIA CORP(NICH – Non – standard)

AB The device may be a light emitting device. In it an active layer is formed between an n – type semiconductor region consisting of one or more nitride semiconductor layers and a p – type semiconductor region consisting of one or more nitride semiconductor layers.

It is characterised in that at least one of the nitride semiconductor layers of the p – type semiconductor region or the n – type semiconductor region is a super – lattice layer, consisting of layer – built first and second layers made of nitride semiconductors, compositions of Which are different from each other.

ADVANTAGE – Construction results in operating current and operating voltage of device being lower, and in its efficiency being improved.

ER

PN US4891330 – A

TI Doped microcrystalline semiconductor alloy mfr. – by glow discharge deposition of alloy contg. band gap widening element, useful for photovoltaic devices

AU GUHA S; OVSHINSKY S R

AE ENERGY CONVERSION DEVICES INC(ENGD)

AB A glow dischargee method of fabricating doped microcrystalline semiconductor alloy, Which includes a band gap – widening element, comprises providing a substrate in an evacuated deposition chamber, adding a precursor mixt. of semiconductor – , dopant – , and band gap – widening element – contg. gases, plus diluent gas, and subjecting it to an a.c. glow discharge in the absence of a magnetic field strong enough to induce e.c.r.

The above is thus deposited as a random network of low conductivity surrounding highly ordered crystalline inclusions of sufficient vol. fraction to give a low resistance current path, so that the alloy has a dark electrical conduction of at least 0.5 ohm – 1cm – 1, and a band gap of at least 1.9V.

USE/ADVANTAGE – A simple process for depositing n – or p – microcrystalline semiconductor alloys contg. band gap – widening elements is provided, as is the first n – type wide band gap material. The method is suitable for p – i – n photovoltaic devices(fig.) with synergistic improvement in operational performance.

ER

PN WO9701439 – A; WO9701439 – A1; AU9662870 – A; US5699188 – A; TW319830 – A; EP835179 – A1; BR9609313 – A; JP11508379 – W; MX9710366 – A1; KR99028341 – A; US6088163 – A; CN1189127 – A; KR452249 – B

TI Metal – coated multilayer mirror used for retroreflective sheeting – providing broad bandwidth reflection, low mfg. costs, high reflectivity, high colour uniformity, etc

AU GILBERT L R; OUDERKIRK A J

AE MINNESOTA MINING & MFG CO(MINN); 3M INNOVATIVE PROPERTIES CO(MINN)

AB A metal – coated multilayer mirror comprises: (A) a multilayered polymer film in Which the layers have an average thickness of not more than 0.5 micron; and(B) a metal layer comprising a reflective metal.

Also claimed is such a mirror in Which(A) comprises(1) layers of a birefringent polymer having an average thickness of not more than 0.5 micron, and(2) layers of a selected second polymer having an average thickness of not more than 0.5 micron, Wherein(A) has opt. been stretched in one direction(s) to at least twice that direction's unstretched dimension.

USE – For solar reflectors, light pipes, fluorescent light reflectors, reflectors for back light in LCD's, back lights for computer displays, sign back lighting and retroreflective sheeting.

ADVANTAGE – The mirror provides broad bandwidth reflection, high specularity, low mfg. costs, high reflectivity and high colour uniformity.

ER

PN US4775425 – A; EP301686 – A; JP1042120 – A; CA1310296 – C

TI Microcrystalline semiconductor alloy with band cap widening elements – enabling incorporation of both p = type and n = type materials in electronic and photovoltaic devices

AU GUHA S; OVSHINSKY S R

AE ENERGY CONVERSION DEVICES INC(ENGD)

AB An n – doped microcrystalline semiconductor alloy material includes at least one band gap widening element. The n – type material is formed by a random network of relatively low conductivity, disordered regions surrounding highly ordered crystalline inclusions, the vol. fraction of Which is greater than a threshold value at Which the onset of substantial change in electrical conductivity and band gap occurs. The material exhibits substantially increased electrical conductivity and a band gap of at least 1.9 eV.

USE/ADVANTAGE – In the prodn. of p – i – n photovoltaic cells, single or multiple n – i – p cells or p – n cells (all claimed), Schottky barrier cells, diodes, memory arrays, photoconductive devices and the like. Losses due to light absorption are minimised. In photovoltaic devices, a low activation energy gives high built – in electric fields across the intrinsic semiconductor layer resulting e.g. in improved fill factors and reduced Staebler/Wronski photodegradation.

ER

PN DE3135393 – C2; DE3135375 – A1; FR2490016 – A1; GB2083702 – A; FR2490016 – A; NL8104137 – A; SE8105275 – A; BR8105745 – A; JP57078183 – A; US4342044 – A; DE3135393 – A; ZA8105982 – A; ZA8105983 – A; ZA8105984 – A; ZA8105985 – A; ZA8105986 – A; IL63752 – A; CA1172742 – A; US4522663 – A; GB2083702 – B; CA1192818 – A; DE3135393 – C; KR8602031 – B; SE455553 – B; KR8900479 – B; IT1195053 – B; NL190256 – B; MX185037 – B

TI Amorphous silicon@ alloy semiconductors – contain fluorine reducing states in band – gap and band – gap adjusting element

AU OVSHINSKY S R; IZU M

AE ENERGY CONVERSION DEVICES INC(ENGD); SOVONICS SOLAR SYSTEMS(SOVO – Non – standard)

AB A photoresponsive amorphous alloy is made by(a) depositing on a substrate an Si(contg.) material; (b) incorporating element(s) including F and pref. H, that reduces localised states in the bandgap; and(c) introducing bandgap adjusting element(s), pref. Ge, into the material without increasing the states in the bandgap, to produce an alloy having a bandgap adjusted for a specific photoresponse wavelength function. Pref. photoresponsive amorphous Si alloy contains F and bandgap adjusting element(s), as above. Pref. photoresponsive device includes superimposed layers of various materials, including an amorphous semiconductor alloy body having an active photoresponsive region on Which radiation impinges to produce charge carriers. The alloy includes F and has the bandgap adjusting element at least in the active region to enhance radiation absorption.

The device is specifically a Schottky barrier solar cell, MIS solar cell, pn – junction device, pin – device, photodetector or electrostatic image producing device. It may be formed with large area and bandgap selected for specific application, e.g. 1.5eV for solar devices. Redn. of states improves photoresponse, and unlike H alone allows incorporation of the bandgap adjusting material.

ER

PN JP11354714 – A; US6087722 – A; KR99086513 – A; TW437033 – A; KR277438 – B; JP3781913 – B2

TI Lead arrangement in multichip semiconductor package

AU JEONG D S; SONG Y J; CHANG S H; LEE C C; SONG B S; CHOI J H; LEE K J; CHO T J; LEE G J; CHUNG D S

AE SAMSUNG ELECTRONICS CO LTD(SMSU)

AB NOVELTY – Electrode pads(12,22)of chips(11,21)are connected to lead(31)of lead frame. The non – activity surface of chip(11)is attached to the activity surface of chip(21). The lead is attached to the activity surface of chip(21)except the area Which is occupied by chip(11). The chips, the area occupied by the lead is sealed by fuselage(45).

USE – In multichip semiconductor package such as flash memory, SRAM, etc.

ADVANTAGE – As the lead frame is attached to end of semiconductor, the size reduction in thickness of package is obtained. As the chips are configured vertically on the basis of lead frame, the structural stability inside the package is obtained. Void or crack is prevented as the flow of resin is uniform. As the reliability of wire bond is increased. The bonding thickness is also reduced and thereby the short circuit can also be prevented.

DESCRIPTION OF DRAWING(S) – The figure shows the sectional view showing multichip package.

Chips(11,21)

Electrode pads(12,22)

Lead(31)

Fuselage(45)

ER

PN EP166383 – A2; EP166383 – A; JP61024229 – A; US4678679 – A; CA1247045 – A; JP94042460 – B2

TI Continuous deposition of high quality semiconductor alloy on substrate – appts. with activation region for semiconductor precursor gas and density of states reducing element separate from deposition region

AU OVSHINSKY S R

AE ENERGY CONVERSION DEVICES INC(ENGD)

AB Appts. for continuously depositing thin films of high quality semiconductor alloy comprises(a)a deposition chamber including activation regions operatively communicating with a deposition region; (b)a substrate material movable through the deposition region; (c)a vacuum pump for evacuating the deposition chamber; (d)a source of semiconductor precursor material; (e)a source of density of states reducing material; (f)a flux of energetic gas introduced into discrete activation regions to excite the semiconductor precursor and states reducing materials; (g)inlets introducing the materials into the activation regions; and(h)passages directing activated materials to the deposition region. The semiconductor material and states reducing material may be excited in separate activation regions or a mixt. may be introduced to a single region. The excited reactants are directed to the deposition region within the lifetime of the activated species to deposit the semiconductor film on the substrate.

USE/ADVANTAGE – The deposited films are useful for photovoltaic devices, e.g. pin structures. Introduction of excited reactants into the deposition region at selected temp. and press. provides thin films of semiconductor alloy material, e.g. Si or Ge alloy, having specifically tailored properties, including a low density of defect states, tetrahedral coordination and stress – free bonding(claimed). The films can be deposited at high rate, with min. contamination of the alloy, without damage to low m.pt. substrates or associated films.

ER

PN US4664939 – A

AU OVSHINSKY H

AE ENERGY CONVERSION DEVICES INC(ENGD)

AB Substrate is coated with a layer of semiconductor alloy material of specific conductivity type by feeding it continuously through a series of gas plasma deposition chambers, each chamber having two or more plasma deposition regions, the travel path through at least one chamber being non – linear with plasma regions in different non – linear portions of the travel path.

Pref. the substrate is a continuous web Which is turned on rollers around a non – linear path.

USE/ADVANTAGE – Esp. in fabrication of nip – type tandem semiconductor photovoltaic cell arrays(claimed). Non – linear path shortens the length of the processor as well as decreasing power consumption and enhancing the efficiency of feedstock gas utilisation.

ER

PN WO8100789 – A1; WO8100789 – A; EP35561 – A; JP56501508 – W; US4309225 – A; EP35561 – B; DE3072022 – G

TI Crystallising amorphous material with moving energy beam – giving continuous controlled movement of crystallisation front

AU FAN J C C; ZEIGER H J

AE MASSACHUSETTS INST TECHNOLOGY(MASI)

AB Amorphous material is converted to a more crystalline state in a solid phase transformation by moving an energy beam across it to heat it to crystallisation temp., with the beam moved in a manner providing continuous, controlled motion of the crystallisation front. The background temp. of the amorphous material is pref. maintained at a temp. between that at Which a periodic structure occurs and that producing runaway crystallisation by modulating the scanning beam. The film is pref. amorphous semiconductor, scanned with(esp. spatially and temporally) modulated laser beam having a wavelength absorbed by the film. Alternatively, it is inorganic material, esp. Al_2O_3 or SiO_2, amorphous C or a metal. A photovoltaic cell is mfrd. using the process, with the crystallised film used as active layer with a pn or rectifying junction, or as substrate for a junction – contg. active film.

Very rapid uniform conversion to crystallised structure is obtained, with scan rates generally faster than conventional, While avoiding periodic structuring or crystallisation front runaway.

ER

13.4.3 风能领域

以“MC =(X15 – B *)”为检索式在 DII 中检索到相关专利 10 497 条。专利数量年分布如图 13.10 所示，1995 ~ 2003 年风能领域的专利数量呈单边上升趋势。2003 年之后有轻微震荡。如图 13.11 所示，在专利数量上，日本、德国、美国相差不是很大，如表 13.9 所示,GENERAL ELECTRIC CO、MITSUBISHI JUKOGYO KK 位居专利权人榜首。

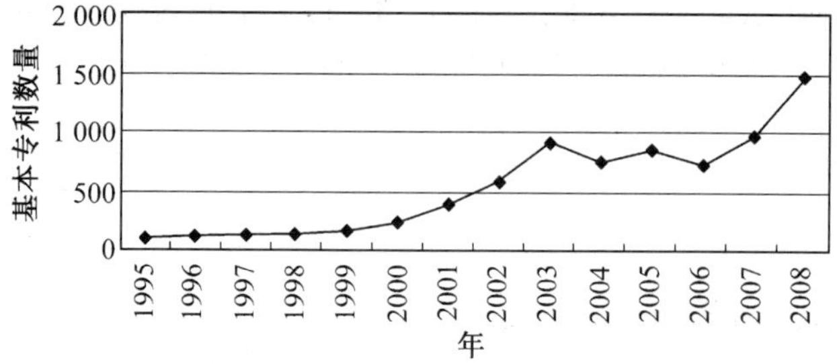

图 13.10　1995～2008 年全球风能领域专利数量的年分布

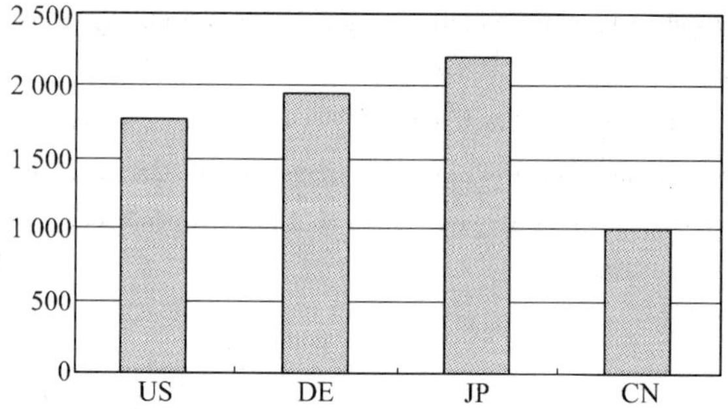

图 13.11　美国、德国、日本、中国在风能领域的专利数量

表 13.9　在风能领域专利数量排名前十位的专利权人

专利权人	专利数量
GENERAL ELECTRIC CO	179
MITSUBISHI JUKOGYO KK	165
WOBBEN A	111
VESTAS WIND SYSTEMS AS	76
SIEMENS AG	73
REPOWER SYSTEMS AG	62
NTN CORP	56
EBARA CORP	51
LM GLASFIBER AS	48
MATSUSHITA DENKI SANGYO KK	47

13.4.4　海洋能领域

以“MC=(X15－C*)”为检索式在 DII 中检索到 2 693 条相关专利。如图 13.12 所示,1998～2003 年,专利数量呈单边上升趋势之后小幅震荡上扬。如图 13.13 所示,美国位于该领域研究数量的榜首,如表 13.10 所示,OCEAN POWER TECHNOLOGIES INC 是拥

有专利数量最多的专利权人。

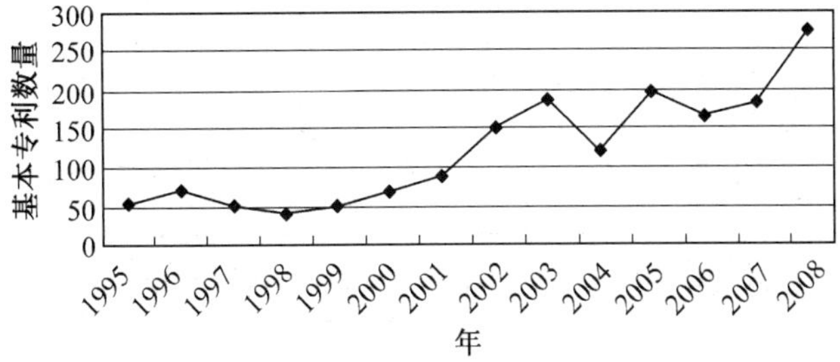

图 13.12 1995～2008 年全球在海洋能领域专利数量的年分布

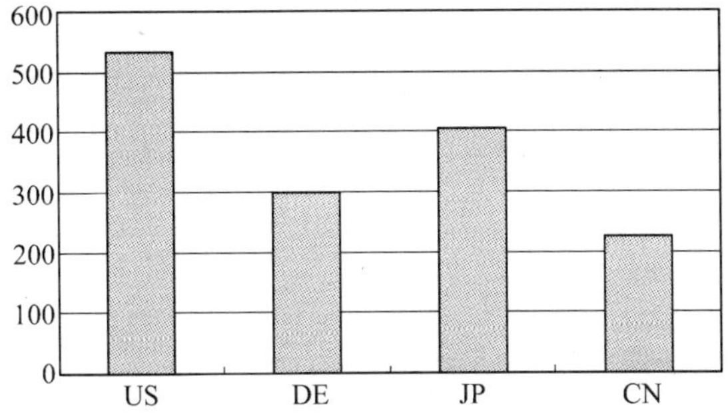

图 13.13 美国、德国、日本、中国在海洋能领域的专利数量

表 13.10 在海洋能领域专利数量排名前十位的专利权人

专利权人	专利数量
OCEAN POWER TECHNOLOGIES INC	28
BASHKIR AGRIC INST	14
HITACHI ZOSEN CORP	14
MITSUBISHI JUKOGYO KK	13
OTTE E	10
SEA ENERGY ASSOC LTD	9
NANIWA S	8
OMSK RAIL ENG INST	8
TOSHIBA KK	8
KOREA OCEAN RES & DEV INST	8

13.4.5 生物质能领域

以“MC =（X15 - E *)”为检索式在 DII 中检索到 349 条相关记录。专利数量的年分布曲线如图 13.14 所示，该技术还没有形成持续的研究热点，仍处于探索阶段。如图13.15 所示，日本在该领域占绝对优势。如表 13.11 所示，拥有专利数量最多的专利权人是 MIT-

SUI ENG & SHIPBUILDING CO LTD。

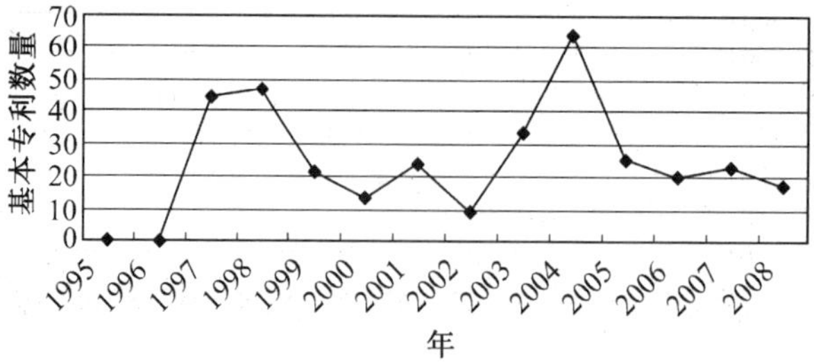

图 13.14　1995～2008 年全球在生物质能领域专利数量的年分布

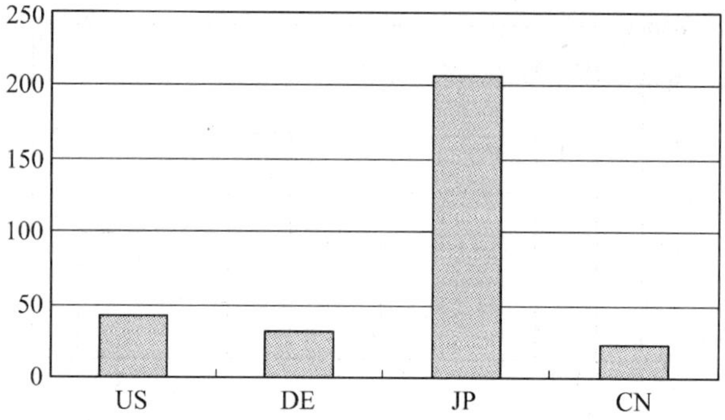

图 13.15　美国、德国、日本、中国在生物质能领域的专利数量

表 13.11　在生物质能领域专利数量排名前十位的专利权人

专利权人	专利数量
MITSUI ENG & SHIPBUILDING CO LTD	34
HITACHI LTD	23
KUBOTA CORP	16
MITSUBISHI JUKOGYO KK	12
BABCOCK - HITACHI KK	9
MEIDENSHA CORP	8
NIPPON STEEL CORP	8
EBARA CORP	7
ISHIKAWAJIMA HARIMA HEAVY IND	7
TAKUMA KK	7

13.4.6　地热领域

以“MC = J08 - D07(Geothermal heat transfer)”为检索式在 DII 中检索到 20 篇相关专利文献。其中美国和日本专利各 5 篇，法国、德国和澳大利亚专利各 2 篇。其中拥有该领域 2 项以上专利的专利权人分别是 GEOHIL AG、MITSUBISHI JUKOGYO KK 和 UNION OIL CO

CALIFORNIA。如图 13.16 所示为地热研发领域全球专利数量的年分布图,由此可以看出,该领域在产业技术方面仍处于探索阶段。

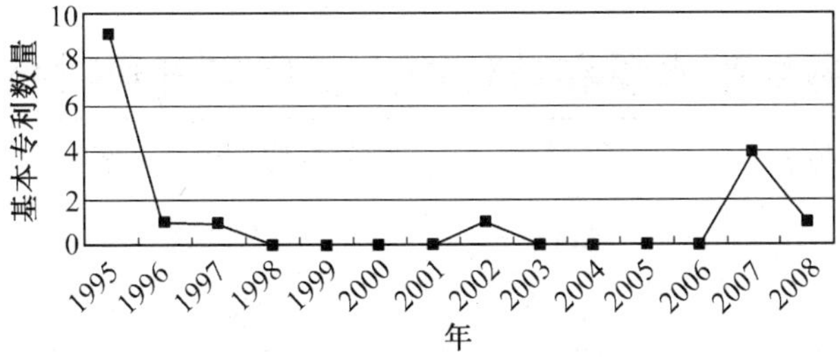

图 13.16　1995～2008 年全球地热领域的专利数量年分布

主要参考文献

[1] 李建蓉.专利文献与信息.北京:知识产权出版社,2006.

(赵国英)

本书中基本量和单位中文名称与符号对照表

中文名称(单位)	符号	中文名称(化学元素)	符号
千米	km	二氧化碳	CO_2
米	m	二氧化硫	SO_2
厘米	cm	二氧化氮	NO_2
毫米	mm	甲烷	CH_4
微米	μm	臭氧	O_3
平方米	m^2	一氧化二氮	N_2O
立方米	m^3	硫化氢	H_2S
吨	t	六氟化硫	SF_6
千克	kg	全氟碳化物	PFCs
千瓦·时	kW·h	氢氟碳化物	HFCs
升	L	生化需氧量	BOD
加仑	UKgal	化学需氧量	COD
磅	lb	硫氧化物	SO_x
摄氏度	℃	氮氧化物	NO_x